U0576211

2023

全过程工程咨询与监理论文集

QUANGUOCHENG GONGCHENG ZIXUN YU JIANLI LUNWENJI

浙江省全过程工程咨询与监理管理协会 编

余丽珍 主编

浙江工商大学 出版社
ZHEJIANG GONGSHANG UNIVERSITY PRESS
·杭州·

图书在版编目（CIP）数据

全过程工程咨询与监理论文集. 2023 / 余丽珍主编；
浙江省全过程工程咨询与监理管理协会编. — 杭州 ： 浙
江工商大学出版社, 2023.12
　　ISBN 978-7-5178-5812-6

　　Ⅰ. ①全… Ⅱ. ①余… ②浙… Ⅲ. ①建筑工程—咨
询服务—文集②建筑工程—施工监理—文集 Ⅳ.
①F426.9-53②TU712.2-53

中国国家版本馆CIP数据核字（2023）第228553号

全过程工程咨询与监理论文集2023

QUANGUOCHENG GONGCHENG ZIXUN YU JIANLI LUNWEN JI 2023

浙江省全过程工程咨询与监理管理协会 编

余丽珍 主编

责任编辑	唐　红
责任校对	韩新严
封面设计	朱嘉怡
责任印制	包建辉
出版发行	浙江工商大学出版社
	（杭州市教工路198号　邮政编码310012）
	（E-mail：zjgsupress@163.com）
	（网址：http://www.zjgsupress.com）
	电话：0571-88904980,88831806（传真）
排　版	杭州朝曦图文设计有限公司
印　刷	浙江全能工艺美术印刷有限公司
开　本	889mm×1194mm　1/16
印　张	29.5
字　数	690千
版 印 次	2023年12月第1版　2023年12月第1次印刷
书　号	ISBN 978-7-5178-5812-6
定　价	80.00元

全过程工程咨询与监理论文集2023

编写委员会

序　言

2023年是全国开展全过程工程咨询服务的第6个年头,也是工程监理制度实施35周年。6年来,浙江省的全过程工程咨询服务业快速发展,走在全国前列。其中,全省监理行业扮演了重要角色,发挥了积极作用。

同时,我们也必须清醒地认识到,监理行业正处于一个前所未有的变革时期。高质量发展迫切需要整个建筑行业提质增效、转型升级。2023年,不少同行已经感觉到企业发展进入了平台期,甚至是瓶颈期。统计数据显示,受新冠疫情等因素影响,浙江省2022年全过程工程咨询的项目数量、合同额在经历几年快速增长之后,首次出现下滑,但是服务费率却增长了近30%;部分具有前瞻性的企业,则利用先发优势,在极为困难的市场环境下实现合同额、营业收入等显著增长。其中,服务意识、服务能力与服务水平发挥了重要作用。

"九层之台,起于累土。"服务意识与能力的培养需要长期的坚持和锻炼。

一要保持积极的态度。中国建设监理协会会长王早生指出,监理行业应当牢记初心使命,当好"工程卫士、建设管家"。尽管有各种困难和非议,但监理行业也应当成为"工程质量安全不可或缺的'保障网',提高工程建设水平、投资效益的'助力器',工程建设高质量发展的'守护者'",要用实际行动为社会和客户创造价值、发挥作用、赢得信任。在服务过程中,"做强做优做大",发展全过程工程咨询,成长为大型综合企业是一种选择;做专做精做小,成为有特色、专业化的"小巨人"也是一种选择。总之,要有所作为,敢于正视困难、直面挑战,弘扬正气,夯实基础,培养人才、做强企业和行业。

二要保持学习的能力。学习,是一种伴随终身的能力,对人生所能达到的高度、广度和深度具有重要意义。2023年,ChatGPT再次引爆"机器替代人工"的话题。大数据、智慧建造、建筑工业化、BIM、CIM、GIS、物联网等技术已经在规划、勘察、设计、施工、监理、运营和维护全过程中得以集成和应用。我们只有通过学习和实践,主动拥抱新知识、新技术,掌握新能力，同时拓宽胸怀、提高眼界、扩大格局，才能跟上时代发展的步伐。

及时总结自己的工作经验、教训，认真思考行业发展情况并形成文字，也是一种重要的学习能力。通过《全过程工程咨询与监理论文集2023》，我们再次感受到了全省优秀监理人才，特别是中青年优秀监理人才的学习热情，看到了大家的坚持与坚守、专心与专业。在这部论文集中，既有对行业发展的分析与思考，又有设计管理和造价管理等延伸服务的实践经验，还有对桩基、基坑围护等传统质量安全管理的总结与提升，更有对BIM、装配式建筑等新技术的探索。但是，我们也必须承认，在项目总体策划、投融资决策等高附加值咨询方面的高水平成果总结还偏少，需要我们在今后的实践中重点加以学习、提炼，尽快补上短板。

习近平总书记要求我们，一定要珍惜光阴、不负韶华，如饥似渴学习，一刻不停提高。近年来，我们欣慰地看到优秀的浙江监理人，不断练习本领，提升服务技能，及时总结、勤写论文，积极参与全省微课大赛和监理人员技能大赛。全省监理人员将牢记初心使命，直面各种困难和挑战，用服务争取市场，用创新突破瓶颈，为监理行业高质量发展贡献一份力量。

浙江省全过程工程咨询与监理管理协会

2023年8月

目　录

全过程工程咨询

一、思考与探索

二、设计与技术管理

三、造价管理

监理工作

一、地基与基础

六、安全管理

经验交流

全过程工程咨询

一、思考与探索

关于浙江省监理行业发展全过程工程咨询的一些思考

杭州市建设工程质量安全监督总站　戴增囡

浙江省全过程工程咨询与监理管理协会　陈晓华

杭州信达投资咨询估价监理有限公司　黄建荣　余丽珍

【摘　要】　该文归纳和总结了浙江省范围内全过程工程咨询服务自实行以来的项目实施情况,总结了全过程工程咨询服务取得的成效和存在的困难,提出了相关建议,供全过程工程咨询服务企业和行业相关主管部门借鉴参考。

【关键词】　全过程工程咨询;数据分析;服务成效;行业困境;发展建议

2017年5月,住建部《关于开展全过程工程咨询试点工作的通知》(建市〔2017〕101号)将浙江省列为全国首批开展全过程工程咨询服务的试点地区。6年来的实践工作表明,浙江的全过程工程咨询业务正处于快速发展期,其中监理行业扮演了重要角色、发挥了积极作用;当然,调查也显示监理行业在全过程服务能力,特别是前期决策、总体策划、设计管理能力等方面亟待提升。

1　浙江省全过程工程咨询业务基本情况

1.1　统计数据

2019年起,浙江省全过程工程咨询与监理管理协会开始进行全过程工程咨询统计工作。近4年的统计情况如表1和图1—图5所示。

表1　近四年全过程工程咨询项目统计表

年份	全过程工程咨询合同额(亿元)	全过程工程咨询业务收入(亿元)	工程造价(亿元)	服务费率(%)	项目数量[*](项)		
					房建	市政	合计
2019	25.93	10.23	1906.62	1.36	286	150	436
2020	35.01	18.26	2465.49	1.42	1121	691	1812
2021	74.61	28.22	6844.95	1.09	1521	450	1972
2022	50.80	22.86	3664.76	1.39	687	236	923

*说明:2019年、2022年项目数量为新增项目;2020年、2021年项目数量为在建及竣工项目数量。

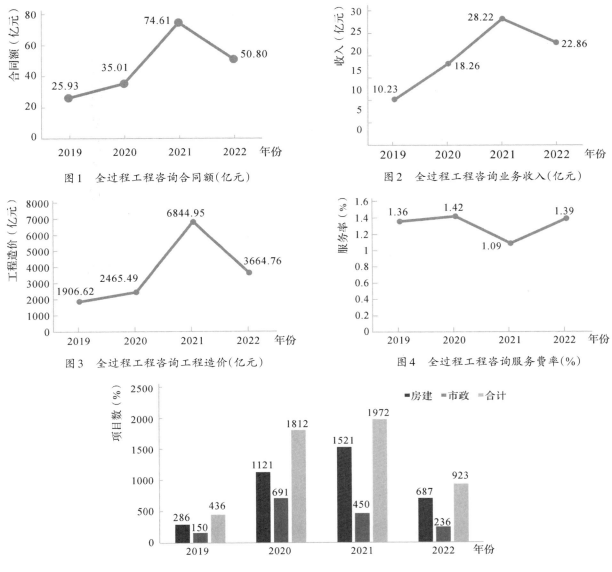

图1　全过程工程咨询合同额(亿元)

图2　全过程工程咨询业务收入(亿元)

图3　全过程工程咨询工程造价(亿元)

图4　全过程工程咨询服务费率(%)

图5　全过程工程咨询项目数量(个)

1.2　数据分析

统计数据表明,2020年、2021年全过程工程咨询业务发展迅速。其中,2020年全过程工程咨询合同额较2019年增长35.02%,业务收入增长78.49%;2021年全过程工程咨询合同额较2020年增长113.11%,业务收入增长54.55%。

2022年,受新冠疫情等宏观因素影响,全过程工程咨询的项目数量、合同额在经历几年快速增长之后,首次出现下滑现象。全过程工程咨询合同额较2021年下降31.91%,对应的工程造价下降46.46%,但服务费率却增长了27.52%。结合2023年上半年的调研统计,全过程工程咨询具有以下特点:

1.2.1　市场需求仍在

2022年、2023年上半年全行业面临巨大困难的同时,头部企业的业务不降反升。某大型企业2023

年上半年的全过程工程咨询业务合同额即达到4亿元,实现收入超3亿元。反映出市场对全过程工程咨询仍有较大需求,但对企业的服务能力要求更高。

1.2.2 政府作用明显

浙江省监理企业承揽的全过程工程咨询业务中,省外合同额占比仅在2022年就达到了24.37%,总体比例偏低。其中,省外地区全过程工程咨询项目偏少是重要原因。即使是浙江省内,地区差异也非常明显。2022年,省内实施全过程工程咨询的项目,宁波有224个,全过程工程咨询合同总额10.73亿元,居全省第一;杭州有85个,合同总额8.13亿元,位居全省第二;增长最快的嘉兴有333个,合同总额7.96亿元,位居全省第三;其他地区则偏少。统计显示,推出全过程工程咨询项目较多的地区,其监理企业发展全过程工程咨询业务的情况、能力建设情况也普遍较好。

1.2.3 取费水平偏低

全过程工程咨询取费缺乏相应的指导标准,目前基本为市场自由报价。2019—2022年,浙江省全过程工程咨询服务费率平均分别为1.36%、1.42%、1.09%、1.39%,始终维持在较低标准。调查显示,大量全过程工程咨询项目费用没有列支"项目建设管理费"(原"建设单位管理费"),而是以打折后的监理费作为全过程工程咨询招标的最高限价,服务内容则包含了项目管理、造价咨询、监理等诸多内容。过低的费用直接影响了企业人力资源投入和咨询服务质量。

2 浙江省在全过程工程咨询管理方面取得的成效

2.1 政策体系逐步建立

浙江省在2017年即发布了《关于印发〈浙江省全过程工程咨询试点工作方案〉的通知》。2018年11月23日,省建设厅、省市场监管局联合印发了《浙江省建设工程咨询服务合同示范文本(2018年版)》,提出了"1+X"菜单式服务模式,既充分满足业主需求和自主选择权,又切合市场现状。2020年6月,发布了《全过程工程咨询服务标准》以及《建设项目全过程工程咨询企业服务能力评价实施办法(试行)》等相关标准和文件,对引导和规范全过程工程咨询服务市场行为、推动行业健康发展具有积极作用。

2.2 服务模式基本成形

浙江省的全过程工程咨询服务模式分两类:

一是"1+N"模式,即"项目管理+监理""造价咨询""招标代理"的组合。统计浙江省公共资源交易中心2019—2022年全过程工程咨询招标信息,包含"项目管理+监理"的占71.74%,包含"项目管理+监理+造价咨询"的占45.45%,包含"项目管理+监理+造价咨询+招标代理"的占26.09%,如图6所示。

二是未来社区等少部分项目业主采用的"投资决策咨询(综合性咨询、前期专项咨询)+勘察设计+上述三项业务组合"的模式。监理企业由于长期从事施工现场服务,吃苦精神强、现场管理人员多,已经成为全过程工程咨询服务的主力军。

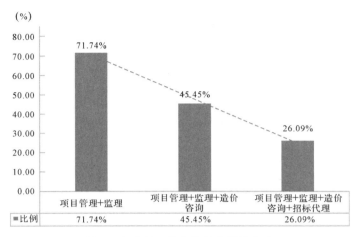

图6　全过程工程咨询服务模式占比

2.3　服务成效得到认可

全过程工程咨询实施以来,浙江的监理企业普遍认为,这是行业转型升级的重要契机,纷纷加大人才引进力度,成立全过程工程咨询中心、专项咨询部门,行业协会则帮助企业开展相关培训。4年来合计培训18期共4500余人。监理、造价咨询、设计企业之间主动采用战略合作、并购等方式强强联合,全过程、一站式的服务能力和水平明显提升。高度的整合服务有助于提高投资收益、缩短项目工期以及提高服务质量和项目品质,近年来已得到教育、医疗等行业部门、国有企业(包括各地市城投公司)的认可。

3　推进全过程工程咨询面临的困难

3.1　政府推行力度有待加强

现阶段,部分地市在政府层面推行全过程工程咨询的力度和愿望还不够强,各种顾虑依然存在。浙江省目前仅未来社区建设试点明确要求必须采取全过程工程咨询,医疗、教育类项目鼓励采用全过程工程咨询,其他项目则由各地自行决定。全过程咨询项目数量少,实践经验积累不足,不利于培养大规模、成建制的全过程工程咨询服务队伍。

3.2　业主及政府期望值过高

部分业主认为,项目委托了全过程工程咨询就可以成为甩手掌柜;部分主管部门领导也质疑,为什么委托了全过程工程咨询,项目还是有这样那样的问题,是不是模式有问题。事实上,项目管理本身就是一个非常复杂的系统工程,加之长期以来行业条块分割形成的松散状、碎片化管理状态,难以在短时间内一蹴而就、迅速改善。过高的期望,反而有可能阻碍全过程工程咨询的健康发展。

3.3　高要求、低收费矛盾凸显

浙江省的全过程工程咨询服务费率与监理服务收费差异不大,但涵盖的内容则增加了项目管理、造价咨询、招标代理、设计管理等多项内容。2020年发布的《浙江省建设工程其他费用定额(2018年版)》对全过程工程咨询的相关内容给出了指导价,但标准偏低。例如,监理费按原发改价格〔2007〕670号文的80%计算。政府及国有投资项目普遍将该定额再乘以80%作为招标控制价,实际中标价则低至50%甚至40%,显著低于国内其他省区的收费标准。

反之,全过程工程咨询对人员的素质要求更高,不但是业主的参谋和眼睛,更要成为业主的大脑和肢体,要具备较强的领导力、组织力、决策力、执行力,需要的是懂法律、懂程序、懂管理、有技术的高端复合型人才。由此,不少企业反映全过程工程咨询业务出现亏损。当然,这种亏损是建立在队伍素质和能力提升基础上的"高层次亏损",短期内企业仍愿意承担,但长此以往将不利于调动企业的积极性,更不利于全过程工程咨询市场的健康发展。

4 推进全过程工程咨询的相关建议

4.1 继续大力推进项目实践

建议出台相关政策,在国有投资的房屋建筑工程、市政公用工程、交通及水利工程中全面推行全过程工程咨询;鼓励社会投资项目采用全过程工程咨询模式,发挥全过程咨询的整体优势,持续提升项目质量安全管理水平,不断提高项目投资效益。在做大市场的同时,培养出更多、更优秀的企业和人才。

4.2 尽早导入,发挥整体咨询作用

积极引导项目业主单位在立项后即采用全过程工程咨询,充分发挥全过程咨询的整体优势,通过创新优化项目组织管理模式,引导一体化、全流程的综合性咨询服务,取代碎片化咨询,创造更高的管理服务价值。对于各类细分市场的专项咨询服务,探索高层次人才的个人执业制度,强化个人执业资格管理,推动建立个人执业保险制度。

4.3 加快统一大市场建设

加强咨询监理行业诚信体系建设,鼓励企业诚信经营,打造优质优价的市场环境;引导行业协会制定全过程工程咨询服务相关自律规范、定价机制等行业管理规范;规范全过程工程咨询招投标市场,试点全过程工程咨询采取"评定分离"、资格预审、邀请招标等招标方式。

4.4 规范服务计费方式

将全过程工程咨询服务酬金在项目概算中列支,按照所委托的投资决策咨询、项目管理、规划、勘察、设计、造价咨询、监理、招标代理等收费分别计算后叠加再增加相应统筹管理费用计取,而不是简单的打折计取。

4.5 持续加强标准化建设

目前全过程咨询服务内容包括项目管理、投资咨询、设计管理、造价咨询、招标代理、监理等,还应根据不同类型的项目将服务内容、服务成果细化、标准化。一方面,让业主明确需求,特别是要考虑咨询服务大量后台专业技术支撑所需的相关费用,科学合理确定招标控制价;另一方面,让服务单位知晓工作要求与标准,同时也有利于评价服务质量,提升服务水平,形成服务、价格、人才的良性循环。

4.6 分类培育企业,提高核心竞争力

结合企业不同特点,分类型、分步骤培育全过程工程咨询企业。

鼓励大型综合性企业持续做大做强,将投资咨询、规划、勘察、设计、监理、设施检测评估、维护改

造等工作进行有效集成,覆盖项目各阶段,特别是要加强数字化建设方面的培育。建议由政府搭建平台,企业积极参与,逐步建立覆盖全生命周期的数智化系统。充分开发和利用大数据、BIM、CIM、GIS、数字化工厂、物联网等技术在规划、勘察、设计、施工、监理、运营和维护全过程的集成应用,实现全生命周期数据共享和信息化管理,为项目方案优化和科学决策提供依据。

引导中小型企业做精做专,根据自身实际情况,选择其中一个或几个阶段展开咨询服务,在能力允许的条件下,向其他阶段进行拓展。

4.7　继续发挥行业协会作用

鼓励行业协会通过课题研究、组织培训、参与政策制定、参与市场诚信建设与管理,以及加大正面宣传等行动,提高行业的整体内生动力和发展质量,打造"诚信经营、团结协作、有作为、有价值"的行业形象,为高质量发展贡献监理行业的一份力量。

5　结语

全过程工程咨询服务经过多年的摸索和发展,其成效得到了业界的普遍认可;现阶段也存在市场培育不成熟、收费水平偏低等情况。这需要行业主管部门和行业协会通过政策等措施加以现代信息化、数字化手段,对行业进行引导和支持。同时全过程工程咨询企业需要重视相关专业技术人才的培养,以进一步提高全过程工程咨询的服务能力和水平,促进行业的健康平稳发展。

作者简介:

戴增固,女,1980年生,本科学历,高级工程师,任职于杭州市建设工程质量安全监督总站,现主要从事建筑工程质量安全监督管理工作。

陈晓华,男,1984年生,本科学历,水利工程监理工程师,浙江省全过程工程咨询与监理管理协会行业发展部主任,现主要参与或负责行业发展、行业改革及行业相关政策的调研,行业基本情况的统计,行业诚信机制建设的研究和推进,行业信息化的开展等工作。

黄建荣,男,1976年生,本科学历,高级工程师,国家注册监理工程师、一级建造师、一级造价工程师、注册咨询工程师(投资),就职于杭州信达投资咨询估价监理有限公司,现主要从事工程管理、工程监理工作。

余丽珍,女,1979年生,本科学历,高级工程师,国家注册监理工程师,就职于杭州信达投资咨询估价监理有限公司,现从事现场监理工作。

全过程工程咨询背景下
监理工程师担任总咨询师的优劣势分析

浙江子城工程管理有限公司　金建杰

宁波海港混凝土有限公司　丁华柱

红狮控股集团有限公司　高伟星

【摘　要】　在国家有关政策的引导下,工程咨询行业将改变原来割裂、散乱且独立的咨询模式,逐步实现以全过程咨询为龙头的综合管理模式,投资咨询、设计、监理、造价等企业纷纷开展全过程工程咨询业务。该文从监理企业开展全过程工程咨询出发,分析监理工程师与其他执(职)业资格人员在担任全过程工程咨询总咨询师的优劣势,期望监理工程师能扬长避短,更好地为社会提供全过程工程咨询服务。

【关键词】　全过程工程咨询;监理工程师;优势

引言

建设项目全过程工程咨询(以下简称"全过程咨询"),是指在建设项目的投资决策阶段、工程建设阶段、运营维护阶段,咨询人为委托人提供综合性、跨阶段、一体化的工程咨询服务[1],全过程咨询内容包括投资咨询、招标代理、勘察、设计、监理、造价、项目管理等专业化的咨询服务业态。2017年2月,《国务院办公厅关于促进建筑业持续健康发展的意见》明确指出,要培育全过程工程咨询。2019年3月,国家发展改革委、住房城乡建设部联合发文《关于推进全过程工程咨询服务发展的指导意见》再次明确,要大力发展以市场需求为导向、满足委托方多样化需求的全过程工程咨询服务模式。在国家有关政策的引导下,工程咨询行业将改变原来割裂、散乱且独立的模式,逐步实现以全过程咨询为龙头的综合管理模式,投资咨询、设计、监理、造价等企业纷纷开展全过程工程咨询业务。

作为全过程工程咨询项目负责人的总咨询师,应取得一项或多项类似项目工程建设类注册执(职)业资格或具有工程类、工程经济类高级职称[1],监理工程师、建造师、造价工程师、咨询工程师(投资)、勘察设计类注册工程师(以下简称设计师)等执(职)业资格人员都具备担任全过程咨询项目总咨询师的资格。全过程工程咨询是一个新兴产物,也是工程技术人员的机遇与挑战,投资咨询、设计、监理、造价等人员均可担任总咨询师,但由于专业背景不同、学习及管理能力的差异,可能会造成全过程工程咨询服务质量参差不齐,甚至导致全过程工程咨询不成功。

目前,监理工程师的主要精力集中在施工阶段,部分监理工程师对全过程工程咨询认识不够,担心不能胜任全过程工程咨询工作。本文从监理企业开展全过程工程咨询业务出发,分析监理工程师与设计师、建造师、造价工程师等人员开展全过程工程咨询服务的优劣势,以期为监理同行树立信心,积极大胆地担任总咨询师,更好地为全过程工程咨询服务。

1 监理工程师担任总咨询师的优势

与造价工程师等其他咨询服务人员相比,监理工程师担任总咨询师具有以下优势:

1.1 监理工程师适应性更强

从监理工程师的工作范围、内容、能力和监理机构的设置等分析可知,监理工程师有着更强的适应性。

1.1.1 监理工程师的工作范围广、内容多

现行国家标准《建设工程监理规范》(GB 50319—2013)规定,建设工程监理主要包括施工阶段监理和相关服务两部分。施工阶段的监理服务内容主要有:在施工阶段对建设工程质量、造价、进度进行控制,对合同、信息进行管理,对建设工程相关方的关系进行协调。[2]而相关服务是按照建设工程监理合同约定,在建设工程勘察、设计、保修等阶段提供的服务。目前监理工程师的主要精力集中在施工阶段,但由于施工周期长,工作量大,因此在全过程工程咨询服务中占比大。而且,为更好地提供监理服务,监理工程师一般都会收集项目前期资料。此外,监理服务通常还包括一定时长的保修期,监理工程师对项目后期的运营维护也有一定了解。[3]

从全过程工程咨询服务来看,投资咨询和工程设计的共同点都是周期短,服务占比小,且服务阶段性明显,未向外扩展延伸;工程造价服务跨越周期长,但更注重工程造价,对工程质量和工程进度缺少关注,对工程安全的关注更弱。监理工程师见证了工程项目生产实现的大部分过程,参与工程咨询的广度和深度,是其他专业咨询人员所无法企及的。

1.1.2 监理工程师综合能力强

工程项目的多样性,工作环境的多变性,新材料、新工艺不断涌现,工作量大、专业性强、协调事项多,要求监理工程师具备且必须具备复合型的知识结构、丰富的工程建设实践经验。会管理、懂经济、熟法律、通技术、善协调,知识能力全面的监理工程师,遇到其他阶段(或专业咨询)的咨询服务时稍加学习就能较快上手。

1.1.3 项目监理机构的设置

项目监理机构的设置通常以总监理工程师为核心,下设若干专业监理工程师,或以土建、安装、市政等专业划分,或以质量、投资、造价等职能划分,总监理工程师作为项目负责人,统筹安排各项工作。类似的组织架构也适用于全过程工程咨询项目,因此总监理工程师转换成总咨询师更轻松。

1.2 监理工程师综合协调,有利于项目综合效益的实现

工程建设是一个复杂的系统工程,关系到政府部门、建设单位、设计单位、施工单位等多方面的利益,涉及人、机、料、法、环等多个环节。[4]根据《关于推进全过程工程咨询服务发展的指导意见》,全过程工程咨询单位应当以工程质量和安全为前提,帮助建设单位提高建设效率、节约建设资金。全过程工程咨询涉及工程质量、安全、效率、资金及组织协调等,正是监理工程师服务的重要内容。投资咨询人员、设计师、造价工程师的主要精力集中在其成果文件的形成,鲜有余力涉足工程管理,管理协调是他们的薄弱环节,而管理协调正是监理工程师的强项。因此,监理工程师担任总咨询师,在促进参建各方有机配合、化解矛盾、顺利完成建设工程目标等方面具有天然优势,从而实现项目综合效益。

1.3 监理工程师能更好地履行安全职责

《建设工程安全生产管理条例》规定,工程监理单位和监理工程师应当按照法律、法规和工程建设强制性标准实施监理,并对建设工程安全生产承担监理责任。《建设工程监理规范》细化安全生产管理的监理工作。监理安全工作的最大意义就是确保施工有序地安全作业,监理工程师在巡视中发现安全隐患,及时督促施工单位排除隐患,防止和减少各种安全事故的发生,从而创造出更大的经济效益。为了履行安全生产监理职责,监理工程师常驻施工现场,始终将安全监理作为其工作的重要内容,并在工程实践中积累了丰富的安全生产管理的监理经验。

设计师的法定职责是对设计负责,而咨询工程师(投资)、造价工程师等执(职)业人员在安全方面无相关的法定职责。设计师和造价工程师虽因工作需要偶尔进入施工现场,但对现场的安全生产并不关心,除设计师关注工程结构安全外,一般不参与工程现场管理。工程安全管理职责的缺失,安全管理知识和经验相对缺乏,设计师和造价师属于工程安全管理的外行。法律赋予的安全监理责任使得监理工程师对工程安全的理解比其他人员更加深刻与广泛。因此,由监理工程师担任总咨询师,使监理工程师的安全生产职责转移至总咨询师,职责与职权统一,可以更好地履职。

1.4 监理工程师能统筹考虑,减少后期变更,减少索赔

设计师参与设计咨询,造价工程师参与招标咨询,这是他们的优势项目。但监理工程师凭借着丰富的工程实践经验,更能理解施工的要点与痛点,能从施工的角度发现问题,并提出解决方案,更具综合优势。

监理工程师参与设计咨询,通过对设计方案进行审核,参与主要材料、设备的选型,并根据所掌握的建设信息与工程监理经验,提前对设计反馈意见,提高设计质量。[5]监理工程师通过审核施工图纸,审核设计深度是否达到施工要求,施工是否方便,并能减少各专业图纸之间的错、漏、碰、缺,减少后期变更与索赔。

监理工程师参与招标咨询,通过审核合同条款、工程量清单、技术条款,结合建筑市场、工程监理经验,提一些预见性的意见建议,避免或解决项目实施过程中遇到的下列三类问题:[6]一是合同边界问题,明确发包人与承包人的权利与责任,将后期存在的合同索赔风险降到最低;二是材料、设备品牌设置问题,充分考虑招标文件中推荐的备选品牌的可行性和合理性,避免个别品牌已经停产导致后期采购困难或因不同品牌的产品质量差异较大而影响工程质量等问题;三是不平衡报价的问题,工程量清

单做到具体明确,后期不会出现大的增加或减少。即使后期工程量变化较大,也应通过合同条款加以限制,避免承包人采用不平衡报价策略,使发包人蒙受损失。

监理工程师参与前期专业咨询时,可以利用以往的工程监理经验,分析项目实施阶段可能发生的各类风险,提前采取控制措施,减少后期变更,减少索赔,提高工程质量,缩短工期,节约投资。

2 监理工程师担任总咨询师的劣势

2.1 投资决策咨询经验相对欠缺

监理工程师坚持"一专多能",通过不断学习、总结,切实提升个人综合能力,很多监理人员获得了造价工程师、咨询工程师、建造师等执(职)业资格,但受监理服务内容的限制,监理工程师在监理岗位上很少能够接触到投资决策的相关内容,缺乏相关经验。

2.2 设计专业知识相对薄弱

监理工程师参与勘察设计阶段监理,参与设计交底和图纸会审,参与工程监理,见证从施工图转变成工程实体的过程。服务于传统监理业务的监理工程师十分注重施工验收规范,而对设计规范的关注较少,导致对设计文件的理解,尤其是对初步设计文件的理解,没有设计师深刻、生动,建筑、结构、机电等专业知识相对薄弱,这也是监理工程师担任总咨询师的劣势之一。

监理工程师担任总咨询师,或有投资决策咨询经验相对缺乏、设计专业知识相对薄弱等劣势,但总咨询师是管理岗位,注重沟通协调。对于专业性较强的投资咨询、设计管理等工作,可委派专业人士去完成,总咨询师只需确保其工作的独立性,协调到位,亦能达到预期效果。

3 讨论

本文在探讨监理工程师与投资咨询、设计、造价等人员的优劣势对比时,并未考虑人才流动的因素,但从建筑业人才流动的情况看,监理工程师工作经验丰富、"多专多能"是一个客观存在的优势。首先,施工、设计、造价人员转行从事监理工作的情况较多,而监理人员很少转行从事造价、设计工作,所以一部分监理工程师兼具施工、设计、造价经验,而造价、设计人员基本没有监理经验。其次,监理企业比其他咨询类企业更加积极向全过程工程咨询转型,尤其是大型品牌监理企业已开展了较多全过程工程咨询服务,一部分监理工程师先于设计、造价人员参与全过程工程咨询服务,并总结了相关管理经验,有利于进一步提升工作能力。因此,选择经验丰富、能力突出的监理工程师担任总咨询师,应是全过程咨询项目负责人的最优选项。

房屋建筑工程、市政工程、公路工程等成熟领域的全过程工程咨询项目负责人宜由监理工程师担任,但一些特殊行业如矿山工程、石油化工工程等,因其特殊的环境与业态,选择设计师担任总咨询师或许更合适。

4 结语

全过程工程咨询涉及工程质量、安全、效率、资金及组织协调等,监理工程师担任总咨询师,在促进参建各方有机配合、化解矛盾、顺利完成建设工程目标等方面具有天然优势,有利于实现项目综合效益。

与造价工程师等其他咨询人员相比,监理工程师的服务内容更多、更全面,适应性更强。监理工程师应扬长避短,积极大胆地走向总咨询师,更好地为全过程工程咨询服务。

参考文献:

[1] 中国中建设计集团有限公司,北京帕克国家工程咨询股份有限公司.建设项目全过程工程咨询标准:T/CECS 1030-2022[S].

[2] 中国建设监理协会.建设工程监理规范:GB/T 50319-2013[S].

[3] 杨学英.监理企业发展全过程工程咨询服务的策略研究[J].建筑经济,2018,39(3):9-12.

[4] 姚金勇.工程监理的事前控制[J].城市建设理论研究(电子版),2012(18):17-18.

[5] 厉兰伯,胡爱敏.谈监理工程师在设计阶段的监理工作[J].交通世界,2004(7):32-33.

[6] 陈宇,卜汉臣.招标投标中监理工程师参与需抓好几个阶段的工作[J].黑龙江水利科技,2009,37(3):147-148.

作者简介:

金建杰,男,1979年生,本科学历,国家注册监理工程师、一级建造师(房屋建筑、机电工程)、造价工程师、注册咨询工程师(投资),浙江子城工程管理有限公司总师办副主任,现主要从事建筑工程项目监理、工程管理、技术管理和咨询等工作。

公共建筑改造项目管理经验探索

宁波高专建设监理有限公司　胡　俊　俞有龙

【摘　要】　鉴于城市规划和建筑功能及外观形象等要求的提高,对大量使用超20年的既有公共建筑改造提升已成为一种趋势。这对工程咨询行业是新的机遇,同时也是新挑战。该文以实际案例介绍公共建筑改造项目管理,总结管理经验,探索改进思路,共享于同行,以期提高后续同类项目管理水平。

【关键词】　公共建筑;改造提升;全过程工程咨询;项目管理

引言

我国近几十年城市化发展迅速,高楼不断涌现。现时,使用超20年的公共建筑,按其结构设计年限(50—100年)来衡量尚处于正常使用阶段,但内部装修老化,建筑设施如电梯、空调等陈旧。有的建筑,立面形象也渐与周边发展欠协调。拆建往往形成浪费,迁建不但成本高,还受限于地理位置与环境。因此,对既有公共建筑进行改造提升已然成为一种趋势。

公共建筑改造提升是工程咨询行业的新机遇,也是对全过程工程咨询(以下简称"全咨")的新挑战。宁波高专建设监理有限公司近年来连续承接建筑改造提升项目管理案例,已有2个项目竣工,1个在建。现结合公司团队管理经历,从项目报建、技术管理、预算编制、现场管理及业主需求等方面总结经验,探索改进思路,以期后续提高。

1　项目简介

A项目已竣工,为银行办公楼,位于宁波市核心区域,临近三江口,建筑北侧紧挨大型商场、东侧为主干道、南侧紧贴商铺、西侧有袖珍广场约270 m²。大楼始建于1984年,共21层(地下1层、地上20层),建筑高度85 m,面积为26000 m²。2000年,业主对室内装修进行过改造,本次改造范围为幕墙、内装、屋面防水拆除并重做,主要设备(电梯、空调等)换新并新增3部电梯,改造施工期间银行1楼正常营业。项目总投资约1.5亿元,计划工期24个月。

B项目已竣工,为另一银行办公楼,位于慈溪老城区中心,建筑北侧为城市主干道,东侧临近沿街商铺,南侧有小型广场约860 m²,西侧为居民区。大楼始建于1994年,共13层(无地下室),建筑高度

47 m,面积约10700 m²,2009年业主进行过局部改造,本次改造范围为室内外装修全拆除、结构加固、原涂料外墙提升为玻璃幕墙,消防、安防、空调、电梯全部更换等。项目总投资约7500万元,计划工期15个月。

C项目在建,亦为银行办公大楼,位于宁波市鄞州区,大楼始建于2009年,共25层,建筑高度98 m,面积约54000 m²,本次改造范围仅对外墙石材进行拆卸重装,更新原开放幕墙体系为封闭体系,涉及石材面积约11000 m²,附带建筑泛光改造升级,计划工期12个月(以下正文中反映C项目情况不多,主要以A和B为主)。

2 报建特点

对既有公共建筑改造已成为一种趋势,但政府相关要求文件并不多,或相关文件要求较为笼统,在项目报建办理手续的过程中避免不了碰碰磕磕。相对于新建,改造项目报建手续较少,主要涉及发改、规划和住建3部门。

2.1 发改立项

项目名称的确定建议提前与当地发改和住建部门对接。因为政府对改造项目规定文件不多,为避免"显眼",在项目命名时业主往往希望避免使用"改造""改建"等文字,但发改和住建管理需求差异。如A、B项目立项时,工程名称均为"××××大楼装修工程",但在办理质安监手续时,管理部门按项目性质均加上"改造"两个字,最后导致原立项信息包括设计图纸、概算等名称均相应修改,报建进度滞后约1周。

2.2 规划报批

改造项目在规划报批手续办理时,如果不涉及面积增加或产权证更换,规划部门主要是对外立面改造效果进行审查。在方案设计时,应结合建筑物所在区域对建筑外立面效果进行整体策划,风格应与周边建筑相适应,同时应提请城管部门确认泛光照明等要求,以便顺利报规划审批通过。

A项目报规划时明确要求泛光照明设置,灯光效果需根据三江口整体灯光要求统筹设计施工(外幕墙设计需配合留设灯具安装槽)。大楼改造后,外立面形象将有很大提升,规划部门很满意建筑效果,在改造施工过程中给予支持。B项目规划报批时没提出泛光要求,是鉴于慈溪老城区整体建筑物都比较陈旧,改造后,若有泛光效果如"鹤立鸡群",因此只对外墙玻璃设计参数进行调整,尽量做到改造后外立面效果与周边风格相协调。

通过对A、B两个改造项目规划报批工作进行比对,规划主要是对外立面效果进行审查,需要业主提前对接、沟通。同时,改造提升是否有泛光要求,要视周边情况而定,即周边有泛光效果则一般需同步做泛光;若无,则不需要。

2.3 施工报建办理

既有建筑改造项目涉及报建工作主要是图审和质安监手续办理,在设计前还应提前委托第三方对原建筑进行结构安全鉴定并出具鉴定报告。因历时久,老建筑设计档案只能提供手绘图,应提前收集资料与图纸,最好还得转绘CAD图,才有利于报建办理,缩短时间。同时,由于现行消防等规范会比当初始建要求高,消防楼梯、前室等在改造后难以满足现行规范要求,因此应提示业主暂不纳入改造范围,可在交工后再进行零星装修、二次改造。另外,改造项目审图工作要求也不一样,因为改造项目或多或少需对结构进行加固,审图时须先进行结构加固图审。这些工作要提前,才能减少反复,提高效率。

改造项目在结构加固图审结束后,方可进行幕墙、室内装修等图审工作,这对现场开工办施工许可证有一定影响。可提前与住建部门沟通,先办结构加固施工许可证,等幕墙、室内装修图审结束后,通过施工许可证变更增加施工内容,这样可有效缩短报建周期。在B项目上,公司全咨团队如此行事,使建设周期缩短了约2个月。

3 技术管理

技术管理是改造项目的核心工作,决定着建筑使用功能落地且贯穿整个建设期。这里主要分享全咨团队对图纸设计管理方面的经验,提及在满足使用功能的同时应符合规范要求,及在施工中更好地把控质量、进度和安全,以确保项目顺利推进。

3.1 设计配合

建筑规范一般以10年为一个周期,进行更新或修订。改造项目往往会跨越2—3个规范修订期,因此设计时会发现很受限,结构、消防部分尤其突出,往往要调整结构或平面布局才能满足,从而导致牺牲部分功能或限制面积的折中做法,甚至使造价提高。为此,一定程度上应积极避免,并遵循几点建议,包括:(1)提前收集原建筑、结构图;(2)设计前对现场进行踏勘,全面了解情况;(3)对难以满足现行规范要求且不影响结构安全的,在立项报建时先剔除不纳入范围,验收后再二次改造完善;(4)涉及民生的,可以考虑专题报告政府相关主管部门,寻求政策支持;(5)若建设期允许,建议先拆除至结构后,再进行设计。

如A项目,全咨团队在设计期间,发现消防前室面积无法满足6 m²的规范要求,经向业主汇报讨论后,决定消防楼梯及前室不纳入改造报建范围,验收后由业主自行处理,有效地缓解了此冲突。

3.2 施工跟踪

原有建筑在始建时受施工技术、设备和工艺限制,在改造前还可能有过装修或局部改造等情况,因此,结构情况在拆除面层后往往与原结构图示有较大差异。出现这种情况,会严重影响施工进度,业主目标往往也受影响。为保证进度,建议设计师要提供驻场服务,在设计招标或签订设计合同时就提前约定。

A、B项目都遇到上述问题,其中A项目在原有装修层拆除后,发现结构差异,甚至发现7层有一处主梁早被野蛮凿除,存在结构隐患,经联系结构设计师查看现场,重新补增结构主梁。因类似问题,A项目在施工中一共出具了21份结构变更处理联系单。另外,因设计招标时未约定设计驻场,在发现问题后传设计单位,设计师往往隔天才来现场实地查看,导致施工进度至少滞后40多天,严重影响了现场施工进度。

4 预算控制

改造项目往往位于城区中心,周边环境复杂、场地受限,材料进场运输包括施工过程中物料垂直运输难度较大,预算编制时要考虑更多综合因素:(1)拆除工作除空调、电梯等设备外,建议不要过多考虑残余价值,因为破坏性拆除没有什么残值,若采取保护性拆除,则所增加费用往往与残值相当;(2)安全文明施工、材料运输等不利因素需充分考虑;(3)如有条件,在预算编制前组织人员现场踏勘;(4)设置暂列金额,减小不可预见因素带来的结算审计风险;(5)外立面拆除或施工,若涉及外架,建议由施工单位带方案投标。

现时,因为改造提升并无更多案例,造价咨询也碰到计价依据不足问题。近年新出版的省建筑工程预算定额也植入了一些有关拆除的定额子目,而且还专门新增了省维修定额,但子目不多,也缺乏针对性。因此,由全咨团队进行事先调查,模拟施工方案,作为造价咨询编制招标控制价参考依据。业主也关心拆除计价问题,有的业主同时委托2—3家造价咨询企业平行编制招标控制价,还组织他们"对账",以保证造价合理。另外,拆除单价或总价包干的思想很重要,毕竟中标施工单位应该比业主更有经验与信心。不包干,成本控制有难度,这同时也是全咨管理的难点。

5 现场管理

现场管理是改造项目实际落地的关键。一般情况下,它是在设计(图纸)、造价(预算)等已经确定后,才全面介入的。而改造项目有所不同,原结构工况、周边环境等不利因素难以预估,现场管理如不提前做细工作,很容易产生"亡羊补牢"的局面,甚至因部分问题难以处理,只能迁就,降低业主预期目标或增加工程造价。若现场管理在立项时就介入,在前期踏勘、报建等方面加强沟通,则在一定程度上可避免问题发生。

5.1 重视现场踏勘

前期组织现场踏勘,全面了解项目现状及周边环境,包括收集整理原有档案图纸等资料及业主要求,就安全(外架、高空作业、噪声、扬尘等)、进度(施工顺序、材料堆放、材料运输等)、工程造价(不可预见防护措施费等)进行总体策划并向业主汇报,使业主提前做好心理准备,并赞同制订预防措施。

5.2 介入管理互动

提前主动参与项目报建、设计、预算等工作,结合实际情况及踏勘信息,对报建、设计、预算等工作中有可能遗漏的内容(如安全措施费、新旧规范冲突等)进行提醒并协助完善,减少施工难题,尤其是解决掉消防验收隐患。

5.3 综合处理疑难

对原建筑改造提升,会碰到较多的特殊疑难问题,如外立面施工措施、建筑室内层高问题等。现场综合处理极为重要,不论是设计还是全咨或监理、施工班组,碰到问题都得积极想办法,群策群力,以施工安全及工程品质为目标,共克时艰。

5.4 及时收集资料

前文中已讲到 A、B 楼均因前期使用过程中有过局部翻修改造，原结构图示与拆后裸露结构存在较大差异，导致施工变更与签证增加。在施工跟进管理时，应及时收集相关依据资料，如设计变更、现场影像等资料，并及时办理审签流程，避免在后续验收或结算审计中存在程序风险。

6 疑难攻坚

改造不同于新建工程，在拆除与改造提升过程中，宁波高专建设监理有限公司全咨团队碰到了许多设计与施工问题，需要不断地在现场想办法才能解决，要安全施工、提升品质等。以下就介绍三个难点及现场解决方案。

6.1 外架搭设是难点

改造项目外立面施工（幕墙拆除或安装等），建议搭设落地外架并满挂安全网，主要原因如下：（1）既有建筑改造往往位于城市闹区，人车流量大，安全隐患因素多，搭设外架可提高施工作业安全，减少坠物风险等；（2）外架满挂安全网，还可有效控制施工扬尘，特别是拆除扬尘；（3）若涉及焊接等动火，应加接火斗，外架防护确保有效，减少火灾等；（4）施工过程中保持文明城市形象等。

在 A 项目上，前期策划时全咨团队根据周边环境及大楼实际情况建议搭设外架，但施工单位考虑费用节约等因素不愿意，还提出诸如上海知名施工企业有丰富施工经验，策划搭设"环轨＋吊篮"进行外立面拆除和幕墙安装施工，也能确保安全、质量和进度。最后业主让步，施工单位未采纳我方建议。在后续施工中，遇到了很多问题：（1）环轨搭设涉及悬挑施工、坠物等安全隐患，特别是焊接作业火花飞溅，无法良好控制；（2）外立面拆除中，高空坠物隐患、扬尘无法控制；（3）吊篮用于幕墙安装作业，施工效率低；（4）外立面拆除后，大楼原结构裸露，混凝土色差如同"补丁"，严重影响市容市貌，住建、规划等部门都提出意见，最后不得不全面喷漆处理。也正是因为上述问题，拆除和幕墙安装比预期滞后 5 个多月，相关措施费反而增加。

B 项目在施工策划时，施工单位亦提出使用吊篮进行外立面拆除和幕墙安装施工，全咨团队强烈建议满搭外架，并详细向施工及业主阐述利弊，总算达到目的，采纳我方建议。虽然前期争议及组织专家论证方案多花了约 2 个月，但在 A 项目上遇到的类似问题，B 项目都避开了，且全面展开施工，进度也有保障，剔除施工期间受新冠疫情影响，整体施工比预期缩短近 1 个月。

A、B 项目经历，证明了改造项目外立面搭设落地外架的必要性和优越性，A 项目"搭设环轨＋满铺吊篮"施工单位措施费也很高，但进度、安全、质量管控难度都远超预期。如图 1—图 3 所示，为 A、B 项目现场对比照片。

图1　A项目环轨立柱架设　　　图2　A项目原幕墙拆除后外貌　　　图3　B项目全封闭落地式外架

注:通过对比,大楼外立面拆除后,B项目对市容市貌影响较小,同时外架在挂密布网后对扬尘也有较好的控制效果

6.2　材料运输是难题

改造项目施工场地狭窄,加固、外幕墙与室内装修会长期交叉作业,材料运输更是难题。全咨团队在A、B、C项目上,施工期间都遇到材料运输难题,其中A项目最为突出。根据现场实际情况只能将西侧面广场作为材料堆场,因没有条件安装施工电梯,材料转运至楼层只能使用室内原有电梯。在开工前,全咨团队与总包单位进行了讨论,并做了详细策划:(1)对西侧场地进行区域划分;(2)拆除垃圾当晚必须外运;(3)材料到场2小时内必须转运至楼层;(4)原有电梯安排专人司乘;(5)材料到场需提前通知总包,统一协调安排电梯;(6)除拆除垃圾临时堆放外,其余材料一律安排晚上进场;(7)建筑原有3部客梯和1部消防电梯作为施工电梯,在外幕墙完工后再拆除;(8)幕墙材料以租吊车吊运为主。

材料运输详细策划中综合考虑因素包括:一是项目位于宁波核心城区,晚上10点至早上6点才允许黄牌车通行,材料运输时间短;二是室内装修时,外幕墙没封闭,幕墙板块单元缺乏堆放场地,各分包配套单位也需要提前进料,导致材料运输矛盾激增。为解决问题,经与业主协调,由总包单位租用北侧商场屋面作为材料堆放及加工场。

类似材料运输与堆场是改造项目难题,均关系着施工进展。总结管理经验包括:(1)开工前,组织总包单位对项目周边环境进行踏勘,对材料运输可能遇到的问题进行策划并提出预控措施;(2)如果没有合适场地架设施工电梯,借用大楼原有电梯须安排好,并确定停用及拆除时间;(3)提前咨询当地城管、交警,落实货车通行时限;(4)材料转运至楼层,尽量安排在夜间进行;(5)各分包单位或班组进场后,业主和全咨单位有必要协助总包就材料运输和堆场等事宜进行交底。

6.3　老建筑层高是顽症

20世纪80年代高层公共建筑在改造时往往受限于层高。大部分既有建筑标准层层高一般为3.3 m

或3.6 m,若加装空调并考虑消防管网,装修后净高一般只能做到2.4 m左右,如果按时兴敞开式大办公环境,净高2.4 m显得"压抑"。为此,针对该问题提供解决建议:(1)引进BIM技术,在施工前对结构吊顶与管线排布建模显化层高,提前暴露问题并进行设计优化,可避免返工;(2)样板先行,便于调整布局或装修风格。原楼层高事实存在,无法改变。施工中一旦遇到,往往是"死结"。业主难以接受,不肯让步,在过程中造成"扯皮"、返工、误时,同时导致增加费用签证。如果先做样板层,邀请业主与设计验收,实景效果比图纸更直观、更具说服力,处理问题更有效、更直接。

宁波高专建设监理有限公司全咨团队在A、B项目上,都遇到过层高问题,采取上述方法取得效果,尤其是引进BIM技术。A项目在拆除至原结构后,根据设计图纸建立BIM模型,发现电梯厅和大办公区域装修吊顶标高不满足要求,业主代表提出"房间布局已经各部门确认,不宜调整,即使调整设计工期也太长。后经讨论,风管"绕"、水管"拐弯"一点点地优化,调整吊顶造型,降低电梯厅与大办公区域四周标高,再次利用BIM建模,模拟施工,才使得问题得到妥善处理。如图4、图5所示为标准层电梯厅吊顶标高建模前后对比图。设计师降低了吊顶局部标高、石膏板长度略微缩短、厅门前做木纹转印铝板顶,同时为确保装修风格,改宽石膏板造型为彩霸膜。为验证并保证实效,提前做样板,再推广实施至各层,业主很满意。全楼标准层装修后,净高均达到不小于2.5 m的效果。

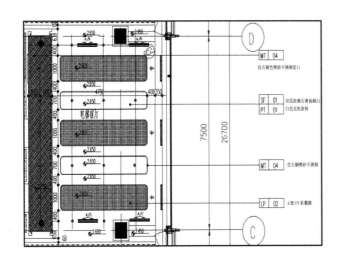

图4 A项目标准层电梯厅吊顶设计原造型

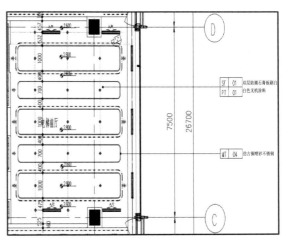

图5 A项目标准层电梯厅设计调整后的吊顶造型

7 其他事项

7.1 改造提升的原因

公建项目改造主要原因包括:一是室内装修破旧,设施陈旧,外立面往往也存在渗漏隐患,或与周边不协调从而影响建筑形象;二是原建筑不满足新业态变化及功能需求,需要重新规划平面布局改造提升;三是拆建或迁建均不合适,如建筑位于主城区,原址拆建,工期长,对周边建筑物影响大,周边防护等过高措施费将导致工程造价高,若选择迁址新建,土地费高且新址往往只能在城市新开发区,不如原址优越,建筑价值影响难以预估。因此,对这些既有建筑进行改造提升往往是业主最佳选择。

7.2　重视业主关切点

通过几个项目的实践,公司全咨团队研讨归总了既有建筑改造的业主方主要关切,包括:一是希望建设期尽可能短。公共建筑改造,意味着原楼人员与业态需搬迁,必然要临时租房过渡,业主盼望早日回迁并持续关注进度,过渡费随工期增长与项目成本直接相关。因此,全咨团队在项目前期策划时就需重点关注,不利因素尽可能考虑周全并采取措施减少或避开。二是结构安全及改造后环境舒适、档次提升的矛盾。公建项目进行改造,结构安全是首要关注点,各参建方都特别重视,达到改造提升之目的,是以保证原结构安全为基础的。三是关切施工安全。当然,设计、施工与监理都是项目建设主体责任单位,与业主同样须承担安全责任风险。

8　结语

随着建筑功能定位的提高,以及城市规划的提升,国内很多20世纪80年代投建的公共建筑将逐步面临着改造提升选择,这也促成咨询行业机遇。作为当地由监理单一业务向全咨综合业务成功转型的企业之一,近年来,公司也一直在不断地总结既有公共建筑改造项目管理经验,积累典型案例业绩,探索管理思路。相对于新建项目,改造项目更为复杂,管理难度更大,不可预见因素更多,这需要我们加强管理,提前策划,努力提高,为业主方提供增值服务,才能适应业务扩展。

作者简介:

胡俊,男,1989年生,本科学历,宁波高专建设监理有限公司员工,现主要从事全过程工程咨询项目技术管理和现场管理等工作。

俞有龙,男,1969年生,本科学历,高级经济师、国家注册监理工程师、一级建造师、一级造价工程师,宁波高专建设监理有限公司副总工程师,现主要从事项目监理、全过程工程咨询管理等工作。

发挥专业优势　体现服务价值

——全过程工程咨询服务管理实践体会

浙江鼎力工程项目管理有限公司　张启松　胡泽龙

【摘　要】　根据2019年3月国家发改委和住建部《关于推进全过程工程咨询服务发展的指导意见》，大力发展以市场需求为导向、满足委托方多样化需求的全过程工程咨询服务模式，全过程咨询单位采用1+N（"1"为项目管理，"N"为专项咨询）的管理模式，在设计管理过程中，有效融合多专业间的技术咨询，充分发挥各专业优势，通过优化设计、优化设计概算、BIM技术等，利用设计阶段向业主提供高质量的服务，更好地体现全过程工程咨询服务价值。

【关键词】　优化设计；限额设计；BIM技术

1　工程概况

1.1　工程简介

本案例工程为某校园建设项目，总用地面积约23.4万平方米，总建筑面积约21.58万平方米，地上总建筑面积约19.48万平方米，地下室建筑面积约2.1万平方米，建设项目分为A-1、A-2两个地块，中间为规划道路。

1.2　工程特点

项目选址位于温州经济技术开发区围垦区，原为海涂，围垦造田后形成现状，以淤泥类土为主，工程性质较差，地块内无其他建筑物，项目前期已进行软基处理。

本工程具有建设规模体量庞大、建筑单体数量多、建设档次定位及品质标准要求高、工程技术复杂、投资额大等特点，项目效果如图1所示。

图1 项目效果图

2 项目咨询范围及特点

2.1 服务范围

本项目采用全过程工程咨询服务模式,服务范围包括项目建设全过程管理、项目实施策划管理、计划管理、参建单位管理、报批报建报验、合同管理、勘察管理、设计管理、招标代理、造价咨询等内容。

2.2 服务特点

咨询单位利用推进咨询服务与信息化技术融合创新发展,依托公司数字转型和高质量发展的理念,实现多个工程专业综合运营、高度融合的现代咨询服务模式,积极融入数字化转型浪潮,构建建筑业数字化生态,倾力打造全过程工程咨询数智服务平台。

3 项目咨询组织架构

咨询组织架构如图2所示。

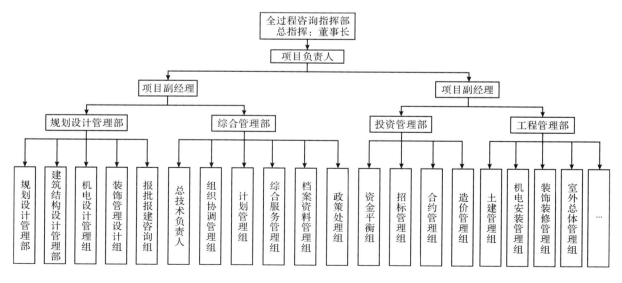

图2 咨询组织架构

4 项目咨询服务策略

咨询单位为确保本项目顺利实施,保证咨询服务效果,体现咨询服务优势,特制定如下服务策略:

(1)编制建设工程总体控制性网络计划,明确各个阶段的完成时限,明确本项目进度控制、投资控制与质量控制的工作要求,制定项目建设管理各项工作制度及流程。

(2)明确本项目各项建设目标,特别是符合工程项目基本建设程序条件下各项具体工作内容及安排,做到统筹安排,运筹帷幄,提高项目建设管理水平。

(3)明确组织分工与协作,理顺项目实施过程中的任务分工、管理职能分工和沟通协调关系,明确相关部门和岗位的责任和权力,确保项目目标最优化实现。

5 项目咨询服务运作过程

5.1 初步设计阶段

(1)组织初步设计单位与使用方展开详细的需求调研,对功能布局、建筑外立面、校内交通流线、装饰装修标准、校园环境与文化、智能化及水、电、风、气点位进行详细的了解和讨论,及时开展材料、设备品牌调研,尤其对建筑、结构有影响的材料或设备,确定品牌范围,经使用方确认后完成初步设计工作。

(2)对设计成果文件的质量和深度进行审核,协助建设单位因地制宜,提升优化设计,确保设计成果文件满足业主需求和施工质量等要求。

(3)协助建设单位建立造价管控的相关制度。利用公司投资监控系统对项目的投资进行动态监控,根据建设单位实际情况进行调整,为后续的投资监控系统的使用提供便利条件。

(4)设计阶段经济比较。本项目为校园建设工程,生产工艺流程已经比较完善,投资分析组利用往年及类似项目的相关数据与本项目经济指标进行比较,从材料产地、设备品牌选用、施工工艺等方面提出经济比较,为设计决策等提供参考。

(5)对设计概算审核有效控制造价。根据初步设计图纸核算工程量,对初步设计概算进行技术经济分析和论证,审核初步设计概算,通过设计的成本思维,从而有效控制工程造价。

5.2 施工图设计阶段

(1)跟踪检查各专业施工图设计进度执行情况、监控各专业交叉设计时可能产生的无序情况和设计接口问题及其引起的设计工期延误;及时与设计方协调,力促上下游专业间保持密切联系和有效沟通,避免因技术误解而造成资源和时间的浪费。

(2)协调总承包单位与设计单位进度相互衔接,协调各专业设计与特殊专业设计、基本设计图与详图的关系,从而保证各设计单位、各专业按进度计划高质量地完成所承担的设计任务。

(3)审核设计文件,核对发包人要求和合同文件,做出认可与否的决定;控制设计过程中的变更及其实施时间,避免因总承包方的违约而影响或延误设计进度。

(4)督促设计单位按约及时提交设计进度报告。

（5）通过BIM校核技术应用，修正设计细部错误及优化建议，通过BIM技术优化总进度计划，利用BIM技术测量工程量测算工程造价。

6 项目咨询服务亮点

6.1 重点区域设计优化、保障工程质量把控

（1）本场地为围垦区，区内为历史遗留围填海用地，原始地貌为水下浅滩，后为建筑废土消纳场，表面大部分由建筑废土、建筑垃圾回填，场地杂填土下有25—30 m的淤泥土层，地质情况极差。航拍如图3、图4所示。

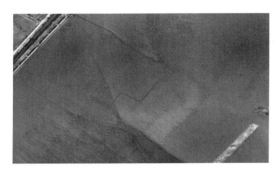 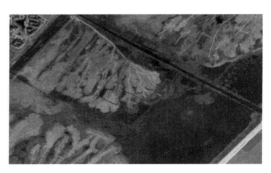

图3　2012年航拍图　　　　　　　　　　　图4　2021年航拍图

（2）本项目红线范围内，前期已进行真空预压软基处理，塑料排水板深度为18 m，间距为0.8 m，固结度为85%，处理后与设计±0.0标高相差2 m左右。在校园建设工程初步设计阶段，项目组通过对周边已建学校走访考察，发现因大面积地面填土导致的下卧层土体压缩变形及填土层自身沉降变形问题特别严重，场内道路有不同程度的沉降、给排水管线破裂等工程问题突出，后期维护维修成本高。

（3）为此，考虑到本项目学校操场、道路及主入口等重点区域回填土层较厚，后期沉降量过大，结合以往的工程经验，向建设单位提建议需做有针对性的地基加强处理。得到建设单位认同后组织各方多次深入研究讨论，并邀请相关专业专家进行指导，从节约地基处理投资造价的角度出发，在地基处理实施方案的基础上，对上述重点区域进行二次加强处理，即在真空预压处理完成后再进一步实施超载预压（预压超载高度高出设计完成面标高1.5～2 m），超载预压时间不少于18个月，同时严格控制上部回填土的质量和压实度。

（4）根据计算，当固结度达到85%时，排水板长度为18 m，真空预压施工结束后，在校园建设工程实施过程中，采用堆载＋交通荷载共同作用的方式，可继续使孔隙水缓慢排出，孔隙体积继续减小，使土体继续发生固结变形。根据地质勘查报告，分层总和法计算软土层的沉降量大约为1.333 m，结合温州围垦区土体沉降变形的经验，经验系数取1.2，最终计算得到的沉降量约为1.333 m×1.2=1.6 m，超载预压施工后沉降量约为1.6 m×(1−0.85)=0.24m。

（5）为节约超载预压施工工期，超载预压（堆填土施工）在项目EPC总承包单位进场后尽早实施，以保证超载预压时间要求；此外，超载预压施工综合考虑场地完成面的面层结构施工时间、回填土质量控制要求、超载预压完成后高出设计完成面标高部分多余的土方场内消纳。

(6)鉴于项目正在桩基施工阶段,本设计优化后实际效果,须等整个项目施工完成后再进一步论证该方案的可行性。

6.2　优化设计概算、满足限额设计

(1)合理的限额设计指标是实现造价有效控制的前提。在工程初步设计阶段,做好技术与经济的统一,是合理确定和控制工程造价的首要环节。初步设计概算是设计文件的重要组成部分,须满足限额设计要求,一般不得任意突破,设计概算一经批准,将作为控制工程建设项目造价的最高限额。因本项目为校园建设工程,具有规模庞大、结构复杂、功能多且业态复杂等特点,导致设计单位提交设计概算初稿时与估算比较偏差10%左右,经造价管理部进行概算审查,与可研估算单方造价指标进行对比,主要在土建工程部分差异较大。经分析主要存在以下几点问题:

①初步设计概算不够深化,初步设计概算明细表较粗略,概算部分内容存在漏项;

②个别设计概算严重偏离市场价格,比如地下室拉森钢板桩基坑围护单价28 555元/m;

③设计概算部分定额材料规格与定额名称不符且与图纸冲突;

④土建工程可研估算单价指标取定偏低。

(2)咨询单位高度重视,公司负责人亲自指导项目层召开多次概算指标分解会议,找出存在问题的根本因素。通过与设计单位多轮次沟通讨论,扭转设计单位的固有思维,协助设计单位进行优化。如调整预制管桩打桩工艺由静压调整为锤击,基坑支护结构造价重新复核验算,室内装修造价重新细化组价,室外园林景观苗木单价调整等,结合快速预算,进行概算复核调整,提高概算精确度,最终满足业主方需求。其主要采取措施如下:

①对概算进行细分。将概算进一步细化至各个专业及各分部分项,构建数据库,建立概算指标库、材料设备价格信息库、施工技术措施及构造做法标准库等数据库,为概算控制提供有力支撑。

②引导限额设计。根据细分后的概算,引导设计单位进行设计优化,达到限额设计控概创效的目标。

③以计价规范为基础。依据初步设计图纸,选定定额材料规格与定额名称,根据浙江省建设工程计价依据(2018版)综合解释及动态调整补充完整。

④确定目标成本。概算分解完后,结合各专业概算做出对应的目标成本、总体目标成本,为成本控制提供支撑,并制定成本控制措施,保证项目效益。

6.3　合理利用智能化、规避交通压力

(1)由于该项目为寄宿制学校,分为东、西两个地块,中间为规划道路,上部采用风雨连廊贯通,按建设单位需求项目将学生宿舍楼和综合办公楼分别安置在两个地块上,考虑老师进校上课方便,以及考虑周末学生放学利用地下停车库方便家长接送,缓解路面交通压力等停车问题,各修建一个地下室。

(2)利用智慧校园的移动物联网技术、智能车牌识别技术不停车出入的方式,地下室接送区域设置车行道闸,管理/分隔外来车辆(家长接送车辆)与在校职工车辆的停放区域,学生与家长提前联系定位接送地点,进入地下室设置一进一出车道,采用高清摄像机拍摄车牌,从识别车牌至感应开启道闸

时间不超过0.5s,有效缓解在放学时段学校周边路面交通压力的弊端。经交通流量复核论证及交通影响分析评估后,得到交管部门快速批复。

6.4 利用BIM技术、提速增效

在EPC项目中,设计院在图审之前要将图纸中的问题进行规避,避免后期出现变更。在本项目中,通过BIM技术将设计院和施工单位进行了很好的融合,工程师通过BIM模型的搭建,1:1还原了设计师的设计意图。通过BIM的三维可视化反馈给施工单位,施工单位的项目经理及技术总工通过BIM模型,在里面进行漫游、测量、查看、模拟,将各专业的模型进行整合,进行错、漏、碰、缺的查找。这里面结合了施工方的施工经验,看模型的同时会看看各个单体对应的地方是否适合施工,对于施工的空间是否合理,对于施工的工艺是否可以实现,同时对于施工的顺序进行了更好的排布。最后将这些问题通过AI辅助审查施工图系统反馈给设计院,设计院只需通过登录账号在手机或网页端进行问题的整改和反馈,不限时间不限地点,随时随地进行办公,第一时间将问题进行解决。另一方面,BIM工程师实时地更改模型,直到模型无任何问题,直接出具二维图纸提交设计院进行确认,最后提交图审。后面各方拿到图审后的图纸将既没有设计问题又没有施工问题,为后续EPC项目实施过程中特别是成本、工期和沟通这一块将带来质的飞跃。有了模型以后,用于各方基于BIM的协同平台数字化管理,实现合同管理、质量安全管理、造价管理、进度管理、资料管理、智慧工地管理等,用于各方三维可视化交底,一些用语言难以形容的复杂节点工艺,通过三维,通过工艺动画进行直观表达交底都是一个很不错的选择。

7 结语

本项目通过全过程工程咨询,充分发挥全过程工程咨询各专业间相互衔接和互补的优势,智能化、BIM技术的合理运用,可提前避免原有单一服务模式下可能出现的管理疏漏,弥补缺陷。抓住业主方核心需求,利用咨询单位的工程造价数据库,在建筑投资、工程质量、优化设计等方面形成一体化服务,提升建设项目服务价值。

作者简介:

张启松,男,1971年生,本科学历,国家注册监理工程师、工程师,浙江鼎力项目管理有限公司项目管理部执行经理,现主要从事建筑工程项目监理、工程管理、技术管理、全过程工程咨询等工作。

胡泽龙,男,1986年生,本科学历,国家注册监理工程师、工程师,浙江鼎力项目管理有限公司项目管理部,现主要从事建筑工程管理、全过程工程咨询等工作。

美丽乡村工程建设管理浅析

浙江宏诚工程咨询管理有限公司　　王　虎

【摘　要】　美丽乡村建设已在全国全面开展,但美丽乡村建设的管理和普通建设项目管理有很大差异。该文通过近阶段参与杭州市余杭区美丽乡村代建管理相关工程实践,提出美丽乡村工程管理的工作建议和方向,为美丽乡村建设提供参考。

【关键词】　美丽乡村;项目代建管理;工程建设管理

1　浙江美丽乡村工程发展综述

浙江美丽乡村工程发端于2003年开始的浙江农村"千万工程",作为"千万工程"2.0版,2008年安吉率先开始美丽乡村工程建设并在全省获得推广。早期的"千万工程"目标相对简单,通过整治让农村的面貌从脏乱差到整洁有序;经过10年的发展,目前已发展到美丽乡村4.0版。从单目标的立面整治到聚焦公厕改造、污水治理、垃圾集中处理,美丽庭院和培育农家乐休闲旅游特色村的综合整治,实现了从外在美到内涵美、从环境美到人文美、从形象美到制度美的转型升级,经过总结发展,美丽乡村建设逐步形成了一定的建设管理流程和管理办法、标准。

美丽乡村建设作为新生事物,各地发展参差不齐。本文通过对杭州余杭区美丽乡村工程相关实践进行总结,分析存在的问题,进而对美丽乡村工程未来的发展提出建议。笔者介入美丽乡村工程管理始于2017年杭州余杭区启动的第一批精品村建设,主管部门为余杭区农业局。余杭区精品村建设是涵盖生态保护、五水共治、垃圾处理、美丽田园等内容的综合建设,美丽乡村工程是其中一块重点内容,在精品村建设中投资占比大,牵涉面广。没有美丽乡村工程建设的成功,就不会取得精品村建设的成功,它是精品村建设的主要抓手。笔者希望通过梳理美丽乡村工程建设中存在的问题,总结一些有用做法,为美丽乡村建设不断改进、提高建设质量做出有益的探索。

1.1　工作指导性文件不足影响美丽乡村工程品质的问题

美丽乡村工程是新的建设模式,美丽乡村建设指南建立了总体框架,但没有现成的专门设计规范和质量标准,工作需要时就参考类似工程做法和标准,存在指导性文件不足、针对性不够的问题,如立面整治达到什么标准、白改黑技术要求等没有统一标准,出现各个设计单位设计不一的问题,一些极具工匠性的矮景墙做法由于没有相应的造价子目出现费用争议而无法推广。为了确保工程建设的成功,主管美丽乡村创建的农业局在工作过程中也陆续推出了美丽乡村十宜十不宜管理规定,明确了余政办〔2018〕107号等文件作为质量和成本管理的工作指导,基本规范了美丽乡村建设的工程管理,但由于上述文件的执行主要体现在施工阶段,没有以正式文件作为规划设计和前期准备阶段的管理依据,且该规定总体上比较粗泛,有很多工程内容不能涵盖;又因宣传不够,很多单位不了解相关要求,导致设计文件不符合相关要求,给现场管理带来困扰;作为建设单位的街道主管部门和村委缺少专业能力,在设计准备阶段组织群众协商不够,与设计人员沟通不够细致和明确,设计人员在设计前对当地的民风民情、村容村貌以及村庄美丽乡村创建目标缺少明确的概念和目标,存在套用景区和城市公园的设计手法等问题。我们在管理过程中,发现了大量问题,需要施工时进行调整。设计问题主要有以下几类:

(1)设计不符合主管部门十宜十不宜的要求,如采用明确不能使用的材料,围墙造型不符合通透式围墙标准、农户不接受的问题;

(2)前期调研不细致导致的设计工程量和实际工程量差异过大,特别是立面整治、白改黑等;

(3)苗木设计没有考虑乡村特点,由于乡村绿化节点分布在村庄,周边不是开阔公园,需要考虑树木对住宅的影响,不能选用成形后高大和覆盖面过大的品种,同时从维护绿化成本和效果考虑,要选用易于成活的灌木等;

(4)设计内容与村庄需求有较大脱节。由于缺少类似城区的市政规划,农村地区普遍缺少公共配套和场地建设,如停车场、健身场,可以举行电影放映、民间文体活动的公共广场和口袋公园等,美丽乡村设计应结合功能和美观需求设计符合实际的公共配套场所;由于设计上的不足,不是相关功能缺失就是停车场、健身场、广场等过大或过小,满足不了使用要求。

1.2 建立美丽乡村项目工程管理的标准化

美丽乡村项目工程管理和普通工程相比有一定的特殊性。一是管理流程上,美丽乡村工程属农业局农建项目,建设管理流程和管理模式迥异于普通房建和市政项目,需要和主管部门沟通明确各方认可的管理流程。二是安全和文明施工管理方面,由于无法实行封闭式管理,导致安全风险点多、容易与农户产生摩擦。三是质量管理上,不但要按照设计施工,还要考虑农户的认可接受性和风俗习惯,如景墙与住宅的相对关系,农户外墙色彩的选用。四是进度管理上,合同工期没有考虑场地影响与实际不符,合同工期本身不合理,同时由于工程节点涉及范围广,制约因素多,全部为室外作业,导致进度控制难以达到要求。五是合同管理方面,由于场地原因,工期具有一定的不可控性,工期拖延几乎成为常态,实际工期常常是合同工期的一倍以上,导致产生各种管理矛盾,要解决上述问题需要解决管理流程标准化和工作制度标准化的问题。

2 美丽乡村工程建设管理基本问题的分析和解决思路

通过对现阶段美丽乡村工程特点的分析,我们梳理出美丽乡村工程在设计、施工、合同管理等方面的各种问题和在项目层面采取的相应管控措施,在建设过程中,通过有针对性的流程设计、例会制度和责任分解,保证建设管理科学、有序。

2.1 针对设计不足采取的措施

设计问题主要体现在三个方面:一是设计方案和材料不符合美丽乡村管理的规定;二是设计用地与实际供地存在差距;三是设计明显不合理。为了减少设计问题造成的影响,在管理流程上强化设计服务,通过现场勘查、图纸会审,尽量在开工前做好设计变更,对于后期发生的变更则强调集体决策,通过参建各方共同参加的现场例会或专题会形式协商形成变更意见,保证科学、合理。

2.2 针对工程管理风险采取的措施

美丽乡村工程管理风险主要体现在三个方面:一是没有工作流程,各行其是,职责不清;二是不能严格按程序组织检查、验收,工作作风散漫随意;三是缺少沟通,导致工程计划、工程量调整后信息不能及时共享,后续处理扯皮推诿。具体实践中,我们通过第一次工程会议,一是明确管理要求,包括开工报告审批、进度审批、各方工作职责、建设管理基本流程、代建例会、监理例会和监理、施工需要提报的月报以及联系单的处理流程和模板,确保管理的标准化。二是强化现场管理,通过例会检查和巡查检查等手段加强安全和文明施工,及时处理安全和文明施工方面发生的事件和纠纷,保证安全和文明施工。三是强化资料管理,借鉴建筑工程资料体系,要求施工、监理完成施工、监理资料的整理和归档,通过统一的资料整理保证项目建设信息的有效和完整。

2.3 针对合同管理风险采取的措施

美丽乡村工程散布在乡村各个位置,场地协调工作尤其重要,施工场地的协调,有的受到村委和农户的影响,有的受到四好公路、截污纳管等当地其他工程的影响,不确定因素多,变化大,导致施工方案、施工工程量、施工计划执行难度较大,需要根据实际情况不断调整,我们按照实事求是的原则处理合同争议,主要通过例会会议讨论受影响区块的处理,明确甩项、延期、局部调整等各种意见,并制定新的计划目标和节点。

3 美丽乡村工程管理制度和措施的探索

美丽乡村工程参与单位以中、小企业为主。管理能力和项目负责人水平良莠不齐,为了保证管理目标的实现,需要加强对各参建单位的考核和检查,征得业主同意后,我们根据国家相关规范,针对美丽乡村的特点,有针对性地拟定了各参建主体的管理办法,并与合同相关条款对接,围绕计划管理、方案管理、成本控制等各个管理维度明确管理内容、主体责任和工作标准,让合同各方目标清晰,责任明确。

3.1 在管理制度方面

针对施工单位,我们编制了仁和街道美丽乡村工程施工单位管理办法。通过标准化管理,保证管理目标的执行力:

(1)施工单位应依据双方签订的施工合同(含招投标文件),设计图纸和余杭区政府、区农业局美丽乡村办的相关规定和相关文件施工;

(2)施工单位在项目开工前应完成项目部建设、施工组织设计、专项施工方案、开工报告等前期资料,提交监理、代建单位审批,审批后严格按审批方案和施工计划实施;

（3）施工单位在工作中要接受监理单位、代建单位、街道主管部门和区相关部门的考核与检查，对各管理单位下达的整改通知认真落实，及时回复；

（4）施工单位应按照国家工程项目质量管理规定的要求做好项目管理工作，确保质量、进度、成本等管理目标的落实；

（5）仁和美丽乡村工程严格执行材料样板确认、样板工程先行的制度。由于没有执行上述制度导致的返工，即使施工单位是按照设计施工的，也由施工单位自行负责；

（6）施工单位应按照合同节点做好进度计划的控制工作，一是做好开工令的申报、竣工报告的审批和进度计划报批工作，二是严格按照审批计划实施，确保工程计划符合合同节点，因为非自身原因造成的工程滞后，要及时办理计划调整手续；

（7）施工单位应按照合同要求做好成本控制，一是严格落实按照设计、工程量清单内容施工，不得擅自改动，二是严格执行政府规定的变更流程，在现场出现需要调整的事项时，施工单位应以书面形式提出，代建单位按照共审共议的方式组织建设单位、监理单位、设计单位和审计单位会商解决，施工单位按照会商方案办理变更流程和施工；

（8）施工单位应做好施工现场的安全和文明施工管理，建立健全安全管理体系和安全管理制度，通过制度化安全检查确保安全和文明施工的落实；

（9）施工单位按照相关规范完善信息资料的收集、整理和报批，确保施工资料与现场基本同步，确保竣工后的审计工作顺利实施；

（10）施工单位项目经理要接受建设单位的考勤考核，按照合同规定的要求出勤，认真履行管理责任；

（11）施工单位应按照要求提交施工周报、月报和其他建设单位要求提交的报告；

（12）施工单位要加强项目班组的自身管理，在组织管理上符合合同有关规定，在工作纪律上严格执行廉政承诺。

3.2 针对监理单位

我们编制了以下仁和街道美丽乡村工程监理单位主体管理办法：

（1）监理单位应依据委托监理合同，国家监理规范和余杭区农业局美丽乡村办相关规定履行合同规定的监理工作；

（2）监理单位在项目开工前应提交监理规划和专项监理细则等工作方案文件，并在第一次工程会议上进行监理交底；

（3）监理单位在工作中要接受代建单位、街道主管部门和区相关部门的考核与检查；

（4）监理单位应按照监理规范规定的质量、进度、投资控制和合同管理职责，做好施工现场的三控、二管、一协调工作；

（5）监理单位应采用材料报验、方案审批、样板先行等手段做好工程质量的事前控制；运用日常巡查、分项抽查和专项检查等手段做好工程质量的事中控制；运用分步验收、整改复查等手段做好工程质量的事后管理；确保质量的全过程控制；

（6）监理单位应按照合同节点做好进度计划的控制工作，一是做好开工审批和进度计划审批工作，二是严格审查计划的可实施性，确保工程计划符合合同节点；

（7）监理单位应按照合同要求做好投资控制，一是做好进度款的计量和审批控制，二是变更及现场签证的控制，在程序和审批成果上都要符合规范和实事求是的要求；

（8）监理单位应做好施工现场的安全和文明施工管理，督促施工单位建立健全安全管理体系和安全管理制度，通过安全检查督促安全制度的落实；

（9）监理单位应督促施工单位按照相关规范完善信息资料的收集、整理和报批，协调各方参建单位对审批事项的审核和批复，确保施工资料与现场基本同步，确保竣工后的审计工作顺利实施；

（10）监理单位总监要接受建设单位的考勤考核，按照合同规定的要求出勤，认真履行监理责任；

（11）监理单位应按照要求提交监理月报和其他建设单位要求提交的报告；

（12）监理单位要加强项目班组的自身管理，在组织管理上符合合同有关规定，在工作纪律上严格执行廉政承诺。

3.3　针对代建单位项目部

针对代建单位项目部，我们也同样编制了管理办法，以便于项目部人员落实管理责任：

（1）代建单位依据委托代建合同，履行合同规定的代建工作内容；

（2）代建单位在项目开工前提交代建工作方案，与街道主管部门协调明确代建管理流程和例会制度；

（3）代建单位在工作中要接受街道主管部门的考核与检查；

（4）代建单位受街道主管部门的委托，在项目建设中承担组织、统筹管理、协调、服务的职能；

（5）代建单位应做好项目开工组织管理工作，及时组织项目开工前中标单位约谈、第一次工程例会暨设计交底会议、现场踏勘，督促施工、监理落实开工报告、施工、监理合同、工作计划等开工准备工作，确保按期开工；

（6）代建单位应做好项目建设过程中的组织管理工作，依据项目合同制定合理的工作目标、工作计划和工作制度，以常规检查、专项检查和工程例会等手段推动质量、进度、安全和投资目标的落实，组织协调设计、监理、跟审等专业服务单位共同开展工作，完成隐蔽验收、工作成果复核、工程计量、工程资料签批等工作，确保施工顺利开展；

（7）代建单位应做好竣工验收组织管理，及时组织已完工程的验收工作，协调街道、村委、施工、监理、设计、跟审共同验收，完善相关手续，并做好验收后的跟踪管理；

（8）代建单位应做好建设过程中的信息资料收集、整理和移交管理，确保过程资料和竣工资料符合相关要求；

（9）代建单位在代建过程中应严格按照授权开展工作，积极维护建设单位的合法利益，按照规范的流程审批各项指令，并将相关文件及时报送建设单位审核批准；

（10）代建单位应协助建设单位做好施工、监理人员的考勤管理，发现问题应及时反馈，确保合同主体履职到位；

（11）代建单位应按照要求提交代建月报和其他建设单位要求提交的报告；

（12）代建单位应做好建设过程中各方的协调工作，及时解决单位之间的矛盾，化解各方的利益冲突，确保项目的有序开展；

（13）代建单位应按照廉政承诺做好自身的管理，并对设计、监理、跟踪审计、施工等参建单位的廉政工作进行督查，对违纪行为及时制止和处理，并及时通报街道主管部门。

3.4 跟进的具体措施

有了明确的管理办法，还要有跟进的具体措施确保制度的执行。我们主要采取了以下措施：

（1）对于项目组织管理，我们主要强化项目经理和总监的考勤管理，通过钉钉系统，科学监督项目负责人到位情况，通过出勤率的控制保证管理落实；

（2）对于计划管理，强化计划的编制和考核，通过流程管理，落实计划按时编制和审核，通过例会审核计划执行和计划调整。

4 美丽乡村工程评估总结

通过对部分已完成美丽乡村精品村验收的项目进行完成后的运行情况复查和反馈，我们认为目前美丽乡村工程建设基本实现了村庄面貌提升、环境改善和功能实现的工作目标；但也发现一些需要注意和改进的问题。

（1）工程后期维护问题。目前，美丽乡村工程后期维护缺失是个比较普遍的问题，维护没有跟上，导致整体风貌被破坏，典型问题如木结构的亭子、栈桥等景观节点存在木结构开裂、脱漆、破损等，绿化带被损坏和占用、枯死苗木没有及时清理等。

（2）部分项目没有发挥应有的作用。一些公厕，健身设施由于位置不合理、管理没跟上等原因，处于闲置状态或挪作他用。

（3）部分项目被破坏，沦为形象工程。一些立面整治工程，由于本身属于需要拆除的建筑或保留价值不大的老建筑，在立面改造后被很快拆除，一些白改黑工程在投入使用后又以四好公路的名义二次改造，造成了一定的浪费。

5 美丽乡村工程工作建议

（1）建设主管部门需要加强美丽乡村工程的顶层设计。

美丽乡村建设的顶层设计主要是要明确美丽乡村工作内容、工作标准和基本的成本指标，以便设计、建设、招标代理、代建、监理和施工都有标准可以参照，减少设计问题和不合理的变更发生，也便于过程管理和最终的验收，美丽乡村主管部门要组织相关部门做好阶段性总结工作，优化顶层设计，减少设计和过程控制风险。

（2）建设主管部门要考虑建设和运营的统筹管理和项目评估。

美丽乡村工作目前存在一定的脱节现象，重视立项和建设，对投入使用后的管理不够重视，导致美丽乡村存在短期效应，需要主管部门在建设前就要考虑好使用阶段的职责安排。

(3)建设单位要加强对参建单位的考核和信用管理。

美丽乡村工程由于没有质检、安检部门的介入,工程管理总体存在薄弱情况。建议建设单位加强对参建单位的考核和信用管理,督促各单位加强管理,履行职责。

(4)建设单位要指导村委做好合同管理和后期维护。

由于美丽乡村最终使用方和管理方为村委,需要村委做好质保期内和质保期后的管理工作,主管部门和建设单位要对村委进行必要的培训和考核,维护成本给予支持,保证项目的长期使用。

(5)施工单位要承担工程质量的主体责任,严格落实质量责任制,按图施工,发现问题及时反馈。

在日常管理中经常发现施工单位有不按图施工的情况,主要原因是有些施工单位施工能力较差,很多工艺做法不掌握,如黄泥墙、廊架的屋面节点、景墙细部节点等;有些施工单位有自己的苗木基地,购买苗木时不能严格按图采购,随意替代导致设计效果不能体现,因为美丽乡村工程散布面广,存在的问题难以及时发现,需要施工单位树立正确的质量意识和责任意识,同时相关部门必须加强检查和考核。

(6)设计单位要切实履行责任。

设计单位要切实履行设计效果责任人的责任,全过程参与建设管理和动态控制,及时解决现场问题。

(7)美丽乡村工程需要人人参与。

美丽乡村工程是国家今后一段时间改变农村落后面貌的重要工作,需要不断总结和发展。只要参与其中的每个人认真履行职责,就一定能取得成功。

6 结语

综上所述,我们通过梳理美丽乡村建设的发展脉络及目前存在的问题,结合自身的管理经验,总结了具体的管理办法,在实际工作中也取得了较好的效果;同时,针对存在的问题也给出了一些建议。随着美丽乡村建设的深入推进,会有更多的人员和部门参与其中,希望和大家共同研究、共同努力,完善美丽乡村的规划、设计、建设管理和后期维护,让美丽乡村建设造福国家、造福社会。

作者简介:

王虎,男,1969年生,大专学历,国家注册监理工程师,浙江宏诚工程咨询管理有限公司项目总监,现从事建筑工程项目管理、咨询等工作。

PPP模式在学校项目中的实例应用浅析

浙江鼎力工程项目管理有限公司　　郑永昌

【摘　要】 当前宏观经济背景下，新型城镇化进程加快，在土地收入仍然还是地方债务主要还款来源的情况下，创新投融资体制，改变传统政府投融资模式便显得十分必要。PPP模式可以积极引入社会资本，拓展资金来源、引进先进的建设和管理经验、提高公共服务质量和效率。

【关键词】 学校；社会资本；投融资模式

引言

当前，职业教育仍然是我国教育事业的薄弱环节，推行"PPP＋教育"模式，鼓励社会资本参与教育基础设施建设和运营管理，已成为促进职业教育可持续发展的现实选择。在运营管理过程中，PPP项目还将面临着许多不同的机遇与风险。本文以PPP模式在学校项目中的应用进行简要探讨。

1　案例概述

本案例项目位于浙江省温州市，系全国重点学校、浙江省一级职业学校，效果如图1所示。项目总建筑面积约86000 m^2，其中预留建筑面积约27000 m^2，一期建筑面积约59000 m^2。本项目的主要建设内容为综合楼、报告厅、教学楼、实训楼、食堂、宿舍、室内运动室、图书馆等。根据该项目可行性研究报告的政府批复文件，该项目的静态总投资约为2.4亿元，其中一期投资约1.77亿元、二期投资约0.27亿元、三期投资约0.36亿元。计划施工工期为48个月。

该项目于2018年1月立项，采用PPP合作模式，按照建设—运营—移交（BOT）方式运作。学校方出资5%，承建方出资95%组建项目管理公司，简称SPV公司，代表政府国有企业或政府投融资企业进入项目管理公司，参与董事会和日常经营管理工作。项目建成后将很大程度上改善该区域职业教育办学条件和水平，将对培养高技能人才、促进区域社会经济可持续发展有较深远的影响。

图1　某职业中等专业学校拆扩建工程效果图

2　PPP模式应用分析

2.1　PPP模式运作的必要性

该项目的建设符合该地区对教育事业长远布局规划,是本地区大力发展职业教育、促进经济社会转型发展的迫切需要。该项目采用PPP模式,引入社会资本,可有效解决地方融资难问题,弥补政府财政投入不足,有利于缓解政府的财政压力。

2.2　PPP模式运作的可行性

推广应用PPP模式的法律法规和政策环境逐步完善,根据《政府和社会资本合作项目财政承受能力论证指引》(财金〔2015〕21号)规定,"每一年度全部PPP项目需要从预算中安排的支出责任,占一般公共预算支出比例应当不超过10%"。经论证,本项目财政承受能力论证结论为"通过"。本项目的建设和运营维护模式较为成熟,市场上有较多符合条件的社会资本方,市场化程度较高。

2.3　项目风险分配原则

该项目投资大,实施周期长,在区域内社会影响大,识别和妥善处理各类风险是维护各方利益的重要保障。风险分配包含勘察、设计、融资、建设、运营、移交、维护至终止的完整周期,项目融资、建设、运营和维护风险由项目公司承担,勘察、设计、法律和政策风险由学校承担,各方承担不可抗力及其他风险。

2.4　项目运作模式选择

项目建成后要移交给使用单位,并在合作期内由项目公司提供后续运营维护等工作,故该项目采用PPP模式中的BOT(建设—运营—移交)模式。社会资本通过公开招标后,由社会资本融资组建项目公司,由项目公司负责项目融资、建设及后续运营管理,经过一定时间(项目为17年,含4年建设期)经营权无偿转让。

2.5 投融资结构

项目获得资金的主要方式是通过股权融资和债务融资。项目公司投入总投资的一部分作为项目资本金,根据项目进度逐步到位。其他资金由项目公司通过信用担保、资产担保等方式申请银行贷款进行落实。

2.6 回报机制

项目回报机制旨在明晰项目收益来源,PPP项目的收益来源主要包括使用者付费、政府付费和可行性缺口补助。该项目属于准经营性项目,具备使用者付费,但使用者付费不够覆盖项目公司的投资支出和合理回报,故项目公司在项目中投入的资本性支出和运营维护费用应采取"可行性缺口补助"返还机制,即在运营期内,根据PPP项目合同,由实施机构对项目的运维绩效进行评估。政府按照PPP项目合同约定和评估结果向项目公司支付可行性缺口补贴。

2.7 财务测算与分析

2.7.1 测算参数设定

2.7.1.1 本测算参数设定如下:

(1)建筑安装工程费下浮率,本测算下浮率为4%;

(2)融资贷款利率,本测算贷款利率为6.37%;

(3)项目的投资收益率,按7.35%测算。

2.7.1.2 计算期及其构成

项目合作期为15年,其中一期工程建设期为2年,运营期为13年;二期工程建设期为1年,运营期为12年;三期工程建设期为1年,运营期为11年。

3.7.1.3 在项目公司股权结构中,政府方参股5%,享有分红权利。

2.7.2 项目总投资估算说明

(1)建设投资:本项目的建设投资额为23 200.28万元。

(2)建设期利息:测算出建设期利息为87.13万元。

(3)铺底流动资金:不予考虑,设为0。

(4)本项目总投资额:24 309.32万元(注:含建设期进项税约1853.91万元)。

(5)建设期进项税额:测算合计约1853.91万元。

2.7.3 税费说明

(1)建设期。建设期内,项目公司无收入,不涉及相关税收。项目用地作为项目实施机构自用土地,免征城镇土地使用税。

(2)运营期。本项目经营过程中应缴纳增值税及附加(增值税、城市维护建设税、教育费附加、地方教育费附加)、所得税等税种。

①增值税及附加。

根据相关文件的规定,本项目在估算增值税及附加时,按下述税率进行计算:

工程建设税率为10%、现代服务业服务税率为6%、电税率16%、燃气水税率为10%、销售货物或提供修理修配劳务税率16%、城市维护建设税和教育费附加分别按所征增值税税额的5%和5%计算。

增值税本次测算暂按照6%计算。

②企业所得税。

项目公司取得的各项收入,除满足企业所得税现行减免优惠政策的以外,均应按《企业所得税法》及其实施条例的相关规定,按25%自行缴纳企业所得税。

③房产税和城镇土地使用税。

本项目资产(土地使用权和地上建筑物)归政府方所有,实施机构无偿提供给项目公司使用,发生的房产税和城镇土地使用税(如有)由政府承担。

2.7.4 收入估算

(1)使用者付费收入:由三位一体公司收入、对外培训收入、商业出租收入和食堂承包收入四部分构成。因本项目采用分期交付运营的模式,一期工程交付运营后,项目公司可取得的运营收入包括三位一体公司收入、对外培训收入和商业出租收入;二期工程交付运营后,项目公司增加食堂承包收入。运营期内,需政府物价部门定价的,项目公司须遵守相关的定价规定。以下为财务测算数据,并假设营业收入年增长率为3%。

①三位一体公司收入。

本项目中三位一体公司的使用面积为 1103 m^2 ,承包单价按 1.36 元/m^2。经测算,则三位一体公司的年收入约为 54.75 万元。

②对外培训收入。

本项目年培训人次按 500 人,人均收费标准按 600 元/人次测算,则对外培训的年收入约为 30 万元。

③商业出租收入。

本项目商业可出租建筑面积约 200 m^2,出租单价按 250 元/m^2 月估算,每年按 9 个月测算,则商业出租的年收入约为 45 万元。

④食堂承包收入。

本项目中食堂的使用面积约为 3900 m^2(可研数据),承包单价按 1.0 元/m^2·天估算,每年按 200 天测算,则食堂承包年收入约为 78 万元。

(2)可行性缺口补贴收入。

本项目各年补贴收入按如下公式测算:

年缺口补助额=年可用性服务费×70%+年运维绩效服务费-年使用者付费收入

其中:

年运维绩效服务费=年可用性服务费×30%+年运营成本×(1+ i)-年运维绩效处罚金

补充说明:

①年可用性服务费:以经竣工财务决算审计确认的分期工程项目总投资为计算基数,考虑合理利润率,按照等额本息的方式测算运营期各年度可用性服务费。

② 年使用者付费收入：由项目公司根据市场情况自主定价，并按照"使用者付费收入的风险分担机制"执行。

③年运营成本：各年度实际发生的运营成本以政府审计后的结果为准。

④年绩效处罚金：测算时暂不考虑，其值默认为0。

2.7.5 成本估算

本项目运营成本主要包括动力费用、物业维护费、工资福利费、管理费及其他费用等。假设在整个运营期内，运营成本年增长率为3%。

（1）动力费用，包括水电气等，用气费用，由食堂经营者自主承担。全年按200天测算，年动力费用约为103.01万元。

（2）物业维护费，由建筑维护成本、设备维护成本、景观道路维护成本及宿舍管理成本四项费用构成，物业维护成本约为310.61万元/年。宿舍楼共9栋，每栋管理费按12万元/年测算，得出宿舍管理成本约为108万元/年。

（3）工资及福利费：定员人数暂定15人，其中管理人员3人、普通员工12人。管理人员和普通员工工资福利标准暂分别按12万元/人·年和6万元/人·年估算，测算得出工资及福利费约为108万元/年。

（4）管理费用及其他费：按各年度工资及福利费的30%估算。

2.7.6 财务测算结果

根据上述条件，本项目的财务测算指标结果如表1所示。

表1 项目财务指标结果

序号	指标名称	单位	数值	备注
1	项目投资财务净现值（NPV）（所得税后）	万元	1162.23	i_c=5.0%
2	项目投资回收期（所得税后）	年	10.88	含建设期
3	资本金财务内部收益率（IRR）	%	7.80	
4	政府可行性缺口补助总额	万元	44259.09	

经过测算，本项目盈利能力良好，财务上可行。

3 关于PPP项目管理分析

3.1 风险管理

首先，要与政府方建立完善的沟通体系，形成共识，成为合作与利益共同体。其次，进行全过程分段控制，建立各环节风险管理目标、对策和风险跟踪机制。在项目进展过程中，各种变更难以避免，例如本项目在桩基工程施工前期就遇到重大变更，按设计图纸要求采用钻孔灌注桩施工工艺进行设计试打桩，由于地质条件原因导致钻孔非常困难，在图纸范围内选择的3根设计试桩，在连续钻孔3天后均未达到设计桩长，由于本工程工期紧，项目公司于是立即组织五方主体、政府方以及专家组，经过各方论证，设计单位决定将桩基工程施工工艺改为冲击成孔桩，并做出设计变更。结果采用冲击成孔桩的工期为 45 天, 比之前采用钻孔桩预期的 6 个月时间节省了不少时间, 也大大节省了机械及人工费用。此次变更, 通过风险预判及管控, 有效地控制了工期及费用问题, 从一定角度来说, PPP 模式具有内源性的风险规避与风险处置作用。

3.2 合同管理

PPP 项目合同主要分为筹备期、项目实施期、运营交付期 3 个阶段。不同阶段因所处的位置不同会发生不同的变化, 各合作方的目标与诉求、关注的重点自然也会不同。所以在十几年的 PPP 项目合同中, 各参与方需要组建资历丰富的合同管理团队。

筹备成立期, 因为当前 PPP 项目管理法律法规还不是很完善, 各参与方认知也会有所不同, 所以在合作过程中, 要制定风险管理措施和应对策略。例如, 对企业财务承受能力、项目盈利能力的可能性及影响进行综合评估和合理测算。要明确服务标准和范围、收费及财政奖补措施、各方的权利与义务、变更等。

PPP 项目实施过程中有一个合同管理细节容易被忽视却又影响较大。例如, 在项目筹建期内未成立项目公司, 为配合项目开展的进度, 政府方会提前进行部分单位的公开招投标, 确定部分合同主体, 如勘察设计合同、监理合同、造价和咨询及代理合同等, 会对合同方的管理、财务处理和最终结算备案产生影响。因此, 项目公司成立后, 及时变更这些合同主体, 将这些合同纳入项目公司的管理, 也有利于项目公司建立合同管理制度, 以便对合同的履行进行管理和监督。

3.3 建设管理

由于 PPP 项目的社会资本方与施工总承包方均属于同一个集团, 建设过程中对质量、安全、进度、成本的控制基本上是施工合同关系中的内部消化。正是由于这种特殊性极大地体现了建设管理的重要性, 要充分发挥各不同职能单位和部门的作用。

项目公司应针对该项目的特征, 制定相应的建设管理制度和考核机制, 将参与建设不同环节的职能单位和部门, 如咨询、勘察、设计、施工、第三方检测、监测等单位, 统一纳入管理体系, 按照职能划分不同的管理部门, 制定一套完善的管理体系, 建立组织架构, 组织架构及职能部门的设置需遵循目标任务、管理层次科学、既有分工协作又有统一指挥、权责恰当等原则。

3.4 运营管理

项目正式进入运营期后, 结合项目实际情况进行项目运营的成本评价。应建立内部相关管理措施, 有效控制项目公司的运营内容, 明确项目协议的运营要求, 明确与项目公司的运营责任, 并保证服务费的收取和运营期结束后项目的移交。组织机构上项目公司设立运营部, 对项目进行运营、管理和维护, 做好项目资料管理、运维记录和配合学校方工作, 满足项目协议运营要求。项目移交准备期前, 制定交付准备工作计划, 确保项目顺利交付。

4 总结与思考

PPP 模式因其诸多特点, 逐渐成为基础设施领域的重要手段和工具。它不仅可以帮助地方政府解决资金短缺问题, 促进项目工程进度, 提高工作效率, 还可以带来一定的经济效益。当然, PPP 模式在实施过程中还存在诸多需要完善的内容,例如在该项目工程建设实施过程中,因政策、标准、需求的变化,导致签证工程量较大,调概、清单核算工作量较大,结合当下政策与地方政府财政状况,成本管控难度较大,建设投资风险较高,还可能因盈利能力往往达不到私营合作方的预期水平而造成较大的营运风险。

学校的建设是具有广泛社会影响力的大事,对政府的监管水平提出了更高的要求:

(1)必须保证引进的社会资本,充分了解投资者的实力和信誉,确保项目顺利、健康、有序的建设和运营;

(2)明确学校教学的功能需求,不能以节约经费为由降低项目的设计标准;

(3)防止发生高标准设计低标准施工或低标准设计低标准施工问题;

(4)在后期的经营运作过程中,要勿忘初心,出台相应的政策对资本的趋利性加强监管。

注重投资项目的可行性研究,综合分析和控制项目各阶段的风险因素,在法律和政策允许的范围内,通过完善合伙协议,合理反映各合伙人的权责,PPP模式将走得更远。决定项目运营是否选择第三方承包商。

参考文献:

徐上民.PPP模式社会资本方项目管理[J].建筑安全,2017,32(8):72-74.

作者简介:

郑永昌,男,1989年生,本科学历,国家注册监理工程师、一级建造师(建筑工程)、经济师,浙江鼎力工程项目管理有限公司总监理工程师,现主要从事建筑工程项目监理、工程管理、技术管理和咨询等工作。

如何做好全过程工程咨询的项目管理

浙江宏诚工程咨询管理有限公司　毛新峰

【摘　要】　该文从我国推行监理制度入手,简述目前全过程工程咨询市场背景情况,分别介绍了设计管理、合同管理、招标管理、投资控制、建设目标平衡等适合当前形式的全过程工程咨询项目管理技术,提出全过程工程咨询服务发展展望。

【关键词】　监理;全过程;工程咨询;技术

引言

1995年建筑业成为我国国民经济的支柱产业后,一直在高位上运行,经过多年积累后,造就了"基建狂魔"的实质,极大地改变了城乡面貌,充分展示了改革开放的丰硕成果。我国同步成长的建设监理制度,一直限制在建设工程施工阶段,侧重质量控制、安全文明控制,与引入监理制度的初衷不相称,长期在较低水平上徘徊,相应的管理方式落后、组织体制落后、技术体制落后等一系列问题不断涌现。

1　全过程工程咨询市场背景

1.1　政策导向

为了更好地发展我国的建筑业市场,加快产业升级,提高项目管理、加快与国际先进的工程项目管理接轨势在必行。《国务院办公厅关于促进建筑业持续健康发展的意见》(国办发〔2017〕19号)、《住房城乡建设部关于开展全过程工程咨询试点工作的通知》(建市〔2017〕101号)、建市监函〔2018〕9号、《国家发展改革委、住房城乡建设部关于推进全过程工程咨询服务发展的指导意见》(发改投资规〔2019〕515号)、关于印发《浙江省全过程工程咨询试点工作方案》(建建发〔2017〕208号)等均把全过程工程咨询服务作为主要的集成项目管理方式重点推行。

根据《国家发展改革委 住房城乡建设部关于推进全过程工程咨询服务发展的指导意见》(发改投资规〔2019〕515号)定义,全过程工程咨询服务是对工程建设项目前期研究和决策以及工程项目实施和运行(或称运营)的全生命周期提供包含设计和规划在内的涉及组织、管理、经济和技术等各有关方面的工程咨询服务。全过程工程咨询服务可采用多种组织模式,为项目决策、实施和运营持续提供局部或整体解决方案。服务内容涵盖了投资咨询、招标代理、勘察、设计、监理、造价咨询以及项目管理等专业化的咨询服务。可表述为"1＋N＋X"模式,这里的"1"即前述7个专项服务中的项目管理,"N"即除去项目管理外的6项专业化咨询服务中由全过程工程咨询单位自行实施的专项咨询服务,"X"即除去项目管理和"N"项外的不是由全过程咨询单位自行实施的专项服务。所以,全过程工程咨询服务的核心是"1",即515号文中提到的7个专项服务之项目管理。

1.2　现行项目管理规范简介

2018年1月1日起施行的《建设工程项目管理规范》(GB/T 50326—2017),包括基本规定、项目管理责任制度、项目管理策划、采购与投标管理、合同管理、设计与技术管理、进度管理、质量管理、成本管理、安全生产管理、管理绩效评价等19章内容,覆盖了上述政策的各专项服务。该规范确立了建设工程项目管理的六大特征,分别是项目范围管理、项目管理流程、项目管理制度、项目系统管理、项目相关方管理和项目持续改进,其中把项目范围管理解释为对合同中约定的项目工作范围进行的定义、计划、控制和变更等活动,是建设工程项目管理的重要基础条件。

1.3　建设工程项目管理核心任务

项目管理的核心任务是项目投资的有效使用,通过系统整合工程技术、经济以及工程管理使建设项目的各项性能得到有效满足,包括功能性满足、技术性可行、经济性合理、法规性符合。其中,功能满足性是项目管理的基础,针对建设工程项目功能的识别、定义、比选、决策,可以理解为项目范围管理的重要工作;法规符合性可以理解为整个建设过程约束在现行法律、法规、规范体系内,以完成建设程序报批工作为标志;技术可行性立足于整合当前生产力的设计技术、施工技术、材料技术,适量控制使用试验推广阶段的新技术;经济合理性以功能、法规、技术为先导,追求自身适合的性价比。

2　创新应用全过程工程咨询项目管理技术

2.1　以设计管理为龙头

由于设计工作是无中生有的创作,围绕"以人为本"的理念,营造一个舒适、高效、经济的物业场所,提高使用者活动的积极性及物业运行的工作效率,以求坚定地支持规划审批确定的各项功能。因此,对设计管控可视作全过程工程咨询项目管理工作的首要关口。

2.1.1　项目功能梳理

通过选择参考工程,针对拟建工程罗列基本功能,包括:主功能和配套功能;务实进行功能研讨,与建设单位和使用单位互动,了解相关真实需求;完善功能定位,综合考虑工程建设各项要素条件,重点做好与拟投资额的平衡。

2.1.2　限制条件核查

控制建设工程项目主要经济指标,容积率、建筑高度、建筑密度、绿化率等;进行专项规划条件核查,包括消防、人防、交通、节能、日照、卫生防疫、水土保持、环境保护;针对现行规范进行核查,如检查现行规范标准的要求,不得违反强制性标准、不得使用淘汰的建筑材料、注意过渡性规范的趋势。

2.1.3　成熟技术应用

鼓励设计师运用智慧形成作品,由建筑师对各专业和专项设计进行整合,及时对其他参建主体进行设计交底和跟踪服务,使用成熟的施工和材料技术支撑,减少"小白鼠"试验性,尽可能选择耐久性好的工艺和材料,兼容维修,同时宜保证有较多的潜在施工承包人和材料设备商,使采购价值趋于成熟理性。

2.1.4 经济指标平衡

对建设投资目标分配各个局部的投资额度,实现限额设计,一般先按群体建筑、功能区域功能进行分配,再按结构、建筑、机电、配套工程各专业进行分配,并适当留有余地。

2.1.5 设计管理工作流程

建设工程设计管理工作流程如图1所示。

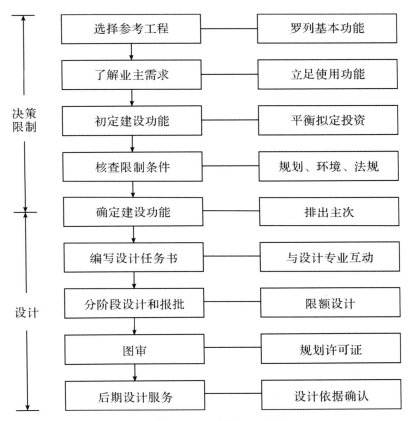

图1　建设工程设计管理工作流程

2.2　以合同管理为抓手

根据建设工程项目是大量社会资源有序堆积和集体智慧产物的特点,在现行法律框架下,以建设单位为核心将这些经济活动通过分类发包和履行各类合同完成整合,这个系统化合同关系的总和就是建设工程合同体系,为项目建设理清了脉络。

2.2.1 事先编制合约规划

通过合同体系事先策划,针对建设工程项目发包任务进行识别、拆分和界定,由此形成发包合同包序列,并根据各合同包的逻辑关系做出发包时间计划,用以指导约束建设工程的各项经济活动。建设项目合同规划构架如图2所示。

2.2.2 确定合同界面

根据资质管理规定和市场惯例,建设工程合同一般会发生多个质量主体或中介服务机构参建,各质量主体之间发生工作交叉,有必要厘清各自的责任边界作为合同边界。

2.2.3 有序推进合同运行周期

建设工程项目合同通常都是要式合同,针对合同订立应处理好要约、承诺、合同形式的工作,针对合同履行应执行全面履行、抗辩权、代位权、撤销权的原则,针对合同调整应合法处理合同变更、合同转让、合同中止、合同过程终止、合同争议的特殊情况。

2.2.4 做好合同核心条款设置

应系统科学地编写各项核心条款,以施工合同为例,主要包括发包范围、质量进度、安全文明目标、报价约定、履约保证和违约责任、结算与支付、风险分担、变更、材料设备供应、分包、质量保修等内容。

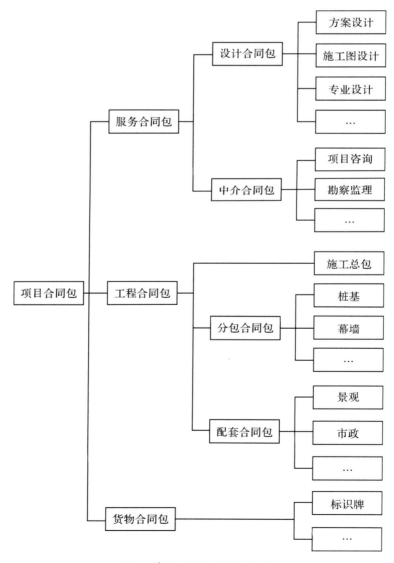

图 2　建设项目合同规划构架

2.3 以招标管理为关键

2.3.1 招标核心任务

建设项目招标的核心任务就是通过既定的招投标规则,选择出资质符合要求、工期短、质量好并且合理低价的投标人为中标人。相应的招标核心工作有合同体系设计、招标策划、招标文件编审、评标。

2.3.2 事先进行招标条件梳理

在开展招标活动前,必须完成招标条件梳理,包括:工程属地管理招标规定,区域和承包人生产力水平,建设单位组织能力和资金到位情况,场地、气候条件,设计文件深度,拟定施工组织设计,社会环境,等等。

2.3.3 做好招标策划

招标策划在招标中有着非常关键的作用,直接关系招标的成败,根据项目情况基本工艺流程、主要设备组成、设计分工等确定招标范围、招标方式、评定标办法,并在多次研讨后确定招标方案,如图3所示。

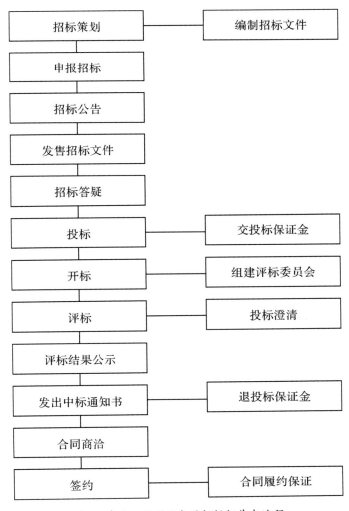

图3　建设工程项目合同招投标基本流程

2.4 以投资控制为中心工作

投资控制一般按初步估算、详细估算、概算、预算控制价、签约合同价、过程结算、竣工结算、财务决算、项目后评价的顺序进行计价和控制,以上一级目标值作为控制下一级目标值的依据,由粗到细,实现对投资目标值不断收敛,如图4所示。

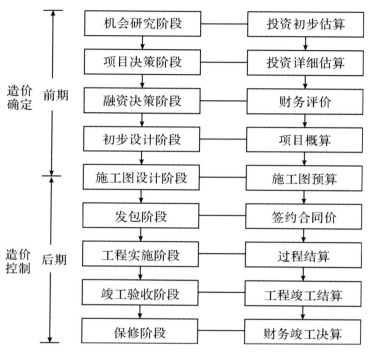

图4　建设工程各阶段价格形式

2.4.1 辅助技术路线一——合同技术

在计算项目各级目标成本时,一般先进行各个合同目标成本计算,之后汇总形成整个项目的目标成本。经系统规划建设项目建设过程所有合同的定义和位置,针对相应分配的目标成本额,按逻辑关系分别进行合同事先、事中、事后控制,可以有效完成目标成本的不断收敛,如图5所示。

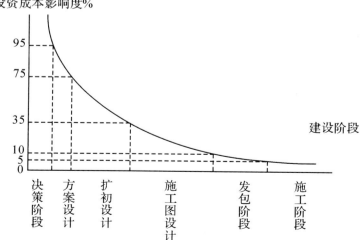

图5　工程项目合同技术各阶段对投资成本的影响收敛性

2.4.2 辅助技术路线二——资金使用计划技术

资金计划包括资金拼盘和资金使用计划,资金的时间价值使资金拼盘计划对目标成本产生影响,而资金使用计划反映了目标成本的时间强度。做好资金使用计划:一是可以事先预知建设资金需求,做到心中有数;二是可以提升建设资金的使用效率;三是指导承包人合理报价,如图6所示。

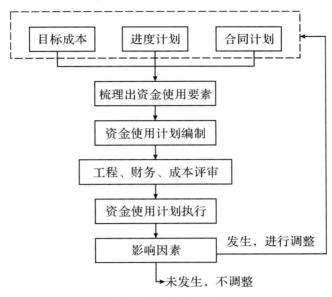

图6 资金使用计划工作流程

2.4.3 辅助技术路线三——经济比选技术

针对建设工程中间成果或拟设条件多方案比选,覆盖项目决策、设计、融资、发包、施工等各建设阶段。经济评价是价值工程原理的具体应用,有利于剔除多余功能降低投资额度,或者维持一定投资额度提升较大功能,如图7所示。

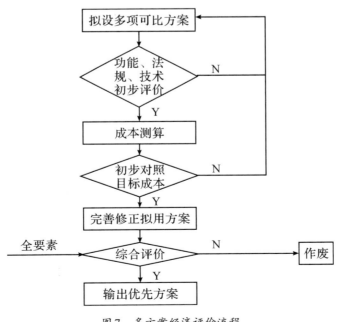

图7 多方案经济评价流程

2.4.4 辅助技术路线四——风险管理技术

一般按风险识别、风险分析、风险评价、风险应对在合同签约前后开展风险管控。合同前针对风险概率和损失大小四象限评估分别进行合理分摊、购买保险、委托专业、自留消化的措施。合同后风险应对就是索赔管理,是合同管理的主要工作内容,当合同风险事件发生、产生可量化的损失、非己方责任、规定时间提出有效证据时,即可以向合同当事人另一方提出索赔,应按合同约定及时处理这些索赔,如图8所示。

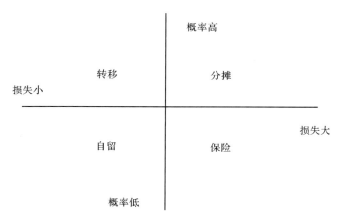

图8 建设工程合同签约前风险应对图

2.5 以做好建设目标综合平衡为活动指南

根据建设工程自身特点和各项建设条件,事先策划质量、进度、投资、安全管理的目标定位,通过多层级多专业评估后形成系统的综合建设目标。由于建设工程不确定因素和风险因素影响,会对既定建设目标中的质量、进度、投资、安全管理目标产生不同程度的影响,使计划产生偏离,一般遵守总进度目标不变的条件,由项目管理团队组织参建各方主体及时动态调整建设工程目标。下面以房建工程为例说明。

(1)深基坑施工阶段应优先进行安全管理。由于深基坑围护工程是一项临时工程,不能像永久性工程一样有较高的安全系数储存,考虑施工过程的大量不确定性,包括坑内永久工程施工过程和对周边物件的保护,此阶段安全目标显得尤为重要,细部质量、阶段进度、局部投资均可退让或牺牲。

(2)主体施工阶段应优先进行进度管理。由于建设工程结构阶段处于工程建设的关键线路,是实施施工流水节拍的主要阶段,消耗大量的大宗材料和地方材料,正常的施工流水使工程消耗社会资源相对均衡投入,实现项目管理的经济性。因此,在主体施工阶段应着重保证工程进度的顺畅性。

(3)装饰施工阶段应优先进行质量管理。装饰工程是建设工程的门面,涉及所有工程使用者的观感和心情,每个使用者都可以评头论足一番。常言的细节决定成败就十分适用于装饰施工,由于装饰材料一般价值较高,返工重做既影响质量又造成较大损失,因此为保证质量而强调慢工出细活。

(4)竣工结算阶段应优先进行投资管理。工程竣工验收后,施工现场资源消耗基本结束,实体质量、进度、安全建设目标基本达成,针对涉及竣工档案归档和保修工作,各参建主体思想均会有松懈意识,应充分利用经济措施,将竣工结算工作与后续扫尾工作挂钩,督促相关单位及时关闭缺口内容。

3　结语

全过程工程咨询虽然没有形成相关法规支撑,也未形成较成熟的运行模式,但是经2017年启动的试点,在全国范围已经形成市场雏形,尤其是广大建设工程监理企业积极参与和努力尝试,越来越多的企业和从业人员认识到工程监理往全过程工程咨询转型存在市场发展的必然性,既回归到引入监理制度的初衷,实现与国际接轨,也极大地拓展了行业进步的空间,充分体现专业的人干专业的事,顺应劳动力短缺和环境保护等市场基础的倒逼趋势。

参考文献:

[1] 张海岸.加快推进全过程工程咨询助力工程建设高质量发展[N].长沙晚报,2019-06-13.

[2] 栾燕,吴晓卫.全过程工程咨询发展路径及对建设工程管理的意义[J].中国工程咨询,2019(4):67-70.

[3] 田玉亭.全过程工程咨询各阶段的控制要点分析[J].价值工程,2018(20):58-60.

作者简介:

毛新峰,男,1980年生,本科学历,高级工程师、国家注册监理工程师、国家注册一级建造师(市政公用),浙江宏诚工程咨询管理有限公司副总经理,现主要从事建设工程项目代建、监理、项目管理和咨询等工作。

浅析全过程工程咨询试点阶段的体会与建议

耀华建设管理有限公司　　葛体齐

【摘　要】 全过程工程咨询(以下简称"全咨")服务,既是国家发展战略的需要,更是企业谋求发展的内在需求。该文以耀华建设管理有限公司近年来的多个全咨项目案例实践为背景,以一个从业者的视角,对全咨与传统咨询的优劣性做了一些分析比较,对全咨试点实施过程中遇到的问题进行了剖析,并提出一些建议以供行业参考。

【关键词】 全咨服务优越性;行业转型;发展建议

引言

为顺应"一带一路"倡议,培育优秀咨询企业走出国门,并且进一步完善我国工程建设组织模式和提高咨询业整体水平,推动行业稳定健康发展,打造综合性、集成化的咨询服务成为时代发展的迫切需要。

本文作者参与的杭州某展馆展陈及地下管廊的全咨项目建设初期,由公司全咨事业部负责人牵头,组建了全咨管理机构,编制了咨询策划,明确了专业板块职责,梳理了里程碑节点及保障措施,项目团队确定了明晰的项目全咨服务总目标。项目围绕前期报批报建、设计管理、招投标管理、项目实施阶段的工程质量、进度、安全、投资全过程控制,进行合约、信息化管理,及验收与交付、结算与决算等全方位咨询服务。项目通过例会、专题会等多种形式,确立内部沟通与外部协调机制。遵循以项目建设程序为依托,以业主需求为导向,项目通过组织、管理、经济、技术等手段实现了系统性、集成化的管理,取得了一定成绩、总结了一些经验。

1　全咨服务的优越性分析

传统工程咨询在建设领域条块分割严重,已形成"碎片化"模式,市场中各咨询企业水平参差不齐,难以形成集成化、系统性的管理。以下从传统咨询的不足和全咨服务的优势分别进行阐述。

1.1　弥补业主分散管理、专业程度不高的短板

现阶段建设工程普遍具有规模化、集群化和复杂化等特征。传统咨询是业主分别委托招标代理、施工监理、造价咨询等多单位共同进行工程管理,各单位之间难免会从本位主义出发考虑事情,存在

相互推诿现象,由此项目容易陷入多方博弈,乃至失控的局面。另外,建设单位在某些领域可能存在经验不足,并且需要承担许多管理工作和由此带来的责任风险,大量精力会被消耗在各个工作界面的沟通和协调上。全咨模式可以有效避免以上传统模式的不足,全咨方作为项目总控方,对项目工程总负责,从业主角度出发,发挥自身的专业化、集成化、前置化优势,从而提升工程管理绩效。

1.2 节约投资、提高工效、缩短建设周期

全咨服务通过一次招标获得,比传统模式下的项目管理、招标代理、造价咨询、工程监理多次招标,减少了传统模式下冗长繁多的招标次数,一定程度上缩短了项目建设周期,可使咨询合同成本有效降低,取得较好的经济效益。全咨方作为项目总控,可以最大限度处理内部关系,大幅度减少业主日常管理工作和人力资源投入,有效减少信息漏洞,优化管理界面。全咨模式下的工作关系处理由外部协调转化成了内部管控,从而提高了工作效率。

1.3 有效控制项目建设风险

相对于传统咨询模式,全咨模式对项目全过程负责,可以做到资源统筹、计划系统、责权对等,从而避免责任不清、界线不明的问题;同时可以有效优化项目组织管理和简化合同关系,克服建设管理、造价咨询、招标代理、施工监理等相关单位责任分离、工作脱节、相互推诿的现象。全咨单位可以帮助业主从专业角度规避一些政策、技术、财务、法务等风险,全咨方在项目初期就开始介入,有利于在前期发现问题、优化设计方案、事先感知并预警风险,从而制定风险应对措施,有效降低系统性风险。同时,全咨模式也可避免因众多管理关系伴生的廉政风险,有利于规范建筑市场秩序。

1.4 有利于提升咨询服务质量

1.4.1 前、后期管理方面

全咨模式可以用最低的时间成本换取最大的工作成效,做到真正意义上地把专业的事交给专业的人来做。全咨单位对前期报建、后期验收程序较为熟悉,了解政策法规,可以充分利用多种资源,尽可能地压缩时间周期,合规、高效地完成既定工作。

1.4.2 招投标管理方面

招标管理是后续项目实施的重要管控依据,在充分了解业主意图的基础上,编制招标文件、工程量清单,细化材料与设备品牌,做到明确施工界面。全咨单位在编制招标文件时就可以兼顾到建设管理、造价、监理多方意见,为后续对工程质量、进度、安全、投资做到规范管控,提供优越的前置条件,减少项目推进过程中的责任分歧;协助业主方确定评标方法,科学分析投标报价,提供理论和事实依据,协助业主选出技术实力雄厚、信誉良好的高水平承建单位,并协助签订工程合同,规避施工期间容易出现的经济纠纷。在整个招投标阶段,全咨模式通过合理的工作安排及最优的工作流程,可以极大地缩短招投标阶段的工作周期,从而提高工作效率。

1.4.3 项目实施阶段管理

由于全咨服务覆盖全过程,服务过程整合了各专业工作服务内容,前期对招标文件及合同条款进行过内审,通过与项目后期实施管理相结合,做到事前预控,让建设管理、施工监理、造价咨询多个抓手更有效地协同工作。在项目投资控制上,全咨单位通过采取限额设计、优化设计和精细化管理等措

施降低"三超"风险,过程中实时梳理项目工程量增减,无信息价材料及设备的询价等工作,可以及时跟进、缩短结算周期,提高投资收益,确保项目的投资目标。全咨服务模式有利于项目加快推进,发挥其系统性管理的优势,节约工期。

2 关于全咨服务发展的建议

2.1 培育市场氛围,加大政策宣贯

目前,社会上对全咨服务的认知程度还不是很高,业主的接受程度也不高,主要原因有:

(1)全咨监管面太广,担心权力过于集中;

(2)认为建设管理、造价咨询等管理工作已涵盖在监理管控范畴,全咨性价比不高,也不想过多地为增加建设管理成本"买单";

(3)本地区全咨还未见"标杆"成效,缺少信心支撑。

以上的业主思维还需行业部门来引领转变,需要政府层面出台相应配套政策给予大力鼓励与扶持。培育全面、综合性的优秀咨询企业,引领行业前沿是当务之急,多部门应积极联合推举项目典型的成功案例作为正面宣传教材。行业部门应多加引导以市场需求为导向的服务机制,突破现有招标模式,寻求直接委托、竞优等多元化的形式进行试点探索,倡导凭能力承揽业务,凭服务赢得客户,凭实力引领行业,从而更好地激发市场活力。同时,为进一步开放市场,打破各地区、各行业在法律行政法规方面的壁垒,需加大放开准入条件门槛。

2.2 加快咨询企业转型升级步伐

在近几年的试点推广中,勘察设计单位参与全咨服务的热情不高,建筑师负责制的咨询模式难以有效落地,全咨服务参与度较高的仍为监理转型的咨询企业。部分监理企业积极转变思维、拓展产业现有边界,对企业资源作出了充分整合,加快了服务产业转型与升级,把碎片化的各个阶段工程咨询进行了有机集成和闭环,通过扁平化管理,为委托方提供无缝衔接的综合性服务,从而提高企业核心竞争力,开辟新的市场空间作为企业发展战略,从而成为行业的领跑者。

针对设计管理的短板,传统监理企业应积极完善各专业团队的储备,引进高水准的专业人才或强强联合,以设计进度控制、设计质量把关、设计技术提高为抓手,加强设计协调,合理评判设计成果的优与劣、设计变更的行与否,提出建设性意见,通过咨询服务把设计优化的经济效益做出亮点,以此获得客户的认同感。

2.3 延展咨询服务的跨度与广度,实现全生命周期服务

当下的全咨工作大多停留在项目实施阶段,项目决策工作涉及不深。由于咨询服务前期往往在方案设计定稿之后介入工作,全咨在设计方案优化咨询方面有所缺失,而方案设计对工程总造价影响达70%以上。为了让方案更经济、做到设计变更的预控,提高行业整体水平,全咨服务应尽早介入,在纵向上延伸服务内容。如此可以有效避免因设计总控能力不足、功能需求不明确、设计界面不清、设计服务质量不理想造成的设计变更、工程变更、工程签证较多的问题,规避对项目进度及投资产生的不利局面。

2.4　增进行业交流,提高总体水平

强化人才队伍的建设,积极组织行业培训,多渠道开展理论与实操交流,各企业应对标先进、加强交流,加快全咨行业综合型人才的培养与输出。

全咨企业内部应注重理论培训与案例实践相结合,重点培养全咨总负责人的综合能力,如组织管理、跨专业技能、法律与经济、宏观政策、对内对外的沟通协调等等,提升其管理水平;管理工作应注重于横向互补,加强部门间、专业间的无缝对接,进一步完善团队协作机制;同时需要夯实初级基础性的日常管理与信息互通,推行企业标准化咨询服务模式。工作中要以技术和管理为基础,综合运用多学科知识,不断从工程实践中去探索与总结经验,提高企业核心竞争力,努力拓展业主认可度。

2.5　政府部门应优化全咨服务收费标准

现阶段全咨服务收费水平严重失衡、费用偏低,项目管理作为全咨的核心工作,贯穿项目始终,其涉及项目策划、报批报建、招投标管理、合同及信息管理、工程勘察设计管理、安全、进度、质量、投资、环境管理、技术与风险管理、协调管理,法务及运维管理,等等,工作量极大,企业为了控制管理成本,势必会降低全咨的服务质量。为提升全咨行业水平、培育优秀咨询企业,须变革行业收费标准,以吸引到高端复合型人才,实现行业价值提升,更好地发挥全咨的优越性。

2.6　完善咨询成效后评价体系

建议由行业主管部门牵头,积极倡导全过程工程咨询企业考评工作,对企业与个人进行年度评优、评先活动,并与市场招投标行为挂钩,规范企业行为、促进行业发展。建议进行项目建成后的建设成效评估,以总结项目实施成败得失,促进优秀企业为本地区咨询行业发展积累宝贵经验。

3　结语

全过程工程咨询的推行适应了新时代中国建筑业改革和发展的需要,是推进和提升我国咨询业发展的良好契机。为更好推进全过程工程咨询,应尽快建立适应市场、高质高效的现代工程咨询服务的理论体系,完善全咨技术标准、合同示范文本和酬金计算规则。政府宏观引导、市场积极推行、行业规范建设、企业能力提升是促进我国建筑工程咨询行业发展的有效途径。

作者简介:

葛体齐,男,1978年生,本科学历,高级工程师,国家注册一级建造师(市政＋房建),耀华建设管理有限公司全咨事业二部副经理,现主要从事工程项目管理、全过程工程咨询等工作。

全过程工程咨询的问题分析

浙江永宁工程管理有限公司　黄永刚

【摘　要】　全过程工程咨询在稳步发展中,也存在着不尽合理、难以完善的缺点和不足,希望通过对问题的直视,促进对行业发展的重视,通过纠正、完善,引导行业健康发展。

【关键词】　参与度;招标;总负责人;全链条;收费

在住建部、省住建厅和各个地市住建部门的各种政策、文件推动下,加之行业协会的大力宣传、龙头企业的积极引领,经过5年多的试点、推广,全过程工程咨询已经是建筑工程咨询市场的重要模式,特别是在政府投资的高、大、特、难等工程项目中,全过程工程咨询已然成为咨询的主要形式,显示出清晰的企业转型方向。几十年来,建筑咨询服务市场,经过代建、项目管理、政府采购质量安全服务、社会保险加第三方服务等各种方式的试点,终于迎来了全过程工程咨询的独领风骚。

然而,全过程工程咨询经过几年的发展,也存在各种问题,如果不能及时分析、纠正,就可能走偏行业转型的方向,影响到设计、代理、监理、造价等咨询行业的健康发展。下面结合近几年来参与全过程工程咨询项目的招投标、项目实施情况,对行业的现状问题进行一番分析。

1　全行业参与度低

根据全过程工程咨询开展的业务登记情况,按全咨包含的业务内容排序,分别为监理、造价、项目管理、招标代理、设计、BIM、勘察等,参考行业协会的企业数据情况,目前开展全过程工程咨询的企业数量不到全行业企业数的13%,市场垄断效应明显,建筑咨询行业如同房地产行业一样,头部企业的市场占有率越来越大。

诚然,优胜劣汰,当监理、造价等企业供大于求的时候,淘汰低端的企业,鼓励做大做强也无可厚非。但是,当我们的行业协会都已经更名为全过程工程咨询协会,各种信息都显示着全过程工程咨询是监理、造价企业的转型升级方向的时候,全行业至少在思想上接受了挑战的准备。然而,全咨业务却只能覆盖13%的企业,令大部分的企业备受焦虑折磨、失去发展的信心,即便继续从事专业咨询工作,无力也无法对企业的长远发展做出规划,于行业发展不利。

所以,现状条件下,全过程工程咨询不应该是大部分企业的发展方向。按照企业实力与专业能力,有的企业以全咨为主,有的企业以专业监理、造价为主,辅以部分全咨业务,而大部分企业可能与全咨无缘,从事纯粹的专业咨询业务。以此出发,行业发展的宣传导向、人员培训、行业协会管理等,都值得进行分级分类的管理和探索。

中小企业,特别是中间部分企业,是发展全咨的后续力量,要利用自身的属地优势,积极寻求与大企业联合体经营,既解决职工的就业问题,也能学习全咨管理经验。此外,企业间的兼并、吸收组合也是提升竞争力的途径。

2 招投标市场亟须规范

总体而言,现阶段全咨的业务对象基本上以政府投资项目为主,业务的获得基本上是通过各类公共资源交易平台的公开招投标。然而,因为是新鲜事物,便多了一些"摸着石头过河"的勇气,曾经的监理、造价、代理等专业咨询的招投标交易规则,总算通过全过程工程咨询找到了突破口。

于是,各种各样的投标报名条件、入围方式,五花八门的评分标准,百花齐放、一家求中。从开始时承接过全咨业务加分,到完成过全咨业务加分,再到获奖过全咨业务加分。投标人员有法律专业的加分,有注册岩土工程师的加分,有高工15年以上的加分。企业有综合资质的加分,有资信甲级的加分。更不要说各种规模特征的业绩工程了:面积、造价、全咨业务内容、获奖等级,只要我有而你没有的,就是加分项。即便是普通的老旧小区改造全过程工程咨询,也可以设置获得过鲁班奖的加分项。有的项目,全部投标企业入围评标,有的项目入围10家或20家。有的项目,报价平均数为最佳报价,于是,众多的投标企业按照技术资信分永远都无法中标,却乐此不疲。为什么会有各种评分标准? 因为只有我能中,或者我中标的可能性最大。更有甚者,积极推动项目开展全过程工程咨询,目的就是"意有所属"。参加过那么多的全咨项目投标,基本没有遇到过评分标准完全一样的两个项目,仿佛二维码。

全咨的招标文件示范文本发布已经有4年了,其内容的完善、统一、应用、推广还需着力,特别是技术标评分内容的设置。(1)要规范内容和分值。譬如总负责人资格几分,业绩几分,各专业咨询几分,企业业绩几分;譬如报名条件的设置、招标项目特征指标的比例等。对获奖加分,可考虑比招标项目质量目标高一个等级,不允许目标是合格工程,加分里却有鲁班奖的加分项。(2)规范联合体组合,对牵头企业的工作内容要明确,必须包含项目管理,必须包含总负责人和总监。(3)招标文件要分类区别,对于中小型项目,或者造价2亿元以下的项目,不能设置过于高大上的评分条件(譬如综合资质加分、优秀企业加分等),面向中型企业,积极培育全咨群体,扩大行业参与度。(4)适时建立全咨企业的信用评价体系,并加快与招投标体系的结合。

3 尴尬的全咨总负责人

在全过程工程咨询项目的招投标中,总负责人的重要性在评分条款上体现得无出其右,包括个人的资格(各种注册资格、职称)、担任全咨总负责人的项目特征、获奖情况、个人荣誉等等,以上加分情况往往足以锁定中标候选人资格。然而,精挑细选得来的总负责人,经过开标的高光时刻,随着项目的开展,有意无意地淡出了各方的视野,原因如下:

招标文件和合同条款中缺乏对总负责人职责的明确说明。没有具体的工作要求,似乎就不需要做什么,"牵头""协调"又没有具体的工作标准,偶尔亮个相,电话联系一下,慢慢就过去了。

涉及建设五方主体签字有总监负责,造价咨询文件有造价工程师签字,总负责人除了在会议签到单可以堂堂正正地签上自己的大名外,其他各种审核、审批,连个签字的地方都没有,也不需要承担工程质量、安全的法律责任,"不在其位,难谋其政"。

按照招标文件,得分高的总负责人,正高、各种注册师、业绩丰富,往往是企业的总工程师、副总,平时工作已经足够忙了,分身无术。

这么重要的岗位,招标时设置了那么多的评分内容,结果在中标后不了了之。但是,通过这个项目,总负责人又多了一个业绩。于是,专门以总负责人的身份参加各个全咨投标,屡试不爽、屡有斩获。同一个时间段,三五个不嫌多,可能同时担任四川、北京、浙江的多个高大项目的全咨总负责人,纯粹一个开标专业户。一支队伍,缺乏统一的协调,自然影响了战斗力的发挥,如此带来的隐患是不言而喻的。

一方面,要加快培训,培养全咨总负责人。目前的咨询市场,不缺总监、造价人员,但是缺少有经验的总负责人和项目管理人员,要从有实际工程管理经验的注册监理、造价、咨询工程师中选拔培训对象,数量不需要太多,中型企业两三名即可,重点实操经验、案例的传授,避免培训形式化。另一方面,对全咨项目的总负责人到位要有明确要求,不一定需要时刻被钉在现场,但管理的项目规模、个数、地点还是需要有所约束的。譬如,在同一个省域,可以担任两个二类项目的全咨负责人;譬如,不能兼任其他项目的总监,等等。在现阶段,建议在招标时对总负责人不要设置过于高大上的报名和评分条件,这样不利于人才的培养,也不利于总负责人的到岗到位。最后,要确保总负责人的咨询费用,也可以纳入项目管理费用。

4 专业咨询各自为政,互不相干

全过程工程咨询的初衷是贯通工程咨询信息,为项目提供局部或整体咨询服务。但是,现实的以下原因,对于全咨整体作用的发挥起到一定的制约作用。

各个专业咨询并非都具有很强的相关性。譬如设计、监理、造价,各自的专业性都比较强,如果组成一个整体的咨询团队,就必须有一个强大的协调力量,才能发挥整体优势,提供最优化的专业服务,但是,现实恰恰缺乏这样的协调。

部分专业咨询又具有地域属性。譬如造价,不同的省有不同的定额、计算方式、计价软件;譬如项目管理,前期施工许可的要求也因地而异;譬如招标代理,不同的交易市场有不同的招标文件版本、评标中标方式。

在实施全咨以前,各个专业咨询的业务方向比较单一,跨专业经营的不少,但跨专业也能做到行业领先的却很少,并且在业务联系、经济核算等方面,各专业都有较强的内部独立性。

缺少专业贯通型人才:监理的不懂造价(即便注册了造价师),造价的不懂现场管理,能理清前期水保、环评、规划许可等前后流程的更不可能去做造价。

于是,无论全咨的中标单位是独家还是联合体,各专业咨询依然独立工作,互不干涉。即便是独家中标了全咨项目,也还是只做自己的主业,特别是对于设计、BIM、造价等平时人员不驻场的专业,对人员的约束较小,寻找合作单位,就具有更大的诱惑力了。可以做个调查:全咨中标单位非主业的专业咨询,有几个是投标文件中的人员完成的?更何况联合体,大家管好自己的专业,有的连咨询费都是分开收取,全咨的优势仅仅是把几次招标合并成一次招标罢了。

显然,全咨的优势无法发挥,必然会减少对全咨功能和作用的预期,降低建设单位采用全过程工程咨询的意愿,让潜规则影响了行业发展。所以,一方面,要确保有力的协调力量,培养一专多能的全链条咨询人才;另一方面,必须探讨多专业咨询的穿插协调机制、咨询程序,让每个专业尽可能上下延伸,真正让各专业融入整体咨询。一定要通过突出项目管理的作用,来体现全咨的价值,弱化各个专业咨询的独立性,来体现全咨的整体性。

5 全咨的收费问题

现阶段,全过程工程咨询最好的收费情况是把原来分开的各个专业咨询的费用相加,其次就是相加后打个折扣,或者某一项专业咨询不计费,譬如招标代理、勘察设计咨询,或者是协助甲方工作的项目管理等属于免费服务,实际上就是变相降低了咨询费用。

全过程工程咨询把各个专业咨询工作统筹运作后,根本不会减少原来各个专业咨询的工作量。一方面,增加了包括总负责人在内的协调力量,减少建设单位的管理投入;另一方面,可以充分整合工程内部各种信息要素,使得各专业咨询更加准确、到位。如此提高咨询服务水平又降低建设方支出的工作,却减少了费用支付,显然影响咨询单位的积极性,最终影响到咨询效果。

更好的服务显然需要更合适的报酬,特别对于像设计咨询、优化服务等工作,如果没有量化标准,如果没有高水平专业人员提供咨询,就会敷衍了事,毫无成效。所以,现状的全过程工程咨询应该是各个专项咨询费的总和,再乘以1.0以上的系数。而且,对于前期的管理进度、设计优化、造价控制水平,都可以通过量化来调整系数,在一定的幅度内充分发挥激励机制的作用。

6 来自建设单位的顾虑

全咨开展以前,建设单位通过招标,把各专业咨询委托给各行业的头部企业,或者是自己信任、长期合作的伙伴,对各专业的咨询工作都有一定程度的把控。而现阶段的全过程工程咨询,因为缺少各专业都实力强大的企业,大部分都是侧重于某个专业来设置评标得分,譬如:以勘察设计牵头的,造价咨询力量就不够;以监理牵头的,造价和招标代理也不是强项;以造价牵头的,往往自己的监理力量不足,建设单位的担心往往并非多余。

从常规监理工作的内容来看,虽然不包括最终的决算审核,但过程中的造价控制,其实和全咨中的造价跟踪基本一致,只是监理更侧重于质量和安全。如今全咨的造价过程控制独立开展工作,一方面,监理干脆把造价扔了;另一方面,建设单位也名正言顺地再给监理费打折,因为造价另外有人控制了。

同时,部分非联合体中标的全咨企业,往往会将非强项的专业通过外委来完成,给工作质量带来隐患,譬如:有的全咨项目,包括地质勘查,全咨单位中标后,为追求利润,寻找低价的地勘队伍,应付性地完成任务,给后续工作带来隐患。而自代理、造价资质被取消以后,入行门槛降低,全咨企业选择专业队伍的范围扩大,于是更加追求效益、降低投入水平,如今这样的选择并非少数。

所以,对全咨中的各个专业咨询,要探讨明确的质量要求和工作约束,也可以增加对咨询人员的面试环节,消除建设单位对后续工作的顾虑。

7 结语

综合前述全咨实践中的不足,尽管有就事论事的修复措施,但我认为最根本的还是要抓项目管理,要强化项目管理、培养项目管理专业人才。因为项目管理是贯穿建设全过程的主线,是树干,而项目总负责人通过项目管理发挥综合管理和协调作用,能真正体现总负责人的作用,建设单位也能看到综合管理的内容和效果。而各专业咨询是树枝,在保持"精、简"的基础上,其强或弱,完全可由总负责人依据项目开展情况来调节。在招标评分上,突出项目管理的评价内容,在全咨取费方面,增加总负责人和项目管理费用,适当减少专业咨询费。

作为工程管理、咨询模式的改革探索,全过程工程咨询被建设行政管理部门寄予厚望,然而新的方式,必定也伴随着新的问题。全过程工程咨询经过几年来大力推广,其缺点和不足也随之暴露,"强化项目管理、弱化专业咨询",或许是纠偏的方向。在规范全咨工作的同时,积极组织行业管理部门、建设单位、平台公司和全咨企业的全咨项目现场观摩会,组织全咨总负责人的学习培训和经验交流,加大对优秀全咨案例的宣传,让政府的积极推广转变成建设单位的主动要求,才能让全咨模式茁壮成长。

作者简介:

黄永刚,男,1972年生,本科学历,国家注册监理工程师、一级建造师(建筑工程)、造价工程师、注册咨询工程师(投资),浙江永宁工程管理有限公司总经理,现主要从事建筑工程项目监理、工程管理、技术管理和咨询等工作。

二、设计与技术管理

BIM 技术在设计变更中的应用

杭州市建设工程质量安全监督总站　戴增囡

杭州信达投资咨询估价监理有限公司　孙月娇　杨玉婷

【摘　要】　针对 EPC 项目——该项目以某一个城市综合体设计成果与城市规划水系功能存在冲突的技术问题为例,展示 BIM 技术在设计方案优化和机电专业管线综合布置上的应用,为设计变更提供了技术支撑,在项目满足使用功能兼顾施工可操作性的前提下,寻求相对较低的建造成本,确保变更的合理性及可行性。

【关键词】　设计变更;功能;成本

1　背景情况

1.1　工程概况

某城市综合体项目用地面积为 25460 ㎡,原始地面中心高程约 64.33 m。地上为 10 余栋 2—3 层的住宅、酒店及仿古建筑;地下室一层建筑面积 14909.76 ㎡,设有设备用房、非机动车库、机动车库等。地下室总停车位数为 212 个,顶板覆土层厚度为 1.5—2.5 m,有作为景观绿地的功能。

项目用地范围内原有一条东西向宽 3 m、深 1.5 m 的城市排涝渠道贯穿。该水渠历史久远,是该市重要的水利工程,在雨季时由西向东作为城市排涝渠,旱季时由东向西作为城市水系景观补水用渠,政府要求新建工程必须保留原水渠的特殊功能,并发挥城市景观水体的设计方案,如图 1 所示。

图 1　水渠位置图

1.2 设计变更

本项目采用初步设计成果同时进行全过程工程咨询单位和EPC承包招标,中标单位受进度目标的制约,其进场后迅速以初步设计形成基坑围护方案并付诸实施,但在施工图设计过程中,发现初步设计时设置在地下室顶板上的水系渠道的渠底标高(即地下室顶板面,水渠位置其地下室层高为3.6 m)为63.9 m,不符合水利部门拟定的63.1 m的排涝要求,经多次与水利部门进行协商,对该部位提出必须要进行相应的设计变更,才能满足城市调蓄景观补水要求,如图2所示。

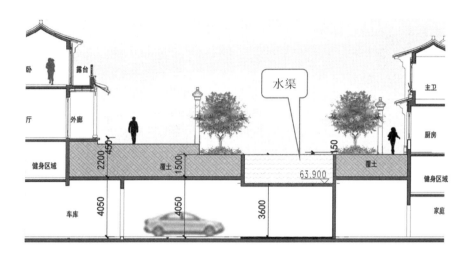

图2 初步设计剖面图

1.3 变更方案

本项目为EPC总承包模式,建设单位已完成了初步设计审批,因实施过程中提出了功能的变更,形成项目变更管理事项。全过程咨询单位及时组织专题会议与建设、设计、施工单位协商讨论,提出两个方案供论证:

方案1:结构整体下降,地下室结构整体埋深增加0.8 m,即地下室挖深0.8 m,对基坑围护、室内外高差协调、顶板覆土等负面影响较大,根据全过程咨询单位公司类似项目数据库资料进行初步测算,如果地下室整体埋深每增加0.1 m将增加地下室造价1.5%~2.0%,即地下室降低0.8 m将增加造价约1000万元。

方案2:水渠经过部分地下室顶板局部下降,地下室空间会变小,净高不一定满足使用功能。

专家组综合听取并考虑了本工程的使用功能、自然条件、进度目标、成本目标等综合因素,得出了新的方案,即方案3:决定将两个方案结合并以方案2为基础,系统设置室外地坪、水渠底、地下室底板等具体标高,确保水渠底下的地下室使用功能满足规范要求的最低净高要求。

由于地下室机电管线复杂众多,需要采用BIM技术协助完成设计变更工作,如图3所示。

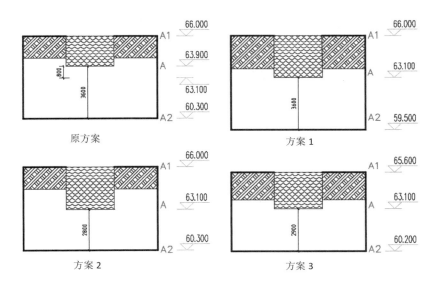

图3 方案示意图

2 BIM技术应用

2.1 问题分析

水渠底标高由原来的63.9 m调整为63.1 m,渠加深,地下室顶板下降,地下室净空间变小,管线安装受限。根据管线的实际情况进行反向推算,计算管线安装完成后的净高,即净高(含装饰层)=层高-结构梁高-管线安装空间。渠底位置的具体情况如下:

初设方案中地下室渠底的位置有一根DN100的压力废水管(YF),一根DN150的消防管(X);两根200×100的动力桥架与一根2000×320的风管需要通过渠底为防烟分区(1-2)加设风口(A-G轴至A-H轴),如图4所示。

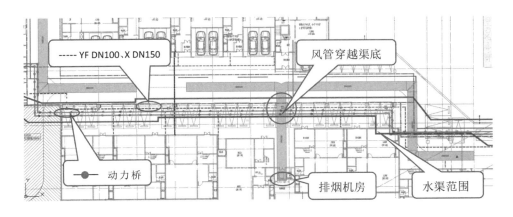

图4 初设管线平面图

设计变更后,渠底绝对标高63.9 m调整为63.1 m,渠底净高由3.6 m调整为2.9 m,以最大管线测算安装完成后的净高为1.98 m(不考虑喷淋管道),如表1所示。根据《住宅设计规范》(GB 50096—2011)条文说明第6.9.3条"住宅的地下车库和设备用房,其净高不能低于2.00 m",不满足规范要求。结合水渠的初步修改方案,参照地下室管线排布、分析,需要让管线避开净高最不利的渠底位置进行管线综合布置,以满足净高要求。

表1　降低渠底标高后的净高(单位:m)

渠底面到地下室地面高差	板厚	操作空间	风管高度	支吊架厚度	净高
2.9	0.3	0.2	0.32	0.1	1.98

2.2　技术路径

渠底为管线安装最不利的位置,为保证管线安装后的净高要求,就渠底位置采取相应调整措施,从土建和机电设计两方面寻求解决途径。先行构建土建和机电空间布置的BIM模型,查找不能满足地下室空间净高之处,通过多轮动态模拟调整,逐步形成土建和机电协调的最佳设计变更方案,具体技术思路如图5所示。

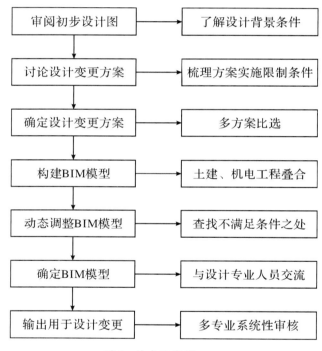

图5　技术路线图

2.3　应对方案

2.3.1　土建设计应对措施

(1)水渠变截面。结合地下室空间高度及顶板结构布置形式,考虑渠道在汛期、补水期不同的流水量,水渠设计局部采用跌级的形式,即渠底主标高为63.1 m,局部为63.9 m,既能满足63.1 m枯水期通水,又能满足汛期流量之需,如图6所示。

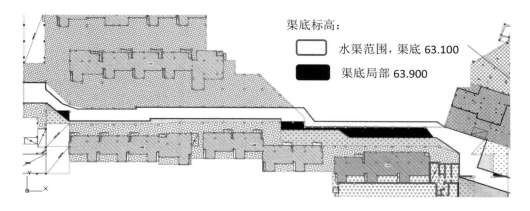

图6　水渠标高图

（2）底板局部加深。渠底设计标高降低0.8 m后，使地下室口部净高不满足2.2 m的要求，则在住宅与酒店、仿古建筑连接部位加深地下室底板（-5.4 m调整至-5.70 m），调整坡道长度和坡度以满足坡道口部净高要求，并增加地下室局部空间利用，如图7所示。

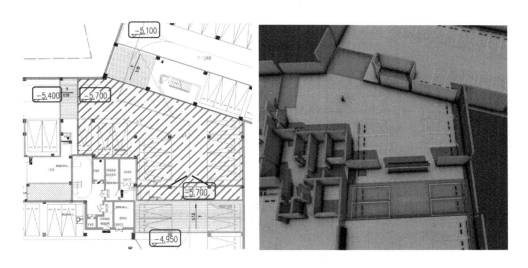

图7　底部局部加深图

（3）坡道横穿处水渠设跌级。2#汽车坡道顶板遇渠道部位，渠底采用二级折板变截面形式，在确保补水期63.1 m过水量时，局部标高改为63.9 m，同时保证坡道口部净高，如图8所示。

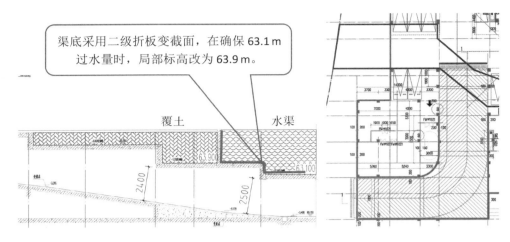

图8 水渠底板变截面图

（4）结构梁上翻。渠底标高调整之后，水渠两侧400 mm×2600 mm、400 mm×1600 mm的纵向结构梁采取上翻措施，以满足净高要求，同时结构梁上翻部位作为水渠的侧壁，如图9所示为节点剖面图；渠底位置的横向结构梁高为400 mm×600 mm，以梁板间高差为管线安装空间，如图10所示为水渠底部三维图。

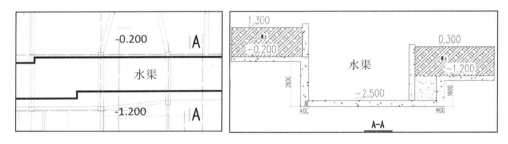

图9 节点剖面图

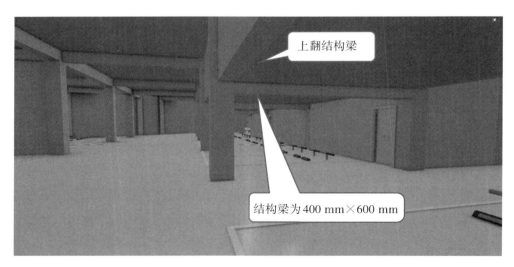

图10 水渠底部三维图

渠底位置63.900 m降低0.8 m后，渠底安装空间调整为2.3 m，如图11所示，为渠底位置标高对比图为变更前后的标高对比。

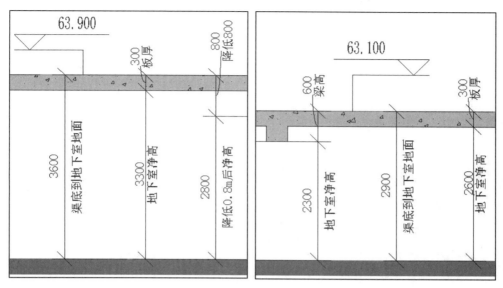

图11　渠底位置标高对比图

2.3.2　机电设计应对措施

根据前述可知渠底的净高为2.3 m,管线安装完成后净高1.90 m(含装饰层),不满足规范2.0 m的要求,需要进行管线调整,以满足规范要求,如表2所示。

表2　结构调整后的净高(单位:m)

梁底净高	结构误差	管道高度	支吊架厚度	喷淋占位空间	净高(含装饰层)
2.3	0.05	0.15	0.05	0.15	1.90

(1)管线调整。渠底位置净高2.3m为最不利位置,可以采取将原有渠底管线外移(A-2轴至A-16轴交A-F轴至A-G轴),即4根管线需要向北移动至渠底外侧,板底净高4.90 m的位置,如图12所示。

图12　管线移位三维图

管线横穿水渠渠底位置时,采用90°下翻的处理方式,在渠底净高2.6 m的位置只有DN65消防管道及DN100、DN65的废水管;水渠底部的喷淋管道最大管径为DN100,且喷淋点位平行于水渠方向排布,绕开2.3 m的结构梁下布置,管道考虑150 mm的安装空间后,满足规范车位净高2.0 m的要求,如表3所示。图13为模型与现场图。

表3　管线调整后的净高(单位:m)

水渠渠底净高	预留空间	管道高度	支吊架厚度	喷淋安装空间	净高(含装饰层)
2.6	0.1	0.1	0.05	0.15	2.2

图13　模型与现场图

(2)风管调整。在原设计中排烟风管需横穿渠底部位至排烟分区(1—2),由于无法避开渠底位置,经过多次协商讨论,将排烟机房的位置进行调整,即排烟机房向北移动至水渠北侧,调整管线路径并增加风机的额定风量,以满足《建筑防烟排烟系统技术标准》(GB 51251—2017)中4.4.12的规范要求及排烟风量的需求,如图14所示;为使风管避开渠底位置,增设一个防烟分区,由初设时的2个防烟分区调整为3个防烟分区,如图15所示;同时增设一台风机,相应减小初设时2台风机的额定风量并调整风管路径,如图16所示。

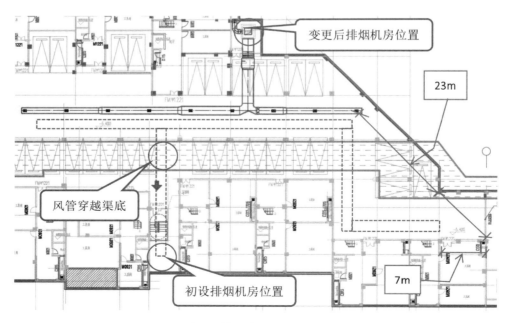

图14　排烟系统平面变更图

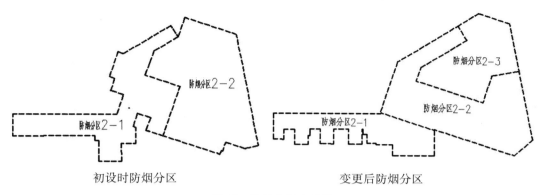

图 15　防烟分区变更图

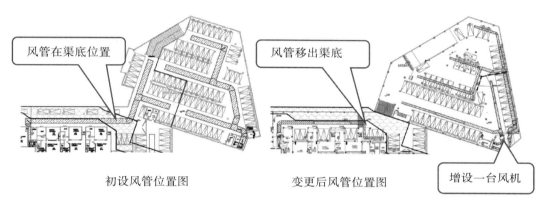

图 16　风管变更图

3　成效与展望

3.1　成效

通过运用BIM技术对地下室进行全面分析与模拟,减少渠底标高下降带来的影响,为项目提供最佳修改方案。通过动态调整,优化管线布置,最大化提升净高;合理布置地下车库的位置,降低标高调整对车位的影响,为项目管理提供增值服务。

本工程水渠变更后,既满足了城市排涝要求,又满足了地下室使用功能。由于运用了BIM技术助力设计变更,造价由初步测算的1000万元节约到300万元,地库车位由225个调整到212个,避免了更多车位的损失,对项目成本控制和建设功能实现起到了非常积极的作用。

3.2　技术应用展望

BIM技术是项目管理技术中的新型工具之一,越来越得到工程界的广泛应用,对设计管理、建设过程、运维等均能起到非常有效的积极作用,尤其在工程的设计阶段,可以利用价值工程原理,在有限的投资中实现使用功能的最大化。本文通过对内置净空间的核查使用也显示出强大的价值,利用BIM技术越早越好。由于本项目边设计边施工,在施工中发现设计方案存在问题导致需要设计方案变更,给项目带来了经济损失,对参建各方主体均有了深刻教训,希望今后尽可能了解工程设计各项功能和约束条件,尽早让BIM技术参与到项目管理中并发挥作用。

4 结语

BIM技术在建筑行业中被广泛应用已成必然,这需要我们每一个工程人员勇于突破、不断尝试。在项目建设过程中,以建筑信息模型作为载体,运用BIM技术为工程变更提供多方案比选,不仅可以应用在设计方案选择,以及综合管线优化,而且可以结合项目实际、专业特点进行多方面应用,为工程项目建设提供服务,发挥价值。

作者简介:

戴增囡,女,1980年生,本科学历,高级工程师,任职于杭州市建设工程质量安全监督总站,现主要从事建筑工程质量安全监督管理工作。

孙月娇,女,1994年生,本科学历,工程师,杭州信达投资咨询估价监理有限公司技术与信息中心副经理,现主要从事BIM工作、建筑工程监理、工程管理等工作。

杨玉婷,女,1996年生,本科学历,国家注册监理工程师、一级建造师(建筑工程),杭州信达投资咨询估价监理有限公司技术与信息中心副经理,现主要从事建筑工程项目监理、工程管理等工作。

BIM技术在工程安装实践中的应用与体会

浙江鼎力工程项目管理有限公司　刘仁山

【摘　要】　作为建筑工程前沿技术的BIM技术，因三维可视性、可模拟施工、各专业碰撞检测等优点，逐渐得到建筑从业人员的重视。该文结合工地实践，运用BIM技术从优化设计防火遗漏、钢结构杆件连接方式及机电设备的综合排布等，从多方面多角度阐述了BIM技术在工程实践中的应用与体会。

【关键词】　事前控制；工程管理，工程优化

引言

BIM技术利用现代计算机辅助施工的前沿技术，具备三维可视性、可模拟施工、各专业碰撞检测等优点，可以作为工程项目管理事前控制的一种有效技术措施而发挥积极作用。以下是笔者在工程实践中运用BIM技术解决部分实际问题的实例，供大家探讨。

1　工程概况

本案例为上海市某科研大楼，建筑面积约79000 m²，幕墙面积36000 m²，钢结构面积为4500 m²。其中，1号楼为31层科研办公楼，建筑高度为157.35 m；幕墙总面积28680 m²，玻璃幕墙24780 m²，铝板幕墙3180 m²，主楼塔冠异形钢结构面积为4500 m²。2号楼为4层科研配套楼裙楼，建筑高度为24 m；幕墙面积7320 m²，玻璃幕墙3470 m²，铝板幕墙2400 m²。科研楼效果图如图1所示，科研楼BIM模型图如图2所示。

图 1   科研楼效果图   图 2   科研楼 BIM 模型图

2   工程优化案例

2.1   优化设计防火遗漏,提升建筑物的整体防火性能

机电泛光照明专业的灯光电源引线,需穿越幕墙的防火岩棉带实现线路联通,在幕墙的施工图纸中仅示意为非幕墙施工范围由其他专业施工(见图3)。翻阅泛光照明的系统图,此部位为普通电源导线,并未注明防火性能,依据《建筑设计防火规范》(GB 50016—2014)第6.3.5条规定:管线确需穿越防火分隔体的,应在2 m范围内采用耐火材料,且耐火极限不得低于该防火分隔体的耐火极限。结合幕墙犀牛软件BIM建模的节点模型与机电的Revit模型中对比校验,证实此处管线穿越设计时未考虑其防火性能。每块幕墙板块防火分隔有两处管线穿越,根据图纸统计整体即有7682个部位存在防火漏点,将导致幕墙的防火系统失效,进而造成建筑物的防火体系出现较大的影响。后由我方幕墙专监牵头组织甲方、设计方及顾问公司相关专业技术人员共同讨论协商,修改为达到相应耐火等级的金属软管,从而弥补了设计防火遗漏(见图4),进而达到防火功能上的品质提升,同时得到了业主、设计方及顾问公司的一致认同。因为此部位属于专业交叉中不易发现的设计漏洞,具有较强的隐蔽性。经造价测算,节约拆改发生的人工费、材料费、措施费等共计20余万元,从而减少了设计变更,达到了事前控制优化费用的目的。

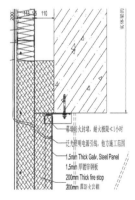

图 3   幕墙层间防火节点图   图 4   优化后的现场安装图

2.2　优化钢结构杆件连接方式

楼屋面设计采用类似发动机叶片装饰造型,选用Φ300～Φ500 mm管径的空腔钢圆柱为大型钢结构载体,专业钢结构设计公司提供的施工图表明,异形杆件安装方式为横向杆件与竖向构件相贯连接。经我方认真查阅设计方提供的Tekla模型图后,并结合以往施工经验,因杆件多为异形结构且体量较大,现场实操中起吊安装的精度很难控制,造成钢结构连接节点处质量无法控制,且影响工程进度。针对此问题,经与业主、设计方、施工方及钢结构供货商沟通后,采用我方提议的以承插为主、栓接为辅的操作模式,通过厂家与施工方进行实际小样安装论证,改进方案比原有设计方案的施工效率大大提升,质量得到有效保证,有利于后续钢结构施工的优化。

2.3　优化机电设备的综合布置及管线排布

由于项目塔楼主体砼梁结构为核心筒中心发散式,工作面狭小或异形情况较多。若不进行事前BIM模型碰撞检查,后期实际安装中将不可避免地出现较多的机电构件间的交错打架等,从而导致发生窝工、拆改、变更等不利状况。因此,我们意识到这一点,由我方机电专监牵头组织施工,设计院、顾问公司等各方技术人员参与形成技术协调小组,利用BIM技术事前消除隐患:首先逐层建模,并对建好的模型进行三维碰撞检查,然后针对检查结果进行具体部位的细部优化。其调整如下:

在标准层部位供排水管线无法穿越土建砼结构的位置,我方与各方技术人员商讨后调整为采取设备层地漏排水管穿越结构梁、机电管线尽量与核心筒外框平行、核心筒四角桥架利用45°弯头翻90°弯等形式进行优化调整,同时极特殊部位经设计验算保证功能的前提下适当调整管径大小,提升净高,完善整体布局如图5、图6所示。

在塔楼设备层9层、21层位置,管线异常密集,建模后发现净距无法满足图纸安装要求。运用RE-VIT管线综合优化,三维及立面显示此处管线的排布,对模型进行碰撞检查。将风机盘管调整至梁窝,重新将排列方式按照桥架在顶面、供回水管在最下方的原则进行排列,如图7、图8所示。

图5　BIM模型调整图　　　　　　　　图6　现场安装图

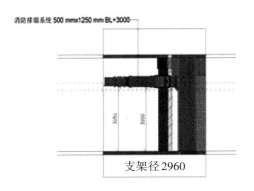

| 图7　BIM三维模型 | 图8　BIM立面模型 |

因标准层及设备层的机电安装为关键线路上的关键工作,经优化调整后总工期缩短8个工作日;同时经造价测算节省拆改的人工费、材料费、措施费等共计40余万元。因此,通过BIM建模的相关优点进行工程项目管理的事前预控,可有效地达到优化进度和节省费用的目的。

3　结语

上述事例,让我们充分认识到BIM技术在工程管理事前控制的重要性。现在国家在大力倡导全过程咨询,而BIM技术无疑是全过程咨询可利用的重要技术手段,可弥补项目前期因各方人员专业化水平或工程经验等方面因素造成策划、设计的遗漏,极大减少对工程质量安全及工期的影响,提升工程建设项目的品质。

本文所述,并非表明BIM技术仅局限于利用犀牛、Revit、Tekla等建模软件,而只是我们在公司大力倡导全过程咨询服务的文化熏陶下,结合现场实操的一点体会。作为建筑行业的从业人员,需要不断加强学习,提升自身综合素质,顺应行业发展的时代潮流,更好地为社会做贡献。

作者简介:

刘仁山,男,1984年生,本科学历,国家注册监理工程师,浙江鼎力工程项目管理有限公司项目总监,现主要从事建筑工程项目监理、工程管理、技术管理和咨询等工作。

全过程工程咨询项目中设计优化管理

浙江育才工程项目管理咨询有限公司　　何学会

【摘　要】 工程项目全过程工程咨询,不仅是为项目报建、施工管理协调、造价咨询等专项业务叠加,更是以终为始、以结果为导向实施系统性的目标管控,提供高附加值的咨询服务。该文以某工程为例,说明在全过程工程咨询中,做好设计优化管理及其对提高工程项目建设管理水平、提升投资效益和推动全过程咨询开展有重要经济和现实意义。

【关键词】 全过程工程咨询;设计优化;价值优化;过程优化;结果优化

全过程工程咨询(以下简称"全过程咨询"),顾名思义,就是对工程项目建设全过程提供服务,而服务工作的重心是提供专业咨询,如果离开了专业性,业主单位请来的第三方全过程咨询服务就成为一个事务性委托办理,就失去了政府鼓励和推行全过程咨询的初衷和价值。而设计阶段对项目价值目标的实现影响很大,目前大多数开展全过程咨询的项目基本是1＋X组合模式("1"代表项目管理,贯穿项目建设全过程,起到引领作用;"X"代表各项专业服务),实际上大多数全过程咨询对各项专业服务还停留在简单叠加层面,没有做到有效整合,尤其对设计管理工作参与度不高。本文通过政府部门推广全过程咨询的初衷叙述,并借鉴笔者在承担宁波某学校工程的全过程咨询工作的经验,浅述设计优化管理在全过程咨询服务中的重要性。

1　推广全过程咨询的目的及存在的问题

自2017年以来,住建部和发改委连续发文,提出为深化投融资体制改革,提升固定资产投资决策科学化水平,进一步完善工程建设组织模式,提高投资效益、工程建设质量和运营效率,在房屋建筑和市政基础设施领域推进全过程工程咨询服务,大力推进建设项目全过程工程咨询和工程总承包模式的发展。

国家大力推行的全过程工程咨询,其目的是强化项目全生命周期管理,有效促进项目信息的完整流动,减少项目管理的脱节现象。通过对项目的整体性优化管理来减少项目建设过程中的推诿扯皮,利用系统的方法来发现问题并随时解决问题,以达到项目管理的整体目标。

但在实行全过程咨询服务的项目案例分析中我们发现,全过程咨询执行实际与初衷尚有不少差距。其主要表现在:一是缺乏对项目全生命周期管理的理解;二是项目管理的系统性和整体性意识不强；三是对各专业咨询服务单位缺乏有效的整合。在设计方面，通常在桩型选择、基础形式、围护结构、平面布局、设备选型或材料的选用等方面没有充分考虑当地市场供应情况、工艺情况、环境要求等。

2 全过程咨询服务中设计优化的开展

既然全过程咨询是项目全过程参与决策和过程管理，那么工程项目建设过程中出现质量、进度、投资等问题，理论上都应与全过程咨询单位有关。其实工程设计中不甚完美的问题，几乎所有项目或多或少都存在，关键是管理工作是否重视、是否深入，如是否对设计进行优化管理。对设计存在的问题进行优化是全过程咨询中十分重要的工作任务，也是体现全过程咨询的价值和生命力的重要形式，必须对设计优化管理加以重视。

设计优化需要考虑两个方面：一方面是技术优化；另一方面是经济优化。只有处理好技术与经济的关系，才能保证设计方案、结构、功能等的整体价值优化，片面地强调技术先进或节约投资降低造价都是不正确的，要做到技术与经济有机结合。

一般情况下，对设计进行优化管理的方式包括过程优化和结果优化两种：

（1）过程优化是在设计过程中提前沟通、同步进行的优化方式，通过对设计产品进行过程控制，实现最优化的设计目标，包括方案设计、扩初设计、施工图设计3个阶段；

（2）结果优化是在施工图设计完成后进行设计优化，通过对原设计图纸提出结构布置、参数设置和施工图精细化设计调整等优化意见，说服原设计单位对原设计图纸进行修改的优化方式。

由于目前推荐实施的全过程咨询是根据业主单位自身技术力量和项目建设管理的需要，菜单式选择咨询服务的时间及服务的内容。而有些建设项目是在设计完成或基本完成后开始选择全过程咨询单位介入，全过程咨询单位只能根据设计文件进行各要素评估后再做结果优化。当然设计优化需要取得业主单位的配合支持，否则设计优化管理很难执行到位。

3 全过程咨询设计优化案例分析

某学校工程通过招标委托了我司承担全过程咨询任务。该工程建筑总面积22540.93 ㎡，包括地下建筑面积10410.84 ㎡（地下一层社会停车场，地下室上面为250 m跑道＋篮球、排球、足球运动场），地上建筑面积12130.09 ㎡（一幢4＋1层综合楼、两幢4层教学楼、看台、门卫）。施工总承包建安工程合同价为11444.8107万元。

我司介入时业主已完成了施工图设计及审图工作，包括地下室基坑围护设计及专家会审。我们所开展的设计优化在执行咨询任务时主要对涉及功能、使用效果部分的设计优化，并与业主单位、使用单位进行了充分沟通，得到了配合支持。在本项目上通过优化工作主要成果如表1所示。

表1 某学校工程项目设计优化成效

序号	名称	优化措施	造价影响	效果评价
1	地下室外墙做法	取消20 mm砂浆找平层，防水层保护砖墙改挤塑板	节约造价约20万元	良好

续表

序号	名称	优化措施	造价影响	效果评价
2	地下室顶板防水做法	1.5 mm聚合物水泥防水涂料改为2 mm非固化沥青	节约造价0.8万元	防水效果更好
3	智能化专业	邀请相关专家进行优化	节约造价50万元	功能更完善、合理
4	运动场看台	对看台下空间充分利用,增设器材仓库、卫生间等	增加造价20万元	功能更完善、合理,增加了使用空间
5	篮球场、排球场	对软土回填土地基进行加固处理	增加造价24万元	防止不同地基产生不均匀沉降
6	运动场主席台	增设遮阳棚	增加造价5.5万元	功能更合理
7	门卫钢结构	对门卫钢结构优化	增加造价10万元	结构更加合理,方便维修
8	景观绿化工程	对中庭、室外景观绿化进行品质提升	增加造价20万元	提升校园景观绿化效果

注:合计设计优化节约造价70.8万元,因功能完善优化设计增加造价59.5万元。

在这些设计优化措施中,有使用功能不降低但造价降低了,如地下室外墙做法取消了20 mm砂浆找平层、防水层保护砖墙改为挤塑板;有使用效果更好但造价反而降低的,如地下室顶板防水做法,原1.5 mm聚合物水泥涂料改为2 mm非固化沥青;也有为了功能更加完善合理而适当增加造价的,如对运动场看台下的空间进行了利用,增设运动器材仓库、卫生间;等等。

总之,以上优化设计措施节约了工程造价或使用功能得到一定的改善,提升了项目投资价值水平。

4 结语

综上,全过程工程咨询不仅是承担对项目建设前期手续的报建,施工过程的管理协调,项目竣工验收办理、造价咨询等专项业务的叠加,更是需要以终为始、以结果为导向对项目建设实施全生命周期的系统性的目标管控,并提供高附加值的综合咨询服务,包括通过对项目建设目标进行策划和管理,通过设计使投资项目的结构和功能优化,提升项目投资价值,对提升项目投资效益、推动全过程咨询开展有重要经济和现实意义。

作者简介:

何学会,男,1965年生,硕士,高级工程师、注册监理工程师,浙江育才工程项目管理咨询有限公司总工程师,现主要从事工程项目管理、工程监理、技术管理及咨询等工作。

浅谈全过程工程咨询下的设计质量管理

耀华建设管理有限公司　　王　杰

【摘　要】　项目的设计阶段是项目建设实施过程中非常重要的阶段,设计质量是项目全寿命周期中的重要因素之一,其直接影响工程质量、投资、进度等各方面,是项目成败的关键因素之一。设计管理贯穿全过程工程咨询管理的各个环节,包括设计招标管理、设计进度管理、设计质量管理、设计成本管理和设计变更管理五部分。全过程工程咨询模式在设计质量管理工作中具有很好的优势,在设计质量管理的工作中需要根据不同项目特点制定有针对性的管理方法。

【关键词】　全过程工程咨询;设计质量管理;管理优势与方法

引言

我国市场经济和社会的快速发展,对工程建设的组织管理模式提出了更高要求;随着"一带一路"建设的推进,在建筑行业国际化、市场化水平不断提高的大背景下,市场环境的变化促进了我国建筑工程咨询行业的结构性转型和升级。住房城乡建设部发布的《建筑业发展"十三五"规划》中提出和倡导的全过程工程咨询模式,可以实现项目投资决策更科学、实施过程更标准和运营管理更精细的管理目标。

本文对全过程工程咨询(以下简称"全咨")模式下项目设计阶段的设计质量管理工作进行介绍和分析,提出一些意见建议,供行业参考借鉴。

1　传统咨询行业关于设计质量管理缺失

1.1　对于设计质量管理意识缺乏

目前,部分建筑工程咨询企业仍处于由项目管理、工程监理、造价咨询等传统咨询企业转型为全咨企业的过程中,工作重点仍放在施工阶段,对设计质量管理不够重视,表现在以设计图纸作为日常工作的依据,但少有对设计图纸提出疑问的。这将导致部分设计人员忽视项目建筑设计成效,对各类建筑材料、施工技术应用等缺乏结合项目特点的深入研究,最终对项目总体质量和建筑成本造成较大负面影响。

1.2 对设计质量管理延续性差

传统咨询行业对设计质量管理缺乏延续性,碎片化的管理使之不成系统。项目决策咨询企业在编制项目建议书、可行性研究报告等文件时,对于项目的总体目标、内容、功能、规模及其标准进行了研究;设计招标代理在编制设计任务书和设计招标文件等文件时,对于项目的功能要求、设计范围、经济技术指标有了进一步的细化;然而上述两家咨询企业对设计质量往往缺乏追踪评审。项目管理和工程监理对设计文件虽然做了仔细研究,但此时的设计文件已经通过报批报建和施工图审查,设计内容、规模、标准、地块容量、设计方案、节能环保、设计概算等已成形,仅仅通过图纸会审对于设计质量管理的作用非常有限。

1.3 设计质量呈现下滑趋势

随着中国建筑行业的快速发展,建筑工程项目规模越来越大,设计难度不断增加。但目前部分设计人员自身专业素质较低,缺乏较强的理论知识与实践经验,导致设计质量降低,出现反复更改设计,甚至重新设计等问题。

2 全过程工程咨询实施设计质量管理的优势

2.1 具有良好的廉政效益

全过程工程咨询是传统咨询行业的集成化产物,延续了传统咨询行业的优点。全咨企业因为自身服务的特点,在建设工程中能自觉遵守国家有关法律、法规和规范性文件,严格执行工程建设程序、国家工程建设强制性标准,遵循守法、诚信、公平、科学的原则。因为全咨单位在组织上和经济上与设计单位没有利害关系,能保持相对的公平性,进而确保项目建设目标的实现,能为项目建设提供增值的建议,所以全过程工程咨询对设计质量管理具有良好的廉政效益。

2.2 具有良好的管理能力

项目设计的类型和特点是多种多样的,设计的思路也在日新月异不断创新。全过程工程咨询企业专业性强,能够紧跟时代潮流,能有针对性地组织全过程工程咨询管理团队,个性化地建立设计质量管理体系。全咨企业的工程设计质量管理团队配备专业齐全,涵盖项目前期的策划咨询、城市规划、建筑、结构、设备、造价及合同等多专业的管理复合型人才,所以全过程工程咨询对设计质量具有良好的管理能力。

2.3 具有良好的协调能力

项目的成功需要各参建单位有良好的配合协作,以创造互惠共赢的局面。全咨单位在与设计单位沟通协调中,应建立共同的目标,搭建信任的桥梁,注重双方的合作互动关系,与设计人员就设计质量和技术上的矛盾或分歧多进行沟通和交流,本着实事求是的态度,实践出真知,多方案比较,择优解决问题,因为沟通协调是全过程工程咨询项目设计质量管理中的重要一环。

3 全过程工程咨询关于设计质量管理的方法

3.1 动态控制的原理

传统咨询行业对于施工现场引入项目管理的理论和方法已经比较成熟,但是将动态控制的原理运用到设计质量管理中尚未普及。全过程工程咨询应建立健全设计质量管理制度,建立设计质量管理组织结构,明确人员分工,落实动态控制原理,使有利于设计质量的目标得以实现,有利于促进整个设计质量管理科学化的进程。在参与编制项目设计任务书时,明确总体的设计目标、内容、功能、规模及其标准,对设计质量做好事前管控。设计过程中对设计文件编制的依据、设计内容、地块容量、设计方案、节能环保、设计概算等做出全面、客观、公正、科学的分析评价,落实好设计质量的事中管控。全咨团队应从项目成本、材料工艺、设备厂家具体需求、施工技术等多方面的因素考虑,利用BIM技术等新软件、新技术的应用,对设计文件提出合理化建议,优化设计质量。

3.2 参与编制设计任务书

设计任务书的编制主要是在对项目进行投资机会、项目建议书、施工方案、选址、可行性研究报告以及对项目进行评估后,对于项目的总体目标、内容、功能、规模及其标准进行研究、分析、细化的工作。在设计质量管理中应特别注意在设计任务书中提出项目设计要求,使设计成果尽可能达到业主对拟建项目的预期,其对实现项目目标影响较大。

编制设计任务书时,应充分结合业主方的使用功能要求、设计范围、经济技术指标,根据不同项目的具体要求与性质,有针对性地采用定位、定性、定量等不同方法进行研究编制,做到既结合项目实际与现代技术方法,又重视传统项目经验借鉴。在强调建筑空间组合、材质、施工工艺、材料等技术要素的同时,结合建筑与社会环境、人文文化等艺术要素,综合考虑项目对规划、市场、经济等的综合影响,以保证项目设计方案的合理性与可实施性。

3.3 全面分析设计文件

全过程工程咨询应对设计文件做全面检查分析,具体内容如下:

3.3.1 总平面图设计

(1)检查总平面图的布置是否做到土地的合理开发及经济技术指标合理,是否满足行政主管部门对该项目的批示和城市规划的要求,是否满足业主对总体布局、交通流线、分期建设、产权办理销售等方面的要求。

(2)检查建设场地是否进行了工程地质勘查,是否充分了解和掌握总平面设计涉及的有关自然因素和环境地貌。

(3)检查总平面设计中功能分区是否明确,地块出入口对周边交通是否有不利的影响,地块内人流、车流、货流等交通组织是否合理。

(4)检查竖向设计是否根据周边现状标高及规划标高进行全盘考量,是否满足生产工艺、地形、运输、消防、排水等情况以及土方平衡的要求。建筑物的间距、高度是否满足日照、消防、噪声等设计规范要求。

(5)检查总平面设计中综合管网设计是否合理,接口是否清楚、明确,相应建筑物、构筑物在总平面的位置是否明确,是否满足相关规范要求。

(6)检查停车场设计是否满足业主对停车位数量需求及符合规范要求。各类道路的主要设计参数是否合理,宽度、转弯半径、道路坡度等设计是否满足相关设计规范。

(7)检查总平面设计图纸各种标注是否完整,能否指导施工或深化设计,绿地率、建筑密度、容积率、海绵城市等各项技术指标是否符合当地政府有关部门的规定。

3.3.2 建筑设计

(1)检查建筑设计图纸是否齐全,是否符合设计深度要求,设计依据采用是否合理,标准、规范和图集是不是现行版本。

(2)检查建筑功能布局是否符合业主需求,建筑各功能分区层数、层高等是否满足使用功能要求。建筑立面设计是否美观,是否与周边环境空间相适应,是否符合城市规划的要求,是否符合建筑节能的要求。

(3)检查人流、物流组织是否合理顺畅,并满足疏散要求,垂直交通设施的设计是否满足要求且经济合理。

(4)检查建筑方案中各种工程做法、装饰装修材料,是否符合卫生、节能、环保、消防等要求,并与业主投资目标相匹配。

3.3.3 结构设计

(1)检查设计依据采用是否合理,标准、规范和图集是不是现行版本。

(2)检查结构设计结构体系、结构安全等级、设计使用年限、基础设计等级是否正确。

(3)检查抗震等级、基础形式、基础埋置深度等是否合理。

(4)检查楼地面均布活荷载标准值的选用是否满足功能需求且全面合理。

(5)检查上部结构造型、伸缩缝、沉降缝、后浇带的设置宽度、结构处理是否经济合理。

(6)检查采用新技术、新工艺、新材料是否安全、可靠。

3.3.4 设备专业设计

(1)检查设计图纸是否齐全,是否符合设计深度要求,设计依据采用是否合理,标准、规范和图集是不是现行版本。

(2)检查给水、排水、强电、弱电、采暖、通风、空调等专业设计依据是否正确,内容是否全面,系统设置能否满足业主使用需求。

(3)检查各种设备、管材、导线选材是否合理,各类指标的计算书是否准确,并是否考虑了其他因素的影响。

(4)检查主要材料用量表是否准确。

其他景观设计、精装修设计、基坑围护设计、幕墙设计、生产工艺设计等专项设计方案应根据各自专业特点设置设计目标管控要素,本文不做延伸探讨。

3.3.5 设计概算

（1）检查概算编制的依据是否符合相关建设和造价管理的法律法规和方针政策,是否响应了项目立项文件、可行性研究报告及设计任务书等有效文件内对于投资目标的控制。

（2）检查概算编制内容是否齐全,有无漏项,是否与设计图纸一致;编制的方法、项目编码归类是否符合规范要求;计算依据是否满足国家及当地定额部门的有关规定。

3.4 新技术的应用

传统的二维平面图纸对工程项目的设计质量管理不力且各专业设计协同性差,新技术的应用可以为设计质量提高提供有力的支持,如供各专业提资校核的协同管理软件及BIM等工具。

BIM模型中各专业设计(装饰、给排水、电气、暖通等专业)同步协作设计,专业间冲突在设计阶段可以发现及避免。通过BIM模型设计管线综合优化,可以直接解决大部分机电碰撞问题,可以合理安排各专业施工顺序和管线位置,避免拆改返工,有利于项目的质量、进度、投资的控制。

4 结语

全过程工程咨询的设计质量管理工作,既是项目设计的需要,也是项目管理的需要。设计质量管理的责任人除了设计单位及其设计师,还应包括业主、项目管理人员、行政主管部门和施工单位以及材料设备供货商等众多项目参与方。全过程工程咨询对设计质量管理必须细致到位,设计质量管理做得越细致,越能保证项目建设顺利进行,从而提高项目的效率和收益。

作者简介:

王杰,男,1989年生,本科学历,工程师,任职于耀华建设管理有限公司,主要从事建筑工程全过程咨询项目管理、工程监理、技术管理等工作。

杭州余杭区第二殡仪馆提升改造项目
全过程工程咨询案例分析

浙江宏诚工程咨询管理有限公司　　闻金龙

【摘　要】 全过程工程咨询在杭州余杭区第二殡仪馆提升改造项目设计阶段、招标阶段、项目管理(代建)、招标代理、造价咨询、工程监理服务的实践分析;EPC总承包模式下全过程工程咨询服务的优势以及短板。

【关键词】 建设管理;设计管理;招标代理;造价咨询;施工监理;总承包管理

引言

杭州余杭区第二殡仪馆提升改造项目全过程工程咨询主要是对工程建设项目EPC总承包阶段提供工程建设管理、招标代理、造价咨询、工程监理等工程咨询服务。根据《工程咨询行业管理办法》,全过程工程咨询服务采用多种服务方式组合,为项目决策、实施和运营持续提供局部或整体解决方案(发改委令2017年第9号)。

1　项目概况

杭州余杭区第二殡仪馆提升改造项目位于杭州余杭区径山镇,总用地面积19100.7 m²,总建筑面积6393 m²,容积率0.33,绿地率31.9,主要包括业务区用房、遗体处理区用房、火化区用房、悼念区用房、公共厕所及连廊、后勤管理用房、门卫室、市政景观绿化、室外综合管线工程、供电工程等附属配套设施。投资概算6000万元,施工计划总工期为20个月,正式开工日期为2019年2月15日,实际竣工日期为2020年8月20日。

2　全过程工程咨询实施工作阐述

2.1　本工程全过程工程咨询服务内容

(1)建设管理:按照工程建设的相关规定,编制项目实施总体策划方案,办理工程所有尚未完成的前期手续及相关报批工作,负责全过程的档案收集与管理,协助相关合同的签订及进行合约管理,对勘察、设计以及第三方咨询单位进行管理、协调,对设计文件进行合理优化,对工程建设开展全过程管理,组织竣工验收(含各专项验收),负责竣工备案、移交、资料归档、产权证办理等相关手续,负责工程保修期内的协调管理,协调相关单位之间的关系,协助建设单位做好各项管理工作。

(2)设计管理:设计专业协调管理,设计进度管理,设计质量管理,设计优化管理,设计造价管理,施工阶段管理及设计变更管理,图纸管理。

(3)招标代理:本工程未完成的第三方咨询、勘察、设计、施工、设备等内容的所有招标代理(含政府分散采购)工作,包括拟订招标方案,协助招标人审查投标人资格,编制招标文件(包括资格预审文件),组织投标人踏勘现场和答疑,整理发布答疑纪要,组织开标、评标和定标,提交招投标书面情况报告等与招标有关的事项。

(4)造价咨询工作内容:编制和审核工程量清单和施工图预算书,提供工程项目的全过程造价控制服务,提供完整的内审报告,配合工程结算审计。与本项目相关的工程洽商、变更及合同争议、索赔等事项的处置,提出具体的解决措施及方案;编制工程造价计价依据及对工程造价进行控制和提供有关工程造价信息资料等方面工作。

(5)工程施工监理:按照国家、省、市等有关建设监理规定,对工程施工的质量、安全、文明、进度、造价以及施工人员采用科学的方法和手段进行全过程控制和管理,提交完整的监理资料,并承担工程质量保修期内的相关义务和责任。

2.2 EPC总承包合同目标控制

(1)工程质量保证:承包人应按合同约定的质量标准规范,确保设计、采购、加工制造、施工、竣工试验等各项工作的质量,建立有效的质量保证体系,并按照合同规定,通过质量保证书的形式约定保修范围、保修期限和保修责任。本项目质量符合《建筑工程施工质量验收统一标准》(GB 50300—2013)"合格"标准,本项目力争"西湖杯"。

(2)进度目标:施工计划总工期为20个月(即600日历天)。中标公示结束次日即为设计开工日期,2019年2月15日即为本项目实施日期,竣工日期以项目全部完成竣工验收合格为准(含消防、规划、市政、绿化、环保等所有专项验收)。

(3)投资目标:确保项目实际投资不得超过最后经批准的项目概算6000万元。

(4)安全目标:施工现场按照现行《建筑施工安全检查标准》评定达到"合格"标准,并达到杭州市标准化工地要求。

2.3 全过程项目管理规划

(1)全过程工程咨询项目组织结构如图1所示。

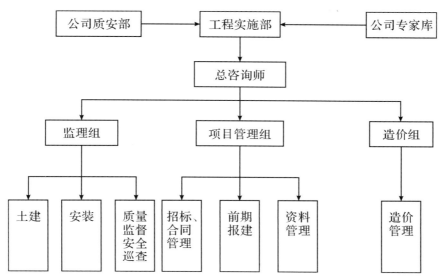

图 1　全过程工程咨询项目组织结构

（2）项目管理组织机构人员职责分工情况如表1所示。

表 1　项目管理组织机构人员职责分工情况

设置	职责	人员配备
总咨询师	项目全面管理、宏观控制，重大决策、总协调	1人
监理组	全面负责施工阶段工程监理工作，四控两管一协调	5人
项目管理组	前期报建、总进度管理、招标、合同管理、组织各项验收、工程移交、资料备案等	3人
造价组	设计概算的审核、施工预算审核、中标价编制、跟踪审计、竣工结算内审、索赔处理等造价咨询服务	2人
公司专家组	提供工程质量、投资、进度、设计、安全等技术支撑	公司专家库

（3）项目管理目标具体如下：

项目质量目标：确保余杭区结构优质奖，争创杭州市"西湖杯"。

项目进度目标：2020年9月15日全部完成并投入使用。

项目投资目标：总投资控制在5747万元。

安全文明生产目标：做好安全生产、文明施工，杜绝人员死亡事故及火灾、中毒、环境污染等事件，达到余杭区标准化工地要求。

（4）项目总进度计划节点时间具体如表2所示。

表 2　项目总进度计划表

序号	工程内容	时间计划	主要工作内容	备注
1	初步设计	2018年5月10日—8月15日	方案设计、概算编制、审批	
2	地质勘查	2018年9月1—10月10日	地勘报告完成	
3	EPC招标	2018年12月—2019年1月20日	招标公告、开标	2019年1月14日确定中标人

续表

序号	工程内容	时间计划	主要工作内容	备注
4	工程规划许可证	2019年1月15日—3月15日	取得规划许可证	2019年3月20日取得规划许可证
5	施工许可证	2019年5月15日完成	取得施工许可证	2019年4月30日拿到
6	过渡房、停车场	2019年1月15日—4月30日	投入使用	4月30日准时完成
7	土方及基础工程	2019年5月15日—7月15日	土方开挖,基础完成回填	7月10日完成
8	主体工程	2019年6月15日—10月30日	主体结顶、墙体完成	2019年9月30日完成
9	装饰装修	2019年9月5日—12月30日	完成抹灰、门窗、细部	2019年12月20日完成
10	水电安装	2019年5月20日—12月20日	给排水、强弱电预埋	2019年11月20日完成
11	市政、绿化工程	2019年12月10日—2020年4月30日	室外管道、道路、绿化铺装	2020年6月30日全部完成
12	精装修	2020年1月5日—4月30日	室内二次装修	2020年5月10日完成
13	扫尾	2020年5月1日—5月30日		
14	各专项验收	2020年6月—7月31日	消防、规划、防雷、环境、节能市政绿化	2020年8月10日全部完成
15	竣工验收	2020年8月30日	联合竣工验收	2020年8月20日
16	备案、结算	2020年8月10—10月30日	资料备案、结算完成	完成

2.4 全过程工程咨询发包方式

招标方式:公开招标。

评价标准:综合评分法,主要评价内容包括3个方面:(1)资信标;(2)技术标;(3)商务标。

2.5 全过程工程咨询服务内容

(1)项目实施策划:项目建设目标策划;项目管理组织结构策划;管理制度;总控计划;招标采购策划;技术策划。

(2)勘察与设计管理:勘察方案及勘察工作监督管理;设计需求管理;设计进度管理;设计质量管理;设计投资管理;深化设计及设计变更管理。

(3)报批报建管理:建设用地规划许可证办理;国有土地使用权证办理;建设工程规划许可证办理;施工许可证办理;临水、临电、三通一平手续办理;合同备案、质安监督备案等。

(4)技术管理:建筑结构选型与布置;机电设备与管道系统;建筑配件与构造;重大施工方案;新技术、新工艺、新材料、新设备。

(5)投资控制:项目决策阶段投资控制;初步设计阶段投资控制;招投标阶段投资控制;施工阶段投资控制;结算阶段投资控制;决算阶段投资控制。

(6)招标采购管理:招标前准备工作;招标文件审查修改;招标文件发布;协助答疑或补漏;开标评标;中标通知书备案及发放。

(7)合同管理:合同策划;合同起草、洽商、签订;合同履约管理;合同风险管理;合同资料管理。

(8)施工阶段工程管理:场地平整、落实场地准备;场地测绘、场地移交;各参建单位进场统筹协调；协助组织第一次工地会议。

（9）信息综合管理：整个项目各类资料的传输、整理、收集、汇总、归档工作；各个参建单位日常联络工作；项目部内部管理，如制度建设、考核管理、财务管理、后勤管理。

（10）验收移交与项目后评价：组织项目专项验收，消防，人防，规划，节能；组织竣工预验收，收尾整改工作；完成竣工资料验收及档案整理；组织竣工验收，协助办理竣工备案；组织编制项目使用手册，并组织使用手册的培训；完成项目后评价。

2.6　全过程工程咨询合同收费标准

根据国家发展改革委、住建部《关于推进全过程工程咨询服务发展的指导意见》（发改投资规〔2019〕515号），全过程工程咨询服务酬金有两种收费方式：1.叠加法；2.成本加酬金法。本项目采用1＋N＋X叠加模式，其中"1"为项目管理，"N"为招标代理、设计、监理、造价咨询等专业技术咨询业务，X为除此之外的专业服务。根据工程咨询服务范围和内容，本项目全过程工程咨询费的计取约定如下：按照建设管理、招标代理、造价咨询和工程监理的相应收费基数乘以一定费率后叠加得出全过程工程咨询收费总额。

2.7　实施全过程工程咨询的亮点

项目实施进度目前完成竣工验收，进入投入使用阶段。到目前为止，我们主要开展了项目前期报批报建、方案及初步设计管理及审查、EPC工程总承包等招标代理、造价咨询、施工图设计管理及现场监理管理、组织验收工作，竣工备案、房产证办理等工作。全过程工程咨询有以下几个亮点：

（1）管理成本的下降有利于节约投资。全过程工程咨询采用一次性招标，可使其合同成本大大低于传统模式下设计、代建、招标代理、造价咨询、监理等参建单位多次发包的合同成本。

（2）功能优化亮点。项目部和公司技术专家组，对项目设计的平面布置、功能布局、火化工艺等方面进行了仔细审核，提出大量专业的、合理的优化设计建议，并收集业主及相关职能部门的审核意见，督促设计单位修改完善。项目设计工作，在紧促的时间内取得了有效的成果，为后续其他工作提供了保障。其主要包括以下几点：

①针对设计优化，对方案、初步设计、主体施工图进行审查，提出大量设计优化及审核建议，其中绝大部分得到了采纳：方案和初步设计阶段外墙采用石材幕墙，考虑本项目总概算控制在6000万元以内，在保证外立面整体效果的前提下，我专家组提出外墙改为真石漆的建议，为施工图设计取得盈余，节约造价约500万元，最终被采纳；我专家组在审查初步设计图纸发现消防水池被遗漏，及时向设计单位反馈，避免EPC单位合同价的突破和工期延长。

②我们前后组织设计管理人员召集设计单位与建设方以及火化设备采购方，针对功能布局、使用需求、遗体处理专项等进行了协调与沟通，保证各专业有序衔接。

③我们同时对各阶段的设计进度及限额设计方面进行全过程的动态控制，确保项目施工与设计的衔接，以及做到不因设计原因而影响到施工进度，确保在满足使用需求的前提下使设计阶段的投资概预算控制在批复的投资总额内。

（3）有利于加快进度，缩短建设周期。在由一家单位提供全过程工程咨询服务的情况下，一方面，咨询单位可最大限度统筹内部资源,做到各专业协调统一,减少业主日常管理工作和人力资源投入,提高效率;另一方面,模式不同于传统模式下的多次招标,合理优化并简化合同关系,同时克服设计、造价、招标、监理(管理)等相关单位责任分离、相互脱节的矛盾,缩短项目建设周期;全过程工程咨询单位作为创新模式,提供一站式管理,为各参建单位建立项目信息平台,从而保证工程始终处于动态有序、合理紧凑的计划控制之下。

①本工程原设计方案要求分两个阶段施工,一阶段保留老的后勤用房,按照原方案合同工期无法保证;我方全过程咨询设计部门通过对过渡用房及道路停车场设计方案和施工图的合理优化,改为一次性施工,最终比原计划提前2个月完工,确保合同工期如期完成。

②全过程工程咨询项目部现场工程师依据地质勘查报告及工期情况,通过造价工程师对两方案进行经济比选,提出取消水泥搅拌桩改为级配砂石回填,设计单位及勘察单位一致同意,缩短2个月工期。

③结合项目实际情况及建设工期"2019年2月开工,2020年9月完工"的目标,项目部编制招标策划方案,明确了招标模式、招标范围、招标计划。对采用EPC工程总承包模式,项目部提交了《关于项目选择EPC工程总承包模式的分析和建议》,阐述了EPC工程总承包的优缺点、招标范围、具体计价模式及最高限价、评分标准、合同条款等内容。在招标文件编制时,项目部选用合适的合同文本,设置了完整的合同条款,明晰了责、权、利关系,减少了合同谈判时间,加快合同签订工作。

④项目部对EPC工程总承包单位的施工图设计及施工管理主要采用动态控制,及时对比目标计划和实际实施情况,分析偏差原因及当前对各类目标的影响,提出调整的措施和方案。事前协调好各单位、各部门之间的矛盾,使之能顺利地开展工作。定期或根据实际需要召开各类协调会。本项目的各项工作进度均按计划完成。

(4)项目投资控制成效。在项目实施过程中,全过程工程咨询项目部严格执行省、市、区政府的相关文件,按照招投标、合同中的投资控制条款,严格按合同进行计量、计价、变更确认及决算的审核,把投资控制在预算范围内。加强施工过程中各环节的控制,节约投资,控制成本,提高效益。EPC总承包价控制在施工图预算及合同价内,预算没有超出概算。

(5)工程质量管理成效。项目部对工程质量进行全面的控制,消除质量隐患,杜绝重大质量事故,确保工程质量全部达到国家施工验收规范合格的规定,项目已完工工程合格率达到100%,顺利完工并投入使用。

(6)安全生产管理成效。本项目是按标准化工地,争创"西湖杯"的具体要求进行安全文明施工的方案设计及实施。项目无安全生产事故发生且多次获得民政局领导表扬。

(7)EPC工程总承包单位招标。2019年1月14日通过公开招标的方式确定EPC工程总承包,于同年2月中旬完成EPC工程总承包合同签订工作。

2.8 项目实施过程中存在的难点及解决措施

(1)本项目采用的是EPC工程总承包模式,而项目殡仪馆火化设备、精装修工程及各类安装工程等涉及无信息价的材料、设备种类多,投资占比高。特别是火化炉设备价值比重很大,清单中每台200

万元,一共6台,计1200万元。工程量设备采购清单为3家,实际价格差距最大50万元,由于工艺先进性及环保需要,业主单位偏向价格高型号,市场供应商不多,且价格相差很大,所以询价、定价的工作量及准确性对项目实施的进度及投资控制都有较大的风险。

处理方法:根据项目特点项目部制定了询价及变更管理办法,并及时与造价站及财政等主管部门沟通,本项目的询价、定价严格按照政府发布的文件,依据询价办法中规定程序公平公开进行,做好事前、事中控制,公开透明严格按建设程序和具体要求执行,规避投资和进度风险。本工程投资未超出施工图预算。

(2)项目采用的是EPC工程总承包模式(总价包干),本项目过渡用房及道路、停车场工程量计量是按实计量,由于不能超概,需要与建设单位就使用规模、工艺和路线反复沟通和预判,比传统的清单招标的计量方式复杂得多。且项目场地内地形起伏大、涉及协调事宜多。

处理方法:在确保使用功能的前提下,进一步简化,因为过渡用房最终要报废,过渡用房由框架改为钢结构,沥青路面取消,为建设单位节约100余万元。

2.9 本项目实施过程中存在的问题

根据殡仪馆项目的特点及项目推进的实际情况,由于本工程EPC总承包单位为一家设计单位,没有房建施工资质,施工单位是其分包单位。实际实施过程中未体现出EPC总承包优势,EPC单位与传统模式下的设计单位基本差不多,收取管理费,具体施工完全指望分包单位管理,本身只是在做设计。造成全过程工程咨询单位合同管理难度很大,五方责任主体中施工单位不是EPC总承包,分包单位成了五方责任主体。EPC总承包收取很大一笔总包管理费,对工程质量、进度、安全、投资管理造成负面影响。建议:

(1)EPC投标应采用:①如果一家单位投标必须同时具备设计和施工资质;②联合体投标必须一家要求具备施工资质。(2)EPC总承包单位应纳入责任主体,承担相应法律责任。

3 全过程工程咨询的作用和不足

第一,全过程工程咨询以业主方项目管理为主线,整合碎片化的工程咨询、勘察、设计、招标代理、工程监理、造价咨询等中介服务,形成系统、完整的全方位、多角度、贯穿建设项目全生命周期的工程咨询服务。

第二,全过程工程咨询单位作为多项管理功能合一的责任人,与业主、各参建单位一道为项目命运共同体,全过程工程咨询单位的咨询服务由被动服务变为主动咨询,能够主动站在业主的角度积极主动做好服务工作。同时也给咨询企业在对复合型人才、精细化管理上提出更高的要求。

第三,全过程工程咨询不仅在时间跨度上、专业融合上、咨询内容上、服务手段上、咨询收费上得到集中统一。有更多职权、手段,便于进行对进度、质量、安全文明、造价控制,为真正做到事前、事中控制提供可能,解决了传统的碎片化管理多方担责实为互不担责、管理效率低下的问题,减少了工作对接,提高了工作效率,减轻了业主工作协调负担,增强了规避风险的意识,提高了管理水平,提升了服务质量。

第四，能够统一资料管理，提高资料的信息化管理水平，注重资料关联性、真实性、及时性、全面性、有效性、合法性。加快前期报建、验收备案等工作。

第五，加快全过程咨询合同范本完善，尤其在咨询介入阶段、咨询内容、设计优化、投资节约激励、咨询收费标准、项目经理(总咨询师)的法律地位与担责等方面应有较快的推进。

第六，全过程咨询未出台相关法律规定，只有其中监理制度成熟，作为五方责任主体之一，全过程工程咨询制度不健全，资料规范缺失。

第七，全过程工程咨询其中设计管理方面的能力不足，如何补足这方面短板是全过程工程咨询企业面临的问题。

4 结语

综上所述，随着全过程工程咨询行业的发展，国家层面应完善相应的法律和规范建设，提供制度保障；全过程工程咨询企业要加强人才培养及储备工作，积极拓展上下游业务；从事全过程工程咨询技术人员要与时俱进，具备一专多能，特别是总咨询师应具有多项国家级注册资质，能够成为多面手，具有驾驭复杂局面的能力。

参考文献：

[1] 中华人民共和国国家发展和改革委员会.工程咨询行业管理办法:发改委2017年第9号令[EB/OL].2017-11-14[2023-12-1].https://www.ndrc.gov.cn/xxgk/zcfb/fzggwl/201711/t20171113_960846_ext.html.

[2] 中华人民共和国国家发展和改革委员会,中华人民共和国住房城乡建设部.关于推进全过程工程咨询服务发展的指导意见:发改投资规〔2019〕515号[EB/OL].2019-03-15[2023-12-1].https://zfxxgk.ndrc.gov.cn/web/iteminfo.jsp?id=16122.

作者简介：

闻金龙，男，1974年生，本科学历，国家注册监理工程师、一级建造师、一级造价工程师(土建)、咨询工程师(投资)，浙江宏诚工程咨询管理有限公司副总工程师，现主要从事工程项目监理、工程管理、技术管理、全过程工程咨询等工作。

全过程工程咨询服务对工程周边环境的调研管理

宁波高专建设监理有限公司　　胡建杰

【摘　　要】　随着城市建设的发展,工程项目实施与运营中,周边环境干扰因素增加。全过程工程咨询不仅需关注实施过程,还应关注运营期间的环境影响。该文站在为项目提供全过程工程咨询服务的角度,将项目全寿命分为三个阶段剖析相应咨询工作重点,提出一些想法,以提升咨询服务质量附加值,并减少项目损失和浪费。

【关键词】　周边环境;调研;前期;实施;运营期间

引言

2019年,国家发展改革委和住房城乡建设部联合印发了《关于推进全过程工程咨询服务发展的指导意见》(发改投资规〔2019〕515号)。文件明确要求在房屋建筑和市政基础设施领域推进全过程工程咨询(以下简称"全咨")服务的发展,完善工程建设管理模式以提升投资决策的科学化水平,并进一步推动工程建设和运营的高质量发展。全咨服务内容已不再局限于传统的施工过程监理,而是超越了实施过程的工程管理内容,需要咨询公司提供决策、设计、施工和运营的全寿命周期服务。

无论是房屋建筑还是市政工程项目,在实施和运营过程中,常常会因为周边环境的变化和影响而导致安全和质量问题的出现。这些问题,轻则影响工程实施和项目运营,重则可能引发各类事故,给相关方带来巨大的损失。因此,本文旨在从项目全寿命的角度,探讨一些管理工作方式来应对周边环境等影响,降低工程实施和运营风险,减少事故发生,并避免产生损失。

1　工程前期的调研

1.1　工程前期准备工作

工程实施前期应根据项目运营的特点,做好"七通一平"的调研工作。"七通一平"具体指供水、排水、供电、电信、供热、供燃气、道路通畅,以及土地平整。

1.2　地理气候环境调研

浙江省地形多样,包括平原、山地、丘陵、盆地和海岛。气候属于亚热带季风气候,夏季经常有台风和暴雨,冬季有极端冰冻天气。山地地区容易发生滑坡,冰冻对其影响更为严重。因此,在浙江省城建项目中,需要在前期进行周边环境调研,特别是考虑城市气候和降水历史统计数据,以便在设计和施工中制定相应措施,减少后续实际损失。例如,最近多地由于急促的台风和暴雨,出现部分地下室发生雨水倒灌,而排水设施又无法及时排除积水的现象。这不仅造成车辆和设备损失,还需要事后排涝、清理、维修恢复等投入。因此,着眼项目今后长期使用,事先进行工程选址调研,为设计和实施提供必要的依据资料,至关重要。

1.3 市政配套条件调研

另外,根据工程使用功能和特点,对市政配套条件也要提前调研。如果发现在现阶段不满足使用条件的情况,可以提前与相关部门协商,避免在实施和使用阶段出现问题。例如,一个数据中心项目,按A级数据要求来建设,用电负荷大,且按设计规范要求,应由相互独立的双路电源供电,并设置专用供配电站。在选址前,必须调研供电线路路径和供配电站设置的可能性,并考虑城市规划发展情况,留出电路排管管孔和供电容量的冗余。如果预计可能影响数据中心运营使用,需要提前与供电规划设计部门协商,调整电力规划,提前解决问题。

1.4 周边邻建交通核实

(1)工程实施和运营,同样受到周边地面和地下环境的影响,特别是受相邻建筑、地铁、地下管线(即既有建构筑物及管线)约束。如果不进行邻建情况的调研核实,并做好相关工作,事故不仅可能在施工阶段发生,而且还可能在勘察阶段发生。比如深圳地铁1号线"3·4"隧道被打穿的结构事故,除了造成直接经济损失外,各参建方还受到了行政处罚。

(2)同样,地面道路和交通设施也需要进行配套调研。例如,城市新建大型体育场馆或展览馆,如图1所示,存在瞬时人流和车流,集中进场、停放和疏散的问题。然而,往往在项目前期规划阶段,周边环境设施规划或建设还未配套建成。因此,在前期调研工作中,需要事先规划及形成交通解决方案(即建设项目交通分析与评审),以确保这类大型场馆工程的配套齐全,能够与主馆同时投入使用。

图1 大型体育场馆周边交通情况

2　工程实施的管理

工程实施主要分为设计和施工两个阶段,都属于全过程咨询服务最重要的阶段。过去的服务重点是工程本身,对周边环境影响的考虑相对较少。然而,实际上与周边环境的配套和融合,同样是工程项目咨询服务中的关键管理工作。

2.1　工程设计管理工作

全咨单位对设计管理,不仅要做好向设计提供地下水、电、网、气管线资料,更应关注设计是否落实项目功能。

(1)全咨单位要关注设计选择适用设备,特别是空调和专用设备。一般这些设备都是大耗能并对周边环境要求高的设备。如采用地源或水源热泵空调源相比直接用电作为能源的多联机空调,可以大幅降低运行费用。

(2)在石化项目设计中,特别需要重视与外部管线连接。沿海地带化工项目设计,需要与码头和储运设施配套,以避免运输、储存和生产能力浪费。此外,还要计算首次投入的生产运行能力实现,并为以后扩大产能预留空间和余量。如果存在不符合使用情况的设计,周边规划建设无相应配套,全咨单位应及早提醒建设单位商设计进行完善。

(3)在方案设计中,全咨的设计管理,不仅要检查用地和建筑红线,还应关注总图绘制"七线"情况(包括道路红线、河道蓝线、绿化绿线、历史文物紫线、高压黑线、轨道交通橙线、地下文物管理黄线)。应提前做好周边设施调研工作,并形成设计引导或指导,这样才能确保项目实施和运营顺利。

2.2　工程施工管理

(1)在建设施工过程中,由于前期资料错误或其他原因,周围管线和场内设施可能会出现高差错位情况,这也将直接影响项目使用功能的实现。全咨单位应事先筹划,尽可能在施工前对周围进行检查和核实,比如提前进行开挖勘查,以减少后续施工的不确定性及可能存在的风险。

(2)同时,因周围道路和场地连接可能会发生沉降,严重的情况下还会导致水电等管线损坏,影响建设实施与项目投入使用。全咨单位应从项目全寿命角度进行全过程规划,在施工过程中要做好这些部位的质量管控。

3　运营期的规划

投入运营后,维修和改造可能导致工程使用不良或停止运营的损失。因此,在整个项目生命周期内应提前规划。全咨服务应协助建设和使用单位,减少对运营期间造成的负面影响。

3.1　运营期间环境影响

对于全咨单位,做运营规划工作算是服务延伸。运营规划应从全寿命周期使用的角度进行分析。最好在工程实施前就系统进行规划并解决问题,以减少项目投用后的维修和改造。一般情况下,周边道路、地下管线和地面既有建筑情况,可以提前咨询规划部门,提前获取此类信息,以期提前重点考虑对消防出入口设置。避免将两个主出入口设在同一条道路上,以防因城建改造而导致交通中断,进而影响地块内的疏散和消防车辆出入。

3.2 运营期间周边沉降

运营期间,使用单位和其他相关方对于周边环境的体验,直观而明显的问题就是造成建筑周边不均匀沉降,如图2所示。如不均匀沉降,长期积累下来,地面会形成高差,影响周边出入口和道路,甚至破坏地下管线。全咨服务提出针对周边荷载的加固地基方案,以减少甚至消除沉降影响。另外,在建设期,要求设计和施工预留沉降变量,选择柔性地下管接材料和采用柔性接头等措施。对垂直于建筑物的地下管线支管,可以根据具体情况分级抬高和埋设位置尽量靠近建筑物,提高管道弯曲度,吸收地基沉降位移,从而减少管沟开挖对建筑物基础造成损伤。

图2 建筑周边不均匀沉降

3.3 运营期间周边配套

同时,还需准备好与周边地面公共设施衔接。目前,城建项目周边经常有公交站点或地铁出入口。根据规划布局,应提前预留相应位置过渡,或优先设置接口。这样既有利于公众安全及方便出行,也有利于提升项目运营效果与使用体验。如果发现不足,应与规划等部门进行沟通协调,必要的情况下修改调整原设计,以不影响运营使用为目标。

3.4 运营期间更新改造

在运营期间,工程各部位使用寿命也存在较大差异。设计结构使用年限一般取值为50年,但各类设备在正常使用的情况下,经常会在10—15年就需进行升级改造或更新。目前城建项目经常在屋顶布置设备,如图3所示,给后续的拆装改造工作带来诸多不便。全咨应关注屋面预留维修的空间及或更换的余地。若屋顶有重量大、体积大、不易拆装的设备,建议布置在用地红线附近。这样,周边或有相对空旷和便于借用于维护或更新的吊车临时驻停的区域,尽量避免占用道路,减少对公共交通的干扰。

图3　屋顶大型设备和拆装吊运预留场地

4　结语

　　工程建设实施和运营,随着城市的发展和用户对服务品质要求的提高,对全咨服务工作提出了新的挑战。全咨服务需要超越在原有实施阶段提供全过程服务范畴,站在建设单位和使用单位的角度,提供更完善和合理的增值服务,同时减少实施过程与后期运营的损失和浪费。

　　当然,随着新技术应用的发展,全咨服务还能借助各种新技术手段,如采用BIM技术,提前对“七通一平”调研成果建立三维图示,使水、电、网、气等管线直观有效展示,也更方便项目方案优化,如实现对道路走线和通道口设置的多方案对比,实现精确计算竖向土方与处理挖填平衡等。除对周边现场“七线”检查核对,还可以扩充实现对总图绘制“七线”(即道路红线、河道蓝线、绿化绿线、历史文物紫线、高压黑线、轨道交通橙线、地下文物管理黄线等)的精准布置,避免各个阶段的错误给工程建设和运营造成损失与浪费。

参考文献:

　　ERIC FIRLEY, JULIE. 城市高层建筑经典案例:高层建筑与周边环境[M].北京:电子工业出版社,2016.

作者简介:

　　胡建杰,男,1975年生,本科学历,高级工程师,注册监理工程师、一级建造师、注册一级造价工程师、注册咨询工程师(投资),宁波高专建设监理有限公司总监理工程师,现主要从事工程监理和工程管理工作。

从工程咨询角度论建筑机器人的应用发展

宁波高专建设监理有限公司　　胡建杰

【摘　要】 建筑机器人的应用与发展,在工程领域为咨询行业带来了新的机遇。该文主要介绍建筑机器人在建筑工程上的应用、优点,以及尚存在的问题,进一步提出在实际使用中需要关注的事项,同时为以后建筑机器人的应用提出一些参考意见。

【关键词】 工程咨询;建筑机器人;建筑产业升级

引言

工程咨询服务工作必须跟随国家经济发展方向,需要咨询企业了解相关政策,做好数据统计分析,提前进行预判和布局,才能在市场竞争中获得优势,并赢得挑战。

2022年《党的十八大以来经济社会发展成就报告》中的数据显示,2021年建筑业总产值29.3万亿元,比2012年增长1.14倍,年均增长8.8%;预计2024年建筑行业总产值将进一步达到34万亿元。虽然建筑行业已发展壮大,但与之形成鲜明对比的是,中国建筑工人的数量却越来越少,国家统计局发布的《2021年农民工监测调查报告》显示,2021年全国农民工平均年龄41.7岁,比上年提高0.3岁,50岁以上农民工所占比重比上年提高0.9个百分点,21—30岁年龄段占比下降到19.6%,比上年下降了1.5个百分点。同时,工程质量的要求随着建筑技术的发展不断提高,施工企业要求劳动生产率提升,合理加快施工进度,创造更多的经济效益。

建筑发展要求实现工业化,从工厂到工地,提高建造智能化水平,才能实现未来机器替代人力的建筑业发展趋势。相应地,住建部发布的《"十四五"建筑业发展规划》中提出,要求加强新型传感器、智能控制和优化、多机协同、人机协作等建筑机器人核心技术的研究,研究和编制关键技术标准,重点推进与装配式建筑相配套的建筑机器人应用,辅助和替代"危险、繁重、脏乱、重复"的施工作业,同时推广工厂混凝土智能机器人等智能化工程设备,提高工程建设机械化、智能化水平。近年来,随着中国对科技创新的重视,一大批机器人制造和人工智能领域的建筑工程产业化应用技术异军突起,给工程咨询服务工作提出了新的要求和挑战。

1 建筑机器人应用技术

建筑机器人的应用目前处于起步阶段,但已实现了许多单点研发和小批量试用的成果,它们正朝着建筑全周期和大规模应用的目标不断前进。本文简要介绍目前几项建筑机器人应用技术,供同行参阅浏览。

1.1 建筑测量机器人

工程测量方面已经有部分机器人产品,如图1所示。其实,测量机器人也是其他建筑施工机器人应用的基础。施工前,测量机器人需要完成坐标数据处理和导入,才能将BIM设计数据用于指导现场施工,提高现场施工测量精度和效率,减少人为误差和累积误差。施工过程中,测量机器人可以持续监测现场关键部位的预留洞标高和位置、梁底标高、结构柱倾斜度等情况。它可以将实测实量数据与现有的BIM模型数据对比,以发现建筑结构的施工错误。操作人员能够及时收到信息并进行修正。辅助施工验收时,现场测量成果也可以反馈到设计BIM模型进行对比,这样可以确保现场与模型数据控制在误差范围内,为后期建筑装修和机电系统的施工与维护提供良好的基础。

与传统测量方法相比,目前一般机器人测量效率提高了2倍以上,精度可以控制在3 mm以内。与无人机结合使用,对建筑外立面的测量效率可以达到5倍。智能化应用后,可以实时生成数据报表和三维点位图。如果能进一步做好不同专业的测量数据交接,就能减少后续施工的重复测量工作,促进标准化施工全生产流程的形成。

1.2 混凝土施工类机器人

与混凝土施工相关的机器人也已经有了,应用相对复杂些,如图2所示。常用的混凝土浇捣机器人,在施工前不仅要完成前置配套工作条件的确认和验收,特别是楼层施工还要检查支模架的荷载点加固;然后才能进行机器人的吊运和安装。安装相关配套的泵管、振捣配件,并设定工作范围和标高等数据后才能进行施工。施工后立即清洗入库。整个施工工序需借助相关工具和仪器,掌握机器人入场时间和工程量。但能减少约一半的人工投入,实现混凝土高标准成型的质量要求。经过机器人作业的混凝土地面,稍加打磨修整就可以进行地面装修施工,以达到标准化的施工管理要求。

图1　测量机器人

图2　混凝土施工机器人

混凝土施工使用的专业机器人,目前要与测量机器人共同施工作业,借助机器人调度协同工作系统,一人就能完成多机器同时操作连动施工。

1.3 墙体施工类机器人

目前常用的有两种墙体施工类机器人:一是墙板安装机器人,如图3所示;二是砌筑机器人,如图4所示。其工作应结合BIM排版深化设计和测量机器人方可完成整个工序施工,否则容易出现一侧或顶部收口工作不能完成。机器人可以完成抓取、举升、转动、行走、对位、挤(批)浆等工序,使得施工全过程都自动化,提高施工效率。施工过程可避免登高作业,采用远程操控,保证人员安全,确保墙体施工质量。如果增加行走驱动机构并设置相关传感器,还能实现机器人自我感知;另外,还可以减少墙体材料施工过程的搬运送料,进一步提高施工效率。

图3　墙板安装机器人　　　　　　　　　　图4　砌筑机器人

1.4 墙面装饰类机器人

墙面装饰施工机器人,目前按施工部位可分为内墙和外墙两种。首先,表述内墙装饰施工机器人,如图5所示。目前按工序配套组合,组合工序包括刮腻子、喷涂和铺贴3种,可满足一般工程需要。相比人工,其主要优势是提高施工效率,一般可达3—5倍,且能实现长时间连续自动施工,施工质量一致性较好,减少了施工过程中有害粉尘和挥发物对人体的伤害。但是,目前机器人只适合内墙大面积施工,对小面积和特殊部位还需人工完成施工或补充完成施工。

其次,表述外墙装饰施工机器人,如图6所示。其主要应用于大面积喷涂施工,以提高施工效率和缩短工期。在长时间连续自动施工的前提下,还能提高涂装施工质量,并降低高空作业安全风险。然而,不规则的建筑外立面和屋顶建筑会对机器人施工造成限制。升降设备通常采用卷扬机,需要借用塔吊进行安装和拆卸。对屋顶结构和落脚作业空间也有相应要求。目前,小面积和特殊部位的施工仍需由人工完成施工或补充完成施工。今后,随着改装配套部件的提升和完善,机器人对墙面施工的适用范围会不断扩大。

图5　内墙装饰施工机器人　　　　　　　　　　图6　外墙装饰施工机器人

1.5　地面施工类机器人

地面施工类机器人,目前经常按工序进行配套分类,主要由磨光、喷涂或贴铺、地面划线四种组成。地面施工机器人需要安装传感器,具有自动避障功能,并且在施工前设置路径规划和导航,减少人工干预。清理工作时能自动吸尘,人员还能避免涂料施工时 VOC 的危害,实现高效、环保施工,降低对人员的危害。喷涂施工速度更快,还能节省涂料的使用量,地面喷涂比人工更均匀,施工质量更好。地砖铺贴机器人施工效率较高,操作人员较少,减少损耗和返工,施工质量较好。

现场采用机器人可以完成螺钉洞封堵,墙面、天花板和地面的打磨施工,解决了作业过程中劳动强度大、粉尘和噪声污染严重等问题。效率是人工作业的2倍以上,粉尘量和噪声降低,打磨质量和效果较好。

以上仅是建筑机器人部分应用简述,更多应用本文不一一赘述。随着经济、技术等的发展,将会出现更多的建筑机器人及其应用。

2　建筑机器人应用的优点和不足

2.1　分析内容与人工施工情况对比

建筑机器人有很多优点,发展潜力很大,目前处于起步阶段。将建筑机器人的分析内容与传统人工施工情况进行对比,如表1所示。但目前还存在一些问题影响建筑机器人实际施工应用,接下来主要从两方面进行分析。

表1　建筑机器人与工人进行施工的对比分析表

序号	对比分析内容	建筑机器人	工人	备　注
1	生产效率	高	低	/
2	精度	高	中/低	/
3	劳动成本	高	低	指使用成本。机器人研发、购置、维护成本较高,但劳动总成本低
4	人力需求	低	高	/
5	强度与耐力	无限制	有限制	/
6	缺乏疲劳	是	否	/

序号	对比分析内容	建筑机器人	工人	备 注
7	可编程性	高	低	/
8	安全性	高	高/中低	/
9	技术要求	高	中/低	/
10	可替代性	可持续改进	可替代	/

2.2 实用性方面的主要优劣对比

2.2.1 替代效应

优点:建筑机器人减少了现场工人的数量,减轻了施工人员的工作负担,优化了工作环境,提高了施工的安全性和效率。同时,它还推动了施工质量的标准化和精细化,随着技术的进一步发展,还有更大的提升空间。

不足:现阶段情况需要另外培训操作人员,机器操作技能还要进一步提高,且需要相应的后勤和维修团队进行支持。在起步阶段这两类人员较少,特别是维修人员数量不足,不能及时到场处理,对工程施工产生较多影响。

2.2.2 经济效益

优点:建筑机器人的使用可以提高施工效率,缩短工期,减少资金的长期占用,在建筑材料的使用成本上更为合理、科学,可实现"成本精确控制"。

不足:问题主要与目前各专业工人能否满足基本施工需求有关。比较后发现,建筑机器人的采购价较高,这将是一项很大的一次性投资。整个生命周期还需要操作人员和维护开支,并需要存放在库房中,进行硬件和软件的升级更新等。这些成本通常需要施工单位自行承担。只有在同时期有几个工程项目共同使用并摊销这些成本时,采购建筑机器人才具有应用动力。相对来说,房地产工程的标准化较好,建筑预制件制作过程中已经开始使用机器人和机械工作,因此使用意愿相对较高。然而,对于其他建筑工程来说,一旦进行一次性投入后,在不同结构和类型的建筑施工中,会有较多的限制,且性价比不高。

2.2.3 其他方面

优点:建筑机器人在施工过程中已经解决了部分安全、质量、低碳环保、文明施工等现场问题,人工参与大大减少,保护施工安全、人员健康和减少污染周边环境,实现了标准化施工。

不足:机器人对建筑工地环境要求高,抗干扰性能差。同时,现有的机器人种类较多,目前施工主要用于单一专业工种。实现一机多工种作业,目前尚存在较大的困难。

2.3 建筑机器人应用发展

虽然建筑机器人目前处于起步应用阶段,随着硬件制造和软件系统的不断改进完善,智能化技术持续助力,建筑机器人能够通过优化升级在更多的项目中发挥更好的作用。因此,机器人制造企业和施工企业需要共同配合,推动机器人改进完善,以适应工程需求。

3 建筑机器人在工程咨询工作中的关注点

在工程咨询决策阶段,建筑机器人的应用属于新技术,需提前进行相关工程业绩的考察,逐步积累相关工程经验和数据,编制咨询报告时附上相关成果,说明与本工程相关的比较分析结果,在应用方面提出合理化建议。由于工程建筑千差万别,没有完全相同的工程项目,一般建议在工程中提前针对样板施工使用,以确保建筑工程大面积施工的顺利实施。在检查机器人施工效果的同时,更要关注操作人员的培训和调度,以及维修保养的保障能力,避免影响建筑的工期、投资和质量。

3.1 造价投资管理分析

在造价投资控制方面,对于机器人的应用,应提前调查所在地区已有机器人应用项目,尽量利用周边已经投入施工的建筑机器人类型。建议采用租赁方式计费。如果施工单位已经采购相应的建筑机器人投入使用,建议综合考虑工期等因素,从工程费用方面给予优惠,或单独列出该项措施费用进行结算。同时,还应对机器人投用和传统人工施工进行比较分析,以防止在造价方面出现较大争议。

3.2 建筑设计管理分析

建筑设计阶段是决定建筑机器人使用效益最重要的环节。如果错过设计引路,将导致后续施工时使用机器人的场合大大减少。工程咨询需要在满足建筑使用功能和安全的前提下,根据建设单位投资和政府相关政策文件的规定,以及建筑市场已有建筑机器人的情况,建议建设单位和设计单位尽量多采用标准化设计适应机器人施工;同时,更要研究政策规定,争取补贴。另外,可与同时期、同类型、就近工程建设单位进行交流,争取共用机器人设备。例如,办公楼和住宅采用模块化结构设计和施工,使用机器人进行模块预制、组装,减小机器人作业难度,提高施工速度,达到规模化效益。建筑机器人能加快施工进度,咨询服务需要从正反两方面提出建议。在大面积、标准化的工程施工中,机器人有很大优势,但特殊节点和部位需要根据机器人的设计特点进行判断,必要时可提前进行机器人部件的组合调整,或者提前根据工程特点完成机器人的改造升级,并预估使用数量,以减少现场施工人员。

3.3 建筑施工管理分析

施工阶段需要提前预判机器人使用的各项工程施工速度,并将其整合到总进度计划中。按照施工专业的流程要求,合理安排流水施工,以防止机器人数量不足、种类繁多、施工过程中的更迭移位或频繁安装,从而无法实现大面积规模化施工,导致施工组织混乱。若影响工期,反而会增加工程成本投入。

4 结语

从长远角度和行业发展历程来看,目前建筑工人老龄化趋势明显,建筑施工中对机器人产业投入升级将具有可持续性发展的潜力与必然性。现时,建筑人工成本逐年上升,建筑工地的工人数量不断减少,以规模化、产业化方式推行建筑机器人为抓手的智能建筑施工,势在必行。对于工程咨询服务行业来说,业内人才需要成为适应、熟悉至操控建筑机器人的角色,才能与时俱进,更好发展。总之,建筑机器人技术不是对建筑行业的威胁,而是产业升级之机遇,也是促进工程咨询服务升级的机遇。

参考文献:

[1] 袁烽,阿希姆·门格斯. 建筑机器人技术工艺与方法[M]. 北京:中国建筑工业出版社,2020.

[2] 袁烽,阿希姆·门格斯,尼尔·里奇建筑. 机器人建造[M]. 上海:同济大学出版社,2015.

作者简介:

胡建杰,男,1975年生,本科学历,高级工程师,注册监理工程师、一级建造师、注册一级造价工程师、注册咨询工程师(投资),宁波高专建设监理有限公司总监理工程师,现主要从事工程监理和工程管理工作。

三、造价管理

以某国际会议中心项目为例
探讨EPC项目的全过程造价咨询

浙江江南工程管理股份有限公司　　李碧玮

【摘　要】　从《关于促进建筑业持续健康发展的意见》发布,到《关于推进全过程工程咨询服务发展的指导意见》的提出,在国家政策的大力支持下,全过程工程咨询的试点工作在浙江、江苏、广东等地开展,在EPC项目模式不断被推广应用的情况下,如何开展全过程造价咨询成为新的课题。该文以某国际会议中心项目为例,探讨EPC项目模式下的全过程造价咨询,总结问题及经验,作为EPC项目的全过程咨询工作的实践参考。

【关键词】　EPC;全过程造价咨询;实践应用

1　概念及政策环境

EPC是指公司受业主委托,按照合同约定对工程建设项目的设计、采购、施工、试运行等实行全过程或若干阶段的承包。2014年7月,住建部印发《关于推进建筑业发展和改革的若干意见》(建市〔2014〕92号),要求加大工程总承包推行力度。2016年5月,住建部印发《关于进一步推进工程总承包发展的若干意见》(建市〔2016〕93号)倡议开展工程总承包试点。2017年2月,国务院办公厅印发《关于促进建筑业持续健康发展的实施意见》(国办发〔2017〕19号),要求加快推行工程总承包,提出采用推行工程总承包和培育全过程咨询的方式。2017年4月,住建部印发《建筑业发展“十三五”规划》,提出“十三五”时期,要发展建筑行业的工程总承包管理能力,培育一批具有先进管理技术和国际竞争力的总承包企业。2019年12月,住建部、国家发展改革委联合印发《房屋建筑和市政基础设施项目工程总承包管理办法》,以法规及规范性文件的形式对房屋建筑和市政基础设施项目工程总承包管理提出了新的要求。

2　项目概况

本工程为某市国际会议中心项目,项目依山临湖。本项目为EPC总承包项目,建设单位为该市某投资开发有限公司,EPC联合体牵头人为中国建筑某工程局,某市建筑设计研究院有限公司为联合体成员,浙江某工程管理股份有限公司为本项目全过程工程咨询人。本项目总面积建筑约

400000 m²；工程内容主要为主会场、首脑厅、多功能厅、酒店的建筑结构、安装、幕墙、装修、室外等各专业内容。

3 全过程工程咨询服务内容

全过程工程咨询服务范围，包括项目建设过程中的实施策划服务、工程监理服务、造价咨询服务、招标代理服务、设计管理服务（具体工作内容以合同为准），其中造价咨询服务包含项目整体投资控制，项目概算编制及审核，工程量清单、预算及招标控制价的编制及审核，建设工程进度款审核，联系单审核，项目竣工结算审计及财务竣工决算等相关工作，并出具阶段性跟踪年报；对与项目投资控制相关的工程洽商、变更及合同争议、索赔等事项提出具体的解决措施及方案；制定概算控制方案并予以实施；对工程造价进行控制和提供有关工程造价信息资料等服务。

4 项目全过程造价咨询进程

4.1 概算审核

2020年6月完成主体初设图纸，7月完成相应概算审核。

2020年9月完成幕墙初设图纸，进行幕墙概算审核。

2021年4月完成精装修初设图纸，进行精装修概算审核。

2021年5月因施工图与初设图有差异，根据预算重新进行概算审核。

2022年8月—10月，发改委对概算进行审核，确定最终概算金额。

4.2 预算编制与审核

2020年8—9月，围护及工程桩图纸完成，并完成预算编制及审核报告。

2021年3—9月，主体图纸完成后，进行土建和机电预算编制及审核，并完成相应材料招采工作。

2021年4—9月，在钢结构图纸出图过程中，进行钢结构预算编制及审核，并完成相应材料招采工作。

2021年7—8月，屋面及幕墙图纸完成后，进行幕墙、金属屋面预算编制及审核，并完成相应材料招采工作。

2021年9月—2022年10月，在装修图纸出图过程中，进行精装修预算编制及审核，并完成相应材料招采工作。

2021年10月—2022年10月，在室外工程图纸出图过程中，进行室外工程预算编制及审核，并完成相应材料招采工作。

4.3 配合工作

在概算、预算编制审核过程中，为更好地进行造价管理，造价咨询团队完成了概算控制方案的策划、各单体及各专项设计限额的确定、超概算风险分析、阶段性跟踪年报、各阶段投资控制情况的分析等造价配合工作。

4.4 结算审核

施工单位结算送审后,根据EPC精神,以预算审定造价包干加联系单新增内容的形式,进行结算审核。

5 本项目的问题梳理

5.1 时间问题

因项目的特殊性,工期需要超出常规程度地压缩(超过50%),这不仅对于施工来说是很大的挑战,对于设计、全过程管理、全过程造价咨询都是较大的挑战。另外,本项目又是EPC项目,需要EPC设计、业主、EPC施工、全过程造价咨询、监理在项目实施过程中高度配合,提高效率,高度沟通来实现,需要造价咨询团队在图纸出图过程中提前展开工作,并与设计、施工、造价咨询、监理在条件不完善的情况下及时沟通协调,并且必要时需根据以往经验进行预估,保证在工期实现的前提下做好造价管理工作。

5.2 前期设计深度问题

本项目以方案加估算的形式进行EPC招标,确定EPC总承包中标人。由于业主需求未细化,且时间紧,前期设计深度不足,初设图纸及施工图设计需考虑逐步完善的业主需求及结合现场实际进行的调整,图纸版本更新较多,影响施工的进度及造价测算的准确性,也造成返工和重复性工作,且需要全过程咨询单位进行跟踪配合,进行方案的决策及经济可行性的测算。另外,设计、预算、招采几个工作环环相扣,设计的进度会影响后期相关工作的完成。因前期业主需求不明导致设计优化、合理化建议、设计变更的界定也存在争议,同时超合同限额内容相应的造价测算及补充协议的签订存在较大难度。此类问题在其他EPC项目实践过程中也存在。目前《关于印发房屋建筑和市政基础设施项目工程总承包管理办法》(建市规〔2019〕12号)规定:"采用工程总承包方式的政府投资项目,原则上应当在初步设计审批完成后进行工程总承包项目发包。"因此,在初设图纸及概算确定后再进行EPC招标,将能更好地进行造价控制,防止超概算情况的产生。

5.3 设计管理问题

根据本项目全过程咨询合同,本项目全过程咨询工作不包含设计管理工作,设计管理由业主单独聘请设计顾问负责,而实际工作过程中,全过程管理特别是造价控制方面,没有设计管理方面的配合,工作的推进及造价控制很难达成切实有效的成果,造价控制、设计进度控制无法实现比较理想的目标。全过程咨询合同的内容尽量争取包含设计管理;若不包含,也应与业主或者业主委托的设计管理公司共同形成沟通方案及流程,以保证设计管理与造价管理的有效沟通,设计管理避免经济不可控,造价管理避免时间滞后。在造价工作过程中,应及时向业主反馈设计的问题,告知设计问题可能造成的造价控制风险以及对造价工作质量的影响,必要时及时向设计或者业主发函,确保造价与设计的有效沟通。

5.4 造价与招采配合问题

本项目图纸设计、施工、招采、造价工作因工期问题需要穿插进行,图纸、造价、招采存在不同步的问题,在项目进行过程中需设计、招采、造价协调作业,相辅相成。因此,两者的配合问题尤为重要,招采工作需要依赖造价人员测算整理出的无价材料工程量、材料基本规格属性作为基础数据,需在图纸还不够完善的情况下提前展开造价工作,为招采工作提供基础依据;而材料招采的结果也会影响造价的控制,需要及时根据招采中标价调整造价并做分析。如果存在造价不可控现象,需及时调整图纸设计,保证造价不超限额。本项目在装修预算完成过程中,因工期、现场要求,招采材料的选定主要以设计要求结合业主需求、现场实际效果为准,而前期的图审图纸并未明确,而造价工作主要以图审图纸为依据。因此,导致招采与造价不同步,后期如何解决此类问题目前仍然存在争议。

5.5　全过程造价控制问题

本项目的全部造价咨询(含全过程跟踪审计)工作,具体包含项目整体投资控制,项目概算编制及审核,工程量清单、预算及招标控制价的编制及审核,建设工程进度款审核,联系单审核,项目竣工结算审计及财务竣工决算等相关工作,并出具阶段性跟踪年报;对与项目投资控制相关的工程洽商、变更及合同争议、索赔等事项提出具体的解决措施及方案;制定概算控制方案并予以实施;对工程造价进行控制和提供有关工程造价信息资料等服务。从合同内容上看,业主对我方综合要求较高,在实施过程中全过程控制也遇到了各方面的困难,例如:钢结构深化超概算问题、幕墙超概算问题、精装修无价材料问题,我方需要做的不单单是根据图纸编制预算,更重要的是与EPC设计、EPC施工、业主等沟通协作,根据经验对造价的变动进行敏感的预判,对可能出现超概算的情况要提前沟通控制,因业主调整及客观原因导致的超概算问题及各专业造价份额如何控制,这是全过程咨询公司必须面对的新挑战,需要匹配的是对现场、对管理、对造价都非常精通的复合型人才。本项目为保证全过程咨询工作的各项服务进展顺利,需要造价咨询团队在编制预算、审核预算之外,完成较多造价配合工作。虽然从造价角度来说,编制预算、审核预算是造价咨询的主要工作内容,但从项目管理角度、业主角度来说,做好造价控制工作及配合性工作,对于项目决策提出造价方面的建议,是EPC项目对全过程造价咨询提出的新要求,也是传统造价咨询转向全过程造价咨询应当重视的内容,是较多项目的全过程造价咨询工作中需重点探索和总结提高的部分。

5.6　无价材料设备款额度问题

针对价款200万元以上的材料设备,依据相应现行法律法规必须招标。本项目的建安概算金额约56亿元,无价材料设备招标控制价约27亿元,中标价约25亿元,分别占48%和44%,材料价款占比高。在编制清单控制价,材料设备询定过程中实际控制难,操作问题多。EPC单位大多提前备案锁定市场价格,咨询单位询价通道堵死,企业数据库对标不全,建设单位往往为了工程进度等情况做出让步,审计单位大多立足工程造价审价角度死磕价格,偏离市场,各单位合同出发点不同、压力不同,询价定价等工作推进和控制难。

6　EPC项目全过程造价咨询建议

6.1　前期准备

全过程咨询公司必须打破传统招投标项目的工作模式,必须认识到EPC项目需要全过程造价来控制,短期或者暂时的造价工作不能满足当前EPC项目的要求,做好EPC项目的全过程造价管理,需要配备造价及管理经验丰富的人才,积累适应EPC项目的造价咨询经验,形成全过程咨询服务的品牌。在进行全过程造价咨询服务过程中,公司应设置全过程咨询造价总负责人,参加项目例会,把控项目进程发展及造价控制,重点是进度款审核及现场管理,并配备项目专项造价咨询团队,全面负责项目的预算编制、预算审核及结算审核等造价咨询业务,制定全过程造价咨询工作流程,各专业设置专业负责人,把控咨询成果及与造价总负责人对接。另外,形成《项目负责人工作大纲》《全过程工程咨询实施细则》等制度文件,配合公司《项目负责人责任制度》《质量考核制度》等明确项目团队成员的分工与协作、义务与权利,明确工作实施流程,保证造价成果质量要求落实到个人。

6.2 过程把控

首先,建设单位应尽可能保证在项目取得初步设计及概算批复后,设计方案、技术标准、功能定位等都已基本确定以后再进行EPC招标。

其次,造价咨询应突破传统项目造价咨询的模式,应注重全过程造价控制。制定全过程工作流程,探索面向业主、设计、施工等各方的有效的沟通模式。

在概算、预算编制及审核过程中,注重时间节点的把控及重要事项的决策,结合EPC进度计划制定切实可行的全过程造价咨询进度计划,并在实施过程中根据实际情况进行动态调整。同时,注意图纸版本更新或方案调整等情况,对各阶段、各专业造价实施动态监测管理,根据《概算控制方案》对各专业预算进行超概算风险分析,实现概算限额控制,并完成各阶段投资控制情况的分析。

另外,涉及影响决策的专业性问题,应积极寻找解决办法,定额问题可进行定额站咨询;技术问题、项目管理问题可利用公司项目资源库、数据库、指标库等资源优势,对项目重难点问题提出合理建议及解决方案。

6.3 复盘总结

EPC项目目前仍在实践探索中,虽各项目情况各不相同,但遇到的难点、经验均具有一定程度的参考性,项目完成后应及时进行复盘总结,对全过程咨询的模式及方法进行研究和提炼。

7 结语

工程总承包(EPC)项目模式目前是国家大力推行的一种新模式,基于EPC模式的全过程造价咨询是工程造价行业发展所要面临和解决的问题,需要在项目实践中逐步探索和总结经验,全过程造价咨询才能逐步走向标准化、国际化。

作者简介:

李碧玮,女,1992年生,本科学历,造价工程师、二级建造师、浙江省监理员,浙江江南工程管理股份有限公司工程师、全过程项目造价负责人,现主要从事建筑工程项目造价咨询和工程管理等工作。

精装修工程结算审核常见问题与应对策略

杭州信达投资估价监理有限公司　赵　悦

【摘　要】　精装修工程包含装饰基层、安装工程(水、暖、电等)、装饰工程(面板、面砖、涂料等)、装饰用品(橱柜、卫浴、灯具等)等,具有做法多样性、多变性,材料多品种、多规格,施工多隐蔽、多工序等特点。因此,精装修工程造价的结算审核具有复杂性,对造价审核人员的能力和责任心是一种考验。该文以某商业公共部位精装修工程为例,就结算审核中遇到的一些常见问题、处理方法及注意事项,与大家探讨交流。

【关键词】　精装修工程;结算审核;常见问题;应对策略

1　工程概况

湖南省某市某商业公共部位装修工程,总建筑面积82000 m²,工程内容为地下2层至地上6层商业公共区域顶面、地面、墙面装饰,含后场通道、卫生间、中用房(功能性用房)、多奇妙儿童乐园的装饰。该工程采用综合单价包干的形式。

该项目送审结算造价约1600万元,经审,核减金额约计160万元,核减率约10%。审核发现的主要问题为:计列了未按图纸、未按合同清单特征施工的工程量;套价存在重套、多套、错套现象;所用材料的品质、规格与合同要求不符,未按实计价。

2　常见问题

2.1　未按图纸施工

饰面工程涉及多种材料和不同做法,通常设计对饰面材料的规格、尺寸、材质会明确,对一些做法(如遍数、铺贴方式)会有具体要求。但是在实际施工中,材料不符合、尺寸不准、施工次数达不到要求的现象屡有发生,尤其在一些不显眼的部位,现场踏勘时应仔细观察,从中发现问题。

2.1.1　面层乳胶漆问题

如,该工程图纸描述顶面面层采用深灰色乳胶漆2遍,基层批腻子3遍。踏勘现场时,审核人员发现顶面乳胶漆多处施工未到位,仅直接喷涂了1遍乳胶漆,局部位置甚至未施工,如图1、图2所示。经三方现场确认,审核人员对未施工到位的顶面乳胶漆工程量进行了核减,核减金额达12万元。

图1 公区顶面　　　　　　　　　　　图2 过道顶面

又如,根据施工图,灯箱后背墙面整体为乳胶漆面层。审核人员现场打开灯箱,发现其后背墙面的乳胶漆均未施工,如图3(灯箱照片)、图4(灯箱背后墙面)所示,向现场工程师核实得到确认,审核人员扣除了该部分未做的工程量,核减金额约1.08万元。

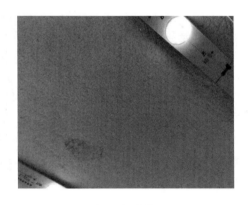

图3 灯箱照片　　　　　　　　　　　图4 灯箱背后

2.1.2　UV护墙板问题

根据施工图,该工程负2层及负1层的货梯厅、地下2层至地上5层的前室、后勤区及后勤走道处均做UV护墙板。审核人员现场踏勘发现仅负2层、负1层货梯厅处做了UV护墙板,而地下2层至地上5层的前室、后勤区及后勤走道处都未施工。进一步核查资料,也未找到相关变更依据。对此,扣除了未做部位UV护墙板的结算工程量,核减金额约为4.3万元。

2.2　未按合同清单特征施工

精装修工程工序繁杂、用材多样,隐蔽工程和饰面材料方面的施工问题较普遍,结算审核应作为重点,可采用现场查看、实测实量、施工资料核查相结合的办法获取实情。对于隐蔽工程,可利用一些现场尚未覆盖或敞开的部位进行了解,如有盖、门的地方,通过打开盖、门进行查测;对于饰面材料核实,可通过现场结合资料查实;资料核查重点放在隐蔽工程验收单、变更签证、影像照片、监理日记等,从中获取真实的施工数据作为审核依据,可达到有效审减。

2.2.1 隐蔽工程问题

该工程消防栓储存室的门,合同清单特征描述为镀锌钢骨架+双面双层12 mm厚硅酸钙板+内置100厚岩棉(含不锈钢收边),现场踏勘时,审核人员打开消防栓储存室门发现双面双层12 mm厚硅酸钙板,实际施工为双面单层石膏板,如图5所示。据此,审核人员扣除双面双层12 mm硅酸钙板与双面单层石膏板的材料价差费及相应的人工费,人工费按定额每增加一层石膏板基层人工计算,核减金额约为1.8万元。

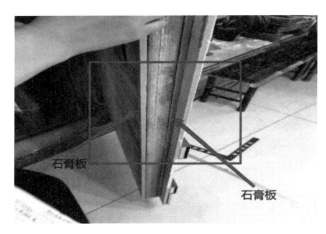

图5 消防栓储存室

2.2.2 饰面材料问题

根据合同清单特征描述,该工程电梯前厅等相应位置踢脚线应采用40 mm高的铝合金踢脚线,合同综合单价为29.5元/m。而实际现场施工均为100 mm高的玻化砖踢脚线,如图6所示,改变了材质和高度,查阅工程变更资料,无踢脚线变更发生,经审综合单价应为15.47元/m,每米价差达14.03元,审核人员根据实际完成的工程量和核定的单价进行了核减,核减金额约计8万元。

图6 公区踢脚线

2.3 套价问题

2.3.1 重复套价

该工程地面结算综合单价多处存在重复套价问题。如,该工程石材地面,采用局部石材点缀形式,如图7所示。送审结算中,石材地面的综合单价为在原合同清单单价的基础上增加了石材现场二次加工费。对此,审核人员向建设单位工程师了解获知,施工所用石材为甲供整体精加工的成品石材,运至现场后直接铺贴即可,无须现场二次加工。审核人员认为不应再单独计取二次加工费,扣除了送审单价中的石材现场二次加工制作费。

图7 石材点缀

地面石材施工方法视所购石材的精度而定,精度不同,施工工艺不同,采用精加工成品石材的,现场只需直接铺贴即可,如采用初加工的半成品石材,则现场需进行二次精加工(包括切割、磨边、倒角、抛光、火烧等)成型后再行铺贴。结算审核时应关注现场实际采用的施工工艺,并结合合同约定进行审核。

又如,该工程送审结算中有份合同外联系单,内容为改造工程,费用包含了余方弃置费。余方弃置清单项计列了拆除楼面运出垃圾的费用,如图8所示。查阅合同清单,有拆除工程清单项,约定采用综合单价包干方式,其工作内容包含拆下的可用材料和渣土、废弃材料运至30 m以内指定地点、清理归堆码放整齐。可见,该联系单费用不应再计取楼面运出垃圾的费用。对此,审核人员核减了该项费用。对合同清单中设有综合单价包干的清单项,联系单签证审核和结算审核时要特别谨慎。

清	4	010103002001	余方弃置	m3	23.2628
子	(1)	01-13011	建筑垃圾外运	10m3	Q/10
子	(2)	01-13013	楼面运出垃圾	10m3	Q/10
子	(3)	01-13012*28换	建筑垃圾外运运距每增加500m~ 单价*28	10m3	Q/10

图8 拆除楼面运出垃圾送审清单

2.3.2 套价错误

如,该工程原合同清单地面做法为50 mm厚细石混凝土找平,施工过程中该地面做法变更为100 mm厚C20混凝土,如图9所示。送审结算中,地面做法结算明细为在原合同清单50 mm厚细石混凝土找平的基础上加了一道50 mm厚的楼地面细石混凝土找平。审核人员查阅湖南省计价标准,其中2014序列楼地面工程说明二明确了60 mm以上的套用该标准

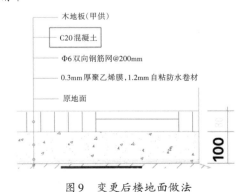

木地板(甲供)

C20混凝土

Φ6双向钢筋网@200mm

0.3mm厚聚乙烯膜,1.2mm自粘防水卷材

原地面

100

图9 变更后楼地面做法

第二章地基处理和基坑支护工程垫层相应子目,如图10所示。该标准地基处理和基坑支护工程垫层子目计算规则为按地面面积乘厚度以体积计算,对此,审核人员按面积乘厚度100 mm所得工程量重新组价的单价进行了核减。

> **二、找平层及整体面层**
> 1.地面细石混凝土厚度60mm以内的按本章找平层项目执行,60 mm以外的套用本标准第二章地基处理和基坑支护工程垫层相应项目。

图10　湖南省计价标准中2014序列楼地面工程说明

　　装修工程做法多样,不同的做法计价应有所不同,尤其对施工中做法发生变更的,审核时要特别谨慎。

　　该工程送审结算中一份新增室外装饰工程联系单,内容包括新增石材柱面、铝板墙店招的施工,其中石材柱面的做法为50 mm×50 mm×3 mm镀锌方管骨架(骨架表面进行热镀锌处理)外干挂30 mm厚石,如图11所示。铝板墙店招牌的做法为50 mm×50 mm×3 mm镀锌方管骨架(骨架表面进行热镀锌处理)外包3 mm厚铝单板外喷氟碳漆,如图12所示。该份联系单结算费用中,施工单位一并将这两个位置的钢骨架按10版定额15-104平面招牌钢结构基层套价。审核人员发现,发包人有明确的外立面审核口径(采用2010版定额),如图13所示,要求按口径明确的计价方式和定额套价。依据审核口径,审核人员对其中的干挂石材柱面骨架费用按定额11-70墙面干挂型钢骨架子目换主材法重新套价,并对联系单费用进行了审减。因此,结算审核中,对发包人有明确计价要求的装修做法,审核人员应格外仔细。

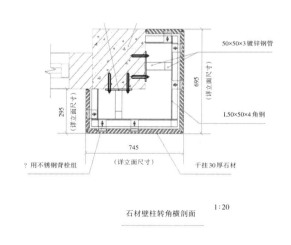

图11　石材壁柱做法

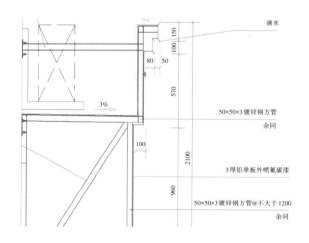

图12　铝板墙店招做法

外立面审核口径汇总

1.外墙墙面清洗

计算规则：扣除门窗面积，空鼓面积

定额：按综合单价5元/平方计取。

2.干挂石材墙柱面

计算规则：按正常计算规则计算。

定额：按定额计取。主材黄金麻花岗岩2.5厚价格为170元/平方

3.干挂石材骨架

审核注意问题：龙骨实际数量的确认，施工图与现场实际做法进行对比。

定额：11-70，主材把型钢（幕墙）替换成型钢，删除红丹防锈漆单独计取一遍热镀锌14-147，按定额口径需乘0.82系数

4.软瓷墙面

10.空调机底部铝板包边

计算规则：按展开面积计算。

定额：11-214 带骨架幕墙面层定额套取，主材普换，穿孔铝板主3厚材价280元/平方

11.店招、空调底座和墙面铝板钢龙骨

计算规则：按实际数量计算

定额：15-104 主材替换，角钢替换型钢 删除铁件、螺栓、钢板、红

丹防锈漆

14-148 金属面镀漆 工程量乘以0.82系数

图13 外立面审核口径

2.4 材料价格问题

材料品质与价格息息相关，结算审核时应据实审核。

该工程合同清单规定，中用房（功能性用房）使用普通块状地毯，如图14所示；多奇妙儿童乐园使用定制羊毛地毯，如图15所示，并明确普通块状地毯单价为22.53元/m²，定制价格按签证价结算，两种地毯的价格相差悬殊。审核人员现场踏勘所见，中用房（功能性用房）和多奇妙儿童乐园实际铺设的也是两种不同材质的地毯，与合同清单要求相一致，然而施工单位送审结算中，这两个房间的地毯价格都按定制羊毛地毯签证价529元/m²计价。据此，审核人员对中用房地毯按普通块状地毯的合同清单价进行了审减。

图14 中用房普通块状地毯

图15 多奇妙儿童乐园定制羊毛地毯

又如，进口橱柜价格普遍较高，审核时，对柜子工程量应进行现场测量，要格外关注柜子调节板的尺寸以及价格。该工程合同清单中，无论是高柜还是地柜的调节板宽度均为20 cm，如图16所示，施工单位结算也是按20 cm宽的合同价格送审。踏勘现场发现，每块调节板都只有5～10 cm宽，故调节板的初审价格按合同口径折算尺寸计入，对账时，施工单位不予认可，认为橱柜面板较为特殊，实际施工需进行二次切割调整，切割掉的部分无法利用，应按实考虑部分损耗率（现场实际如图17所示）。为此，审核人员征询建设单位意见，经建设单位多次会议协调，确定了审核口径，即现场实际尺寸为5～10 cm宽的，按10 cm补板计入；现场实际尺寸大于10 cm的，则按20 cm价格计入。

编号	产品名称	规格	数量	综合单价	合价
1	高柜调节板	200*2262*19	1	1159.00	1159.00
2	内置冰箱高柜	600*2262*555	1	3922.00	3922.00
3	内置冰箱高柜	600*2262*555	1	3922.00	3922.00
4	地柜调节板	200*724*19	1	483.00	483.00
5	双开门水槽地柜	800*724*555	1	2152.00	2152.00
6	地柜调节板	200*724*19	1	483.00	483.00
7	单开门吊柜	450*724*335	1	1114.00	1114.00
8	单开门吊柜	500*724*335	1	1114.00	1114.00
9	地柜调节板	100*724*19	1	443.00	443.00
10	地柜调节板	100*724*19	1	443.00	443.00

图16 调节板合同价

图17 现场橱柜调节板

3 应对策略

通过上述案例分析,笔者总结了精装修工程结算审核的一些注意事项,供大家参考。

3.1 做好审前准备

(1)施工合同及其报价清单是结算审核的首要依据,应全面熟悉、理解合同及其有关组成文件的内容和要求,尤其是清单的组成内容及清单项目特征,重点掌握合同结算方式、变更范围及变更计价规则等约定。

(2)精装修工程,具有不同部位不同做法的特点,有的差异还比较大,如吊顶、面板铺贴等。因此,审前应通熟施工图纸设计说明及各部位、各节点的做法。

(3)现场踏勘特别重要,仔细比对竣工图与现场实际情况是否一致,尤其是隐蔽部位应着重检查,利用可敞开面对龙骨(规格尺寸、型材种类、连接方式)、基层结构等进行核对、量测。为了避免后期对账发生矛盾,建议多方(咨询方、施工方、建设方、监理方)至少两方共同在场,并做好踏勘记录的签字确认。

(4)熟知定额和清单的计算规则,对房产项目应熟悉开发商体系内的清单计算规则。

3.2 仔细审核工程量

(1)工程量应逐项审核,准确计算核增核减,杜绝多算、冒算或漏算。

(2)隐蔽工程量审核,重点结合现场踏勘记录、施工资料,尤其是竣工图上的工程量应与现场核对一致,对现场未施工的或施工不到位的,应扣除核减。

3.3 严把计价审核关

(1)清单项目特征是确定综合单价的基础,应比对现场施工做法与合同清单项目特征、施工图描述是否一致,做错、少做、漏做的,如内容、规格、遍数、个数等方面,在进一步核查变更的前提下,对改变做法依据不充分的内容,应据实调整综合单价。

(2)应注意重套、多套、错套定额的情况。审核人员除应掌握图纸的节点做法外,还应熟知现行定额的章节说明、计算规则,正确理解定额子目的工作内容、消耗量,及时了解主管部门对定额综合解释及动态调整,了解施工工艺,掌握正确的组价和换算方法,有利于问题的发现。

3.4 重点材料价格审核

(1)精装修工程用材多、种类繁杂、价差大,对工程造价的影响大,尤其是数量大、价格不明的材料应重点审核。主材的品牌、材质是否符合合同约定和设计规定、验收标准,审核人员可结合现场踏勘,查看有关材料合格证、检测报告和验收记录,仔细核查材料的品牌、型号、规格等,不符合的应予以审减。

(2)变更材料定价,有合同价的,应严格执行合同价;无合同价的,应做好市场询价。材料价格偏差较大的,应查清原因,可采取多方式、多渠道价格比对,常用的渠道有广才助手、我材助手、慧讯网等,必要时可以打电话向厂家咨询,尽量使材料价格接近真实,及时征求建设单位意见,确定准确的结算价格。

(3)加强沟通协调,出现问题,及时与建设单位、施工单位、送审单位(如复审项目的一审单位)征询、交流。

(4)涉及甲供材料的,需按发包人提供的明细进行审减。

3.5 相关费用审核

(1)结算取费,应严格按合同规定的费率计取,避免出现重复取费或与合同费率不一致的情况。

(2)其他费用,如水电费、合同有关奖罚费用等。对于奖罚费用,合同对其有明确计算方法的,涉及时需按合同计算方法计费,如工期扣款等;合同不明的,向发包人收集资料计取,如质量、安全检查的处罚单、水电费扣款、贴息费(如有)等。

4 结语

工程结算审核是一项严谨细致的工作,精装修工程结算审核需要审核人员更加仔细认真。造价人员要增强责任意识,秉持科学严谨的工作态度,坚持实事求是、公平正义的原则,加强对新技术、新工艺的学习了解,强化自己的洞察力、预判能力和处理问题的能力,养成做一个总结一个的好习惯,不断积累经验,持续提升自己的审核水平。

作者简介:

赵悦,女,1996年生,本科学历,二级造价师,就职于杭州信达投资估价监理有限公司,现主要从事建筑、装饰工程造价编制、审核、全过程造价控制等咨询工作。

装配式混凝土住宅结构的全过程造价咨询

宁波高专建设监理有限公司　　胡建杰

【摘　要】　全过程工程咨询管理工作在装配式混凝土住宅结构工程推广实施中,需要从决策、设计、施工的全过程开展探索,针对不同的造价影响因素采取相应的措施解决问题。造价咨询应在平时积累相关知识、经验和数据,从多角度、多方案进行价值工程对比分析,以充分发挥装配式工程之优点,使其在应用中持续改进,提高服务水平。

【关键词】　装配式工程;设计优化;造价咨询

引言

装配式建筑按结构类型,主要分为钢结构、木结构和钢筋混凝土结构3种。钢筋混凝土结构是最常见的,被简称为PC结构。在《浙江省建筑业现代化"十三五"发展规划》中,首次将新型建筑工业化列入省政府重点专项规划之一,旨在推动建筑业现代化发展和转型升级,促进新的建筑产业体系的形成。国家和省、市发布的相关政策和标准不断完善,将装配式建筑视为推动建筑产业现代化进程、提升建筑工业化水平、实现资源和能源可持续发展的重要技术手段。

装配式建筑的推广是一个逐步推进的过程。目前,建设单位和施工单位的经验积累仍然不足,全过程工程咨询单位也需要补充知识和管理储备。鉴于涉及范围广泛且知识点繁多,以下仅对PC结构的全过程造价咨询管理方面进行一些论述。

1　PC造价决策

1.1　PC结构应用分析

PC主要采用预制部件在工地装配而成,采用标准化设计、工厂化生产、装配化施工、信息化管理、智能化应用。此做法适用于建造具有标准化单元或标准层面的高层建筑,如住宅和办公楼,而不适合别墅、四合院等非标准层多层建筑。对于PC住宅结构的价值工程分析,除了传统的钢筋、模板和混凝土等原材料价格受市场影响之外,其他造价因素需要综合考虑政策、设计和管理等方面的延伸效应。

从设计角度考虑建筑选型,考虑到造价因素,一般建议在高层建筑中采用PC结构,如图1所示。相较于多层和低层建筑,高层建筑具有标准层重复和结构梁板更适合标准化,容易达到装配式建筑指标要求的优点。在住宅高层建筑中,设计套型少且平面重复率高,采取标准化设计时,可以减少PC构件种类和规格,实现PC构件外形标准化和尺寸模数化,提高工厂生产效率,从而降低工程总造价。

图1 PC高层住宅工程

1.2 PC其他影响因素

PC结构造价还会受到其他因素的影响,决策阶段应进行全面对比。PC结构造价增加的主要因素包括:(1)由于需要专项设计,与传统现浇混凝土结构相比,设计费用较高;(2)在施工前,装配式施工还需要进一步深化,增加施工成本;(3)预制构件施工方法也相对特殊,例如生产、运输、场地布置和吊装等,目前施工人员还需现场培训,这些都会导致成本增加等。

此外,引起装配式建筑(包括PC)造价减少的主要因素,包括政策和工程实施两方面:(1)政策方面包括地方性的容积率奖励和其他政策扶持和补贴,例如浙江省出台的施工单位缴纳质量保证金和建设单位缴纳住宅物业保修金等优惠政策。(2)在工程施工过程中,可减少外架投入,还可减少现场施工人员投入量,节省工期等。工程造价咨询单位应对以上信息整理分类,并综合分析造价影响因素,进行价值工程测算,最终提供专业的咨询报告,帮助建设单位做出正确决策。

2 PC设计优化

PC设计优化是在装配式一体化的基础上进行的,目的是以全过程造价管控思路为指导,开展设计优化,具体包括总造价优化、构件设计优化和连接点设计优化三方面。

2.1 总造价优化

总造价优化主要从PC部件造价出发,以满足建筑方案使用功能为目标,对结构体系进行合理取舍。以宁波市高新区一个住宅工程的抗震建筑结构设计为例,在满足50%装配率的前提下,框架结构竖向构件的预制工程量约为剪力墙结构的25%。然而,在非承重隔墙方面,框架结构的预制工程量却超过剪力墙结构的1.5倍。此外,框架结构体系部件的工程造价相比剪力墙结构,可降低约120~150元/m²,但综合考虑框架结构体系的总造价将增加约150~200元/m²。当然,预制结构部件的高度、结构层高、抗震等级和设防烈度等也是其制约因素。例如,建筑总高度超过20 m或提高一级抗震等级,结构的混凝土量将会增加;相应地,预制构件造价将提高约30~50元/m²。通过对比分析,我们可以得出结论:这将导致总造价至少提高80元/m²。因此,在选择结构体系时必须谨慎权衡各种因素。

2.2 构件设计优化

构件设计优化主要是优化PC成本。首先,需要按照结构类型拆分构件,再进行技术设计,进而细化成施工图。住宅PC构件示意,如图2所示。虽然构件类型及尺寸由结构设计决定,但设计可以借鉴典型案例的PC构件统计数据,将PC工厂制作成本、材料成本与构件重量结合起来进行复核,以结构安全为原则,将构件含钢量进行比对,再进行优化。一般通过专业设计优化,减少混凝土和钢材使用量,可以降低10%~20%的PC成本。设计优化效果不仅能降低构件材料投入等直接成本,还能降低施工措施费。

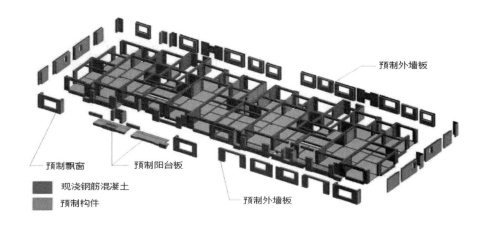

图2　PC住宅结构部件设计拆分图

2.3 连接点设计优化

PC造价组成还有现场安装成本,也可以借助设计优化来降低。设计优化着眼于构件安装连接点,需要对不同的连接节点进行分类优化。例如,PC构件之间的连接节点与非预制构件连接方式存在很大区别,不同的节点连接方式也会决定构件施工安装顺序。借鉴以往案例的经验积累,综合分析,精细化设计,量化比对不同连接方式所造成的施工工期与投入成本之差异。除了对比差异,还需要通过全过程造价管控程序分析,综合评价工期、质量和造价的综合影响,提供最佳的连接点设计优化成果。

综上所述,PC设计优化可通过总造价优化、构件设计优化和连接点设计优化来降低成本。这将有助于提高PC的效率和质量。

3 施工现场影响造价因素分析

3.1 现场影响造价减少因素

PC工程施工,造价优化可从工艺、材料角度进行。提倡装配式能减少内、外架使用量,同时减少外装饰、内抹灰量,以降低施工成本。

（1）模板选择

PC构件模板主要有木模、铝模和钢模。①木模单价相对较低，但重复使用率低，周转应用效果差，最好是一次性使用。木模存在拆模过程易损坏，旧模板往往还影响混凝土构件表面成型质量。②标准化的铝模，可多次周转使用，结构表面成型平整。铝模工艺也可实现免抹灰，节省抹灰费用。铝模重量较轻，安装方便，人工投入少，效率高，能节省成本。铝模成本相对较高，与钢模板相比优势不明显。③钢模也可多次周转使用，模板强度高，结构表面精度优于铝模，但模板较重，运输和安装困难，工效低。综合分析，大规模预制构件生产时，应少用木模，多用铝模。若构件尺寸异常，特别是高度或厚度较大、受力对模板强度要求较高时，则建议采用钢模。

（2）与现浇结构对比

PC墙板、楼板和楼梯等构件预制在工厂完成，现场只需吊装。相对于现浇结构，在非现浇部位可以减少大量模板和支模架。现场示范，如图3所示。减少模板与支模架，意味着减少了人工且省时，从而降低了成本。由于现浇混凝土量少，现场人工成本也大幅降低。如果采用全面预制的外墙板，并选择清水混凝土或直接以预制外墙面作为装饰面，不仅可以减少外抹灰量，还可以减少外架使用。

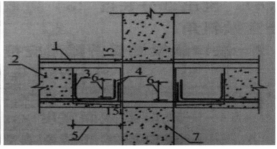

图3　PC结构减少模板使用

3.2　现场影响造价增加因素

相对于传统现浇结构，装配式建筑工程在施工方法上有较大的变化，所以在计价上也存在差异。前文已经提到了现场影响造价减少因素，接下来，表述引起造价增加的几个因素。

（1）工料组织

①装配式建筑目的就是提高预制率和装配率，所以应该尽量提倡PC构件在就近的工厂安排预制。选择工厂时，除了考虑距离原则之外，还应考察设备是否完善、养护能力是否强，以提高构件质量及工效。运输成本是必要的，同时，由于工厂在构件养护过程中大量占用设备和场地，这必然增加成本，影响造价。

②在实际施工中，应该制订合理的专项方案，尽量保证构件标准化，减少规格。在经过多组合方案优化，再进行规模生产。工厂生产养护应实施计划管理，采用分批、分层、分仓方式进行养护，以降低养护能消和减少场地、时间。根据产能及节拍，构件尽量利用机械化流水线生产。

（2）施工深化

①PC在施工图阶段，建筑设计院会提供PC专业图，但在现场施工中，生产厂家会再进行加工深

化。生产厂家在加工深化时,经常会发现PC专业图与现浇结构相比,综合含钢量降低优势并不明显。另外,加工深化还会增加钢材使用量,特别是飘窗、转角墙等复杂构件,如果因加工深化采取连接方式不当,容易增加钢材用量,同时会影响质量和安全,直接或间接地增加工程造价。

②建议采取多种深化方案核算比较,选择最优方案进行生产与施工。如减少构件钢筋规格,尽量统一钢筋间距,标化制作钢筋骨架,探索新型实用的构件连接方式,以减少PC构件含钢量,最大程度提高效率。

（3）现场施工

PC构件从工厂到现场安装,增加了运输、存放、吊装和节点连接等工序。增加工序即意味着增加成本与造价。如在选择起重机械时,要核算起吊能力与费用对比,特别忌讳单个构件重量达到8~10吨。因此,施工阶段的技术方案细化和管控是重要的造价控制工作。

构件安装更是PC造价管理的核心,需要集中在PC专业施工图设计及加工深化时着力,控制单个PC构件重量,并根据此计算需要起重量和臂长,然后再选择合适的起重设备。现场施工管理需要充分调动各专业工种穿插作业,合理组织空间交叉、专业交叉,以减少施工周期并降低成本。

4　结语

全过程工程造价咨询工作需要分析装配式建筑工程的特点,总结其优点和不足。在决策和设计阶段要协同设计做好优化工作,结合施工经验和成果,形成一套有效的装配式设计、施工、运营一体化的管理程序。最终完成并向建设单位交付一个施工安全、质量可靠、工期较短、造价合理的装配式建筑工程。

参考文献：

[1] 郭学明.装配式混凝土结构建筑的设计、制作与施工[M].北京:机械工业出版社,2017.

[2] 关瑞,任媛.装配式混凝土结构[M].武汉:武汉大学出版社,2018.

[3] 吴红涛,姜龙华.装配式混凝土结构高效施工指南[M].北京:中国建筑工业出版社,2020.

作者简介：

胡建杰,男,1975年生,本科学历,高级工程师,注册监理工程师、一级建造师、注册一级造价工程师、注册咨询工程师(投资);宁波高专建设监理有限公司总监理工程师,现主要从事工程监理和工程管理工作。

浅谈做好投资控制提高政府投资效益的举措

台州市建设咨询有限公司　　胡思达

【摘　要】　随着改革开放的推进,人民日益富足,对于居住环境要求越来越高;中国的房地产经济快速发展,近几年来,政府投资力度也不断加大,然而部分政府投资项目出现投资失控的现象(预算超概),面临投资效益低下的困境。因此,做好政府投资控制提高投资效益是目前的重要课题。该文通过以往项目案例分析政府投资项目投资管理过程中存在的问题,分享如何加强项目前期投资控制,尤其是加强投资估算精度控制和设计概算合理性评审,为提升政府投资效益、减少投资浪费、保障项目的顺利落地提出个人的建议,分享一些经验。

【关键词】　投资控制;设计概算评审;投资效益

1　推行限额设计,保障项目顺利落地

目前,项目投资管理大多处于阶段性管理模式,项目前期阶段与实施阶段衔接不紧密,建设、设计、施工等单位缺乏综合控制意识和统一管理目标。建设单位预想进行限额设计,但缺乏专业的管理团队。设计单位关注更多的是方案落地与达成效果,但缺乏成本概念,设计单位提出的概算造价与指标不够全面细致。预算单位成本核算能力强但是介入时间过晚,方案已经确定,图纸已经审查完毕。

鼓励项目从可研和初设阶段起就预先做好投资控制工作,在选择设计单位时就限额设计作为设计要求。限额设计可能是一个反复论证和测算的过程,因为设计单位往往缺少造价队伍,对影响造价的因素也不够敏感,建议业主单位在项目前期能及早地介入咨询单位。在项目初步方案阶段尽可能地做好测算工作,对于一些装饰做法,可优化的尽可能在图审前予以优化,设备的档次、品牌的选择提前与业主方做好沟通,确定好项目相应的档次和要求,才能更好地把握项目的经济成本,更合理地确定下一阶段的费用目标。

2　多方案比选中,要以价值工程为导向,考虑实际需求兼顾远期规划

规模与实用、效益与投资相结合。在实际项目操盘中,要谨慎考虑,认真调研项目的实际需求和产出效益,不过于超前投资,以价值工程作为设计导向,寻求用最低的寿命周期成本,可靠地实现使用者所需的功能。比如浙江台州市区某新建办公楼项目在局部两层地下室与一层地下室之间难以抉择

的时候,要重视实际需求和应用,车位配比数量要立足当地经济发展水平,结合项目建设规模,考虑远期的项目需要,不能过于超前造成投资浪费。在不显著增加投资的情况下,通过改革和创新,开拓新构思和新途径,获得新方案,从而降低投资,提高项目产出效益。如图1所示。

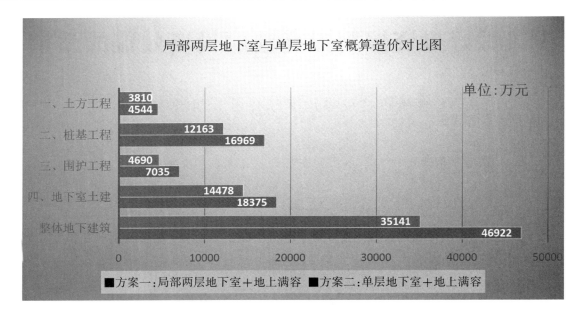

图1　方案造价对比分析图

方案一:局部两层地下室＋地上满容积率配置,地下室概算总造价为46922万元。

方案二:单层地下室＋地上满容积率配置,地下室概算总造价为35141万元。

通过两个方案概算造价对比分析可以得出,局部两层地下室方案增加的投资约为11781万元。

表1　方案车位配比分析表

局部两层地下室与单层地下室车位配比情况			
方案类型	地上建筑面积(m²)	机动车位(地上＋地下)	机动车位配比(辆/100m²)
方案一:局部两层地下室＋地上满容	180000	1596	0.89
方案二:单层地下室＋地上满容	180000	1129	0.63

通过两个方案车位对比分析可以得出,局部两层地下室方案增加的机动车位数量为467个,车位配比系数0.89,较方案二单层地下室,平均每个车位增加成本约为25万元。如果按静态投资回收期计算,假设车位年租金为2500元,则回收期为100年,已超过项目寿命期,且还未考虑到资金时间价值。投资费用占比大,效益不足。通过调研其他同类办公楼项目车位使用情况,如图2至图4所示。

名称	数量	单位
容积率	2.7	
总建筑面积	8.1	万 m²
地上建筑面积	6.5	万 m²
地下建筑面积	1.6	万 m²
机动车位（地上＋地下）	464	辆
机动车位配比	0.71	辆/100m²

图 2　杭州某办公楼机动车配置

名称	数量	单位
容积率	2.11	
总建筑面积	34.1	万 m²
地上建筑面积	27.4	万 m²
地下建筑面积	6.7	万 m²
机动车位（地上＋地下）	2005	辆
机动车位配比	0.73	辆/100m²

图 3　台州某小微企业园区机动车配置

注：因刚交园时间较短且实际入驻率仅为50%左右，根据目前地下室车位使用情况分析，使用率为1/3左右。

名称	数量	单位
容积率		
总建筑面积		万 m²
地上建筑面积	17	万 m²
地下建筑面积		万 m²
机动车位（地上＋地下）	1542	辆
机动车位配比	0.91	辆/100m²

图 4　台州某办公楼机动车配置

注：北区停车位基本闲置，整个园区车位使用率约为70%。

综上所述,结合台州地区经济发展水平以及本项目远期规划,车位需求配比建议在0.6~0.7之间。在不突破项目批复的可研投资估算限额条件下,通过技术手段在方案二单层地下室的基础上,预留立体车位空间,后期通过对预留机械停车位改造,部分停车位可增加双层机械立体停车,预计可增加171个,地下车位数可达1300个,机动车位配比达0.72辆/100㎡,可基本满足本地区项目需求。单机械停车位建造成本需3万~5万元,171个机械立体停车位,预计需增加500万~800万元。相较于方案一局部两层地下室总投资为46922万元,采用单层地下室基础上再改造立体机械停车方案费用仅需3.6亿元不到,相比较成本节约1亿元,投资效益较好,按价值工程计算为最优方案。

3 制定概算评审审查程序,提高设计概算的准确性

概算评审首先要注重前期项目相关资料是否提交到位,除了相关的初步设计文件之外,特别注意的是地勘报告和项目周边管线分布以及地质地貌情况。

项目周边建筑以及管线情况,可能涉及项目管线的改迁工作以及避让的成本,这块是容易忽视的,改迁带来的不单是经济成本,而且还有时间成本。

而桩基工程作为工程主体的重要组成部分,属于隐蔽工程,投资费用较高且建筑效果不太明显,但其安全性和稳定性会直接影响项目的整体使用寿命。因此,在确保项目安全性的前提下,合理确定桩基成本显得尤为重要。

其中,地勘报告对桩基工程设计至关重要,是确定合理的桩基设计方案的基础。项目初步设计应建立在勘察报告为详细勘察阶段,此时的地勘数据更为准确、内容更为翔实,而地勘中间报告提供的技术参数一般较为保守,如果采用中间报告进行取值设计桩基方案可能偏向保守,不太经济。所以,概算评审阶段作为施工图设计的前期阶段,应确保详细勘察报告已落实。

其次,设计试桩工作在项目前期阶段应尽可能前置。我们近期的一个项目,就是没做好设计试桩工作的前置,使得这块前期桩基单方成本过高,后期为了优化这块造价,等试桩数据足足等了1个多月。前期桩基单方造价为2000元/㎡左右,后面试桩数据出来后并经多次优化测算,单方降至1800元/㎡左右,虽然看起来指标也还是比较高,但是造价优化了近2000万元。这块优化所带来的成本节约让这个项目经济更为合理,也避免了桩基过于保守造成的投资浪费,节约的造价转换到项目本身,更有利于资金的合理配置,更好地提升项目品质。

综上所述,在概算评审前期做好详勘和设计试桩工作,可以让初步设计方案更加完善和准确,以此建立的概算造价也会更加趋于合理,使之提高了设计概算的准确性。

4 概算评审应注重多方案比选测算

围护工程方案的选择,要考虑地貌情况及周边建筑情况,例如毗邻建筑、河道等。围护桩在合理的使用周期(租赁期)内,PC组合桩是比钻孔桩更具有经济效益的,当投资估算或概算围护指标如采用"类似工程的经济指标和参数"一定要选择地质条件以及毗邻建筑等相类似的工程的指标造价,拟建工程要与已建工程围护方案相匹配,且还应与设计单位围护设计师进行充分的沟通,做好围护工程初

步方案的拟订与测算工作。条件允许的话,在投资费用紧张的情况下建议选择以PC桩为主的支护形式,可大大减少项目成本,如图5所示。

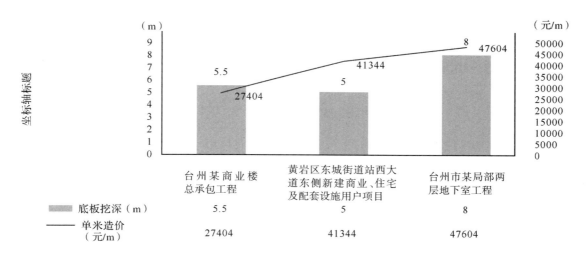

图5 围护工程造价案例分析

	台州某商业楼总承包工程	黄岩区东城街道站西大道东侧新建商业、住宅及配套设施用户项目	台州市某局部两层地下室工程
底板挖深（m）	5.5	5	8
单米造价（元/m）	27404	41344	47604

本项目案例中,通过查阅台州某商业楼总承包工程和黄岩区东城街道住宅项目地勘报告,经对比地质情况基本相似,项目周边均紧邻建筑和道路。台州某商业楼总承包工程围护方案以静压静拔HC组合桩+水泥搅拌桩为主,而黄岩区东城街道住宅项目围护方案以钻孔灌注桩+水泥搅拌桩为主。假设两个项目的围护支撑方案都在合理工期内,那么两者方案引起的围护单米造价差额为13940元/m,且商业地下室层高还高于普通住宅地下室,以PC为主的支护形式经济效果明显。

5 应根据项目特点,选择合适的合同计价模式,以利于成本管控

近年来,随着工程总承包模式的推广,因政策法规制度不健全导致总承包项目实施过程中存在诸多问题,业主单位忽视项目特点,过于强调EPC固定总价地位,导致合同履约难度较大。对于标准化程度不高且业主单位需求不够完善、明确的大中型项目若采用固定总价方式,实际执行时可能会出现两种情况:一是EPC合同金额偏高,项目实施顺利,但业主单位承担了远高于市场价格的费用;二是EPC合同金额偏低,EPC单位通过停工方式或设计变更追加费用,业主单位在"工期"与"投资"的博弈下,陷入两难境地。例如,项目未进行勘察或勘察深度不足或承包人充分利用合同条款和设计主导地位,合同又是采用固定总价包干方式,但是总承包合同实施意见和条款又允许调整"地质条件变化、政策调整、物价上涨等相关变更价款",而实际施工时遇到不良土质导致费用增加,EPC单位停工索赔或不断提出设计变更追加费用,导致发包人资金浪费严重、价款结算困难,由此造成工程纠纷。总承包只是一种商业模式,有其适用的范围和边界,建议业主单位谨慎选择发包模式,以利于成本管控。

6 结语

最后,在投资控制时,应重点关注各类规范升级或者政策变化带来的影响,比如土方消纳处理办

法、装配式要求、盘扣支模架、高精度模板、PC率计算规则、铝模、爬架等工艺不同引起的造价变化等，这些附加的造价非常可观。这部分内容在评审设计概算时是需要重点考虑的。

以上是笔者对如何加强项目的前期投资控制，尤其是在初设阶段如何加强设计概算合理性评审的一些意见和措施，做好投资控制对提升政府投资效益意义重大。

参考文献：

全国造价工程师职业资格考试培训教材编审委员会.2021年版全国一级造价工程师职业资格考试培训教材[M].北京：中国计划出版社，2021.

作者简介：

胡思达，男，1992年生，本科学历，工程师职称，国家注册监理工程师、一级造价工程师；台州市建设咨询有限公司任职造价工程师，现主要从事建筑工程项目设计概算编审、招标预算编审、结算审核、造价司法鉴定以及全过程造价咨询等工作。

房企成本管理制度
对全过程工程咨询服务的启示

浙江鼎力工程项目管理有限公司　　娄明明

【摘　要】　面对2017年以来的全过程工程咨询服务大趋势,咨询企业传统的服务模式已不能完全满足当今行业的发展需求。基于此,该文结合笔者经验,就房企成本管理方法引入咨询企业全过程工程咨询服务的设想进行讨论,望能起到抛砖引玉的作用。

【关键词】　房企成本管理;全过程工程咨询;咨询企业

引言

2017 年国务院办公厅印发了《关于促进建筑业持续健康发展的意见》(国办发〔2017〕19号),其中明确要求完善工程建设组织模式,鼓励培育全过程工程咨询服务。这是首次在政府层面明确提出"全过程工程咨询"这一概念。从此,"全过程造价咨询""全过程跟踪审计"都有了更高层次的发展方向,即整合前期咨询、设计、招标采购、造价、监理服务等专业,给业主提供一站式咨询服务。这为咨询公司的发展指明了方向,也为各咨询公司带来了发展的机遇与挑战。如何先一步建立完善的服务体系,并提供高质量的全过程工程咨询服务,将是各咨询公司亟待解决的问题。

成本管理,一直是国内各大房企最关注和重视的工作内容之一。近20年来,各大房企成本管理的主流方法逐渐从最初的核算型成本管理方法,转变为运用合约规划实现事前控制的目标成本控制方法。其成本管理手段一直在为适应行业发展而不断创新。而现行咨询市场上,不论是咨询公司提供的全过程造价咨询服务还是全过程跟踪审计服务,大都仍处于传统的成本核算阶段,强调算得快、算得准,基本以管控工程量和单价为主,很难再有多余的精力在更高层面上统筹整个项目的成本管理,使得项目成本容易失控。

1　房企成本管理的基本方法

房地产行业进入存量竞争时代后,利润越发微薄,这倒逼各大房企不再只是将成本管理的范畴局限在建安成本方面,而是站在项目视角,甚至是公司视角来考虑整个项目的开发成本。将成本管理上升到企业层面的全成本管理的高度。成本控制的重点是在确定一个相对合理的目标成本前提下,运用各种管理手段,使得目标成本不被突破。成本管控的核心在于构建基于合约规划的目标成本控制体系。强调在实际成本管理过程中,对动态成本进行实时纠偏,通过制定目标成本,管理和控制合约规划、定期进行动态成本回顾并执行成本月报制度等方法,控制项目实际成本不会突破目标成本,从而达到项目成本"控得住、控得牢"的目的。

2 房企成本管理的主要措施

2.1 建立目标成本管理机制,引入合约规划工具

在房企拿地后,企业内部各相关部门协同合作:营销部门和设计部门确定产品定位;成本部门和营销部门就各专业的成本分布达成一致;设计部门根据成本部门给出的各专业指标限额快速给出设计方案。最后由成本部门根据设计图纸测算出目标成本。在目标成本确定后,如何利用目标成本使得整个项目成本可控,则需要"合约规划"这个工具。合约规划是指以预估的方式对目标成本进行分解、再将分解出的合约规划分解为具体的合同,旨在指导项目从招投标到最终工程结算整个过程中的合同签订及执行,做到成本事前控制。可以说,合约规划是目标成本与招投标、合同履行的重要桥梁,是整个项目实施过程中成本"控得住、控得牢"的主要工具。

2.2 优化项目整体采购计划,规范合同管理

采购管理是房企前期目标成本和合约规划落地的重要环节,直接影响项目开发工作的推进。房企通过建立整体采购计划联结成本控制与采购管理,从而提升项目前后期工作的连贯性。采购管理因为涉及大量合同,而合同是项目成本的具体载体,关注合同的订立,从某种意义上就是关注成本本身。实践中,大部分房企采用合同标准化、合同台账、资金计划等手段进行合同管理优化。

2.3 实行动态成本管理,关注成本数据沉淀

在项目推进过程中,项目成本一直处于不断变化中,如何在项目实施过程中对项目成本进行实时监控,实现对项目成本的有效管理呢?房企将项目实施过程中的项目成本分解成已发生成本和待发生成本。已发生成本再分成已发生合同成本和合同变更成本;待发生成本则分成预估变更和待发生合约规划两部分。利用项目当下实际成本与目标成本分解出的合约规划进行一一对比,达到项目实施过程中的动态成本时时可与目标成本进行比较的效果,实现成本的实时监控。动态成本管理是否得当,成本是否可控,又反过来要求设立的目标成本合理、准确。在项目实施过程中,结构合理、切合实际的目标成本能够指导专业人员有序控制项目建设过程中的动态成本。减少因目标成本脱离实际,出现项目施工前期无节制地投入资源以致后期突破目标成本等现象的出现。而设立切合实际又可行的目标成本,需要企业在日常工作中做好项目后评估,完成一定的数据收集和统计,进行成本数据沉淀。

2.4 明确组织分工,合理设置工作流程,制定绩效考核机制

组织分工,流程管控,绩效考核是实现成本管理制度的有力保障。设置与企业管控模式相匹配的组织分工,各专业部门均有明确的工作权责范围。在确定组织分工之后,根据各部门的权限边界和业务的管控要点设计一系列业务流程。通过关键业绩指标、职责评价、行为态度等不同维度建立专业人员绩效评价体系,形成一套适合企业成本管理模式的组织结构、工作流程机制。从制度上压缩各部门

间的扯皮推诿空间,调动人员工作积极性。各部门在日常工作中有序协同合作,顺利推进项目开发中的各项工作,使企业成本管理制度得到有效实施。

3 全过程工程咨询企业发展方向及着力点

3.1 总结积累各类数据指标,打造企业核心竞争力

构建项目数据库体系,将日常经验积累下来,形成数据丰富的知识库,是咨询企业稳定服务质量的基础,是企业快速、健康发展的有力保障。部分咨询企业已经意识到项目数据库的重要性,早已引入数据管理系统,制定数据沉淀流程。数据库是咨询企业借鉴房企成本管理制度的基础。成熟的数据库既可以助力咨询企业在项目初步设计阶段即为建设单位提供目标成本测算服务,又可以在项目初始阶段帮助咨询企业为建设单位在制订整体采购计划时提供咨询意见,更重要的是能够给咨询企业在项目施工过程中为建设单位做好项目动态成本管理服务提供数据支持。项目数据库是咨询公司为建设单位提供事前控制型的全过程工程咨询服务的物质基础。

3.2 完善企业组织架构及专业人才配置,适应全过程工程咨询服务新需求

全过程工程咨询,虽是近几年提出的新业务种类,却和传统的前期咨询、设计服务、招标代理、全过程造价服务、监理服务等有着千丝万缕的联系。全过程咨询服务不是各专业服务类型的简单相加,而是它们的有机组合,是一加一大于二,这对各咨询企业提出了更高的服务水平要求。咨询企业不但要建立并完善全过程咨询服务所包含的专业部门,配备相应技术人员,还要建立各部门之间协同合作的工作制度。前期咨询、设计、招标代理、造价、监理各个专业部门就像房企内部的投资策划部、设计部、招采部、成本部、项目部。因此房企内部各个部门的协同合作机制,对于咨询企业内部各专业部门之间的协同工作具有一定的借鉴意义。

良好的部门间协同工作机制,是咨询企业保证服务质量的组织基础。明确分工是为了确保专业的人做专业的事,而分工基础上的协同是工作高效推进的保证。在提供全过程工程咨询服务过程中,从组织架构上保证全过程工程咨询的服务质量,发挥各部门的专业优势,是咨询企业发展的必经之路。咨询企业借鉴房企制度如图1所示。

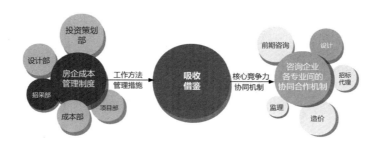

图1 咨询企业借鉴房企制度示意图

4 结语

正如老话所说的,你可以学习它,但你不必成为它。在借鉴房企成本管理的做法时,咨询企业必须考虑自身的特点,比如自身已有的数据积累方式和内部组织管理体系等。因此,因地制宜地变通非常重要。全过程咨询服务方兴未艾,行业内对它的探索也一直在路上,如何为建设单位提供高质量的咨询服务,创造更多的社会价值,为祖国发展绿色建筑、促进节能减排添砖加瓦,是我们前进的终极目标。

作者简介：

娄明明,女,1986年生,本科学历,中级工程师、国家注册一级造价工程师(土建)、浙江省监理工程师;浙江鼎力工程项目管理有限公司造价工程师,现主要从事建筑工程造价相关的咨询工作。

建设工程的投资估算、设计概算及价值工程

台州市建设咨询有限公司　高吉骅

【摘　要】 该文介绍建设工程中投资估算、设计概算及价值工程的相关理论,并采用举例打比方等通俗易懂的方法,对在编制投资估算、概算等工作中需要注意的事项及价值工程理论的应用进行了相关阐述和探讨。

【关键词】 工程造价;投资估算;设计概算;价值工程

工程项目的不同阶段,项目投资造价方面有五个"算",也就是估算、概算、预算、结算和决算。这些"算"的依据不同、作用不同,其准确性"渐进明细",一个比一个更真实准确地反映了项目的实际投资。本文主要和大家分享交流个人对工程投资估算、设计概算及价值工程的想法和观点。

1 投资估算及编制注意事项

1.1 投资估算概念

估算,也叫投资估算,发生在项目建议书和可行性研究阶段。估算的编制依据是项目规划方案,对工程项目可能发生的工程费用、工程建设其他费用、预备费用和建设期利息等进行计算,用于计算项目投资规模和融资方案选择,供项目投资决策部门参考。以"做蛋糕"打比方,投资方准备要做一个蛋糕(项目),让咨询单位算算做这个蛋糕到底需要多少钱(投资估算),结合社会实际情况如价格、销量等,提供给投资方做决策(项目可行性研究),根据估算结果决定要不要做这块蛋糕,总共要投多少钱,分别投在哪些部分,哪些部分对收益不大可以优化减少投资,哪些部分比较重要产生较好的性价比可以再追加投资等。

1.2 估算编制注意事项

建筑工程通常采用的是综合指标投资估算法。根据一个已建相同或类似工程,计算单方指标,再结合本项目的一些规模数据计算本项目估算工程费用。编制过程中需要注意选择参考项目的匹配度、时效性、不同地区政策不同等问题。

(1)关注项目的匹配度

选择匹配度高的已建项目作为参考项目,是当前项目投资估算相对准确的一个重要前提。拿我公司最近编制的一个安置房小区的估算来说,台州仙居县的一家业主找了我公司和宁波的另外一家

咨询公司背靠背做投资估算。最后结果出来宁波的公司比我们整整高了8000多万元。后来经过对比发现,首先宁波的公司选择的类似小区的建设地点是在台州路桥,宁波咨询公司没有考虑到仙居的地质条件问题,仙居县属于浙南山区一部,岩层较浅,工程不需要做钻孔灌注桩基础,只需做抗浮抗拔锚杆就行。光这一项就差了近5000万元。其次,宁波咨询公司选择的类似项目是一个房地产商开发小区,房开小区档次高,外墙仿石型真石漆+铝板干挂+石材干挂。室外配套+景观绿化标准做到了绿城房开标准,造价指标达到800元/m²。而仙居县的一般安置小区除了沿街面的底层商铺外立面做了石材干挂,其他部分做的就是普通真石漆;而且一般安置小区的室外配套+景观绿化造价指标也就400元/m²左右。以上举例就是体现做投资估算时选择类似项目匹配度问题。

(2)关注项目的时效性

物价一直在浮动变化,做投资估算的时候要尽量选择匹配度高的近期建设项目,选择同一个已建类似项目如果在2019年和2020年做估算,由于人、材、机价格的变化以及政策变化(比方说装配率要求),那得出的结论就会有较大差别。

(3)考虑地区政策性

投资估算需要根据不同地区的政策在某些费用上做适当增减。例如,工程建设其他费用,这部分费用计算相对来说简单,但是地区性和政策性较强。因此,做估算编制的时候要对当地的政策性文件做充分的解读,避免产生缺项、漏项等问题。从这方面归纳一句话就是,"并不一定是外来的和尚会念经,外来的和尚如果对本地经书不熟悉也会念错经"。

2 设计概算及编制注意事项

2.1 设计概算概念

设计概算初步设计阶段对工程造价的确定与控制。设计概算编制依据为初步设计或扩大初步设计图纸。经审核批准后的设计概算,既是编制建设项目投资计划、确定和控制建设项目投资的依据,也是工程建设投资的最高限额。

2.2 概算编制注意事项

建筑领域长期存在"三超"现象,这个"三超"的源头恰恰就是在项目决策阶段和设计阶段,当一个项目经过决策确定后,设计就成了工程建设和控制工程造价的关键。那问题是如何去控制设计呢?答案就是靠概算控制设计。

(1)根据概算反推优化设计方案

现阶段设计概算基本是由设计单位来提供,就是概算跟着方案走,出了设计方案,根据设计方案计算出费用,那就是概算了。撇开概算数据的准确性,其实只是为了程序动作到位,概算也就到此为止。然而其实现如今经常提起的成本优化、限额设计,要求的就是概算应作为成本优化和限额设计的数据支撑,用概算数据来反推设计方案针对工程造价方面的优化,应该用"方案设计→概算编制→方案优化→调整概算"这个流程来实施。

（2）与设计人员做好沟通，做好限额设计

大多数设计师出于专业的本能追求美好事物的初心，更讲究的是美、特、新、奇，但是他们对成本的概念是很薄弱的，反正不是花自己的钱，能怎么美怎么好就怎么来。而对于投资人而言，他们追求的是美观与成本之间的平衡；换句话说，既要求美观也要求成本合理。因为只有这样才能提高投资人的投资回报率。

推行限额设计，造价人员要从经济角度参与设计阶段全过程管理，为设计人员提供有关经济指标，使概算更加合理，避免工程造价"三超"现象。造价人员密切配合设计人员，用动态分析方法进行多方案技术经济比较，通过方案优化，工艺流程尽量简单，设备选型更加合理，从而达到控制工程造价的目的。

3 价值工程

3.1 价值工程概念

价值工程是以产品功能分析为核心，力求用最低的寿命周期成本实现产品的必备功能，从而提高价值的一种有组织、有计划的创造性活动和科学管理方法。价值工程是估算和概算阶段的另一项重要工作。

3.2 价值工程在工程上的应用

价值工程涉及各个专业工程，重点集中在以下几个方面：建筑层高、建筑平面布局的合理性；结构选型（包括基坑围护方案比选、结构形式比选等）；幕墙选型；室外景观绿化方案比选；空调方案比选；电梯方案比选等。

价值工程追求的其实就是价值最大化，是"价格"与"品质"的完美平衡。市场上有时会有一种误区，认为费用越省越好，这才是成功的价值工程；其实不然，一味地以牺牲品质而换来的低价，恰恰是对项目的伤害，实际上这与价值工程真正的内涵背道而驰。

在项目实施过程中，我们充分运用价值工程理论，在功能和成本的博弈中追求最高的项目价值。

（1）成本稍有增加，功能显著提高

再以"做蛋糕"打个比方，做一个光板蛋糕和一个裱着花、点缀着一两颗草莓的蛋糕，成本也许就差5元，但售价可能会相差20多元。这个就是实现价值工程的其中一种途径，叫"成本稍有增加，功能显著提高"。

（2）成本降低，功能保持不变

通常去别人家参观装修时都会问，"你家中央空调什么品牌？你家用电器什么牌子？"别人回答说"三菱、大金"。"哦，好，你这个装修好。"一般很少人会问地砖、瓷砖、墙纸、窗帘是什么牌子。诺贝尔、东鹏、马可波罗、蜜蜂、保杜莎，一般人听名字都不知道以上几个瓷砖品牌到底哪个好、哪个价格贵。更不论这个同一品牌里面还有高、中、低型号档次之分，甚至同一型号还有AAA级、AA级、A级品质之分。还是拿瓷砖来说，AAA级、AA级、A级都是合格产品，区别可能就是略微的平整度差异以及每张砖上的针眼气孔的个数（AAA没有，AA有1～2个，A有3个），单凭我们肉眼凡胎除非趴在地上仔细看，否则根本看不出来。这时候地砖的选择就是价值工程中的另一种实现途径,叫"成本降低,功能保持不变"。

4 结语

工程造价中的五个"算"都是实现建设工程全寿命周期造价控制的手段,其中投资估算为项目的决策打下基础,投还是不投,投多少,公司资金来源是否满足本项目,设计概算在设计阶段对整个工程的施工方案做了总体成本管控,两者都非常重要。同时在做费用成本管控的时候,要充分利用价值工程理论指导设计方案优化,在限额设计的条件下,费用、功能合理,价值、投资收益最高。分析其功能和成本的关系,使之达到平衡,也正合乎中国的和合之道。希望通过本文的探究能给大家带来小小的启发。

作者简介:

高吉骅,男,1982年生,本科学历,国家注册监理工程师、国际注册一级造价工程师;台州市建设咨询有限公司造价部经理,现主要从事建筑工程项目监理、工程造价管理、技术管理和咨询等工作。

监理工作

一、地基与基础

逆作法四层地下室监理管理控制探讨

耀华建设管理有限公司　　查柱华

【摘　要】　该文结合案例对地下室逆作法施工中各阶段工作进行介绍,分析逆作法施工中的重难点工作,分享对重难点工作所采取的管控措施,总结一些工作中的经验,供行业参考借鉴。

【关键词】　逆作法施工;地下连续墙;一桩一柱;逆作工况

引言

应项目建设进度等方面的要求,国内在多层地下室施工中采用逆作法施工方式的项目逐渐增多。本项目位于杭州市,逆作法施工在本项目多层地下室施工中有以下几个优势:(1)基坑开挖过程中,地下室的楼板、梁、柱由上往下逐层逆作施工,使基坑提前形成水平支撑,减少基坑和周边建筑物、地铁隧道、市政道路等变形,基坑安全可以得到更大的保障,节省了临时内支撑施工和拆除费用;(2)项目主楼周边地下室逆作界面为顶板,顶板施工完成后,往下逆作时基本不再受气候影响,从而缩短地下室工期;(3)项目主楼逆作界面为地下一层,主楼地下一层施工完成后,按逆作工况要求可向上施工至相应预售节点,从而快速达到项目预售节点;(4)主楼周边地下室顶板施工完成,按受力荷载划分可作为施工车辆车道、临时材料加工厂和堆场,节省项目紧缺的施工场地、有效提升项目地下室施工期间场内的整体安全文明水平。

1　项目简介

本项目共3栋塔楼,高度分别为110 m,170 m,280 m;4层地下室,地下室建筑面积约4.5万 ㎡,基坑开挖深度约19 m,局部坑中坑开挖深度约25 m,坑边地坪黄海高程4.9 m,基坑东北角和东侧后续开发项目在地铁保护区范围内。本项目工程桩共计777根,逆作使用永久格构柱228根和临时格构柱71根、钢管柱15根。

2 支护结构和桩基施工

2.1 支护结构

本项目基坑支护结构北侧、西侧、南侧采用直径1200 mm钻孔灌注桩,西侧、南侧止水帷幕采用Φ850@600 mm三轴水泥搅拌桩,北侧止水帷幕为600 mm厚TRD工法水泥土搅拌墙。基坑东侧为1200 mm厚地下连续墙,两墙合一。

本项目东侧1200 mm厚地下连续墙,总长约412 m,共76幅。地连墙采用"两墙合一"形式,作为基坑支护结构和本项目地下室外墙及后续开发的B区块地下室外墙,本项目地连墙钢筋笼上有各种预埋,是地连墙施工中的重点工作之一。其预埋形式主要有:

(1)在负2至负4层楼板标高地连墙钢筋笼上,预埋4排"L"形钢筋和2排接驳器,相应楼层土方开挖完成后,对预埋区域地连墙保护层进行剔凿,将"L"形钢筋扳直,接驳器用短钢筋连接,用"U"形筋与预埋钢筋、接驳器连接钢筋焊接形成封闭箍筋,内部设置纵向钢筋形成边梁,楼板钢筋锚入边梁内与地连墙形成整体(图1、图2)。

(2)地连墙接幅部位的扶壁柱、围檩梁、人防墙钢筋预埋,扶壁柱和围檩梁钢筋预埋也是预埋"L"形钢筋,后续剔凿扳直后,用"U"形筋焊接封闭,内部设置纵向受力钢筋。人防墙预埋水平筋接驳器,须提前对地连墙图纸进行深化,确定人防墙体位置、标高、厚度、水平筋规格等,后续剔凿后水平筋通过接驳器连接与地连墙形成整体。

(3)基础底板止水用的钢板预埋,预埋钢板侧埋与地连墙纵筋点焊固定,后续剔凿后采用半幅止水钢板与预埋钢板焊接(图3)。

图1 预埋钢筋剔凿后扳直　　　　图2 边梁钢筋绑扎　　　　图3 钢筋、钢板预埋

在地连墙前期控制中,项目监理部对预埋深化图纸负2至负3层楼板、负4层基础底板边梁、扶壁柱、围檩梁、人防墙、B区基础底板、B区外墙等部位,预埋筋位置、规格、间距、连接方式进行复核。在地连墙钢筋笼验收时,监理部对预埋筋和接驳器预埋标高、位置、规格、间距、连接方式及接驳器防堵措施等进行每幅重点检查,在预埋筋凿出后其标高、位置等均符合设计要求,接驳器成活率达95%以上。

2.2 一桩一柱

逆作法中一桩一柱是桩基施工阶段的重中之重,本项目逆作使用永久格构柱228根和临时格构柱71根、钢管柱15根,钢管柱规格850 mm×30 mm,桩径900~1400 mm,平均孔深约41.34 m。承受逆作阶段以下荷载:

(1)主楼上部1F—14F各层结构剪力墙、梁、板等构件自重,不包括楼板建筑面层、吊顶等装修荷载;

(2)主楼上部1F—14F各层施工荷载在逆作施工期不应超过1.5 kPa;

(3)地下室顶板至负2层各层结构梁、板、柱帽等构件自重,不考虑地下室人防剪力墙和楼梯的竖向结构构件自重,不包括装修荷载。各层施工荷载在逆作施工期不应超过2 kPa;

(4)在逆作施工期,顶板施工行车道施工荷载为40 kPa,单车最大重量不超过50 t,相同区域该两类荷载不可同时发生,材料堆场和加工场施工荷载为30 kPa,其余区域施工荷载不应超过5 kPa。

桩基施工前对所有立柱桩进行一桩一勘,对场地是否有不良地质作用空洞强发育地段和桩基影响深度范围内空洞发育情况及桩持力层深度进行勘察,经勘察查明本场地属空洞发育区,后续采用了注浆处理完善。在一桩一勘过程中,项目监理部对勘察和空洞处理全过程进行旁站和举牌验收(图4),防止施工不到位,确保地质层分布信息准确、空洞处理到位,保障桩基施工质量达到要求。

监理人员要求各方在施工前确实熟悉立柱桩的格构柱规格、材质、栓钉焊接质量、钢柱长度、锚入桩内长度、测量定位、桩长、入岩深度、钢筋笼等内容。逆作法对格构柱垂直度和平面位置偏差管理要求严格,本项目格构柱垂直度需达到1/500,平面位置偏差3 cm以内。桩基开孔前使用GPS精准定位桩位,确保在偏差范围内,之后埋设桩护筒,桩护筒周边埋设4个护筒,作为后面格构柱吊挂调垂平台反力支撑,以减少调垂过程中平台的不均匀沉降造成垂直度和平面位置偏差。桩位成孔验收符合要求后,安装调垂下平台,安装过程中对孔中心进行测量校核,确保调垂下平台中心为格构柱中心,同时保证下平台四角方向与设计立柱方向一致,校核工作完成后,拧紧调垂下平台螺栓与护筒形成整体。格构柱吊装前,在格构柱X、Y方向各放置2个无线倾角传感器,该传感器能显示格构柱倾斜角度,本项目格构柱长约23 m,垂直度控制在1/500内,通过正弦定理即$\tan\alpha < 1/500$,换算成角度为$\alpha < 0.12°$,在后续格构柱限位完成后,观测传感器信号接收设备的显示读数,角度$<0.12°$即垂直度满足要求。格构柱吊装吊入孔口位置后静止,使立柱处于自然垂直状态,用2台全站仪对立柱X、Y方向进行垂直度观测复核,格构柱垂直状态复核无误后,将无线倾角传感器显示角度读数归0,此时安置在格构柱两侧的无线倾角传感器与格构柱同步处于垂直状态。格构柱下放至距离调垂平台约2 m高度时,格构柱四面最上面一块缀板位置各挂放一块调垂固定架,格构柱继续下放至调垂下平台搁置,然后调整调垂固定架4个底部限位块,伸出与护筒壁顶紧固定限位(图5),同时观测传感器信号接收设备显示的角度读数,须各方向显示角度在要求范围内(图6)。

图4 一桩一勘验收　　　图5 固定架底部螺栓顶紧限位　　　图6 格构柱垂直度角度读数

3 地下室主体逆作

3.1 地下室主体施工前准备

桩基施工完成后,地下室主体施工前,项目监理部组织内部集中看图,掌握本项目工程重点难点、危险性较大的和超过一定规模危险性较大的分部分项工程分布,制作清单要求施工单位编制专项施工方案,并经报审和论证。内部看图时项目监理部发现多条图纸问题,如夹层与顶板净高不足、结施与建施洞口平面位置偏差、坡道净高不足、地下室顶板结施与建施标高不一致、结构柱箍筋配置未考虑格构柱、部分施工节点缺少、个别部位设计不合理、设计合理优化、格构柱与劲性柱位置重叠、部分逆作工况结构调整为永久结构减少拆改等问题,提交设计单位进行相应的复核修改,避免了后期工程返工增加施工成本和工期,提高了施工效益。

3.2 地下室主体逆作工况

本工程地下室逆作施工时的主要工况有7种情况。

工况一:桩基完成后,开始塔楼周边地下室顶板工作面土方开挖,顶板板面标高-1.7 m,板厚0.25 m,支撑体系高度2 m,支模架垫层0.2 m,开挖完成至-4.15 m标高。

工况二:施工完成塔楼周边地下室顶板。

工况三:开挖塔楼负1层工作面土方,按地下室顶板工序施工塔楼负1层板。

工况四:塔楼负1层板施工完成,顺作塔楼1层板。1层板施工完成后,塔楼1层以上开始顺作向上施工,同时开挖塔楼周边负1层工作面土方。

工况五:塔楼施工至6层前,塔楼周边地下室顶板、负1层板应整体施工完成。完成后塔楼和地下室方可分别向上、向下施工。

工况六:塔楼快速施工至预售14层,暂停向上施工。负2层施工完成后,地下室土方直接开挖至基础底板作业面,围护周边5m留土放坡。

工况七:施工中间底板,再施工围檩、斜撑,待砼达到设计强度后,开挖围护周边土,施工剩余基础底板,再顺作施工负3层板和二次浇筑竖向结构。

在桩基施工过程中监理部和施工单位通力合作,对格构柱垂直度和平面位置控制较为良好,开挖完成后对垂直度和平面位置进行复核均在设计范围内,整体观感极其美观(图7)。

3.3　地下室主体逆作施工验收

逆作法施工中项目监理部更加注重检验批分工序阶段验收。以梁为例,地下室顶板梁截面较大、配筋复杂、连接和锚固控制严格等,如在梁筋绑扎完成后未进行验收,后续在整体隐蔽验收中发现问题,将造成大量返工和整改困难或整改敷衍等,为后期逆作重车道使用埋下质量安全隐患。结合逆作法施工工序,项目各方沟通后制定的本项目地连墙的隐蔽工程验收流程为:绑扎柱筋→搭设支撑体系排架→铺设梁底模板→柱筋验收→绑扎梁筋→梁筋验收→柱子和梁侧封模→支模架初步验收→板底模板安装,板筋绑扎→隐蔽验收→混凝土浇筑。确定的监理管理验收重点为:

(1)柱筋绑扎过程中,支模架同步搭设。柱筋绑扎完成后,要求施工单位通知验收。柱筋验收重点在于后期向上部和下部结构施工钢筋预留的数量、规格等,且因格构柱缀板阻挡,箍筋无法穿越,需提前对缀板开孔或缀板区域箍筋断开与缀板单面焊接。

(2)支模架搭设,梁筋开始绑扎,绑扎完成后梁筋进行验收,重点验收梁柱节点箍筋设置、向未施工部位的梁筋预留、梁筋的连接和锚固、梁纵筋遇格构柱做法等,梁纵筋遇格构柱时采用水平加腋和缀板机械开孔做法,中间梁筋遇格构柱缀板和角钢时,采用机械开孔,为保证格构柱同一截面<30%开孔率,减少对格构柱削弱,梁采用水平加腋,角筋1:6弯折从格构柱绕过连接(图8)。

(3)梁筋验收合格后,柱子和梁侧封模,楼板模板安装前,对支模架初步验收,因架体高度为2 m,超限梁、板较多,梁腹板较高,立杆、横杆较密集,若后续总体隐蔽验收时再来检查支模架将很难全面检查,为此增加支模架初步验收项,此项中重点对超限梁、板立杆规格尺寸、垂直度、间距、剪刀撑、顶托螺杆伸出长度等是否符合专项方案要求,不满足方案要求需方便整改。

(4)板筋绑扎完成后,对钢筋工程、模板工程进行总验收,模板工程前期对立杆间距等已进行检查,现重点对顶托是否调紧、板底标高、平整度等进行检查,板筋重点在向未施工部位的预留检查、附加筋是否按图纸设置,墙体钢筋向上部和下部结构预留。

3.4　地下室竖向结构二次浇筑段管控

地下室竖向结构比同层板底往下多浇筑1 m,在下一层板面的中间段逆作中暂不浇筑,待基础底板完成后,从基础底板往上顺作浇筑。施工前要求对施工缝进行剔凿,上部结构施工缝侧面剔45°斜角,以方便后期浇筑混凝土。剔凿清理完成后,按图纸进行钢筋绑扎和验收,验收完成进行封模。在一次结构施工时楼板上预留钢筋,作为墙体模板斜撑加固支撑点。二次浇筑竖向结构目前常用的方法有:

(1)类似于构造柱浇筑,顶部设置高出施工缝一定高度的喇叭口的超灌法。

(2)在超灌法施工完成后,后续对接缝部位持续观测,如有裂缝和缺陷采取注浆措施的注浆法。

(3)先对二次段浇筑,与顶部施工缝预留5 cm间隙,后期用高强无收缩灌浆料填充密实的灌浆料法。

本项目采用超灌法,墙体和柱二次浇筑段封模四周设置高出施工缝300 mm的喇叭口,上层楼板预留有浇筑孔和振捣孔,采用微膨胀混凝土,在浇筑过程中加强内部和模板表面振捣,调整好混凝土坍落度等,拆模后外观质量符合要求(图9)。

图7　格构柱开挖　　　　　图8　格构柱开孔和水平加腋　　　　图9　柱二次段浇筑

4　结语

多层地下室逆作法施工工艺复杂、工序繁多,为了提高逆作法工程质量、确保逆作法施工安全可靠,监理单位需配合建设各方,针对工程特点做好相应分析工作,制定有针对性的管控措施,按照要求认真履行监督职责,保证建筑工程顺利实施。

作者简介:

查柱华,男,1996年生,本科学历,中级工程师、国家注册监理工程师、一级建造师(建筑工程),耀华建设管理有限公司项目总监理工程师,现主要从事建筑工程项目监理、工程管理和技术管理等工作。

绍兴市中医院地下室逆作法施工监理实践

浙江中誉工程管理有限公司　李春阳　朱慧玲

【摘　要】　几十年来,被广泛应用于国内高层建筑和地下工程的逆作法施工技术日趋成熟。该文在参与绍兴市中医院地下室的逆作法施工监理过程中,从理论知识上的拓展,到监管能力的提升,均收获颇丰。但觉得针对不同的工程特点和地质环境,逆作法施工工艺和施工质量尚有总结和提升的空间。

【关键词】　逆作法施工优势;逆作法施工技术;逆作法施工监理

1　工程项目概况

绍兴市中医院改扩建工程(EPC总承包)项目,由浙江中成建工集团有限公司施工总承包,中国建筑上海设计研究院有限公司设计,浙江中誉工程管理有限公司实施施工阶段监理。

本工程按综合性三级甲等中医院建设,分为东、中、西3个区域,其中东、中区为改建区,西区为扩建区。工程总建筑面积为104880㎡(改建区地上面积34573㎡,地下面积7147㎡;扩建区地上面积39727㎡,地下面积23433㎡)。地上建筑为三至五层框架结构,地下建筑为一层框架剪力墙结构。

扩建工程主要功能设计有后勤保障楼、越医博物馆、医技楼和门诊楼。改建工程主要对原有的1#—5#楼进行外立面及对原有建筑的功能性改,如图1所示。

图1　绍兴市中医院改扩建工程立面图

由于该工程地处绍兴市古城核心区位置,周边密布住宅区及商业街,环境复杂,敏感程度高。为保证施工期间周边环境稳定,中成建工集团决定地下室结构施工采用逆作法施工工艺,创建了绍兴市古城区域首个地下室采用逆作法施工的先例。

本工程基坑分南、北两个区块:北区块采用逆作法施工,预留3个出土口,围护结构采用SMW工法桩(其中东侧靠近民宅处采用钻孔灌注桩做围护结构,高压旋喷桩做止水帷幕);南区块采用中顺周逆施工(中间盆式开挖顺作,周边逆作,围护结构采用SMW工法桩),如图2所示。

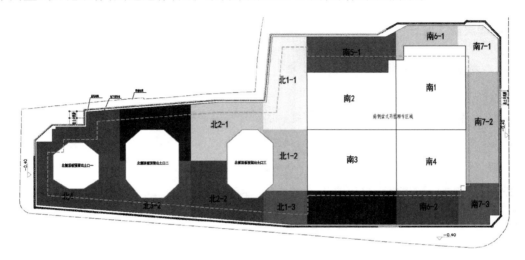

图2　地下室区块示意图

2　地下室逆作法施工的优势

本工程建筑施工场地狭小,周边环境对基坑支护结构的水平变形有严格限制。地下室采用逆作法施工的主要优势为:

(1)利用冠梁与地下室结构作为支撑,其水平刚度大,控制变形能力强,对相邻建筑物、道路及地下管线影响较小;

(2采用地下室顶板代替临时性围护水平内支撑,节约支撑施工、养护和拆除时间,并可节约支护结构的临时支撑费用;

(3)逆作法(先浇筑地下室顶板,再向下挖土)的施工顺序,使地下室顶板可起阻隔空间作用,降低了噪声污染,并最大限度地减少扬尘污染。

3　地下室结构设计及施工工艺流程

3.1　地下室结构设计

本工程支撑地下室顶板钢格构柱与工程桩共用,并与结构柱同一位置:钢格构柱锚固在钻孔灌注桩基础内;地下室底板以上钢格构柱后置换成框架柱;地下室底板400~550 mm厚;地下室顶板350 mm、300 mm、250 mm厚;地下室剪力墙体为350 mm厚。基坑内设疏干井降水,基坑顶四周设排水沟排水。

3.2 地下室逆作法施工工艺流程

工程钻孔桩施工(桩顶标高约−7.4 m)→钢格构柱施工(插入钻孔桩内3 m,钢格构柱顶面即为底层地面标高)→按施工专项方案挖土至−1.8 m(土模标高)→根据现场实际情况,修改施工方案,挖土至−3 m(短支模标高)→地下室顶板结构施工,插入结构柱钢筋及剪力墙钢筋等→(短支模状态下)地下室顶板拆模→分层分段挖土至地下室底板承台或垫层底→地下室底板结构施工(剪力墙部位底板砼上翻300高)→地下室剪力墙结构施工→工程框架柱施工(将原钢格构柱外包受力钢筋,浇筑混凝土)。

4 地下室逆作法施工监理控制

4.1 依据施工方案严格控制钢格构柱制作质量

(1)一般地下室逆作法施工,钢格构柱仅作为临时支撑,其质量控制比较简单。本工程的钢格构柱即为以后的框架柱(截面尺寸600×600)所用;而本工程钢格构柱数量多、种类多、作业面不连续;灌注桩最大直径为1000 mm,钢格构柱直径420×420 mm,两者直径相差580 mm,固定难度大;且本工程采用一柱一桩,钢格构柱定位质量直接决定600×600框架柱成型效果。此外,187根钢格构柱将全数作为结构柱使用,如控制不力,将直接影响工程结构安全与施工质量。

(2)所以在地下室施工中,钢格构柱的进场验收合格率,复核仪器的准确性,吊装方法,施工中受恶劣天气的影响,钢格构柱的垂直度、偏转度及定位合格率等技术参数,控制难度较大。

(3)本钢格构柱工程主要包括钢格构柱与立柱桩两部分,钢格构柱与立柱桩搭接长度为3 m,采用焊接方式连接。为控制钢格构柱的垂直度、偏转度及满足定位合格率要求,施工单位特成立了项目QC小组进行技术攻关,项目监理部人员详细了解施工方案的要领,共同实施质量保障措施。

(4)地下室钢格构柱偏位的控制方法:在钢格构柱重心与形心对应位置,采用直径18 mm的钢丝绳双吊点吊装,使格构柱钢筋放入桩钢筋笼后的位置偏差≤±30 mm。然后沿钢格构柱四周采用槽钢进行焊接固定,确保浇筑混凝土时钢格构柱骨架不偏位、不超下沉,如图3所示。

图3 现场双吊点吊装情况

（5）地下室钢格构柱偏位的控制方法：最大可能避免桩机移位时碰撞或挤土效应，格构柱定位完成后（吊至设计位置）在其两侧焊接工字钢，另两侧焊接A18钢筋，将钢格构柱固定，使桩机移位后钢格构位置偏差≤±30 mm，如图4所示。

图4　钢格构柱偏位控制

（6）以上两项控制措施，经现场实测后，采用双吊点吊装的187根钢格构柱位置偏差均≤±30 mm；桩机移位后187根钢格构柱位置偏差均≤±30 mm，实现了项目QC小组制定的质量目标。此项成果荣获浙江省建筑业技术创新协会颁发的"2020年度浙江省建设优秀质量管理小组活动成果一等奖"。

（7）通过本工程的监理实践，我们认为如果土方开挖后发现钢格构柱偏位超过允许偏差的，尚可采取以下两种方案进行处理：

①不影响地下室使用功能的前提下，增加框架柱截面尺寸来处理。

②地下室底板浇筑后，用换撑方案来处理。

（8）绍兴市中医院工程由于前期打桩时钢格构柱偏位控制得比较好，偏位率较低，187根钢格构柱均未采用以上方案进行处理。

4.2　地下室土方开挖时对钢格构柱桩保护措施

现场项目监理部协助施工单位采取下列措施，切实保障土方开挖中对钢格构柱桩的保护：

（1）对应结构平面布置图，对施工场地上的每个钢格构柱均做好明显标记。

（2）审查施工方案时提出地下室出土主通道位置选择应避免与钢格构柱相遇。

（3）机械开挖地下室土方时，先进行人工开挖钢格构柱四周土方，使格构柱全部外露，再配以机械开挖，以避免机械设备碰坏钢格构柱。

4.3　地下室顶板施工时土模与短支模控制

4.3.1　原《地下室逆作法施工专项方案》中，浇筑地下室顶板的支模形式为：基坑四周采用土模（梁、板用原土做支撑，上面浇筑垫层再铺设模板），中间部位采用钢管支撑支模（短支模）。该施工方案优点是：对于整个基坑施工而言，可确保整个基坑稳定。但缺点是施工进度慢、费用增多（增加了所有柱、梁砖胎模费用);前期土方开挖量减少,后续不容易开挖土方量增多。

4.3.2 原《地下室逆作法施工专项方案》中基坑四周全部采用支模形式。这个方案的优点是工期快,质量容易控制,投资少。缺点是基坑稳定性差,安全风险大。

4.3.3 本工程地下室顶板开始施工后,发现板底拆模较困难,不但影响施工进度,且混凝土构件外观质量较差,装饰施工会费工费料等。现场监理部提出建议:要针对不同基坑、不同地质条件,选择不同施工方式,是否可采用"土模加短支模形式"的方法。最后根据施工现场实际情况,特别是本工程的地下土质情况,施工单位重新通过计算,对挖土方案进行了调整:基坑四周改为采用短支模形式,主要保证措施是分段开挖,增加第三方检测孔和检测频率。此项方案的调整,大大加快了施工进度;但对于土质较差的基坑,不宜全部采用短支模形式。

4.4 逆作法施工时水平施工缝渗漏控制与处理

(1)逆作法施工顺序是先地下室顶板施工→开挖土方→地下室底板施工→地下室四周剪力墙及钢格构柱置换框架柱施工。根据此施工顺序,在地下室顶板施工时,四周剪力墙水平部位无法放置止水钢板,只能采用设置企口缝来处理,对于后续浇筑混凝土时施工缝渗漏仍存在较大的质量隐患;钢格构柱置换框架柱浇筑混凝土时,柱上部容易产生水平缝,从而引起框架柱结构耐久性的质量隐患,这两方面均是项目监理部现场质量控制的重点。

(2)项目监理部要求施工单位严格按照专项方案施工,主要采取以下控制措施:

①四周剪力墙在地下室顶板支模时,墙外侧上口每隔2 m设置一个漏斗,保证混凝土能一浇到顶;剪力墙混凝土浇筑完成,初凝前进行第二次振捣,以保证该结合处的混凝土密实度。

②对四周剪力墙产生水平缝>10 mm缝隙,采用高压注浆处理:缝隙的测量与记录→缝隙表面处理→埋设灌浆管→封闭缝隙→密封检查→配置灌浆用材料→灌浆→养护并清理。

③对四周剪力墙产生水平缝<10 mm微缝隙,采用高压注浆处理:缝隙的测量与记录→缝隙表面处理→钻孔→埋设注浆塞→封闭缝隙→密封检查→配置灌浆用材料→注浆→养护并清理。

④钢格构柱浇筑柱混凝土处理:在每个钢格构柱两侧所对应的顶板底部,预留不小于250×250洞口及喇叭口,浇筑柱混凝土时,混凝土由此洞口灌入,最大限度控制该处产生施工缝。

⑤钢格构柱置换成框架柱的水平缝处理:在浇筑后由于混凝土收缩产生的水平缝,采用高强无收缩灌浆料进行处理。

5 结语

本工程地下室采用逆作法施工,其在施工单位的精心策划、精心施工,监理单位积极参与,其他参建方的共同努力下已画上了圆满的句号,目前该工程已投入使用。工程各参建单位努力协作,高度重视项目工程创优策划工作,做到创优目标明确、方案因地制宜、措施有的放矢,该项目工程质量目标为"力争钱江杯、争创鲁班杯"。

作者简介：

李春阳，男，1966年生，专科学历，高级工程师、国家注册监理工程师、国家注册水利监理工程师；浙江中誉工程管理有限公司总监，现主要从事建筑工程项目监理和项目管理等工作。

朱慧玲，女，1954年生，本科学历，高级工程师；浙江中誉工程管理有限公司总师办主任，负责公司监理工程的安全和质量管理工作。

全套管全回旋全配筋咬合桩施工监理

宁波交通工程咨询监理有限公司　　徐　昇

【摘　要】 该文介绍全套管全回旋全配筋咬合桩施工监理情况,针对咬合桩的项目及工艺特点提出监理的控制要点和措施,以及因此而取得的实践性监理工作成效。

【关键词】 咬合桩施工工艺;施工监理,质量控制

引言

为响应国家环保政策的号召,某项目建设单位经多年酝酿,确定某化工厂内化工尾水排放管集中一处深海排放,新建尾水深海排放管项目。笔者有幸参与该EPC项目的施工阶段监理,并亲历了该项目的海域顶管工作井施工的整个监理过程。该工作井采用的是全套管全回旋全配筋咬合桩施工工艺。现将该工艺的全过程监理情况分享给各位同仁借鉴。

1　项目特点

本项目为某化工项目的配套排海管道工程,采用设计—采购—施工(EPC)总承包管理模式。

本项目海域排海管为直径2 m的钢管,长度1900 m,属于超长距离顶管。设计方案在海堤内侧的海域顶管布置直径12.6 m、深19 m的顶管工作井1座。该工作井的围护结构设计采用桩径为Φ1200,搭接长度300 mm,桩长47.2 m的全配筋咬合桩,这也是目前已知的设计最长的咬合桩项目;咬合桩相邻桩采用硬切割施工。咬合桩主筋为Φ32 Ⅲ级钢,竖向钢筋的连接采用机械螺旋套筒连接,咬合桩混凝土设计强度等级为C40;总桩数58根。

在沿海地段的市政工程施工时,往往会遇到海塘围垦填土形成的特殊地质状况,地下水位也随海水潮起潮落变化,单靠常规的施工工艺无法正常施工。

本项目顶管工作井位于海塘内侧,在原始地面以下8 m范围内有大量块石回填,受场地限制无法清除,按常规施工方法根本无法成孔;下部20 m地层有砂层,地下水位高,有承压水,宜产生深基坑施工最难处理的流砂、突涌情况。

根据本项目地质特点,确定咬合桩施工采用全套管全回转钻机成桩施工方案,选用DTR2005H全回转钻机、70吨履带吊车及1台PC200挖机,配Φ1200钢套管50 m及履带起重机配合作业,机械化程

度相对较高。本工艺在成孔工序中因有钢套管护壁,一般情况下不会出现孔壁坍垮问题,成孔垂直度精度高,桩形标准;成桩过程机械噪音低,振动小,对周边环境影响小。但是,钻孔咬合桩所选用的机械设备体积较大,场地狭窄施展不开;对超缓凝混凝土的质量稳定性要求较高,缓凝时间波动易造成咬合失败或偏孔情况;施工中Ⅰ序桩的钢筋笼机械连接时受钢筋笼主筋设计间距的影响,施工操作较困难。

2 施工设备及施工工艺

2.1 施工设备

本工程采用的设备型号为DTR2005H全回转钻机,技术参数如表1所示,1台履带吊和1台旋挖机配合作业。

表1 盾安DTR2005H全回转钻机技术参数

型 号	DTR2005H
钻孔直径(mm)	Ø1000~Ø2000
回转扭矩(kn·m)	2965/1752/990 瞬时3391
回转速度(rpm)	1.0/1.7/2.9
最大套管下压力(kn)	最大600
套管起拔力(N)	3760瞬间4300
压拔行程(mm)	750
工作装置重量(T)	46 (含过渡架,不含变径块)
发动机型号	康明斯 QSM11-335
发动机功率(kW/rpm)	272/1800
发动机燃油消耗率(g/kW·h)	216 (最大功率时)
动力站重量(t)	8

2.2 施工工艺

咬合桩分Ⅰ序钢筋混凝土桩(方形钢筋笼)和Ⅱ序钢筋混凝土桩(圆形钢筋笼)两种,是指在桩与桩之间形成相互咬合排列的一种基坑围护结构。施工时先施工Ⅰ序桩后施工Ⅱ序桩,要求Ⅱ序桩应在相邻Ⅰ序桩混凝土终凝后切割成孔,Ⅱ序桩切割的相邻两根Ⅰ序桩强度差值不大于3 MPa,在承压水土层中进行施工时,应向套管内灌满水后方可进行后续施工。Ⅱ序桩施工时采用全套管钻机切割掉相邻Ⅰ序桩相交部分的混凝土,实现咬合(相邻桩咬合距离为30 cm)。

2.3 导墙设置

导墙是给全回转机提供作业平台,承受钻机在压、拔、扭动套管时的巨大作用力,起到给护筒定位、导向的作用。导墙采用支模配筋浇灌300厚C30以上等级混凝土成型。本工程导墙施工平面布置情况如图1所示。

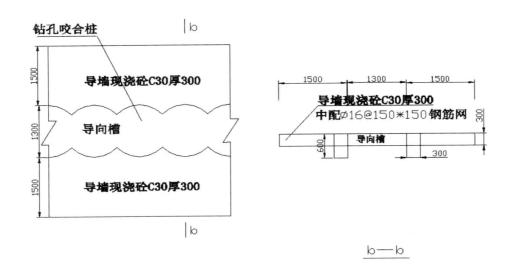

图1 钻孔咬合桩导墙平面布置示意图

2.4 施工顺序

咬合桩施工成桩顺序:导墙施工完成,养护至少2周,待强度达到设计强度值再上设备。按预先完成的导墙先顺序施工2根Ⅰ序桩,再在2根Ⅰ序桩中间施工Ⅱ序桩,如图2所示。

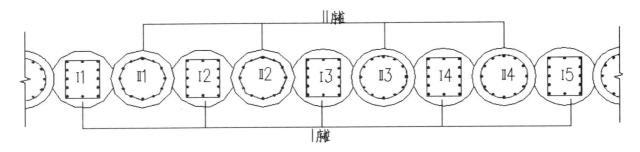

图2 咬合桩施工成桩顺序

2.5 成孔

全回转钻机强大的扭矩及下压力由套管传递给底端的钛合金刀刃,全回转钻机360°单方向旋转驱动套管通过刀刃的切割及钻机的下压穿透各层土层。吊车主钩悬挂冲抓斗,副钩下放张开冲抓斗下部叶片,主钩将冲抓斗置入套管内(冲抓斗在套管内悬空位置根据孔深而定)。松开主钩钢丝绳,利用冲抓斗自重冲抓套管内砂石,冲抓斗冲至套管内碎石层面,吊车副钩向上拉升,通过吊车副钩的单头拉力将没入碎石层中的冲抓斗叶片向中心闭合取出砂石(如图3、图4所示)。如下压冲抓困难,吊车主钩改钎锤冲砸套管内砂石后继续冲抓,抓取一定砂石减小砂石与套管内壁的摩擦力,减摩减阻后继续下压钻进。一节套管没入土中完毕,对接上一节套管,下压、冲抓反复循环直至达到设计孔深。成孔中的难点主要为砾砂层,易造成砂砾层流失,影响成桩混凝土外形质量。先连续施工3根Ⅰ序桩,后施工1根Ⅱ序桩做试桩,Ⅱ序桩应在相邻Ⅰ序桩混凝土终凝后采用全套管钻机切割掉相邻Ⅰ序桩相交部分的混凝土,实现咬合(相邻桩咬合距离为30 cm);Ⅱ序桩切割的相邻2根Ⅰ序桩强度值不大于3 MPa。

图 3　安置套管

图 4　抓斗取土作业

2.6　下钢筋笼

钢筋笼现场制作,上、下节主筋位置要预先对接试拧调整至分布均匀后成型,按桩号及节号分别编号,并按使用吊装的先后顺序码放,分层堆放控制不超过3层。

本工程钢筋笼全断面配筋,采用28根直径32 mm的三级钢,下部1/3配筋减半配置,底部5 m按构造钢筋配置,包括锚固钢筋全长47.2 m,采用12 m定尺钢筋,设3个接头断面。

下钢筋笼按编号的桩号及节号顺序吊装,节与节采用直螺纹套筒连接,如图4、图5所示。

为防止钢筋笼上浮,首节钢筋笼下部焊一块5 mm厚的钢板,钢板中间钻直径200 mm的孔洞。

图 4　钢筋直螺纹套筒连接

图 5　钢筋保护层控制

2.7　安装导管

在钢筋笼安装合格后,开始安装导管。导管采用直径不小于250 mm的管节组成,接头应具备装卸方便、连接牢固的特征,并带有密封圈,保证不漏水不透水。导管的支承应保证在需要减慢或停止混凝土流动时使导管能迅速升降。

2.8 灌注混凝土

安放混凝土漏斗,并将导管提离孔底0.5 m。混凝土初灌量必须保证能埋住导管0.8～1.3 m。灌注过程中,导管埋入深度宜保持在4～16 m之间,最小埋入深度不得小于2 m。浇灌混凝土时随浇随提,严禁将导管提出混凝土面或埋入过深,一次提拔不得超过6 m,测量混凝土面上升高度由机长或班长负责。一边浇注混凝土一边拔管,应注意始终保持套管底低于砼面2.5 m(如图6、图7所示)。

图6 水下混凝土灌注

图7 导管及套管拔除

2.9 特殊情况的处理

(1)本工程施工中途因故停工,后继重新组织施工Ⅱ序桩时遇混凝土强度高,合金刀头磨损到极限,成孔深度略小于设计深度要求,经各方协商,由设计复核确认符合要求。

(2)钢筋笼机械连接时,受钢筋笼主筋设计间距的影响,施工操作较困难,督促施工单位采取在制作时将两段钢筋笼实施预拼接,并编号做标识按下笼先后顺序堆放。在咬合桩施工过程控制中发现的问题,主要有个别钢筋的连接有错位缺陷,已督促采取加筋焊接措施处理。隐蔽工程验收重点检查钢筋笼长度及接头拧紧是否符合设计及规范要求,验收合格后予以签认同意下道工序施工。

(3)混凝土灌注全过程旁站监理,检查主要施工质量管理人员的到岗情况,检查预拌混凝土合格证及出厂凭证,抽查混凝土坍落度,监督留置混凝土试块制作,监控混凝土灌注,确认混凝土灌注最终方量,核查充盈系数等。由于本项目内受块石层影响,导致混凝土灌注的充盈系数普遍较大。监理及时检查混凝土浇灌量,观察混凝土流失情况,对加灌长度不足情况及时督促施工单位采取补方处理,以免砼凝土超灌长度不足导致桩顶标高不够需接桩的问题。

3 质量控制要点及目标值

3.1 一般规定

(1)咬合桩为配筋桩与配筋桩搭配,全套管全回转钻机硬切割施工,Ⅰ序桩与Ⅱ序桩间隔布置。

(2)咬合桩施工前应按成孔深度配备钢套管,并进行钢套管顺直度的检查和矫正,整根套管的顺直度<1/500,钢套管宜采用双壁钢套管,外侧钢板厚度不小于15 mm,内侧钢板厚度不小于12 mm。套

管接头宜采用高强度材料。

（3）钻机就位后应对钻管进行垂直度控制,垂直度应小于1/350。

3.2　导墙施工质量控制要点

导墙的形式和分段浇筑长度宜根据现场的地质情况确定,顶面高出地面100 mm。在导墙混凝土未达到设计强度前,禁止任何重型机械和运输设备在附近作业或停留。

3.3　成孔施工质量控制要点

（1）成孔工艺应根据工程特点和地质条件合理选用,成孔应连续施工。成孔完成至浇筑混凝土间隔时间不宜大于12 h。

（2）咬合桩施工前应进行试桩,试桩数量不少于3根,其中Ⅰ序桩不应少于2根,Ⅱ序桩不应少于1根。

（3）钻机回转盘中心与设计桩位中心偏差不应大于10 mm。

（4）硬切割咬合桩施工应符合下列规定:

①Ⅱ序桩应在相邻Ⅰ序桩混凝土终凝后切割成孔;

②Ⅱ序桩切割的相邻两根Ⅰ序桩混凝土强度差值不宜大于3 Mpa;

③在承压水地层中进行施工时,应向套管内灌满水后方可进行后续施工。

④钢套管护壁成孔时取土面高度控制应符合下列规定:

一是下压套管时,取土面应高于套管底口3倍套管直径,且不应小于1.5 m;

二是终孔时,取土面应高于套管底口2倍套管直径,且不应小于1.5 m;

三是取土时遇承压水或不良地层时,取土面高于套管底口土体高度应满足桩底土体稳定要求,或采取灌水措施;

四是接管时应保证垂直度,预留套管长度应高于地面1.2 m。

3.4　钢筋笼制作、吊装、机械连接质量控制要点

（1）钢筋笼分段制作,其接头采用机械连接并遵守《混凝土结构工程施工及验收规范》（GB 50204）,接头位置应尽量选在受力较小处,并相互错开,保证受力钢筋接头在同一断面不大于50%,相邻接头间距为35d且不小于500 mm。施工时应注意上、下段钢筋对位准确,保证钢筋笼顺直。

（2）钢筋笼底部应焊接抗浮钢板,钢板厚度为3～5 mm,直径比钢筋笼直径小100 mm;当抗浮钢板直径超过600 mm时,应在钢板中心开一直径≥200 mm的圆孔。

（3）钢筋笼在起吊、运输、安装中应采取措施防止变形,吊点宜设于加强箍筋部位。钢筋笼宜整体吊装,吊装时不得碰损孔壁,钢筋笼应进行平面和垂直方向定位,检测合格后应立即固定钢筋笼。钢筋笼顺直度<1/300,钢筋笼底端应做收口,钢筋笼安放时应保证桩顶设计标高,允许误差为±100 mm、矩形钢筋笼安放时应对齐平面位置进行检验,其转角允许误差为±5°。

（4）钢筋笼上的保护层设置应有固定和保护措施。

3.5　咬合桩混凝土灌注质量控制要点

（1）单桩混凝土应连续施工。混凝土灌注桩的充盈系数不得小于1。

（2）混凝土灌注中，导管应始终埋在混凝土中，严禁导管提出混凝土面，导管埋入深度以 4～6 m 为宜，不得小于 2 m，一次提管不得超过 6 m，应防止钢筋笼上浮，导管提升不得碰撞钢筋笼。由于桩顶部分混凝土与泥浆混杂，质量受到影响，混凝土实际灌注量应比设计桩顶标高高出 500 mm，以确保桩顶混凝土强度设计值。控制最后一次灌注量，桩顶不得偏低，应凿除的超灌高度必须保证暴露的桩顶混凝土达到强度设计值。

（3）浇注混凝土前，孔底 500 mm 以内的泥浆比重应小于 1.25；含砂率不大于 8%；黏度不大于 28 s。

（4）导管安装完毕后应进行钢套管拔套管检查；混凝土浇筑时应及时拔套管，起拔量不应超过 100 mm，保持混凝土高出套管底端 2.5 m；混凝土施工过程中钢套管应来回转动；最后一节钢套管施拔时，应先拔导管。当套管拔出后，应进行混凝土补灌。

（5）现场做好咬合桩施工过程旁站监理工作，形成书面旁站监理记录。督促按要求做好混凝土试块现场见证取样留置工作，并建立相关台账。

3.6　泥浆处置控制

挖出的泥渣应泥水分离后再及时运走，废弃的泥浆、碴按环境保护的有关规定处理，孔口四周 2 m 范围内不得堆放淤泥等杂物；机动车辆通行时，应做出预防措施或暂停孔内作业，以防积压塌孔。

3.7　施工允许误差控制

（1）钻孔桩成孔垂直度偏差不应大于 1/500，桩位偏差不大于 10 mm。

（2）主筋间距偏差不宜大于 10 mm，箍筋间距偏差不宜大于 20 mm。

（3）钢筋笼直径偏差不宜大于 10 mm，钢筋笼长度偏差不宜大于 100 mm。

（4）钢筋保护层偏差不宜大于 20 mm。

3.8　超缓凝混凝土质量控制

3.8.1　超缓凝混凝土的生产

在确定混凝土相关参数后，委托混凝土供应商进行混凝土的配比设计和生产。由于钻孔咬合桩施工工艺的特殊性，要求超缓凝混凝土的缓凝期（60 h）必须稳定，不能波动，否则将有可能给工程带来很大的损失，因此要求混凝土供应商设置专用生产线来生产超缓凝混凝土，其所用的设备、人员、原材料都相对固定，以减少出错的机会，确保混凝土的质量。

3.8.2　超缓凝混凝土的使用

（1）每车混凝土在使用前必须由试验室检查其坍落度及观感质量是否符合要求，坍落度超标或观感质量太差的坚决退回，绝不使用。

（2）每车混凝土均取一组试件，检测坍落度损失情况，直至该桩两侧的Ⅰ序桩全部完成为止，如发现问题及时反馈信息，以便采取应急措施。

4　监理质量控制的方法及措施

4.1　质量的事前控制措施

（1）掌握和熟悉设计图纸、质量控制的技术依据、施工质量的验收规范等。

（2）对导墙和桩的定位及高程的测量验收；现场障碍物、地下、架空管线等设施的拆除及验收。

（3）审查施工单位的资质及分包单位资质，检查项目负责人和技术负责人、质量员是否到位。

（4）审核钢筋等原材料的出厂合格证及外观，经称量见证取样送检，取得合格试验报告后再使用。

（5）施工机械的质量控制，审查技术说明书查验其相应的技术性能需符合要求。

（6）审查施工单位提交的施工方案，方案需针对工程项目具体情况，有详细的工程质量保证预控措施，审查合格后予以签认，督促其严格按方案实施。

（7）审核施工单位关于材料、试件取样及试验的计划方案并督促实施。

4.2 质量的事中控制措施

（1）对进入施工现场的钢筋现场加工、制作进行控制，确保符合标准和规范要求。

（2）明确分部分项工程的质量控制要点及控制手段和明确的旁站监理计划。

（3）工序交接检查及隐蔽工程检查验收，先由施工单位自检、专职检，自检合格后报监理工程师检查验收，坚持上道工序及隐蔽工程不经检查不准进行下道工序的原则。

（4）严格控制工程变更，就施工单位提出的工程变更认真审核，避免产生质量影响。

（5）凡质量、技术问题方面有法律效力的最后签证，只能总监理工程师签署，其他人员在原始凭证上的签证，最后由总监理工程师核签后生效。

（6）行使质量监督权，针对施工单位不符合工程承包合同，有关规定、标准、规范要求的行为，影响质量及安全的操作等，征求业主意见下达停工令或紧急停工后24 h内报告业主。

（7）对质量方面监理有异议的部位必须进行处理，否则总监理工程师行使质量否决权。

（8）监理人员每天巡视现场，重要工序质量控制落实旁站监理；建立现场监理日志制度，全面记录监理工作内容；每周组织质量检查；定期召开监理例会；不定期组织现场质量协调会。

（9）认真分析质量事故原因、责任，研究、批准处理措施，对质量事故处理措施效果进行检查。

4.3 质量的事后控制措施

（1）严格按质量控制流程进行分项、分部及单位工程的竣工验收，严格执行各项验评标准。

（2）审核各项技术文件、档案资料。

（3）实事求是对工程质量进行评估，出具工程质量评估报告。

（4）围护桩采用低应变动测法100%检测桩身的结构完整性。

5 结语

本项目的咬合桩监理重点是抓住孔深检查、钢筋笼接头、混凝土灌注等几个主要验收节点，把牢质量关，切实履行混凝土浇捣关键工序的旁站监理义务。监理过程中充分利用项目管理微信群的信息交流功能，实时反映现场施工状况，发现有异常情况可以及时组织有关人员到现场进行处置。

工作井的基坑开挖显示桩成型完整，桩与桩交接处紧密咬合，无渗水情况，封底及底板施工顺利。

参考文献：

［1］张玉杰.探讨钻孔咬合桩施工工艺流程和质量控制［J］.山西建筑,2008:34（24）:134-136.

［2］徐昕.咬合桩在深基坑工程施工中常见问题及预防措施浅析［J］.居业,2017（9）:104-106.

［3］徐学成.深基坑支护施工中监理工作要点分析［J］.住宅与房地产,2020（33）:194-208.

作者简介：

徐昇,男,1964年生,本科学历,高级工程师、国家注册监理工程师、一级建造师（市政公用）;宁波交通工程咨询监理有限公司项目总监,现主要从事建筑工程项目监理、工程管理、技术管理和咨询等工作。

近地铁段岩溶区全套管成孔灌注桩施工技术要点分析

浙江工程建设管理有限公司　习福平　王金星

【摘　要】 该文介绍近地铁段岩溶区全套管钻孔灌注桩施工技术,该技术是利用钻机将套管边旋转边压入土中,同时利用冲抓斗或旋挖钻在钢套管中挖掘取土,直至钢套管旋压成孔至设计深度。基于此,将对近地铁段岩溶区全套管钻孔灌注桩施工技术要点进行研究分析。

【关键词】 近地铁段;岩溶区;全套管成孔灌注桩

引言

在钢套管全回转钻机成孔灌注桩中,钢套管一般多作为工具管,钢套管间采用高强螺栓连接,在施工过程中随混凝土灌注而逐步拔除,进而周转使用。因此国内钢套管桩基础工程中钢套管不拔除工艺较为少见。而高强螺栓要保证满足全回转钻机的强大扭矩,实现钢套管的连续性,一般也有特殊的要求,导致造价太高。

1 应用实例

1.1 工程概况

风情大道改建工程位于杭州市萧山区的繁华城区,北起湘湖家园,南至奥兰多小镇,为市政高架桥快速路工程,主要为风情大道主线高架第十二联至第二十一联及对应的地面道路工程(对应的主线桩号为K4+773至K5+730,全长956 m),包括风彩互通立交主体工程、彩虹大道第九联(K10+129.3至K10+343.7,全长215 m)、大圩桥的拆除重建工程、管线工程等。项目紧邻杭州地铁1号线,地铁特别保护区范围及岩溶地质区域内桩基共有188根,占本标段总桩基工程数量的33.6%。

1.2 实施情况

靠近地铁段岩溶区桩基采用全套管钻机成孔工艺,且钢套管不拔除,施工过程无噪声,有效避免了桩基成孔过程中因岩溶塌陷、软土触变、砂土液化等地质灾害性因素发生塌孔等,在保证桩基工程质量的同时进一步保证了地铁运营安全,为后续剩余桩基、上部承台、墩柱及箱梁施工打下了坚实的基础,同时,整个施工期间没发生1起造成人员、设备等财产损失的安全质量事故,为项目带来可观的直接经济效益,得到各方的一致好评。

3 工法特点

与泥浆护壁钻孔灌注桩施工方法相比,本工法具有以下特点:

(1)针对桩径1.2 m、1.5 m、1.8 m的桩基,采用钢套管不拔除的全回转钻机钢套管成孔工艺,形成钢套管超前支护,避免了桩基在岩溶区地层因溶洞而发生塌孔、漏浆现象,也减小了套管拔除时对地铁结构的影响;

(2)相比旋挖钻机泥浆护壁成孔,全回转钻机设备噪声低、振动小,可24 h不间断作业,且目前全回转钻机已实现国产化,工程造价不会过高;

(3)钢套管作为工具管,可保证桩身直径标准,桩头高度可控制在0.5~1.0 m;

(4)本工法对钢套管连接结构进行调整优化,在钢管接头处设计和采用了钢套管马牙槎接头,在每节钢套管相接处设置3道马牙槎,马牙槎坡口角度50°,上下节钢套管均预留25°,管壁内侧留有5 mm的钝边宽度,然后将钢套管焊接成整体,不仅满足全回转钻机高达6000 kN·m以上的回转扭矩,而且降低了套管高强螺栓连接的工程造价;

(5)桩基钢筋笼采用了EPE珍珠棉发泡套管进行包裹,加快了桩头浮浆破除效率,保证了桩头砼的质量。

4 施工工艺流程及操作要点

4.1 施工工艺流程

陆地钻孔桩回旋钻机全套管施工工艺流程如图1所示。

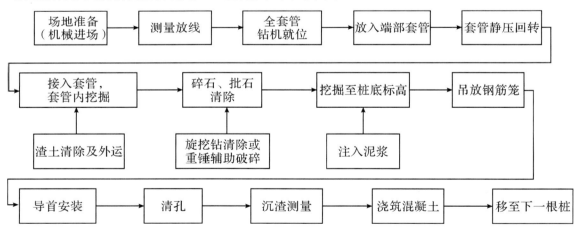

图1 钢套管全回转钻机施工工艺流程

4.2 操作要点

4.2.1 钢套管规格设计

钢套管采用钢板卷制焊接,钢板材质为Q355C,钢套管壁厚30 mm,与刀头连接处筒壁加厚,加厚段厚度为50 mm,加厚段长度可根据桩径大小和岩层坚硬程度进行增减。本工程桩径1.2 m,1.5 m,1.8 m

的桩基钢套管刀头加厚段长度分别为 0.5 m，1 m，1.5 m。为保证桩基成孔质量，钢套管直径比桩径大100 mm。

钢套管接头采用焊接工艺，为保证钢套管接头处质量，同时满足全回转钻机高达 6000 kN·m 的回转扭矩以及 1100 kN 的下压力，钢套管接头结构采用马牙槎接头型式，如图 2、3 所示，在每节钢套管相接处设置 3 道马牙槎，然后在现场利用气体保护焊接工艺将钢套管焊接成整体。

图2　钢套管端头马牙槎接口设计

图3　马牙槎坡口设计

为保证钢套管底部入岩深度，在钢套管底节设置加厚段，加厚段钢板厚度为 50 mm，底端镶嵌合金刀头，合金刀齿环向间距为 0.15～0.2 m/个均匀布置。在地质比较坚硬的岩层，刀齿采用 0.15 m/个间距布置，其余采用 0.2 m/个间距布置，如图 4 所示。

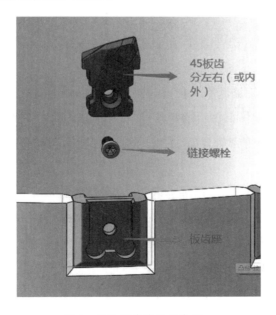

图4　刀头刀座连接示意图

4.2.2　套管钻进取土

施工过程中，每节套管压入的精度都将直接影响钻孔的施工质量。每节套管放入夹管装置，收缩夹管液压缸，利用钻机和导向纠偏装置将套管的垂直度调整到要求的范围内。钻进过程中随时利用设备自带的水平监测系统检验套管垂直度,并全过程在套管的两个垂直方向架设经纬仪,进行垂直度复核控制。每节套管连接好并检查垂直度后,通过全回转钻机的回转装置使套管进行不小于360°的旋转,以减少套管与土体的摩擦阻力,并随即利用套管端部的刀齿切割土体或障碍物(碎石或抛石),将套管压入土中。套管压入与孔内钻进或冲抓取土同步进行;套管的接管高度为钻机机高+1.2 m,以便施工人员接管,如图5、图6所示。

图5　钢套管全回转钻机钻进施工图　　　　图6　钢套管旋挖钻进施工图

5　质量控制要点分析

(1)根据设计桩位坐标,按图所示尺寸逐一放桩位,桩位之间尺寸应仔细复核,待底部套管被压入一定深度(约1.5 m)后,用探笼检查套管中心与桩中心的偏差,保证桩位偏差满足设计规范要求。

(2)在钢套管使用前,应进行套管圆度、垂直度的检查,并检查马牙槎的布置位置是否准确,保证马牙槎可顺利承插相接。

(3)钢筋笼制作与安装时,钢筋间距不能超过规范允许的误差,主筋的搭接选用机械接头、搭接焊时,严格按照规范要求进行。起吊部位可增焊环筋,提高强度。起吊钢绳应放长,以减少两绳夹角,防止钢筋笼起吊时变形。确保导管密封良好,灌注时活动导管提高不能过多,防止夹泥、断桩等质量事故发生。

(4)钢套管取土在近地铁段不宜采用冲抓取土,宜采用旋挖取土,避免对地铁盾构区间和车站结构的影响,并在取土过程中保证一定高度(6 m左右)的土塞高度。

(5)桩基质量控制点包括孔位、孔径、孔深、孔底沉渣检查,成孔垂直度,清空检查,桩顶控制,桩身混凝土质量,钢筋加工安装,原材料检查等内容。

(6)成型安装前必须按设计要求配置钢筋的级别、直径、规格、品牌、锚固长度等。绑扎成型时,扎丝必须扎紧,不得有滑动、移位等情况;绑扎搭接长必须满足要求。成型后的网片或骨架必须稳定牢固,在安装及浇筑砼时不得松动或变形。

(7)桩孔经过清孔后,满足孔底沉渣要求。孔底沉渣厚度测定采用带圆锥形测锤的标准水文测绳进行,测锤重量≥1 kg,沉渣厚度不大于5 cm。

（8）桩基钢筋笼安装期间,注意对声测管的保护,以保证后期桩检。

6 效益分析

6.1 经济效益

采用钢套管不拔除全回转钻机成孔工艺,利用全回转钻机下放钢套管,在成孔过程中形成超前钢套管护壁,避免桩基成孔过程中因岩溶塌陷、软土触变、砂土液化等地质灾害性因素而发生塌孔,桩基成桩质量高。

6.2 社会效益

该成桩工艺应用于浙江省杭州市风情大道改建工程风彩互通岩溶区近地铁段桩基施工,大大加快了溶洞区桩基的施工速度,为后续上部结构施工打下良好的基础。

7 结语

综上所述,采用钢套管全回转工艺施工,可以解决溶洞区桩基施工问题,得出全回转钻机施工工艺的安全性,工期工效可行、可控性的结论,解决了岩溶强发育的各种地质情况下的实际问题。采用套管全回转工艺施工,对地铁监测数据无影响,能有效保障地铁运营及相关设施安全和施工安全。

参考文献:

[1]中华人民共和国住房和城乡建设部.建筑基桩检测技术规范:JGJ106—2014[S].北京:中国建筑工业出版社,2014.

[2]中华人民共和国建设部.建筑地基基础设计规范:GB50007—2011[S].北京:中国建筑工业出版社,2012.

[3]中华人民共和国住房和城乡建设部.建筑地基基础工程施工质量验收标准:GB50202—2018[S].北京:中国计划出版社,2018.

[4]中华人民共和国住房和城乡建设部.城市桥梁工程施工与质量验收规范:CJJ2—2008[S].北京:中国建筑工业出版社,2008.

[5]中华人民共和国住房和城乡建设部.建筑桩基技术规范:JGJ94—2008[S].北京:中国建筑工业出版社,2008.

作者简介:

习福平,男,1979年生,本科学历,国家注册监理工程师、二级建造师(市政公用)、高级工程师;浙江工程建设管理有限公司项目总监理工程师,现主要从事市政、建筑工程项目监理、工程管理、技术管理和咨询评价等工作。

王金星,男,1979年生,本科学历,国家注册监理工程师、工程师;浙江工程建设管理有限公司项目总监理,现主要从事建筑工程项目监理、工程管理、技术管理和咨询等工作。

浅谈堆载预压结合强夯的软土地基处理施工质量控制

浙江东南建设管理有限公司　　王建文

【摘　　要】　软土作为特殊岩土的一种,具有低承载力、高压缩性、渗透性低、固结缓慢等特征。软土地基处理常用换填法、堆载预压法,偶用强夯法。换填法造价高,堆载预压法排水固结周期较长,强夯法易产生弹簧土现象。该文结合普陀山观音法界正法讲寺工程,总结、探讨对堆载预压结合强夯处理软土地基施工的有效监控,确保了工程质量,为同类工程施工质量控制提供参考。

【关键词】　堆载预压;强夯;软土地基;质量控制

引言

软土具有低承载力、高压缩性、渗透性低、固结缓慢等特征,故软土地基存在沉降变形、强度和稳定性系数不高的缺陷。地基处理不当,质量管控不好,影响建筑物安全性、适用性、耐久性等。软土地基处理常用换填法、堆载预压法,偶用强夯法。换填法经济代价高昂,堆载预压法排水固结周期较长,强夯法易产生弹簧土现象,在普陀山观音法界正法讲寺工程采用堆载预压与低能级强夯相结合的施工方法进行软土地基处理,地基承载力大幅提升,沉降稳定,取得了良好的效果。

1　工程概况

普陀山观音法界正法讲寺工程总占地面积22.4万㎡,建筑面积10万㎡,共有28个院落,由110余栋单体建筑组成,各单体建筑之间通过廊道连接。项目位于浙江省舟山市朱家尖白山景区南侧地块,朱家尖岛329国道旁,距朱家尖大桥约4 km。该场地现为农田,现状自然地坪平坦,北侧靠山,自然地坪标高介于0.15～1.59 m之间,建成后室外地坪标高为2.5 m。由于场地地势较低和分布较厚淤泥土层,需大面积回填土。本工程则采用了堆载预压结合强夯动力固结,加速固结排水的施工方法进行软土地基处理,解决了因场地发生较大的差异沉降,影响室外综合管网、路面、广场等安全和使用的问题。

1.1 场地地质情况

1层:素填土(ml Q4)

杂色,稍湿至饱和,松散,主要成分为块石、碎石和黏性土等,块石含量60%～80%不等,块石粒径以10～30 cm为主,个别大于50 cm;块石、碎石呈棱角至次角状,母岩成分主要为凝灰岩;具高压缩性,系人工填土,均匀性差。该层土主要零星分布于场地内变电所及道路范围内,层厚0.30～1.40 m。

2层:粉质黏土(ml Q4)

灰黄色,软塑至软可塑,顶部30 cm为松散的耕植土,中干强度,中韧性,土切面稍有光泽,具中偏高至高压缩性。该层土全场分布,层厚0.40~2.70 m。

3-1层:淤泥质黏土(m Q42)

灰色,流塑,鳞片状结构,含有少量腐殖质,局部含朽木碎块或贝壳碎片,有轻微的腥臭味,中干强度,高韧性,土切面有光泽,具高压缩性。该层土全场分布,层厚6.50~26.30 m。

3-2层:粉质黏土(m Q41)

灰色,软塑、局部流塑,鳞片状结构,含有少量腐殖质,局部含朽木碎块或贝壳碎片,有轻微的腥臭味,中干强度,中韧性,土切面稍有光泽,具高压缩性。该层土局部分布,层0.00~8.10 m。

1.2 工法特点

以塑料排水板为竖向排水通道、砂垫层为水平排水通道进行排水固结。竖向排水采用塑料排水板,该材料质量轻,强度高,单孔过水断面大,排水畅通、耐久性好、成本较低;由于塑料板及插板机械轻便,更适用于大面积超软弱地基土上进行机械化施工;堆载预压和强夯结合施工方法土体加固效果好,承载力提升显著,经过2～3个月,固结度达到要求。

1.3 施工工艺流程

施工准备→场平清障、明暗浜换填→表土剥离→碎石盲沟、边界水沟→铺设0.5 m厚砂垫层→插打塑料排水板→铺设一层土工布→土方分层碾压回填至堆载或超载设计标高→堆载区域低能级强夯或冲击碾压,超载区卸载至＋2.5 m高程后进行低能级强夯→场地整平至＋2.2 m交工标高→场地上部建构筑物、地坪和道路等施工。

施工部署:按施工顺序及施工工况依次进行地基处理,地基处理施工流向分别为分区2→分区3→分区4→分区6→分区5→分区7→分区1,具体如图1所示。

2 监理质量控制要点

2.1 做好事前质量控制

熟悉设计图纸、地质勘察报告;对施工场地的周围环境及场地外排水设施摸排清楚;审查施工质量管理体系及资质,管理人员资格及特殊工种人员持证上岗;参加图纸会审和设计交底;依据设计文件及规范要求,审查地基处理专项施工方案;根据法律法规、标准规范和设计文件及专项施工方案编制监理实施细则,确定监理工作流程、工作方法和措施等,针对本工程重点部位、关键工序采取以下预控措施。

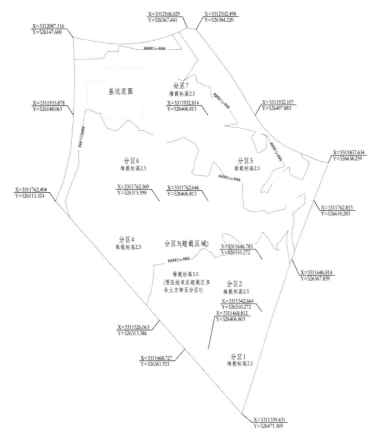

图 1　堆载分布图

2.1.1　换填监理工作的主要预控要点

场内存在多条河道、明浜、小河沟,施工过程中需对该部位进行地基处理,将淤泥彻底清理干净后,分层回填土方并压实。

(1)施工前应对换填的范围(明、暗浜及小河沟)进行排查,实际测量在图中标出界限,地面用白灰做明显的轮廓线标志。

(2)疏干地表水。首先清除树根、杂草,后彻底清除浜底 2.0 m 范围内的浜泥,深度应满足设计要求。浜泥在场内有效储存,以备后续景观河道之用。

(3)换填所用的填料采用砂石和碎石,待设备可上去、不下陷时再进行碾压。之后每层平铺厚度不大于 30 cm 并分层碾压密实,压实度≥0.93,换填中粗砂或碎石、普通填料的检验应符合相关标准规定。

(4)分层压实质量、换填顶面高程、横坡的允许偏差应符合设计要求。

2.1.2　塑料排水板及堆载预压监理工作主要预控要点

(1)审核承包人开工报告、施工工艺、施工质量控制标准,及有关材料、塑料排水板 SPB-B 型板等材料的合格证、试验报告等资料。

(2)检查承包人的施工测量放样。

（3）检查承包人的施工机具（插板机等），其规格、型号及功能是否满足施工需要。

（4）施工中，监理人员应监督检查下列主要内容：

①检查塑料排水板的桩位是否准确，其桩位误差必须符合设计要求。

②检查塑料排水板的打设深度以及剪带后露出地面以上的板材长度是否符合设计及规范要求。

③检查塑料板与桩尖的连接是否牢固，防止拔管时脱离，将塑料板带拔出。拔管时带上的排水带的长度不宜超过设计要求，如塑料板拔起超过 2 m，应进行补打。

④检查排水板的断头处理情况。为减少板与导管阻力，应采用滤水膜内平搭接的连接方法，搭接长度应在 200 mm 以上，以引导输水畅通和有足够的搭接长度，塑料排水带连接可用订书机。

⑤塑料带在转盘和打设过程中应避免损坏，防止淤泥进入带芯堵塞输水孔，影响塑料带的排水效果。

⑥检查堆载预压后的材料质量，材料一般以塘渣为主。

⑦堆载时，要严格控制加荷速率，保证在各级荷载下地基的稳定性，同时更避免部分堆载过高而引起地基的局部破坏。堆载预压区：变形监测满足监测要求的前提下，可连续加载到标高 2.5 m，每天加载厚度不超过 0.5 m，满载预压时间 ≥2 个月。超载预压区：变形监测满足监测要求的前提下，可连续加载到标高 3.5 m，每天加载厚度不超过 0.5 m，满载预压时间 ≥2 个月。待超载预压结束后，将多余土方卸至分区 1 绿化区。堆载过程中可根据变形监测数据控制和调整堆载速度。

2.1.3　强夯地基监理工作的主要预控要点

（1）进场前应根据强夯设计要求编制专项施工方案。

（2）强夯施工前，应将测量基准点设在受施工影响范围以外。夯点定位允许偏差不大于 ±50 mm，且夯点应有明显标记和编号。

（3）强夯法施工机具设备，宜满足下列要求：

①锤重可取 15～26 t。其底面宜采用圆形，锤底面积按土的性质决定，一般静触地压力为 25～40 kPa。锤体上宜对称设置若干个上下贯通的气孔，孔径可取 200～300 mm。锤底静压应力宜为 25～45 kPa。

②强夯施工宜采用带有自动脱钩装置的履带式起重机或其他专用设备。起重能力应大于锤重 1.5～2.0 倍。起重机臂杆端部宜设置辅助门架，或采取其他安全措施，防止落锤时机架倾覆。

（4）夯坑底积水影响施工时，宜铺填透水性良好的松散材料。是否可采取降低地下水的措施由设计决定。

（5）强夯施工过程应有专人负责下列监测工作：

①开夯前应检查夯锤重和落距，以确保单击夯击能量符合设计要求；

②每遍夯击前，应对夯点放线进行复核，夯完后检查夯坑位置，发现偏差应及时纠正；

③按设计要求检查每个夯点的夯击次数和每击的夯沉量。

（6）当发现地质条件与设计提供的数据不符时，应及时会同有关部门研究处理。

（7）强夯施工中应在现场及时对各项参数及施工情况进行详细记录。

（8）按各工序质量检测方法进行质量控制，如表1所示。

表1　工序质量控制方法

序号	质量控制点	检测方法
1	强夯机具设备检查	尺量和查验证书
2	场地整平标高及夯点复核	水准仪、钢尺量测
3	夯锤落距测量	钢尺量测
4	夯击遍数、击数检查	巡视、旁站
5	夯坑排水及填料检查	巡视

2.1.4　地基处理监测与检测监理工作的主要预控要点

委托具有资质的第三方专业监测队伍，对堆载预压及强夯结合的软土地基处理效果进行监测。

（1）审核地基处理监测方案，并经设计单位批准后监督实施。

（2）审查监测使用的材料是否有出厂合格证或抽检报告，监测设备是否有检定证书，并在规定的校准有效期内，超出有效期的设备禁止使用。

（3）监督检查监测单位监测频率、监测方法是否符合及满足已批准的监测与检测方案要求。

（4）检查监测单位监测记录、监测当日报表、阶段性报告和监测总结报告提供的数据、图表是否客观、真实、准确、及时。

（5）当出现下列情况之一时，需加强监测，提高监测频率，并及时向委托方及相关单位报告监测结果：

①监测数据达到报警值；

②监测数据变化量较大或者速率加快；

③周边地面突然出现较大竖向位移或严重开裂；

④出现其他影响边坡及周边环境安全的异常情况。

当有危险事故征兆时，应实时跟踪监测。

2.2　监理在工作实践中主要质量控制要点

因本工程所处地理位置特殊，位于朱家尖岛，周边环境砂、石、道渣资源丰富，优质土方来源相对较少，故地方政府针对岛上种植土颁布了一系列保护政策。为确保本工程绿化之用土，对本工程地表土进行剥离。质量控制要点如下：

（1）地表土剥离高度控制在30～50 cm之间，以挖至老土为界；

（2）做好表土剥离前后地坪标高测量工作，做好原始记录；

（3）表土剥离后及时进行下道工序砂垫层施工，避免土体过长时间暴露、雨水浸泡影响承载力。

2.2.1　堆载预压质量控制

（1）预压处理地基地表铺设500 mm砂垫层，采用洁净的中砂或粗砂，有机质含量不大于1%，不得含有黏土块和其他杂物，含泥量不得超过5%，砂料中可混有少量粒径小于50 mm的砾石。

（2）预压区中心部位砂垫层底标高应高于周边的砂垫层底标高，避免对软土表层产生过大扰动，采用机械分摊，人工进行配合。

（3）砂垫层内每隔20 m设置一条碎石排水盲沟与砂垫层相连，按设计要求控制盲沟断面几何尺寸500 mm×500 mm，集水井按设计要求设置，并根据地基处理的排水量大小，及时与设计沟通调整集水井数量和位置。

（4）材料、设备进场后及时报验：塑料排水带SPB-B型板规格、型号、材质须符合《塑料排水板质量检验标准》(JTJ/T 256)的有关规定，并具有出厂合格证书；插板机型号、设备参数应满足施工工艺要求。

（5）施工过程中严格按设计要求对排水板的长度、间距、排水板定位、垂直度及标高等进行检查。塑料板长度不小于设计要求，并且超过孔口的长度应能伸入砂垫层300 mm，预留段应及时弯折埋设于砂垫层中；平面井距偏差为±150 mm，抽查2%；插板垂直度为1.5%。

（6）排水板打设完成，在孔洞收缩之前，督促施工单位及时采用中粗砂回填，避免泥土等杂物掉入孔内。

（7）砂垫层上部所铺设土工布，按设计要求采用200 g／m²或以上规格的无纺土工布，搭接长度不小于10 cm。

（8）砂垫层上部回填土不得含有污染物质、有机质、金属类和有辐射物质的建筑垃圾；不得使用沼泽土、淤泥质土、含树根、易腐蚀物质及城市生活垃圾等材料填筑，不得使用液限≥50%及塑性指数≥26的填土，土料进场前需对土料来源取样按设计要求进行土工试验，合格后方可使用。经现场土工试验，回填土料宜采用塘渣，塘渣需级配良好，最大粒径不宜大于15 cm。

（9）回填土需进行分层碾压，控制回填厚度＜500 mm；采用三边压路机压实，待经浅层平板荷载试验或动探指标评价合格，并经监理验收合格后方可进行下一层回填土施工。

2.2.2　低能级强夯质量控制

（1）施工顺序：施工准备→确定强夯参数→点夯第一遍、监测→场地平整→点夯第二遍、监测→场地平整→满夯、监测→夯后监测→工程验收。

（2）强夯施工可按下列步骤进行：

①清理及平整施工场地，并测量场地高程；

②标出第一遍夯点位置；

③起重机就位，使夯锤对准夯点位置；

④采取措施控制夯锤落距，偏差不大于300 mm；

⑤将夯锤起吊到预定高度，待夯锤脱钩自由下落后，放下吊钩，测量锤顶高程；若发现坑底倾斜而造成夯锤歪斜时，应及时将坑底填平后再进行夯击；

⑥重复步骤⑤，按设计规定的夯击次数及控制标准完成一个夯点的夯击，重复步骤③—⑥完成第一遍全部夯点的夯击。每一遍夯击完成后，将场地整平，同时测量整平后的标高；

⑦按设计或规范在规定的间歇时间进行下一遍夯击，并应重新布置夯击点位；

⑧按上述步骤逐次完成全部夯击遍数，最后用满夯，将场地表层松土夯实。

（3）雨季施工应及时采取有效的排水措施，以防场地和夯坑积水。

（4）强夯施工中应在现场及时对各项参数及施工情况进行详细记录，如表2所示。

表2　工程质量验收标准

序号	检查项目	允许偏差或允许值		检查方法
		单位	数值	
1	地基强度	设计要求		按规定方法
2	地基承载力	设计要求		按规定方法
3	夯锤落距	mm	±300	钢索设标志
4	锤重	kg	±100	称重
5	夯击遍数及顺序	设计要求		计数法
6	夯点间距	mm	±500	用钢尺量
7	夯击范围（超出基础范围距离）	设计要求		用钢尺量
8	前后两遍间歇时间	设计要求		

2.2.3　监测与检测质量控制

（1）要求按照监测与检测方案及规范要求编制"孔隙水和水位观测作业指导书""沉降观测作业指导书""深层水平位移观测作业指导书"。

（2）检查监测与检测人员资质是否符合要求，能否满足现场需求；设备是否具有检定证书，精准度是否具有良好的稳定性和可靠性。

（3）检查基准点、工作基点、监测点是否按设计要求及监测方案进行布设，并设专人看管，加强保护，定期进行复核。

（4）检查监测与检测起止时间与监测频率是否符合设计及监测与检测方案要求，监测数据反馈是否及时，核查检测数据真实性与可靠性。

（5）针对强夯区域，按设计给定的试验位置进行低能级强夯试验，试验区面积为 20×20 m²，检测内容包括静载荷试验、动探试验、静力触探，以确定地基承载力特征值（fak≥120 kPa），分析填土密实程度和地基加固深度等。

（6）施工过程检测：填土压实度检测，每层填土约500 m²布置一个点，压实度≥90%。

（7）事后验收：强夯区静载荷试验（施工结束14 d后进行），每2000 m²一个测点，承载力特征值不小于试验区测试结果；还需结合动力触探、静力触探、钻孔取土综合判定地基处理效果。

3　结语

普陀山观音法界正法讲寺工程（图2）自2016年11月至2017年6月历时7个月，应用本工法进行地基处理，完成了22万 m²面积、厚度20 m左右的软土处理。当堆载稳定后沉降速度处于稳定，累计沉降达到114.9 mm，固结度达到78.1%，地基沉降满足设计要求，取得了良好的社会与经济效果。

图 2 普陀山观音法界正法讲寺

参考文献：

[1] 孙瑞昌.浅谈地基基础施工中质量控制的要点[J].工程监理,2012(7):112.

[2] 吕西林.浅谈建筑地基基础质量控制措施与方法[J].建筑学研究前沿,2009(10):121-123.

作者简介：

王建文,男,1968年生,大专学历,国家注册监理工程师、一级建造师(建筑工程);东南建设管理有限公司副总工程师,现主要从事建筑工程项目监理、工程管理和技术管理等工作。

直排法集中式真空预压软基预处理探究

浙江鼎力工程项目管理有限公司　张启松

【摘　要】　为了保质保量地完成某软土地基处理任务,在综合比较工期和成本的基础上,采用直排法集中式真空预压软基处理技术。该文详细介绍该技术的主要施工设备及材料要求;对施工过程中的关键工序出现质量问题的原因进行了分析,并提出相应的解决措施。与传统真空预压软基处理方法相比,该真空预压技术节省了工期和费用,具有很好的经济效益和推广价值。

【关键词】　直排法集中式真空预压;塑料排水板;软基预处理

引言

真空预压法在加固大区域、超厚度软土地基方面具有施工工期短、加固效果好、经济效益明显等特点,目前已广泛应用于港口、码头、公路、机场等工程中。传统真空预压(即砂垫层＋塑料排水板＋盲管＋真空膜＋7.5 kW射流泵)随着社会的进步逐渐显现出先天不足(砂垫层造价高、真空传递损失、开泵率不足等)因素,近年来逐步由无砂垫层直排法及集中式水汽分离工艺所替代。但在直排法集中式真空预压软基预处理施工过程中,容易出现深厚回填处理不到位、回带原因分析不清、地层分析不透彻,及处理措施不当导致地基处理效果较差,造成工期费用损失等问题。对此,本文通过软基预处理工程实践,对直排法集中式真空预压在沿海围垦区类似地层中的实际应用时,应该注意的关键工序质量控制和合理缩短工期措施予以探究。

1　工程概况

本工程为温州经济技术开发区围垦区某校园建设项目,总用地面积约23.4万 m^2,围垦区内存在大量的历史遗留围填海用地,本场地原始地貌为水下浅滩,于2008年前后进行围海造地,在场地东面靠海侧修筑了围海堤坝,而后主要作为水产养殖池使用,近年来作为温州市建筑废土消纳场,逐步形成现状地形,场地内杂草丛生,除局部未回填外,其余表部大部分由建筑废土、建筑垃圾回填,回填区地势整体较为平坦,场地高程在3.43~5.06 m;东侧场地为近期回填,以淤泥类土为主,工程性质较差。2012年航拍图如图1所示,2021年航拍图如图2所示。

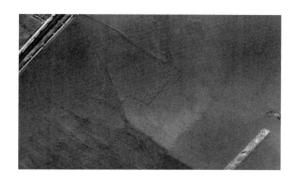 

图 1 2012 年航拍图   图 2 2021 年航拍图

1.1 地质情况

根据地质勘察报告描述,勘探深度内揭露的本项目主要为第四系地层,场地地层分为 8 个工程地质层及 13 个亚层,自上而下主要为杂填土(①1)、素填土(①2)、淤积软土(②1—②2)、深部黏性土(④2—⑧1)、砂土(⑥3)、砂质粉土(⑦2)等,从地质勘察报告分析,淤泥层厚度约为 29 m,工程地质剖面如图 3 所示。

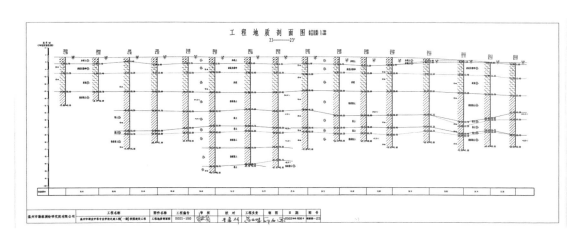

图 3 工程地质剖面图

现简述本次软基处理范围内土层情况。

(1)第①1 层杂填土(ml)。

杂色;为新近回填土,主要由淤泥、黏性土为主混少量碎石、块石、砖块、水泥块等建筑垃圾及生活垃圾组成,局部为以淤泥为主的废土,呈高压缩性,欠固结,触变性极高,浸水后性质极差,呈流泥、浮泥状;粗颗粒大小很不均匀,粒径一般为 5~50 cm,堆填时临时道路下的块石粒径达 100 cm 以上,含量不均匀,为 10%~45%。

(2)第①2 层素填土(ml)。

灰色;组成成分复杂,主要由淤泥、黏性土为主混少量碎块石等组成,均一性差,粒径一般为 5~50 cm;土性呈高压缩性,欠固结,触变性极高,浸水后性质极差,呈流泥、浮泥状,稍湿至饱和;层厚

0.50~3.70 m,层底高程-1.43~1.98 m;仅部分钻孔有分布。

（3）第②1层淤泥夹粉砂（m-alQ$_4^2$）。

灰褐、浅灰黄色;含少量腐殖质、贝壳残片,不均匀地夹或混有少量粉砂,粉砂含量5%~15%,部分土工试验成果具淤泥质黏土特性;单桥静力触探曲线呈低值波状起伏,局部呈锯齿状,实测Ps值0.08~1.28 MPa,平均值0.26 MPa、标准值0.25 MPa;土性呈流塑,高压缩性;层厚4.10~12.30 m,层底埋深10.00~15.20 m,层底标高-13.23~-7.22 m;各孔均有分布。

（4）第②2层淤泥（mQ$_4^2$）。

青灰色;含少量粉砂、腐殖质、贝壳残片;部分具水平微层理结构;单桥静力触探曲线呈低值平缓状,实测Ps值0.21~0.95 MPa,平均值0.53 MPa、标准值0.52 MPa;土性呈流塑,高压缩性,高灵敏度;与上覆淤泥夹粉砂亚层呈过渡关系;层厚10.50~17.50 m,层底埋深<23.80~30.70 m,层底标高-27.36~-20.79 m;各孔均有分布。

1.2 设计图纸说明

（1）本工程软基处理范围共分4块大的区域,设计采用直排法集中式真空预压,采用SPB-B塑料排水板,正向间距0.8 m,插打深度18 m,反向排水板间距3.2 m,插打深度10 m,排水板外露长度不小于0.5 m,正反向排水板交错正方形布置。将排水板板头与手形接头或单手板连接,并用枪钉固定,然后通过主、次真空管相连接形成整套排水体系。

（2）本工程采用蓄水围堰以提供水荷载,围堰高1 m,覆水高度0.8 m。密封膜采用聚乙烯或聚氯乙烯薄膜,厚度为0.16 mm,铺设两层,埋入不透水层深度不小于1.0 m,在密封膜下铺设一层150 g/㎡的编织布和一层200 g/㎡的无纺土工布,四周密封沟的打设深度不应小于1.0 m,然后在沟内填土或灌水,确保密封。

（3）真空预压每个分区布置一套55 kW水环式真空泵,每台泵的控制面积为5万~8万㎡,每套机组配1~2台真空泵,若干集水井,每个集水井内置至少一个7.5 kW的排水泵。抽真空从试抽开始至满载预压期结束,真空满载要求不少于120 d,要求膜下真空度不小于80 kPa,处理后5 m范围内土体地基承载力达到70 kPa以上,土体固结度应达到85%以上。正反向排水板设计断面如图4所示,55 kW水环式真空泵如图5所示。

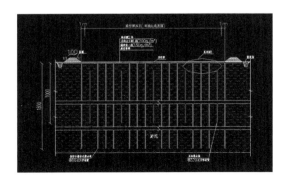 

图4　正反向排水板设计断面图　　　　图5　55 kW水环式真空泵

2 施工工艺及质量控制流程

2.1 施工工艺顺序

平整场地→工作垫层→机械插打塑料排水板→主管和支管连接→监测仪检测器布置→真空设备布置→编织布、无纺布→密封膜→抽真空→卸载。

2.2 质量控制流程

质量控制流程如图6所示。

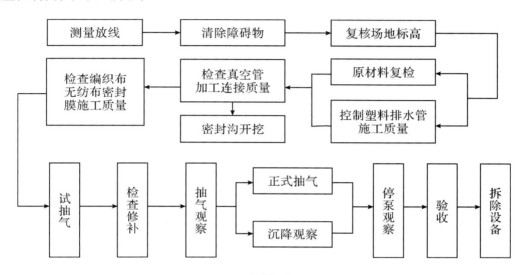

图6 质量控制流程

2.3 材料要求

（1）塑料排水板：根据设计处理深度选用SPB-B型，其原材料各项指标需要符合设计及规范要求，经见证取样试验合格后使用。

（2）土工布：编织布不低于150 g/㎡，无纺布不低于200 g/㎡，各项指标需要符合设计及规范要求，经见证取样试验合格后使用。

（3）膜下主管、支管：主管采用DN50钢丝软管，支管采用DN25钢丝软管。

（4）手形接头：采用与塑料排水板尺寸相适应的接头，分为双向和单向型。

（5）连接主管：直径75 mm以上的硬质PVC管，壁厚不少于4 mm。

（6）电缆：需根据电源距离配置相适应的5芯电缆。

3 关键工序质量控制措施

3.1 深厚回填层及地下障碍物引起插板困难处理措施

由于本场地大部分由建筑渣土回填，软基处理前需平整插板场地，并剔除影响插板的大块料石或建筑垃圾等，甚至个别部位障碍物埋没较深，故在施工前采取以下处理措施：

（1）针对埋设深度在1～4 m范围内的硬结杂填土，采用拉森钢板桩机改装钢钎引孔；

（2）针对埋设深度1～6 m范围内的体积较大孤石或未经破碎的钢筋砼大块径桩头,如图7、图8所示,采用挖机翻挖清除后用素土回填；

图7　大粒径孤石　　　　　　　　　图8　大块径桩头

（3）针对埋设深度大于6 m的孤石或桩头开挖较困难时采用钻机引孔；

（4）针对埋设深度大于6 m的密实砂层透晶体,采用30 kW大功率振动插板法；

（5）针对面积较大(一般大于200㎡)且埋没较深确实无法插板时,经与设计沟通,在不影响后续桩基施工的区域,真空卸载后采用强夯机(夯击能2000 kN·M,锤重15 T)进行夯实,如见图9所示,确保承载力能满足要求。

图9　15 T强夯机

3.2　塑料排水板插板回带原因分析及控制措施

3.2.1　原因分析

从工程地质条件中可以看出,本次加固土层为第一层填土层、第二层淤泥层,厚度约为29 m,淤泥层较厚。根据设计要求:塑料排水板插打深度统一取18 m,排水板插设深度没有进入黏土层,停留在淤泥层中。在试打过程中发现排水板回带率高,排水板插设深度不能满足设计要求。经过仔细分析,造成回带的原因有以下几个方面:

（1）塑料排水板在插设过程中,由于承压淤泥具有极强的流动性,受桩靴与插管的密封程度影响,淤泥极易挤入管内,造成排水板粘在插管内壁,导致插管上提时,排水板自重及土体摩擦力远小于插管上提时对排水板的摩阻力,从而导致全程回带现象的产生；

（2）插管未堵塞,塑料排水板部分回带,原因是插管上提后,桩位成孔,排水板无法被土体夹住,当桩管上提到一定高度后,周围土体可以夹住排水板底端,此现象为部分回带；

（3）塑料排水板在插设至设计深度后,由于排水板自重、桩靴的重力及土体摩擦力小于插管上提时对排水板的摩阻力,导致桩靴弹不开,从而引起整根回带现象；

（4）套管提升过快。在淤泥地基中若拔管过快,套管底部局部会产生负压,流塑态淤泥会愈积愈多,阻止了套管与塑料排水板的相对运动,引起回带甚至断带；

（5）套管有破碎小孔，有泥沙进入。

3.2.2 处理措施

针对在排水板试桩过程中发生的回带现象，经过各方共同研究仔细分析，采取以下措施解决在施工过程中排水板回带的问题：

（1）提高桩靴与插管底端结合处的密封性，减少淤泥被挤入桩管。在施工过程中将桩管出料口处塑料排水板反向对折插入套管中，中间插入桩靴，操作人员拉紧排水板的另一端，使桩靴与插管底部紧贴，如图10、图11所示，然后开始插板施工。

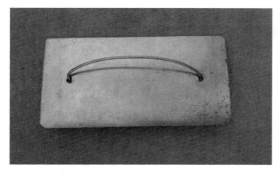

图10　钢板桩靴　　　　　　　　　　　图11　桩靴与插管底部紧贴

（2）增加桩靴与桩管连接链条的长度，由原来的30 cm增加到70 cm，减缓桩靴提升的时间，使排水板在桩管向上提升过程中，利用淤泥的流塑性夹住排水板，达到留带的目的。

（3）增加冲水装置：在插管沉设过程中，给插管内加水，这样便额外增加了向下的力，参照公式（G插管内水自重＋G桩靴自重及排水板自重＋F土体摩擦力＞N插管上提时对排水板的摩阻力），从而基本解决了塑料排水板的回带现象。该冲水装置由水泵和塑料水管组成，在插管进料口上方固定住塑料水管的一端，水泵的开关安装在插板机操作室，在插管沉设过程中，操作人员打开水泵开关，给插管内冲水。冲水高度由现场操作人员根据地质情况控制。本工程插板施工实践证明，当插管进入土层时开始冲水，插至设计深度后停止加水再提管，效果较好。若遇土体中存在较厚淤泥时，可适当增加冲水时间，即在插至设计深度稍停片刻再关水（以插管内的水不从进料口溢出为准），然后再提管，这样可以避免淤泥挤入插管内导致回带现象的发生，而且增加了排水板插设的成功率。

（4）改造桩靴：目的是增加桩靴自重，即在桩靴下部焊接一根钢筋条。

（5）施工中，当套管打到设计深度后，稍加停留，然后缓慢匀速提升，这样可以减少回带现象的发生。

（6）发现套管有破损小孔时，立即进行焊接修补处理。

3.3 监测套管漏气处理

3.3.1 原因分析

位于处理区域的孔隙水压力线缆、真空度测试管及分层沉降测试套管，需穿过密封膜，地基土与套管之间会随着预压时间产生较大的沉降差，从而增加了此处密封的难度，较易导致密封膜破裂出现漏气现象。

3.3.2 处理措施

现场认真做好出膜接口的密封处理,可裁制1.5～2.0 m见方中心开有小孔的薄膜,将其封套于套管上,按抽真空期间可能产生的沉降量值,将薄膜沿套管外壁下插于套管周边预设的空间内,适量留出其边缘部分与原已铺设的薄膜平顺黏结。较多线缆之间需要采用结构密封胶封堵密实,然后采用密封膜绑扎牢固。

4 缩短工期处理措施

因本项目场地内有大量的建筑垃圾需清理,以及排水板回带等问题要处理,影响了施工进度。现场项目管理组对此高度重视,及时组织设计单位及参建各方沟通协调。经多次讨论后采取以下赶工措施:

(1)适当增加覆水高度。由原设计的0.8 m,增至1.2 m,如图12所示,等于每平方米增加约4 kPa,经测算可以缩短工期10～20 d。

(2)增加膜下真空度。将膜下真空度由设计不低于80 kPa增加至不低于85 kPa(通过增加主管密度和水汽分离罐数量或增加少量的7.5 kW真空射流泵),每平方米增加约5 kPa。该方法需要考虑真空膜下编织土工布的承载能力,避免出现真空预压时插板孔洞封堵不密实出现大面积爆膜现象。

图12 覆水真空预压

(3)改装机械设备。因目前反向排水板施工技术还不成熟,没有先进的施工设备,先利用正向排水板机械导管在板位处预成孔至设计深度,再通过自行改装的机械,如图13所示,将连接好的管带单手板一段放于设备导管下端凹形槽中,下压导管带动连接好的板带送至设计深度(将排水带与PVC钢丝软管通过单手板连接,PVC钢丝软管露出地面长度需满足设计要求,排水板带顶端需送至地面以下设计标高处),然后拔出导管,固定PVC管后利用现场原状黏土将孔洞回填密实。

(4)调整施工工艺。因正反向排水板同时施工,需采用两台不同的设备,边施工边做好成品保护,影响了施工进度。经讨论,根据总平面布置图,将内部道路、操场、出入口等重点区域取消反向排水板,将正向排水板间距适当减少,由原来的0.8 m调整为0.7 m。

图13 改装的反向排水板桩机

5 实施效果

在各方共同努力下,现场项目管理部严格按照设计要求监测,在加载初期每天观测1次,满载30天后3天观测1次。在同时满足连续10天平均表层沉降速率不大于2 mm/d和根据监测数据计算固结度不小于85%后开始卸载。通过跟踪各项监测数据,在满载真空预压后100～110 d之间达到卸载要求,经过第三方检测各项指标均满足设计要求。

根据地质勘察报告,分层总和法计算软土层的沉降量大约为 1.333 m,结合当地围垦区土体沉降变形的经验系数取 1.2,得到设计计算的沉降量为 1.333×1.2≈1.6 m,软基处理后最终实际平均沉降量约为 1.8~2.0 m,加密区域的平均沉降量均大于非加密区域约 100 mm,该项目经直排法集中式真空预压软基预处理后,效果较好,如图 14 所示。

图 14　软基处理后效果

6　结语

综上所述,直排法集中式真空预压软基预处理应用在本项目中效果较好,在施工期间通过技术处理后施工质量得到有效保障,利用正反向排水板施工工艺以及排水板间距适当减少后实践证明沉降效果较好。通过增加覆水高度以及膜下真空度综合,可缩短工期 10~20 d,在沿海围垦区有类似地层具有一定的参考探究或推广使用价值。

参考文献:

[1] 郭少波.振动插板法在塑料排水板软基处理施工的应用[J].城市建筑,2013(4):77-78.

[2] 李会胜,陈鼎.塑料排水板在水运工程中的应用[J].山西建筑,2013,39(20):225-226.

[3] 宋培伟.无工作垫层真空预压软基处理工程施工总结[J].珠江水运,2015(15):90-91.

作者简介:

张启松,男,1971年生,本科学历,国家注册监理工程师、工程师;浙江鼎力项目管理有限公司项目管理部执行经理,现主要从事建筑工程项目监理、工程管理、技术管理、全过程工程咨询等工作。

浅谈抗浮锚杆质量控制措施

中建工程咨询有限公司　　华金林　　华志鹏

【摘　要】　国内外关于地下建筑物或构筑物抗浮失效的工程案例经常被报道。抗浮失效轻则造成建筑物的使用性能受影响,重则造成严重的经济损失和不良的社会影响。因此建筑物的抗浮措施是工程设计、过程管理中的重要措施和环节。该文就项目监理过程中的实践经验浅谈抗浮锚杆施工质量控制措施。

【关键词】　抗浮锚杆;抗浮;质量控制措施

1　抗浮锚杆的认识和分析

建筑工程地下结构的抗浮措施在深基坑施工中尤其要引起重视,地下建筑物或构筑物,如地下停车场工程、人防地下室工程等,其地下建筑面积较大,当地下水位高时,水头压力会大,在地下水位作用下,建筑物或构筑物会整体或者局部抬升,产生的上浮力对建筑物会产生严重的破坏。随之而来的是底板结构容易出现裂缝,结构疲劳累积会导致底板开裂、涌水、涌砂,甚至底板结构隆起直至裂开,一旦工程出现此类问题,会带来严重的经济损失和不良的社会影响。

在设计中常采用抗浮桩或抗浮锚杆结合结构自重的形式抗浮措施,是建筑物结构的安全性、耐久性的一项重要举措。笔者从收集到的资料中了解,就目前来说,建筑行业地下建筑工程对于抗浮措施的研究还是存在欠缺的,现行的规范和标准对地下建筑物的抗浮设计多数处在理论数据阶段,抗浮措施失效的案例时有发生。

抗浮锚杆不同于基础过程中的承压工程桩,承压工程桩承受的是竖向荷载,承受着建筑物的质量荷载,而抗浮锚杆则是承受着地下水对于建筑物的上浮托力。抗浮锚杆通过机械成孔,一端的锚板是通过预应力钢筋或者锚索,锚固在建筑物桩基承台底板,另一端锚固在锚杆孔内桩基的持力层,通过施以一定的张拉值,最后将灌浆管插入孔底,采用一次注浆工艺,自底部开始灌浆,随着砂浆的灌入,逐渐将注浆管向上拔出孔外,保证砂浆密实。

本文以仙居县社会福利中心及救灾物资储备仓库项目1号楼的抗浮锚杆设计和施工为例,来谈谈抗浮锚杆质量控制措施。

1号楼单体建筑面积约7000 m²,建筑高度23.90 m,地上5层,绝对高程78.300,地下1层,抗浮设计水位按78.000计算,锚杆钻孔直径Φ180 mm,锚杆钢筋采用Φ25的预应力螺纹钢筋,锚固端板120 mm×120 mm×20 mm钢板与锚杆钢筋可靠焊接,地下室部分基础类型为浅基础加锚杆的形式,如图1所示,因其基础的地质较稳定的特性,只针对地下室部分的浅基础结合使用压力型无黏结预应力锚杆抗浮作为抗浮措施,基本原理是通过张拉端与固定锚具采用夹片锚和挤压锚,通过锚固体钢筋和注浆体与周围土层的摩擦力来抵抗地下水位产生的上浮力,从而起到建筑物整体抗浮的作用。

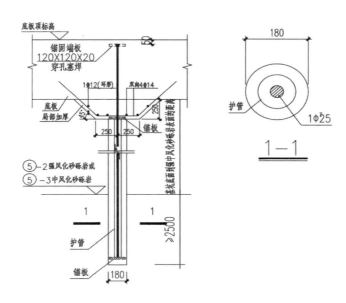

图1 压力型无黏结抗浮锚杆节点图

2 抗浮锚杆质量控制措施

2.1 锚杆选型和构造

抗浮锚杆的设计使用期限不应低于工程结构的设计使用年限,抗浮锚杆的锚固段不得设置在未经处理的有机质土层、液限 $\omega L > 50\%$ 的土层或相对密实度 $Dr < 0.3$ 的土体中,在特殊条件下为特殊目的而采用的锚杆,在充分的调查研究和试验基础上进行设计,锚杆承受反复变动荷载的幅度不应大于锚杆拉力设计值的20%。预应力锚杆设计的承载能力极限状态应符合下面公式要求:

$$Nk \leqslant \frac{Tuk}{K}$$

式中:Nk——锚杆拉力标准值;Tuk——锚杆极限受拉承载力;K——综合安全系数。

机械成孔后,用预应力钢筋或者预应力锚索锚入强风化或中风化砂砾岩,入岩深度<2.5 m,锚杆成孔直径ϕ180 mm,单根锚杆承载力特征值为180 kN,锚杆钢筋采用Φ25的预应力螺纹钢筋,抗拉强度设计值fpy=770 MPa,锚杆防腐满足《建筑工程抗浮技术标准》(JGJ 476—2019)的规定执行。

2.2 预应力螺纹钢筋加工制作

预应力螺纹钢筋的品种、级别、规格、数量应符合设计要求。当预应力钢筋需要代换时,坚持等强度代换的原则,且应经过设计单位的验算和认可,钢筋储存过程中,应有防止其损伤、锈蚀或污染的保护措施;进场按批进行检查和验收,每批应由同一炉号、同一规格、同一交货状态的钢筋组成,每批为60 t,预应力钢筋的下料长度应经计算确定,采用砂轮机或切割机、等离子切割等机械方法切断,禁止采用电弧焊或气体焊切割。加工制作的过程中,应有防止焊接作业产生的焊渣或接地电弧火花损伤预应力钢筋的保护措施。

2.3 护管、锚板的制作及安装

护管用钢管及锚固钢板的选择严格按照设计或规范规定执行,监理单位把好原材料的进场验收关,查验产品合格证、复试报告,实施见证取样送检制度,未经复试合格的原材料不得用于工程中。

护管用的钢管下料长度经计算后确定,采用砂轮机或切割机等离子切割等机械方法切断,加工制作的过程中,严禁使用电弧焊或气体焊切割,锚板和护管的钢管焊接质量要经监理单位隐蔽验收合格,不能出现夹渣、漏焊、孔洞、凸瘤,因预应力螺纹钢筋锚杆采用的是无黏结结构,灌注浆液时水泥砂浆液不得洒落到护管内部,安装时须保证垂直度和位置准确性。

2.4 预应力钢筋、护管储存搬运

预应力筋、护管在储存、组装、存放及搬运过程中,应防止其锈蚀、污染泥土或油渍,护套管的规格、长度及安装定位均应符合设计要求,加工完成的护管和预应力筋,搬运时应采取防止变形的措施,码放应标识分类整齐,堆放高度不宜过高,应搭设防护棚进行防护。

2.5 预应力钢筋张拉锚固和灌浆

张拉端和固定端锚具采用JLM-32系列夹片锚和挤压锚,预应力张拉力控制在360 kN左右,张拉时按照应力控制,应变校核的方法进行,张拉完成后进行端板可靠锚固,锚杆灌浆采用灰砂比1:0.5,水灰比0.4~0.5的M30水泥砂浆。灌浆前应将钻孔冲洗干净,灌浆管插入孔底。灌浆顺序从底部开始逐步向上灌注,严格控制拔管速度,确保导管口不出浆液面,保证灌注的砂浆密实性。灌浆管的长度和注浆密实度检测可按照《锚杆锚固质量无损检测技术规程》(JGJ/T 182)实施,抽样率≤10%且每进场批次≤20根,无损检测应委托有资质的检测单位实施。

2.6 抗拔试验

设计单位在设计图中明确抗拔试验锚杆的数量,施工单位在施工前按照设计要求或者规范要求选取适量的孔位对锚杆进行抗拔试验,如图2所示,用来确定锚杆抗拔极限承载力,抗拔荷载≤360 kN,试验数量≤锚杆总数的5%,且≤6根,并且保证点的选取具有代表性,抗拔试验的点位要分散布置,不得选取在同一区域或区块进行试验,否则锚体筋的抗拔试验将失去代表性,而且试验出的数值不具备参考性和依据性。

图2 现场抗拔试验

3 参建各方质量控制措施

抗浮措施安全有效非常重要,是摆在工程建设单位、勘察设计单位、施工单位、监理单位面前的重要工作。建设单位作为责任主体,应积极组织各参建单位参与设计单位进行抗浮措施方案论证。设计单位依据建设单位提供的地质勘察成果(包括地下水位、历史最高地下水位、近5年的最高地下水位、地下水位的变化趋势等等),进行建筑结构特征的抗浮设计验算,分别做整体抗浮验算、局部抗浮验算,计算时根据勘察成果原始数据作为技术支撑,保留一定的安全冗余量,从而保证抗浮措施的设计安全有效。参建各方质量控制职责和措施做以下分析。

3.1 建设方质量控制措施

建设单位在初步设计阶段,对设计单位选择的锚杆设计方案做出准确的判断和研评,必要时可邀请权威专家参与锚杆方案的研判和分析,对于禁止类的设计方案或者因规范更新后限制类的设计工艺方案,应禁止或限制其拟用在项目上,从而避免出现质量及安全事故的发生,以及提高建筑的使用性能及结构安全、耐久性。

抗浮锚杆设计成果完成后,建设单位应委托专业审图机构对设计图纸进行系统、全面的专业性审查,杜绝不合格的施工图纸投入工程中实施。

对设计文件中的抗浮锚杆的重点、难点、疑点,及时组织设计单位向参建单位进行翔实的设计交底并且给予解答和补充,实施过程中要求监理单位进行全过程严格监督。

3.2 设计方质量控制措施

抗浮设计可分为常年水位、设防水位、极限水位3个层面的范畴:第一层面,按现行规范的常年水位进行结构的抗裂和变形设计验算,重点关注抗浮锚杆选用、底板结构的最大裂缝宽度及构造;第二层面,按设防水位进行设计验算;第三层面,按极限水位作为临界抗浮设计验算。通过3个层面的验算,抗浮设计方案达到规范和科学。

抗浮设计方案应根据地下水位的高程、水头压力、地下水上浮力大小、岩土工程的条件、地质条件、基础形式及受力和变形要求,以及本地区的锚杆工程案例实施经验等因素确定,抗浮锚杆的使用寿命不低于主体使用寿命,而且应验算锚杆抗拔承载力、预应力筋的抗拉强度、锚固体的受压承载力及锚体的抗浮稳定性。

抗浮锚杆的设计包括抗浮锚杆选型、计算和构造设计,对施工、试验、验收及监测提出相应要求,包括整体抗浮验算和局部抗浮验算,按照两类极限状态设计。

3.2.1 承载能力极限状态

抗浮锚杆达到最大承载能力、锚固系统失效、稳定破坏、发生不适于继续承载的变形极限状态和程度。

3.2.2 正常使用极限状态

抗浮锚杆达到正常使用所规定的变形值,或达到耐久性要求的限制,或者变形导致相应的防腐与防水失效的极限状态。

应针对设计交底时建设单位、施工单位、监理单位提出的图纸中的疑点问题逐一做科学、规范的书面解答,并且对于设计文件中的重点、难点、易出现质量隐患的关键点,应详细具体地给出指导和书面答复。

3.3 施工方质量控制措施

施工单位在签收图纸后,在单位总工的领导下组织项目部技术团队进行图纸内部会审。针对图纸设计存在的瑕疵和缺漏进行书面整理,针对内部会审时整理出的需要澄清的疑点或难点,在建设单位组织的设计图纸会审时,请设计单位现场答疑。并在得到设计单位书面正式答复后,项目经理组织编制专项施工组织设计,并履行审批手续,经企业技术负责人和总监理工程师审核签字,必要时组织相关专家参与论证,如专家论证通过,则按通过的施工组织设计和专项方案在施工单位项目组进行技术交底;如专家意见为"修改后通过",项目经理则重新组织修改,再次履行审批手续;如专家意见为"不通过",则需要重新编制专项施工方案,重新组织专家论证,直至合格后再实施。

项目经理部应从"人、机、料、法、环"各因素着手,开展锚杆专项施工方案设计和实施,具体如下:

(1)生产工人符合岗位技能要求,特殊工种须经培训考核合格后持证上岗;

(2)按照定人定岗原则,严格按工艺操作步骤实施,杜绝发生安全和质量事故;

(3)质检人员能严格按工艺规程和检验指导书进行检验,做好检验原始记录;

(4)有完整的设备管理制度,包括设备的购置、维护、保养、检定等明确规定;

(5)转场设备应试运行合格,监理才签署同意进场使用,确保设备处于完好受控状态;

(6)建立原材采购、仓储、运输、质检等方面的管理制度;

(7)建立原材进场验收、入库、保管、标识、领用、回收制度;

(8)制定现场环境卫生管理制度,保持作业环境整齐、有序,遵循"工完场清"原则。

3.4 监理方质量控制措施

监督施工单位遵循工作制度,严格按照施工图纸及规范进行施工,监理方采取见证取样、旁站、巡视、平时检验等工作方式进行现场管理,加强锚杆施工质量的监督管理,特别是预应力钢筋和护管的规格、长度、完好性及浆液的水灰比、灰砂比、注浆饱满程度、张拉过程中的安全等的监管工作。

监理机构根据以往成功案例,向建设单位提出建议和方案,比如本案例采用的是压力型无黏结预应力钢筋锚杆,应建议业主单位慎重使用,因为无黏结预应力钢筋张拉完成后,护套管内空腔的水汽成了加剧氯盐和电化学腐蚀预应力钢筋的非常有害的介质,可导致锚杆体预应力钢筋的耐腐蚀性和耐久性降低,严重的可导致锚杆失效甚至断裂,造成底板渗水、隆起、不规则裂缝,甚至引发结构变形的事故发生,如图3所示。

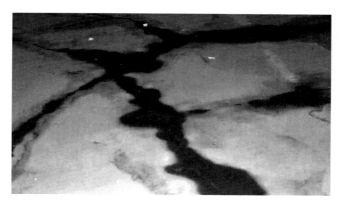

图3　底板渗水、隆起及不规则裂缝案例

4　结语

建筑物的抗浮失效事故发生后,一般采取两种方式进行处理,一种是"释放",另一种是"抵抗",作为工程建设的参建方,无论是设计单位,还是建设单位或施工单位、监理单位,都不希望建筑物抗浮失效的事故发生。因此要严格夯实事前和事中控制的基础环节,提高地下结构底板的整体抗浮锚杆的设计能力、安全性,提高抗浮锚杆的施工质量,使得建筑物的抗浮能力大于地下水带来的上浮力。若出现抗浮失效后应积极采取释放地下水头压力和增加抗浮桩的方法进行补救,从而降低经济损失和不良的社会影响。

参考文献:

[1] 中华人民共和国住房和城乡建设部.建筑工程抗浮技术标准:JGJ 476—2019[S].北京:中国建筑工业出版社,2020.

[2] 中冶建筑研究总院有限公司.抗浮锚杆技术规程:YB/T 4659—2018[S].北京:冶金工业出版社,2018.

[3] 中华人民共和国住房和城乡建设部.锚杆锚固质量无损检测技术规程:JGJ/T 182—2009[S].北京:中国建筑工业出版社,2010.

[4] 国家铁路局.预应力中空锚杆:TB/T 3356—2014[S].北京:中国铁道出版社,2015.

[5] 中华人民共和国国家质量监督检验检疫总局,中国国家标准化管理委员会.预应力混凝土用螺纹钢筋:GB/T 20065—2016[S].北京:中国标准出版社,2017.

作者简介:

华金林:男,1974年生,本科学历,全国注册监理工程师(土木建筑)、全国注册监理工程师(交通运输)、全国注册监理工程师(水利工程)、二级建造师(机电、市政、水利)、中级工程师;中聿工程咨询有限公司任总监理工程师,现主要从事建筑工程项目监理、技术管理和咨询工作。

华志鹏:男,1999年生,本科学历,一级建造师(房建)、二级建造师(房建)、全国注册监理工程师(土木建筑);现主要从事建筑工程项目施工和技术管理工作。

浅谈TRD工法在工程中的应用及质量控制

浙江盛烽工程管理有限公司　金冬明

【摘　要】　TRD工法是一种新型的地下水泥土连续搅拌墙止水帷幕施工方法,具有成墙垂直度精准、水泥土搅拌充分、止水效果优异、施工噪声低等优点。TRD工法在深基坑止水帷幕施工中正在逐步推广应用,并取得了较好的效果。

【关键词】　TRD工法应用;水泥土搅拌墙;质量控制

1　TRD工法施工原理

TRD工法施工原理就是一种在地面上垂直插入链锯形刀端口,连接刀链锯,在其侧面移动的同时,切剖出沟槽并注入固液化物质使之和原位置的土混合,并进行搅拌,以修筑等厚的连续墙。也可以插入H形钢等芯材(本工程不使用),以增强水泥土搅拌墙的强度。其可适用于基坑止水和基坑围护等各种各样的用途,如图1所示。

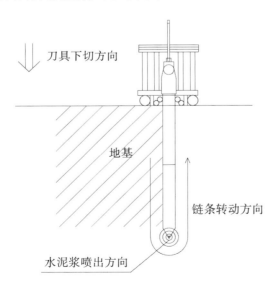

图1　TRD工法施工原理示意图及实景图

2 TRD工法工艺优点

（1）与传统工艺比较。

TRD工法施工设备最大高度10 m，施工深度可达60 m。相比于三轴搅拌桩，TRD工法是等厚的连续墙体，止水效果好；相比于地连墙和灌注桩，TRD工法泥浆排放少、施工速度快、节约成本。

（2）喷浆搅拌方式。

TRD工法将外掺剂（水泥、膨润土等）与地基土原位搅拌，无须额外设置外掺剂搅拌池，无须对已搅拌水泥土浆取灌，减少外掺剂溢出污染，对土体充分切割搅拌确保与外加剂均匀拌合，墙体不含土体团块，提高抗渗性。

（3）纵向均质成墙。

TRD工法采用链条沿刀具转动，带动水泥土浆上下搅拌，可保证全深度、全断面水泥土浆均匀性，无墙体分层现象。

（4）横向均质成墙。

水平推进切割确保了无缝隙、无墙体开叉的情况，无接缝处漏水现象。

（5）高精度。

实时随钻测量，全过程全自动垂直度控制，采用激光经纬仪控制墙体中心线，误差±25 mm以内。

（6）对环境影响小。

TRD施工为全地下搅拌施工，设备噪声小、振动较小，适应狭小施工空间。

（7）适应复杂地层。

TRD工法与旋挖钻机、高压旋喷桩机等设备组合施工，可适应各类复杂地层，可进入基岩，确保止水效果。TRD工法适应的地层有淤泥、黏土、粉土、砂土、砾石、卵石、强风化和中风化岩层。

3 工程应用实例概述

3.1 工程建筑概况

本工程位于浙江省杭州市萧山区钱江世纪城，紧邻奥体博览城板块，地块东北侧为地铁2号线钱江世纪城站，西北侧为地铁6号线。

本工程为新建项目，总建筑面积约149840 ㎡，其中地上总建筑面积约114686 ㎡，地下总建筑面积约35154 ㎡；主要由2幢塔楼（35F）、裙楼（5F）、地下室（3F）组成；建筑高度156.09 m。

3.2 工程支护体系概况

基坑大部分区域采用1000/1200 mm钻孔灌注桩结合三道内支撑的支护体系。临近地铁车站侧止水帷幕采用700 mm厚TRD工法水泥土搅拌墙加强止水，如图2所示，其余侧止水采用传统的850直径三轴水泥搅拌桩，止水帷幕均确保进入不透水层，其插入深度满足抗渗流设计要求并保留足够的安全余地。基坑坑内采用直流深井降水；基坑东侧、南侧距离盾构80 m以外设置坑外控制性降水井，降水深度为地表以下6 m；临近地铁车站区域坑外不设深井降水。

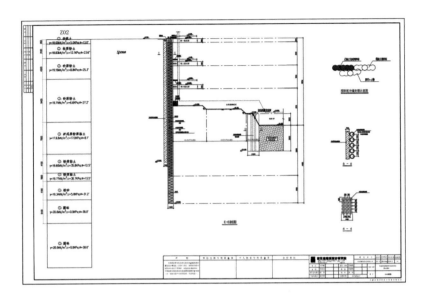

图2　工程支护体系剖面图

3.3　与周边轨道交通的平面关系概况

基坑东北侧为地铁2号线钱江世纪城站（地下2层），车站受影响里程桩号为左线K14＋532～K14＋703，地铁2号线钱江世纪城站及2号线轨道已经完成并投入运营。

基坑西北侧为已建地铁6号线钱江世纪城站（地下3层），车站受影响里程桩号为右线K25＋147.4～K25＋288.8，地铁6号线钱江世纪城站尚未铺轨和运营。

由图3可见，本工程基坑地下室边线距离地铁2号线车站最近处约31.6 m，基坑边线距离地铁6号线车站最近处约5.4 m。因保护轨道交通设施的需要，故在本工程靠2条地铁线的两侧采用700 mm厚TRD工法水泥土搅拌墙加强止水工法施工工艺，以提高止水帷幕的抗渗性能，防止透水引起对地铁设施的破坏。

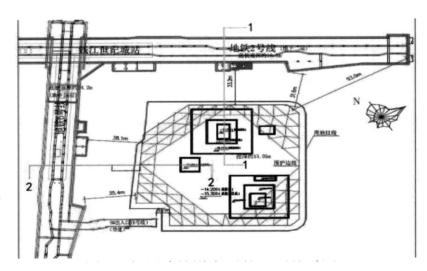

图3　与周边轨道交通的平面关系图

4 TRD工法施工及质量控制

4.1 工艺流程

TRD工法工艺流程如图4所示。

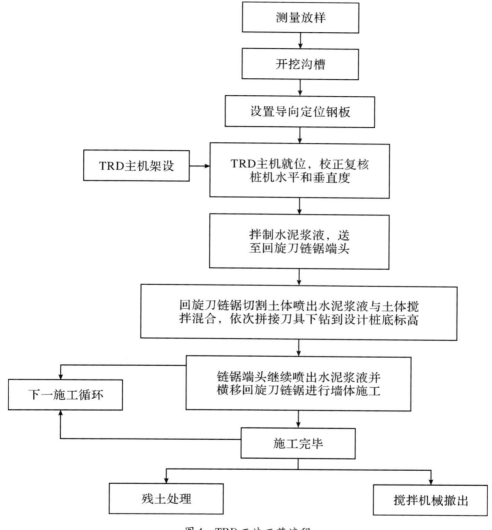

图4 TRD工法工艺流程

4.2 施工工艺

4.2.1 测量放样

根据坐标基点,按设计图放出桩位,并设临时控制桩,填好技术复核单,提请验收。

4.2.2 开挖沟槽,做导向钢板

导槽起定位和导向作用,TRD工法墙垂直度偏差的控制尤为关键。施工中垂直度偏差控制在5‰以内。为确保搅拌墙能准确定位,施工时,先开挖导墙沟槽,再进行TRD墙施工。导墙沟槽开挖过程中,根据基坑围护内边控制线,采用挖掘机开挖,并清除地下障碍物,开挖沟槽余土及时处理。

4.2.3 钻机就位与钻进

TRD工法施工顺序自一端向另一端往复前进,往复3次成墙。钻进的施工步骤如下:

第一步,在首段开挖位置挖一个切割箱预备槽,在槽内安放一节切割箱。钻机就位后下挖至切割头完全沉入土体,断开钻机与切割头的连接,移动切割头至预备槽位置,将其中的切割箱节段与钻机相连,并提起切割箱,移动至切割头位置与其相连接。

第二步,继续下挖并按照上一步程序安装切割箱,直至切削深度满足设计要求。下挖的过程中不断通过切割刀具端头向土体注入切削液,切削液由水、膨润土组成,比率为3%~5%。

第三步,转动切割刀具,横向移动钻机切割土体,并在切割刀具端头向土体内喷切削液,先行挖掘土体。

第四步,先行挖掘至一个进尺距离后回刀继续切割土体,并在切割刀具端头向土体内喷切削液,回刀切割至距前一循环施工接头30 cm位置。

第五步,搅拌成墙。再次回刀切削土体,在切削的同时注入水泥浆成墙。

4.3 质量保证措施

(1)等厚度水泥土搅拌墙应采用TRD-Ⅲ型设备进行施工,厚度700 mm。水泥不少于22%,水灰比1.3:1,挖掘液采用钠基膨润土拌制,每立方米被搅土体掺入约100 kg/m³的膨润土。墙体抗渗系数10~10 cm/sec,等厚度水泥土搅拌墙28 d无侧限抗压强度标准值不小于0.8 MPa。

(2)等厚度水泥土搅拌墙正式施工之前,施工单位按设计要求进行了现场等厚度水泥土搅拌墙试成墙试验,以检验等厚度水泥土搅拌墙施工工艺的可行性以及成墙质量,确定实际采用的挖掘液膨润土掺量、固化液水泥掺量、水泥浆液水灰比、施工工艺、挖掘成墙推进速度等施工参数和施工步骤等。试成墙数据应及时提交业主、设计、监理及相关单位。

(3)等厚度水泥土搅拌墙的墙身强度,应采用试块试验并结合28 d龄期后钻孔取芯来综合判定。每台班抽查2幅等厚度水泥土搅拌墙,每幅制作水泥土试块3组,取样点应低于有效墙顶下1 m,采用水中养护测定28 d无侧限抗压强度。钻孔取芯应在养护期28 d后进行,钻取墙芯宜采用Ø110钻头,连续钻取全墙高范围内的墙芯,取出的墙芯不得长时间暴露在空气当中,应及时蜡封,立即送检。

(4)等厚度水泥土搅拌墙的垂直度偏差不大于1/250,墙位偏差不大于50 mm,墙深偏差不大于50 mm,成墙厚度偏差不大于20 mm。

(5)等厚度水泥土搅拌墙施工前,应根据等厚度水泥土搅拌墙钻机设备和切割箱的重量,对施工场地进行铺设钢板等加固处理措施,确保钻机和切割箱的垂直度。

(6)施工时应保持等厚度水泥土搅拌墙钻机底盘的水平和导杆的垂直,成墙前采用全站仪及经纬仪进行轴线引测,使等厚度水泥土搅拌墙钻机正确就位,并校验钻机立柱导向架垂直度偏差应小于1/250。

(7)根据等厚度水泥土搅拌墙的设计墙深进行切割箱数量的准备,并通过分段续接切割箱挖掘,打入到设计深度。切割箱安装完毕后,进行等厚度水泥土墙体的施工。通过注入挖掘液先行挖掘土体至水平延长范围,再回撤横移充分混合、搅拌土体,切割箱内部的多段式测斜仪,可进行墙体的垂直精度管理。拔出切割箱时不应使孔内产生负压而造成周边地基沉降,注浆泵的工作流量应根据实际挖掘速度的变化做调整。

(8)施工过程中停水、停电控制。施工过程中因水电问题导致不能正常施工,停歇时间≥20 min时,TRD设备移动至养生池,等水电正常时再继续施工。在切削注浆时出现此问题,待水电正常后,TRD设备移动至原施工位置向前0.3~0.5 m处继续注浆。

(9)搭接控制。TRD每天搭接尺寸为300~500 mm,注浆停止位置应做好定位标记。

(10)转角质量控制。TRD转角施工时,因摆角存在,在转角位置需上下升降钻具,并至少切削注浆1000 mm,以确保完全搭接。

4.4 监理控制的要点

(1)审核施工单位提交的专项施工方案,是否符合设计及规范要求。

(2)对每一批次进场的硅酸盐水泥做好见证取样工作。

(3)清除浅层地下障碍物,控制开挖槽沟的尺寸。

(4)按设计要求做好试成墙施工,根据实际地质情况确定施工参数,计算出水泥用量。

(5)成墙中心线及施工切割刀具的垂直度控制。

(6)重点控制成墙过程中水泥的掺入量及水灰比的控制。

(7)转角施工的控制;按要求转角施工呈"十"字形,确保搭接处的止水效果。

(8)若出现冷缝现象,监理人员必须重视,详细记录停歇位置和时间,按专项施工方案处理。

(9)取样与送检。按设计及规范要求,在达到龄期的墙体部位进行取样送检,以检验施工质量。

5 结语

TRD工法施工,作为一种新型的深基坑止水帷幕施工工艺正在被推广、认可。施工过程中,按设计、规范施工,严格控制各道工序质量。实践证明,本工程在土方开挖过程中,TRD工法作为深基坑止水帷幕的加强,所体现的作用是良好的。

参考文献:

[1] 李操. TRD工法在深基坑施工中的研究与应用[J]. 建筑施工,2016,38(10):1341-1343.

[2] 周铮. TRD工法超深止水帷幕施工及质量控制[J]. 建筑施工,2016,38(6):699-701.

作者简介:

金冬明,男,1977年生,本科学历,高级工程师、国家注册监理工程师,浙江盛烽工程管理有限公司总工程师,现主要从事建筑工程项目监理、工程管理、技术管理和咨询等工作。

浅谈PC工法组合钢管桩基坑支护体系中的质量控制

台州市建设咨询有限公司　　黄　静

【摘　要】　近年来,基坑围护技术日新月异,其中PC工法组合钢管桩基坑支护体系以施工快捷、经济实用、安全有效运用较为广泛。该文主要针对PC工法组合钢管桩施工工艺及质量控制进行了详细介绍,阐述了PC工法组合钢管桩对于基坑维护的重要性。

【关键词】　PC工法组合钢管桩;基坑支护;质量控制

1　工程概况

某设计院科研业务大楼工程建筑为1幢10层高层建筑,设1层地下室,规划建设用地面积约16721 m²,总建筑面积约42691 m²,地下总建筑面积约12491 m²,结构类型为框架结构。该工程基坑围护采用PC工法组合钢管桩支护体系。上部适当放坡,排桩为PC工法桩＋混凝土内支撑(角撑)、PC工法桩＋钢管斜支撑型式支护,坑底搅拌桩加固。

2　围护设计情况及该施工技术特点

本围护采用Φ630×14 PC工法桩＋砼支撑、PC工法桩＋钢管斜支撑型式支护。四角支撑杆件为钢筋砼梁。坑中坑支护采用水泥搅拌桩重力式挡墙结构。其他底板高差未做支护说明的根据现场实际情况采用放坡或砖胎膜处理。

该PC工法组合钢管桩有以下施工技术优势:(1)操作便捷,能重复利用;(2)止水效果较佳;(3)减少污染,并能提高施工效率;(4)安全经济,结构安全。

3　PC工法组合钢管桩＋拉森钢板施工工艺

3.1　PC工法组合钢管桩＋拉森钢板施工概况

围护采用Φ630×14钢管桩,1—1、2—2剖面,L＝14m@1500,顶标高−2.85 m,底标高−16.8 m,3—3、4—4剖面L＝12m@1500,顶标高−2.85 m,底标高−20.8 m,出土口L＝12m@1100,共304根。　IV型拉森钢板桩围护采用扣打,1—1、2—2剖面,顶标高−3.45 m,L＝9.0 m,3—3、4—4、出土口剖面顶标高−3.45 m,L

=12.0 m,Ⅳ形拉森钢板桩 L=19 m,计300根,L=112 m,计308根,共608根。详见施工区段划分图、平面位置图及剖面图,如图1至图6所示。

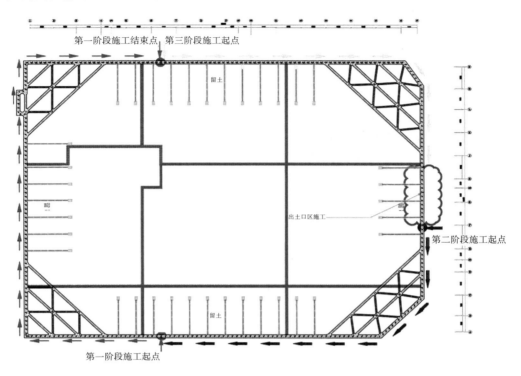

图1　PC工法桩分阶段分区段施工详图

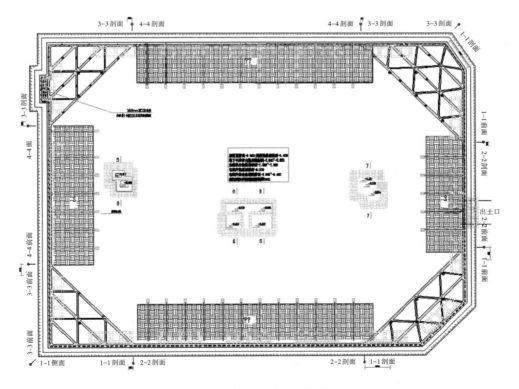

图2　基坑围护平面布置图

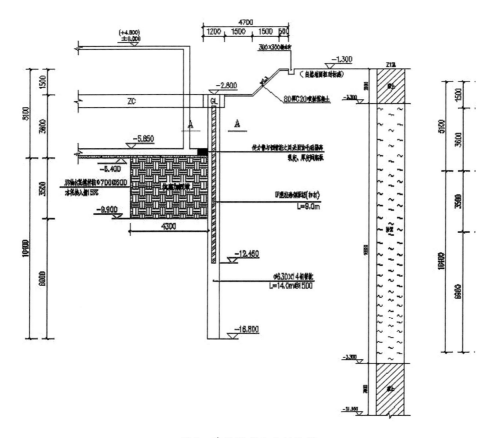

图 3 基坑围护 1-1 剖面图

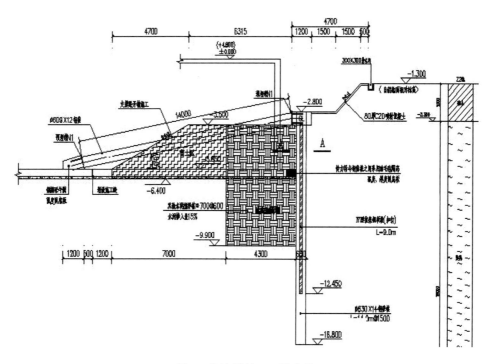

图 4 基坑围护 2-2 剖面图

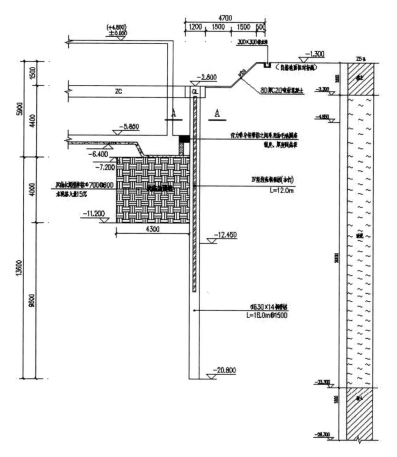

图5　基坑围护3-3剖面图

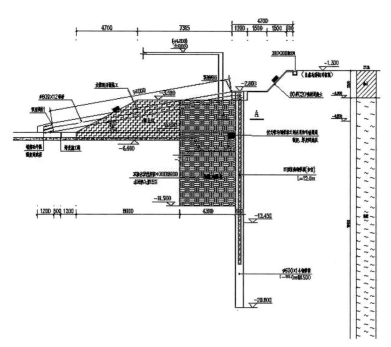

图6　基坑围护4-4剖面

3.2 PC工法组合钢管桩施工和构造要求

（1）PC工法组合钢管桩采用直径 630 mm、壁厚为 14 mm 的螺旋焊管，钢管采用 Q345 钢，拉森钢板采用拉森 V 型钢板桩。

（2）三支点桩机底盘应保持水平，平面允许偏差为 ±20 mm，立柱导向架垂直度偏差不应大于 1/250。桩径偏差不大于 10 mm，标高误差不小于 100 mm。

（3）PC工法组合钢管桩空隙采用小企口拉森钢板桩连接，钢管桩和拉森桩起吊和打拔施工时应确保与相邻架空电线及钢管桩等自身安全。

（4）PC工法组合钢管桩施工中应控制好沉桩速度，沉桩速度一般为 1 m/min。

（5）PC工法组合钢管桩要确保平整度和垂直度，不允许有扭曲现象，插入时要保证垂直度，施工最初的第一根钢管桩及两个拉森钢板桩的打设位置和方向要确保精确，每完成 3 m 校正一次，尽可能地保证桩竖直，以便锁口顺利咬合。

（6）在地下室外墙施工完毕并达到设计强度后，采用粗砂或石粉分层回填并夯实，回填至相应标高后跳拔回收钢板桩和钢管桩，先拔出钢板桩，再跳拔拔出钢管桩。

（7）在拔除 PC 钢管（钢板）桩过程中同步用粗砂或石粉回填桩孔。

3.3 工艺流程

PC工法组合钢管桩施打如图 7 所示，施工测量定位→钢管（钢板）桩外观质量检查→钢管桩振动沉桩→拉森钢板桩锁扣对口对中→连续施工钢管桩及拉森钢板桩→冠梁和支撑梁施工→土方开挖（非留土区）→基础底板、传力带施工→底板斜支撑→土方开挖（留土区）→留土区基础底板、传力带施工→拆除斜支撑、四周支撑梁→基础顶板施工→土方回填（粗砂或石粉）→凿除冠梁支撑梁→拔出 PC 工法桩及同步桩孔回填→桩机退场。

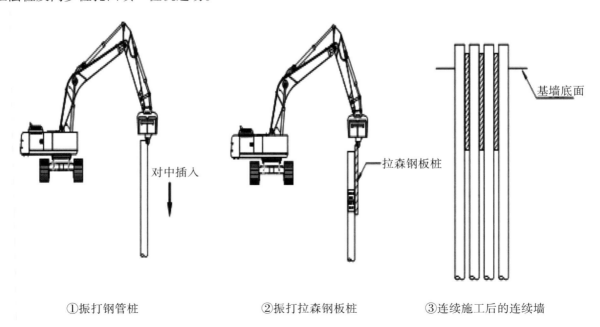

①振打钢管桩　　　　②振打拉森钢板桩　　　　③连续施工后的连续墙

图 7　PC 工法组合钢管桩施打示意图

4 质量控制

4.1 施工准备阶段的质量控制

（1）施工前上报 PC 工法组合钢管桩施工方案，监理对其方案进行审批，审批通过后方可开始施工。

（2）施工前施工单位报验施工机械、测量仪器、钢管（钢板）等，钢管及拉森钢板必须要有相关的出厂合格证和质保书方可使用。

（3）施工前桩位要严格按图纸要求进行测量，钻机就位要复核测量点，并用十字交叉法使桩孔对中。桩位测量要准确，并坚持桩位和轴线及建筑位置等测量放线成果进行复核，保证桩位偏差符合规范要求。其中首根钢管桩及拉森钢板桩定位和垂直度尤其重要。

4.2 钢管（钢板）桩进场检验、吊装堆放质量控制

（1）PC 钢管桩、拉森钢板桩进场前应进行质量检验，先行对其进行外观检验，包括表面缺陷、尺寸、厚度、端部矩形比、平直度和锁口形状等内容的检查，以便对不符合要求的钢管（钢板）进行矫正，以减少打桩过程中的困难。特别是对锁口的检查，确保锁口竖直无破损变形锈蚀。同时增加材质检验的内容，如母材的化学成分分析、构件的拉伸、弯曲试验、锁口强度试验和延伸率试验等内容。

（2）装卸钢管（钢板）桩宜采用两点吊装的方法进行吊装。吊运时，钢管桩单根吊装，钢板桩每次吊装根数不宜过多，并应注意锁口保护避免损伤。

（3）钢管（钢板）桩堆放的地点，要选择在平坦而且坚固的场地上，便于运往施工现场。

4.3 导向架安装的质量控制

在钢管（钢板）桩施工中，为保证沉桩轴线位置的正确和桩的竖直性，控制桩的打入精度，防止板桩的屈曲变形和提高桩的贯入能力，应设置坚固的导向架。导向架采用单层双面形式，通常由导梁和围檩桩等组成。围檩桩的间距一般为 2.5～3.5 m，双面围檩之间间距不宜过大，一般比板桩墙厚度大 8～15 mm。

4.4 钢管（钢板）桩施打过程质量控制

（1）打桩前，在钢管（钢板）桩的锁口内涂油脂，以方便打入拔出。

（2）施工时最初的一两块拉森钢板桩的打设位置和方向要确保精度，以起到样板的作用。导向桩打好之后，以槽钢焊接牢固，确保导向桩不晃动，以便打桩时提高精确度。每完成 3 m 测量校正一次，确保在同一直线上。每根钢板桩施打完毕后，即与槽钢焊接牢固。根据起吊能力确定逐根插打到稳定的深度，一般为 2～3 m，待全部插打完毕后再依次打到设计标高。钢板桩合龙通过精确计算，确定龙口位置，配置相应规格的异形钢板桩，现场实测异形钢板桩的角度和尺寸，根据实际切割焊接异形钢板桩，以确保整个基坑的密封性。钢桩的施工精度，垂直度偏差 1/100H 以内。

（3）在插打过程中随时测量监控每块桩的斜度不超过 2%。当偏斜过大不能用拉齐方法调正时，拔起重打。

（4）施工过程中做好施工记录，施工记录表中应详细记录桩位编号、桩长、时间及深度，并要求施工单位提交监理单位审批签字。

（1）施工完成　　　　　　　　　　　　　　　（2）基坑开挖完成

图8　PC工法组合钢管桩施工现场图

4.5　钢管（钢板）桩拔出的质量控制

（1）传力带与钢管（钢板）用油毛毡隔离，以便之后拔桩。

（2）拔桩施工前，检查地下室外墙与基坑支护排桩墙的回填土（粗砂或石粉）情况，确认回填标高和密实度符合要求方可分区施工。拔桩前需要凿除冠梁。

（3）PC工法桩拔桩前，确认周边建（构）筑物和已完工程的防护措施已完成妥当。拔桩高频振动时会产生一定的有害振动，施工作业半径30 m范围内的墙、板、柱等构件达到龄期或设计强度。

（4）拔桩按与打板桩顺序相反的次序拔桩。拔桩时，先用振动锤将板桩锁口振活以减小土的阻力，然后边振边拔。

4.6　钢管（钢板）桩土孔处理质量控制

按以往工程的施工经验，在类似的地质条件下，钢管桩拔除后，桩孔间会有约1 m的空孔。大部分空孔能在拔桩激振的时候自行闭合。钢管（钢板）桩拔离地面安放妥当后，检查原位置空孔位置及深度，如仍存在空孔，立即人工回填砂，并夯实。

4.7　异常情况的处理

（1）基坑开挖后出现渗漏的情况处理。PC工法工艺先进，止水效果好，如有个别水源丰富位置渗水，可以采取水泥注浆或水溶性聚氨酯化学灌浆堵漏。具体方法是，用灌浆泵等压送设备将其灌入地层或缝隙内，使其渗透、扩散、胶凝或固化以增加地层强度，降低地层渗透性，防止地层变形，与PC工法组合钢管桩形成一个止水整体。

（2）钢板桩拔不出的情况处理如下：

①用振动锤再复打一次，以克服与土的黏合力及咬口间的铁锈产生的阻力；

②按与板桩打设顺序相反的次序拔桩；

③板桩承受土压一侧的土较密实，在其附近并列打入另一根板桩，使原来的板桩顺利拔出。

5 结语

PC工法组合钢管桩是一种新型绿色环保围护桩,桩身强度大,施工便捷,止水效果好,钢(管)板均可回收,经济实用,且能保证基坑安全。本项目使用PC工法组合钢管桩。在基坑监测的数据表明,该体系相当稳定,开挖阶段基坑深层水平位移数值变化略大,但4~5 d后趋于稳定,之后位移均为0.1 mm左右,证明PC工法组合钢管桩围护体系的安全性。

参考文献:

[1]杨绍红.PC工法组合钢管桩在基坑工程中的应用和分析[J].城市住宅,2018(7):121-126.

[2]张淑娟.浅谈PC工法组合钢管桩在基坑围护中的应用及质量控制要点[J].基层建设,2018(9):100.

作者简介:

黄静,男,1981年生,本科学历,国家注册监理工程师、高级工程师,台州市建设咨询有限公司总监,现主要从事建筑工程项目监理、工程管理、技术管理和咨询等工作。

浅谈住宅工程地下室渗漏水的危害处理

浙江金誉工程咨询有限公司　　张木华

【摘　要】　近年来,随着国民经济的发展、人民生活水平的提高,促进了城市建设的发展,于是高层建筑大量涌现,地下室的开发和利用也越来越多。由此地下室渗漏水的危害日益突出。如何解决地下室渗漏水的危害,目前已成为一个经常面临的问题。该文从一个工程实例出发,初步分析地下室渗漏水的危害等现象,为地下室抗浮加固及渗漏水提供有效的处理措施。

【关键词】　渗漏影响;处理措施;梳排水新工艺

引言

随着地下空间开发的增多,设计优化趋近红线,相关的质量问题也出现得较为频繁。比较突出的问题有结构开裂、渗漏水或承载力不足等情况,当遇恶劣天气、台风或邻近水源水位超历史高位情况下,上述情况尤为突出。下面以工程实例与大家一起探讨。

1　工程案例

1.1　工程概况

×××项目工程位于奉化区锦屏街道,东至县江,南至甬临线,西至锦屏南路,北至宝化路。该工程分为南区和北区两个地块,南区由25个单体组成,其中地面以上 G1—G21# 楼为高层住宅,G22—G25# 楼为单层配套用房,北区由6个组团建筑(H1—H6#楼)组成,南北地块地面以下均设1层地下室,最高建筑高度为49.5 m。建设用地面积116703 m²,总建筑面积280026 m²,其中地上建筑面积190882.88 m²,地下建筑面积89143.12 m²。人防工程防护等级为核6常6,防化等级为丙级。抗震设防烈度为6度,基础采用筏板基础,持力层为2层含中砂卵石,如图1所示。由于建设场地临近河流(东侧全线临河30 m),且场地内地表径流有西溪及人工河道地基土层为强透水层,给施工提出了一定的技术要求。

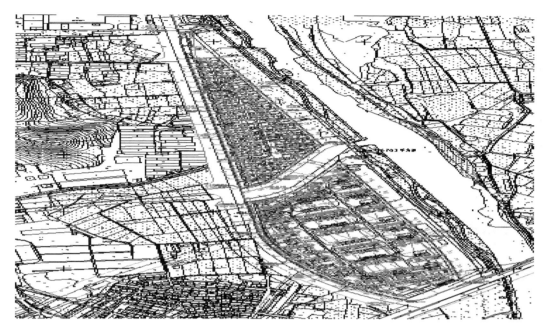

图1　项目总平面图(项目施工图)

1.2　地基土的构成与分布特征

根据室内土工试验成果和勘探孔野外编录资料,按地基土的分布、埋深、土性和工程特征性及其物理力学性质,经综合分析:拟建场地在勘探深度31.30 m范围以内可分为5个大层,现自上而下分述如下:

①第1—0层(mlQ、人工堆积)揭示层厚0.3~2.5 m;

②第1—0a层(mlQ、人工堆积)填筑厚度1.3~2.0 m;

③第1—1层(al-Q$_2^2$、冲湖积)揭示层厚0.2~3.00 m;

④第2层{al(Pl)Q$_2^2$、冲(洪)积}揭示层厚3.50~9.80 m;

⑤第3层(al-Q$_2^1$、冲湖积)揭示层厚0.4~2.90 m;

⑥第4—1层{al(Pl)Q$_2^1$、冲(洪)积}揭示层厚1.60~8.90 m;

⑦第4—2层{al(Pl)Q$_2^1$、冲(洪)积}钻进层厚1.10~8.90 m;

⑧第4—3层{al(Pl)Q$_2^1$、冲(洪)积}钻进层厚1.40~9.60 m;

⑨第5—1层(AnQ)揭示层厚0.40~3.90 m;

⑩第5—2层(AnQ)揭示层厚0.40~3.90 m(未钻穿)。

1.3　抗浮设计水位及最低设计水位

根据场地规划整平标高、周边道路高程,结合场地地形、地貌、地下水补给、排泄条件和临江河道的水位资料,综合以上因素,勘察单位建议地下室抗浮设防水位高程可按10.00 m选用,同时应考虑台风天及地下水位上升对地下室基础施工的不利影响。

1.4　抗浮设计

若地下室底板处地下水浮力大于上覆荷重时,设计要采取抗浮设计方案。根据本场地水文条件,建议在地下室未封闭前采用降水抗浮措施,使地下水位低于基底大于 0.50 m,地下室封闭后采用配重抗浮。

1.5 案例分析

本项目在后浇带未封闭前,地下室一直有积水,排水从未间断,中间受到一次台风影响(50年一遇洪水位为 11.10~11.80 m,常水位为 9 m,本工程±000 为 11.65 m)。主体全部完成后,进行地下室顶板及侧板后浇带浇筑,再进行防水施工,景观工程进场施工完成覆土后,强制降水至底板以下水位,满足地下室底板后浇带浇筑条件时,进行底板后浇带施工。其间相关的质量问题频繁出现,主要表现为:地下室外墙开裂、渗漏等质量通病。

2 结构开裂、渗漏水的处理措施

2.1 结构开裂的处理

视结构开裂的严重程度分别对待,一般的结构开裂,先凿除空腔部分用细石混凝土进行修补,强度高一个等级;严重的结构开裂,是有一个发展过程,先在开裂部位做上灰饼,进行观测,如果裂缝有继续扩大的趋势,会同设计、勘察、建设、施工、监理等建设主体研究处理方案,必要时邀请专家进行论证,按审核后的加固方案进行处理,本案采取加大剪力墙截面加固。

2.2 地下室结构外墙的裂缝处理

裂缝宽度不大于 0.15 mm 且不影响结构受力性能和使用功能时,可进行表面注浆封闭处理;当裂缝宽度大于 0.15 mm 或影响结构受力性能时,应按现行国家标准《混凝土结构工程施工质量验收规范》(GB 50204)和《混凝土结构工程施工规范》(GB 50666)的规定进行处理。

2.3 渗漏水处理

一般进行高压注浆,渗漏过大有冒水情况应采用快干水泥进行封堵。

3 基坑周边、地下室顶板覆土及地下室周边防水保护层对抗浮的影响

3.1 结合上面案例,设计要求

(1)地下室底板采用 1.5 厚预铺式自黏反贴胶膜防水卷材＋现浇钢筋混凝土自防水底板。

(2)地下室侧板采用 1.5 厚聚氨酯防水涂料＋20 厚水泥砂浆保护层(后变更为挤塑板保护层)。

(3)地下室顶板采用 1.5 厚聚氨酯防水涂料 1.5 厚 PVC 耐根穿刺合成高分子防水卷材＋50 厚 C20 细石混凝土,内配 Φ4@150 单层双向钢筋网片。

(4)承台和地下室外墙与基坑侧壁间隙,地下室各种结构缝之间的空隙(混凝土墙之间)回填土前,应排除积水,清除虚土和建筑垃圾;回填土严禁使用建筑垃圾,其压实系数≥94%,顶板不宜直接铺筑灰土基层,应在其下设置隔水垫层,防止水分侵入灰土基层。

(5)基坑回填时,应采取措施防止回填材料损伤混凝土外墙防水层。

3.2 实际存在的问题

这些防水做法都是建筑工程常用做法,但也存在一些弊端。因此实际施工时有几个值得注意的

问题与大家探讨。

（1）自防水混凝土质量难以控制，现场能测量到的只有混凝土的坍落度是否符合要求，有防水要求的外加剂只能从质量报告中看出来，事实到场的混凝土肯定会大打折扣。

（2）聚氨酯防水涂料的厚度很难保证，通常施工人员涂刷2~3遍就了事，但根本达不到设计要求。

（3）市场上防水卷材品牌参差不齐，以次充好的现象层出不穷，给现场的管理带来一定的难度，施工质量就很难满足标准要求。

（4）地下室侧板采用挤塑板保护，很容易形成渗水缝隙。

（5）由于地下室工程体量大，土方回填量较大，分层夯实几乎不可能，多采用机械回填、自行水实的办法。

（6）多数项目在地下室剪力墙外侧板防水完成后急于进行基坑周边的回填，通常施工单位考虑回填后可以确保基坑和边坡的稳定，有较大的施工作业场地可以利用，为文明施工提供便利。由于施工单位疏于管理，未做到回填土分层夯实，土质也不符合要求，多采用就地取材，透水性较高；由于施工期间未形成完整的排水系统，基坑周边渗进大量积水，造成水位明显上升，地下室的浮力加大。

（7）地下室顶板覆土是对抗浮力的有效措施，但多数项目的地下室顶板覆土是在主体完成后、景观绿化施工前进行覆土施工。其间有很多不确定的因素，暴雨、台风引起水位加速上涨，尽管底板后浇带未进行封堵，水位瞬时变化也会造成地下室的整体上浮或局部上浮，或者发现已经堵漏的部位附近又产生了新的裂缝。

这些问题都会或多或少给抗浮带来一定的影响。只有控制好每道工序按照设计及规范要求施工，才能使影响降到最低。

3.3 处理措施

（1）首先思想上要充分重视浮力的危害，了解项目抗浮设计。

（2）在地下室周边回填砌筑排水管井，安装智能控制排水泵，设置好水位高度，自动排水。

（3）地下室周边回填土采用分期回填，回填到满足水位高度时停止回填，并及时排除地表渗流水。回填土质量要保证密实，杜绝填埋垃圾等渗透性强的物料，减少短期暴雨或者雨季表层雨水渗漏性。

（4）如项目设计仅考虑顶板覆土配重时，后浇带不要过早封闭。主体施工完成后，先对顶板后浇带及剪力墙侧板进行浇筑，顶板覆土要赶在雨季前完成，有利于施工现场管理，以及满足抗浮要求，且不提前中断降水；混凝土采用微膨胀混凝土强度提高一个等级；底板后浇带作为应力释放沟来释放应力，待地下室顶板覆土及防水施工完成后，再进行底板后浇带封堵施工。

（5）回填土按照设计要求做到分层填压，建议采用小型履带式推土机和轻型运土车进行顶板覆土作业，切忌不通过重力验算采用重型运土车及大型挖掘机野蛮施工，这样会带来地下室坍塌风险。

（6）覆土作业前进行建筑物及地下室顶板的沉降观测，测量地下室周边地下水位和地下室顶板沉降变形情况，同时做好地下室疏排水工作。

（7）雨季加强基坑及地下室巡查，查看结构是否出现异样。一旦出现上浮破坏初步特征，及时采取应对措施。

4 地下室疏排水的新工艺

地下室排水是一个系统工程,除了做好原材料、薄弱环节(后浇带、施工缝、预埋构件、穿墙螺杆)、钢筋保护层、大体积混凝土浇筑等的质量控制之外,目前大多数工程项目地下室防水多采用比较传统的施工工艺,一旦防水材料破损或施工细部处理不到位,地下水将在防水层和保护层之间流动,渗漏水会从混凝土结构薄弱部位进入建筑物中。即使在室内发现积水点,也很难确定实际渗漏点,使得修补工作难以进行或者成本昂贵。现就以上工程实例,推荐一种比较好的施工工艺,供大家参考。

地下室整体排水板工艺原理。沿墙根处设置排水沟形成闭环,再利用带支点的整体排水板体系与墙体、地面之间空隙,做出永久的中空层(即导排水层),形成整体的排水通路,进行疏排水。可将地下室渗水引流至排水沟、排水管最终将渗水引进集水井,通过水泵排出,达到地下室干爽的目的。现场图片如图2、图3所示。

图2　地下室排水沟设置　　　　　　　　　图3　地下室整体排水板铺装

5 结语

通过以上工程案例结合自身施工现场的经历,笔者有了一个很清楚的认识,在住宅工程建设发展过程中,地下室抗浮加固及渗漏水的处理,一直以来给多少工程建设者带来了困扰,也给小业主们带来了切身之痛,需要引起各方的重视。从始至终,建设各方主体必须发挥各自的职能责任,坚持质量第一、用户至上的原则。施工人员作为实施者,要抓好各个环节的质量控制,严格按图施工,始终把人民的生命财产安全放在第一位。设计单位处在质量和经济控制的第一关口,在考虑合理的成本效益的情况下,不能降低质量标准,同时要有超前的设计理念,大胆地引用新工艺。总之,只有通过各单位的相互配合、共同协作,才能有效地提升房屋建筑的整体施工质量,才能促进我国建设工程行业的健康发展。

参考文献:

[1] 中华人民共和国住房和城乡建设部.建筑工程抗浮技术标准:JGJ 476—2019[S].北京:中国建筑工业出版社,2019.

[2] 中华人民共和国建设部.建筑地基基础设计规范:GB 5007—2011[S].北京:中国建筑工业出版社,2011.

［3］中华人民共和国住房和城乡建设部.建筑结构荷载规范:GB 50009—2012［S］.北京:中国建筑工业出版社,2012.

［4］中国工程建设标准化协会.地下结构排水减压抗浮技术规程:T/CECS 942—2021［S］.北京:中国建筑工业出版社,2021.

［5］中华人民共和国住房和城乡建设部.地下工程防水技术规范:GB 0108—2008［S］.北京:中国建筑工业出版社,2008.

作者简介:

张木华,男,1970年生,大专学历,工程师、国家注册监理工程师;浙江金誉工程咨询有限公司总监理工程师,现主要从事工程项目监理、工程管理、技术管理和咨询等工作。

基坑支撑梁静力切割拆除监理管控要点

杭州信达投资咨询估价监理有限公司　徐正猛

【摘　要】　随着城市化进程的加快,深基坑越来越多,基坑安全越来越重要,其中基坑支撑拆除是基坑安全的重中之重。该文以某医院扩建工程为背景,就采用金刚石绳锯静力切割基坑支撑梁重难点和监理管控要点进行总结。

【关键词】　基坑支撑拆除;金刚石绳锯静力切割;监理管控

基坑支撑的拆除方法一般有人工、机械以及爆破拆除,其中金刚石绳锯静力切割具有施工作业速度快,噪声低,无震动,现场无粉尘废气污染,切口平直光滑,清运方便等特点,大大缩短施工工期,对比其他拆除方法具有明显优势。项目监理人员需要把控好绳锯拆撑关键程序及控制要点。本文结合实例介绍金刚石绳静力切割基坑支撑梁的监理管控要点。

1　工程概况

某市第二人民医院扩建工程位于现有院区东北角,新建建筑面积53084.37 m²,其中:地上建筑面积40595.32 m²(住院楼40500.2m2,后勤用房95.12 m²),地下建筑面积12489.05 m²;新建住院楼地上19层(裙楼6层),地下2层,主楼建筑高度约为83.3 m,裙楼高度26.3 m,工程桩采用钻孔灌注桩。

2　基坑设计情况

(1)本工程基坑围护采用钻孔灌注桩结合两道钢筋混凝土支撑的围护方案。

(2)压顶梁、围檩、连系梁及支撑梁均为现浇钢筋混凝土结构,砼强度等级均为C30,混凝土方量3364 m³。

(3)第一道内撑梁支撑截面尺寸有800 mm×800 mm(高×宽)、700 mm×700 mm(高×宽),梁标高为-2.8 m;第二道支撑梁截面尺寸有900 mm×900 mm(高×宽)、800 mm×800 mm(高×宽),梁标高为-7.3 m,如图1,2所示。

(4)本工程基坑压顶梁、围檩、连系梁及支撑梁纵向受力钢筋为HRB400,直径20 mm,22 mm,25 mm,采用直螺纹套筒连接方式,钢筋用量395T。

(5)支撑梁立柱桩上部采用480 mm×480 mm井形格构柱,下部尽可能利用工程桩(钻孔灌注桩),

部分采用新增的800 mm钻孔灌注桩,格构柱采用4根∠140 mm×14 mm,缀板420 mm×300 mm×16 mm@700焊接而成。

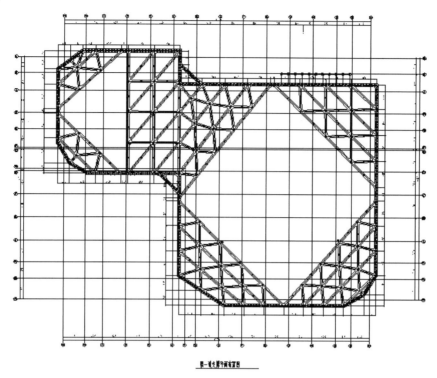

图1　第一道支撑平面布置图

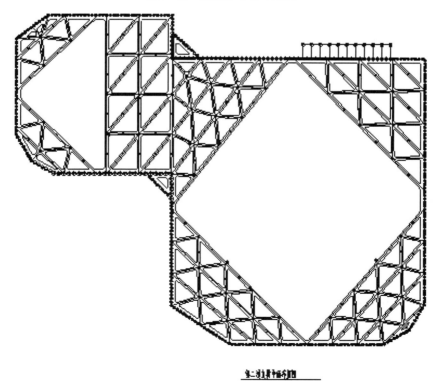

图2　第二道支撑平面布置图

3 支撑梁拆除设计要求

工程基坑支撑切割顺序原则上先中间后两侧,先拆除副撑再拆除主撑;支撑主梁拆除由中间向两端、先机械后人工;先拆除支撑梁,再拆除围檩。基坑设计对支撑拆除工作要求如下:

(1)在地下室基础、底板传力带达到设计强度80%、地下一层楼板传力带达到设计强度80%后,拆除相应混凝土支撑。

(2)拆撑期间,监测单位应加强对围护体和周围环境的监测。施工单位应预先编制详细的拆撑方案,经业主、设计、监理等单位确认后方可实施拆撑作业。

4 静力切割工艺的优势和缺点及其相关措施

4.1 静力切割工艺的优势

(1)施工作业速度快、噪音低、无震动。

(2)现场无粉尘废气污染。

(3)切口平直光滑,无须善后加工处理,为切断面以后的处理也提供了方便。

(4)有利于底板已有结构和预埋管件的保护。

(5)支撑转运至别处处理,大大缩短施工工期。

4.2 静力切割工艺的缺点

(1)投入机械较多,需要大量的吊车配合转运。

(2)整体施工费用较高,是传统凿除方法的3~4倍。

4.3 针对缺点采取的措施

通过缩短用于拆撑的时间,提高拆撑效率来缩短整个地下室的施工工期,进而达到最终综合效益最佳的目标。

5 绳锯静力切割工施工工艺及重难点

本拆除工程主要工作内容,包括支撑梁围檩脱离、支撑梁切割、支撑梁吊运、砼渣清理4个部分。拆撑分成5个区块进行,拆撑过程会同有关各方协同处理。支撑拆除区域应在相应区域梁板及可靠换撑形成且达到设计强度后进行,由下至上逐道拆除。

5.1 施工工艺及施工步骤

5.1.1 金刚石绳锯切割施工工艺

(1)现场接好电源和水源。

(2)设置并确定吊装孔。

(3)在支撑梁上划分分块切割线。

(4)用钻孔机在第二道围檩的切割线交界处钻孔,用于穿钻石链条。

(5)将切割机器放在底板上固定好,并连接好电源和水源。

（6）穿好链条并用液压钳接好接头,按正确方法连接。

（7）做好切割时协调和切割体的支撑。

（8）开通水管,调节水流大小,通过控制器将链条收紧。

（9）调整切割参数,确保金刚石绳运转线速度在20 m/s左右。

（10）开始切割作业,如图3所示。

图3　现场切割作业

5.1.2　施工步骤

施工准备→定位放线→安全支撑→分块切割→汽车吊吊下放至清运车辆上→外运→完工。

5.2　基坑拆除重难点

（1）节点工期时间紧迫。

（2）底板上有需要保护的侧墙、预埋管件等。

（3）投入机械较多,需要大量的吊车配合转运。

（4）坑底集渣较多,清理工作量大。

5.3　针对基坑拆除重难点工作的具体解决措施

（1）由于该项目工期紧任务重,施工需要分区分块进行拆除作业,秉承"从西往东、从北往南"的原则,切割完成一块后,及时清理出一段区域,保证后续结构施工不受影响。

（2）施工中对成品保护工作采取的措施有:

①在底板面,铲车经过路径范围覆盖18 mm厚钢板,减轻铲车对混凝土板面的损伤。

②在拟拆除支撑区域下方的后浇带上,首先采用旧模板覆盖,避免垃圾落入;其次在破碎机械经过区域,后浇带两边500 mm以上覆盖18 mm厚钢板。

③在底板外露的预埋管道,采用木盒子罩住管口,上面用醒目的朱红色油漆作为警戒标志,以提醒施工人员。

④在下层楼板上的柱和剪力墙预留插筋,采取搭设防护架或覆盖的方式对钢筋进行保护,防止建筑垃圾掉入预留钢筋内。

(3)起重、吊运时,设置专人负责指挥、协调。起重机械操作要保证专人专机,持证上岗,严格落实岗位责任制。

(4)固定绳锯机及导向轮用M16化学锚栓固定绳锯主脚架及辅助脚架,导向轮安装一定要稳定,且轮的边缘一定要和穿绳孔的中心线对准,以确保切割面的有效切割速度,严格执行安装精度要求。且要注意保证张紧力,张紧力过小,切割速度慢,容易脱绳;张紧力过大,绳锯磨损快,并且在连接处有断绳风险。

(5)对各个所述切割单元钻取一对吊装孔,所述吊装孔对称布置于所述切割单元上方,还包括对各个所述切割单元的左下角开孔。

(6)当切割到一定阶段时,应按施工方现场管理人员要求配合汽车吊对碎块进行吊装清运,每段切割体的支撑在左右两侧对称采用组合式定型钢支撑;坑底集渣采用人工与机械相结合的清运方式。机械采用机动翻斗车配合手推车,先将坑底混凝土渣统一收集到出渣点附近,坑底碎渣运出后,然后对坑内作业面进行人工冲洗及打扫。

(7)保证机械设备数量:6台金刚石绳锯、8台风镐机、一辆80 T的汽吊、2台16 T叉车、一辆大型平板货车。

6 施工监理管控要点

6.1 施工中实际碰到的困难

由于场地狭小,大型汽吊车辆无法在工地内就近作业,只能停在城市非机动车道,临时占道就位,实施吊装作业(距离基坑边8 m),吊装示意如图4所示。

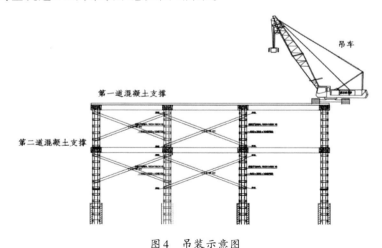

图4 吊装示意图

6.2 解决措施

(1)在基坑外,非机动车道内采用80 T大型汽车吊实施吊运作业,起吊支腿部位铺垫20 mm厚钢板,2台918型叉车吊运至基坑内进行水平运输,以解决汽吊距离远的问题。

(2)对每根切割下来的支撑梁重量严格限制。根据计算,吊装重量应控制在3.2 T内。按照最大汽吊重量将支撑梁切割长度标注清楚,现场按照标注长度进行切割,以控制吊重。

6.3 监理管控要点

(1)坚持方案先行:在支撑梁拆除作业前,必须要求总承包单位按规定编制支撑拆除专项施工方案,履行好编制审批手续后报项目监理部,审核同意方可作为施工的依据。

(2)安全技术交底工作。实施支撑梁拆除作业前,督促总承包单位项目部项目经理、技术负责人及专职安全员组织项目施工员、质检员及作业班组操作人员,做好专项安全技术交底工作并履行好签字手续。

(3)现场作业条件检查。实施支撑梁拆除作业前,由项目监理部组织总承包单位项目经理、技术负责人、施工员、专职安全员及作业班组组长,共同查看现场作业条件、机具设备摆放位置等是否到位。

(4)格构柱加固措施。现场具备切割作业条件后,再对基坑内所有的格构柱做一次全面检查,对倾斜超过1/100的格构柱要进行剪刀撑形式焊接,以增加格构柱的稳定性。倾斜格构柱周边支撑吊装时,吊车支点需远离倾斜格构柱。

(5)重视切割作业准备工作。要求总承包单位项目部必须检查切割作业班组的各项施工准备情况:①专业水、电施工人员负责把现场水、电接通;②切割施工人员对需切割部位支撑梁进行定位放线,分出切割尺寸;③在以上准备工作完毕后,专业施工人员及机械设备进场,按照确定好的放线位置进行切割,每块碎块上打2个吊装孔,以方便安全吊装。

(6)强调拆撑报验程序。每个区块的支撑梁拆除施工前,都要求总承包单位项目部报验拆撑申请表,表后要附上该区块传力带混凝土实际强度检测报告,查验是否达到设计要求的强度,项目监理部在拆撑申请表上签字同意后,才能开始该区块的切割拆除施工作业。

(7)监督拆撑顺序。项目监理部每天巡查工地现场时,检查作业班组人员是否按规定的拆撑顺序进行切割作业:①先支撑梁,再拆围檩;②先拆除副撑,再拆除主撑;③支撑主梁拆除由中间向两端,先机械后人工。靠近格构柱500 mm范围内采用风镐破除。如图5所示。

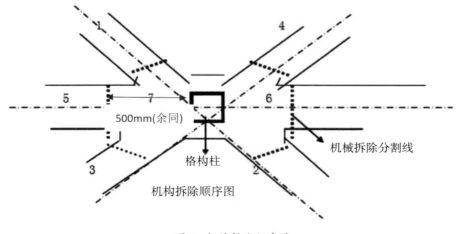

图5 机械拆除顺序图

(8)重视安全管理。切割作业时,要求总承包单位项目部必须安排1名专职安全员现场看护,并落实好各项安全防护措施:①安全防护措施,拆除过程中,施工作业范围内严禁站人,离开3 m以外,确保安全;②粉尘防护措施,切割作业过程中,由于粉尘污染,现场安排水管浇水,防止粉尘飞扬,影响周边环境;③预防高空坠落,凡在高度2 m(含2 m)以上的基准面施工都要采取有效的技术措施,高处作业人员必须正确佩戴和使用安全带。

(9)监督成品保护工作。在拆除过程中特别需要对建筑成品的保护,主要保护的项目有混凝土底板、后浇带、成品就位钢筋、预埋线管、成品混凝土构件等。项目监理部每天巡查工地现场时,检查作业班组人员是否对应该采取保护措施的部位进行了保护。

(10)加强大型起吊作业的安全管理。起吊拆除的支撑梁混凝土块往汽车上吊运时,项目监理部人员经常巡视查看有无安全隐患情况存在。如发现不安全状态当场纠正,确保大型起吊作业安全。

(11)加强基坑监测单位的管理。在基坑支撑梁拆除施工时,要求基坑监测单位加大拆撑区块的监测频率,由一天一次改为上午和下午各一次,项目监理部派人见证每个监测点位的观测数据,并要求基坑监测单位在当天中午12:00前和下午6:00前将监测结果电子版发到项目基坑监测群里,以便各方能够及时掌握支撑梁拆除施工时基坑支撑结构体系各方面数据变化情况。

(12)重视资料的收集整理。每个区块支撑梁拆除施工作业完成后,项目监理部都要及时将该区块的各项资料收集整理完整。

7 结语

项目监理部按照金刚石绳锯静力切割方法的监理管控要点,对某市医院扩建工程基坑支撑梁采用金刚石绳锯静力切割开展监理各项工作,现场切割作业任务已基本完成,未发生质量安全问题,取得了较好的效果。

参考文献:

[1]中国建筑科学研究院.建筑基坑支护技术规程:JGJ 120—2012[S].北京:中国建筑工业出版社,2012.

[2]中华人民共和国住房和城乡建设部.建筑基坑工程监测技术标准:GB 50497—2019[S].北京:中国计划出版社,2019.

[3]中华人民共和国住房和城乡建设部.建筑机械使用安全技术规程:JGJ 33—2012[S].北京:中国建筑工业出版社,2012.

[4]上海市住房保障和住房管理局.建筑物、构筑物拆除技术规程:DGJ 08-70—2013[S].上海:上海出版社,2013.

[5]中华人民共和国住房和城乡建设部.混凝土结构设计规范:GB 50010—2010[S].北京:中国建筑工业出版社,2015.

作者简介:

徐正猛,男,1973年生,本科学历,国家注册监理工程师、一级建造师(建筑工程),目前就职于杭州信达投资咨询估价监理有限公司,现主要从事建筑工程项目监理、工程管理、技术管理和咨询等工作。

二、结构工程

高层钢结构监理要点分析

浙江永宁工程管理有限公司　徐益烽

【摘　要】　该文通过探究高层钢结构施工过程的监理控制要点,给相关从业人员予以参考,在进行钢结构安装和施工建造的过程中做好质量控制工作,加大监督管理力度,保障建筑结构的稳定性,使得建筑钢结构能够发挥充分的作用,实现进一步发展。

【关键词】　高层钢结构;监理要点;分析

1　工程概况

科创大厦A、B工程主要功能为普通商务、办公及相应的商业服务,总建筑面积约76372.3 m²,地上建筑面积约57255.2 m²。共由2栋单体钢结构塔楼、1个裙房及地下室2层钢柱组成。钢结构主要分布在钢柱、楼层钢梁等部位,钢柱主要为焊接箱形构件,钢梁构件主要为焊接H形钢以及箱形构件。钢结构材质主要为Q355B。2幢单体为点式办公楼钢结构:地上21层,建筑高度(主要屋面)106.00 m;板式办公楼钢结构:地上17层,建筑高度(主要屋面)75.80 m。工程由浙江东南网架股份有限公司负责建筑施工,浙江永宁工程管理有限公司实施项目监理。

在工程项目施工过程中,项目监理机构编制了监理规划、钢结构监理实施细则、钢结构吊装实施细则、监理驻厂实施细则等,制定监理工作分工及制度,全方面把控钢结构施工过程,确保钢构工程的质量。本文以科创大厦A、B工程钢构施工为例,如图1所示,对钢结构施工建造过程中的监理控制要点进行共同探讨,相互交流。

图1　科创大厦施工期间航拍图

2 钢构件加工的监理要点

钢构件加工如今已经实现了工厂化的生产模式,工厂根据所收到的构件尺寸进行钢构件结构的施工建造过程,此时对钢构件原料的质量检验工作成为监理方的工作重点。本工程项目监理部派遣专业监理工程师前赴萧山钢结构加工厂驻厂监理。

驻厂监理人员必须要核查原材料出厂质量证明书,仔细判断进场钢构件的外观情况、几何尺寸以及各项性能能否满足预先设定的各项标准,判断加工厂是否按照已经提供的设计及深化图纸和各项标准要求进行构件加工。遵循材料先检后用的原则,主要对钢材的力学性能进行检测(比如钢材拉伸、冷弯、冲击性能等检测,本工程40 mm厚钢板还需进行Z向性能检测),需要专业监理人员进行现场见证取样送第三方检测单位进行检测,并出具检测报告。同时,钢构件在出厂前需要通过第三方检测单位进行焊缝探伤检测,以满足设计及规范要求,保证钢构件焊接质量。所有钢构件还需要在出厂前喷涂防锈防腐底漆,根据本工程的构件特点要求和工厂的设备能力,加工厂除锈主要采用抛丸表面处理方法,项目构件外形尺寸均在4000 mm×2500 mm以内,采用抛丸机进行抛丸除锈。现场补漆除锈采用风动或电动工具进行处理。根据设计要求,除锈完成后至底漆喷涂的时间间隔不得大于2小时,钢结构的摩擦连接面、现场预制焊缝两侧各100 mm处不能涂漆。这部分施工过程都需要由加工厂专业人员进行作业。驻厂监理工程师监控的重点主要为:

(1)钢构件的深化是否满足设计要求,关键节点是否能清晰准确地表达;

(2)高层钢结构的钢柱加工需对每段钢柱的加工长度实测进行统计,并分析构件的偏差值,便于调整钢柱的累计加工偏差,确保钢柱的顶标高满足设计要求;

(3)对关键的节点,如钢牛腿,须检查其截面加工尺寸、位置,特别有角度朝向的部位,应重点检查;

(4)对钢梁应重点关注截面尺寸,加劲板位置,构件是否变形,有起拱要求的起拱值进行重点检查;

(5)严格执行构件出厂验收制度,凡是没有经监理验收的构件一律不得出厂;

(6)要求施工单位编制满足工期要求的加工发货计划,并严格执行落实。

3 高层钢结构施工过程的监理要点分析

3.1 钢结构基础工程的监理要点

点式办公楼地下室共有24根钢柱,板式办公楼地下室共有29根钢柱。钢柱基础施工主要是进行基础预埋件的质量控制。预埋前,项目监理部必须先检查进场预埋件的外观、尺寸等质量是否符合设计要求,主要包括锚栓的直径、直锚及弯锚部分的长度、锚栓的螺纹是否有损伤,预埋铁件的钢筋直径、材质、钢板厚度以及钢筋与钢板的焊接是否按设计要求采用穿孔塞焊等。预埋件使用的锚栓、钢筋、钢板等材料的产品合格证书等资料是否齐全、材质及材料各项参数的检测报告是否符合设计要求。同时,监理人员应利用全站仪、水准仪等工具对基础预埋件的轴线、标高等进行复核。

本工程单根柱脚预埋锚栓主要由多个锚栓组成,单个埋件不能形成稳定的结构体系,在钢筋绑扎及混凝土浇筑过程中容易造成锚栓移位而导致锚栓安装精度受到影响。为了减少混凝土浇筑等工作对锚栓的扰动,在锚栓安装之前增设定位板。定位板采用钢板进行制作。在定位板上投放相对的标高点,将上部定位板与基础顶面钢筋焊接牢固,形成稳定的结构体系。预埋锚栓安装时在锚栓上部和下部各增加一块临时固定环板,并将锚栓上部与基础顶面钢筋焊接固定,限制锚栓水平及竖向的相对位移,保证锚栓预埋精度。并在混凝土浇筑完成半小时内,对锚栓进行校正与调整。混凝土凝固后对预埋件进行再复测,并在混凝土面上弹设埋件控制线,对复测结果做好书面记录。结合本工程特点,现场监理工程师应重点管控以下几个方面:

(1)锚栓定位必须严格控制在规范允许范围内;当钢柱位置与土建钢筋较密区冲突时,应提前进行占位并加固牢固,避免浇筑混凝土时跑位,影响钢柱的轴线位置;

(2)测量放线的引入基准点,须做好永久的固定点并做好保护措施,钢柱定位及标高控制时,必须从基准点引入,对基准点的闭合误差须定期进行复核,控制在规范允许范围内;

(3)因本工程的钢柱首段为下插地下室1层局部下插2层的劲芯柱,为确保外包混凝土柱的截面尺寸精度,必须在深化图时按1:1的比例进行钢柱与砼柱钢筋及箍筋位置放样,确保不超砼柱的截面尺寸,同时柱筋的外露部分位置错开栓钉位置,便于吊装就位;

(4)钢柱预埋时需重点监控钢柱与土建混凝土梁相交位置的搭接方式,一般主要为土建钢筋与钢牛腿焊接连接、土建钢筋与钢柱进行套筒的机械连接。本工程主要为焊接连接方式,地下室土建梁与钢柱相交,施工前需认真核对图纸,重点核查土建梁与钢柱相交部位的标高及钢牛腿位置控制,土建混凝土梁因结构需求在钢柱四个方向标高不在同一标高现象,需重点核查,避免出现钢牛腿位置与土建梁不一致,导致现场无法安装就位。

3.2 高层钢柱钢梁安装的监理要点

本工程中,钢柱主要为箱形柱,点式办公楼截面规格有B400×200×14×14至B850×850×50×50等,板式办公楼截面规格有B500×500×12×12至B900×700×40×40,裙房截面规格有B250×250×10×10至B500×500×25×25,材质均为Q355B。首先在钢柱吊装当中为了确保吊装安全,在塔吊吊钩挂设4根规范要求的钢丝绳进行吊装。为了防止柱体起吊时在地面拖拉而造成柱体损伤,钢柱下方应按要求垫设枕木,同时也要判断柱体结构是否保持垂直的状态或者产生位移等情况。钢柱吊装到位后,穿好临时螺栓,设置临时连接夹板,利用千斤顶等工具进行纠偏定位。纠偏时应考虑垂直度、标高、轴线、焊缝间隙等综合因素,每项内容的偏差值均须达到设计及规范要求。确认钢柱之间连接校正无误后,再进行全面焊接,完毕后再将临时连接夹板割掉,切割时不得伤害母材,并将焊接处打磨光滑。按要求由第三方检测单位做好焊缝探伤检测。

点式办公楼部分最大钢梁截面为GKL×8020,其截面为800×200×20×20,最大长度为9 m,重量约2.7 T。板式办公楼部分最大钢梁截面为GKL8535,其截面为H850×350×16×25,最大长度为11 m,重量约2.6 T。而现场2台塔吊端部5.5 T的吊装能力可以覆盖区域内所有的构件,因此所有钢梁均可使用塔吊直接起吊。为方便现场施工安装,保证吊装安全,钢梁在加工厂制作时,在钢梁上翼缘部焊接吊耳或选用钢梁专用夹式吊具,吊点一般设置在距离钢梁端头的构件总长 1/4 处。钢梁吊装前,分别在钢梁两端上翼缘处各竖向安装一根 Φ48 mm 长度为 1200 mm 的钢管防护立杆,然后在两根立杆之间拉钢丝绳,确保施工人员行走安全。同时在吊装前,还应清理钢梁表面污垢,对已经生锈的连接板及摩擦面进行清理除锈。安装外框架钢柱后,柱顶的主梁和环梁需要及时安装,以形成安全稳定的结构体系。钢梁同钢柱一样需进行纠偏定位,纠偏时同样需考虑垂直度、标高、轴线、焊缝间隙等综合因素。钢梁在吊装时应注意靠向,钢梁就位后临时固定先采用过眼冲对准梁两端孔位,然后在适当位置安装临时螺栓。螺栓数量不得少于该节点螺栓总数的 30%,且不得少于 3 颗。楼层钢梁的安装应根据先主梁后次梁的原则,每个部位经纠偏校正并焊接完成后,方进入下一个区域安装。监理过程的重难点控制如下:

(1)高层钢结构安装,因受高度影响,垂直运输多为塔吊吊运方式。故安装前,需对整个工程的平面布置进行综合分析,塔吊的位置尽量避开土建混凝土主梁位置,还要考虑后期塔吊的附着安装角度及最大长度等要求。需根据钢柱、钢梁的重量,安装位置结合塔吊的吊装性能表,综合考虑塔吊的型号及安装位置,避免后期出现塔吊吊不动、吊不到,附着安装困难等不利局面。

(2)因高层特点,钢柱需分为多段,钢柱的安装标高受加工及安装的偏差影响,施工过程中需根据每段柱的偏差值,综合考虑安装的累计误差不得超过允许范围。将超过允许偏差时,需提前要求加工厂对钢柱的加工长度进行控制及纠偏。

(3)高层钢柱安装时,需按要求在每段柱对接位置设置操作平台,确保施工安全。

(4)高层钢结构安装时,未搭设外架,临边需设置临时围护,施工过程需按要求设置水平挑网,防止高空坠落。

(5)高层安装过程中重点应控制钢柱的垂直度及标高的测量工作,特别是有造型的位置,应重点监控,避免出现大的偏差,同时需复核结构与建筑的轮廓线是否一致。测量过程中应考虑气温的温差对测量精度的影响,尽量避开当天的最高温度进行测量放线。

(6)钢梁的安装重点控制高强螺栓的穿孔自由度,现场不得气割扩孔,对确实需扩孔的部位需机械扩孔,并不得超过规范允许范围。对存在偏差较大的位置,需考虑是加工引起的还是钢柱垂直度引起的,避免后期出现同一质量缺陷。

(7)对于悬挑位置的钢梁,需考虑起拱要求。有设计要求按起拱值进行起拱,未要求按规范进行起拱,避免后期浇筑混凝土后钢梁下沉。

3.3 高强螺栓安装的监理要点

本工程高强螺栓的施工位置比较复杂,有主梁和牛腿的连接、主梁和次梁的连接、柱间支撑的连接等,钢梁的截面和连接板的尺寸的种类比较多。高强螺栓在施工前需要检查材料的合格证,并按每批 8 套由第三方检测单位进行轴力试验、抗滑移试验,确保材料的质量达标之后才能进行后续操作。在高强螺栓材料安装时,整个板叠接触面必须维持平整的状态,而且高强度螺栓在边缘缝隙处应当维持自由穿入的状态,不能通过扩孔等形式来完成作业过程。同时,高强螺栓有其特定的作用,不能作为临时的安装螺栓。在高强螺栓拧紧的过程当中,必须分 2 次拧紧,初拧扭矩值应大于终拧扭矩值的

50%,对终拧的检查必须在1~48 h内进行。对受空间影响不能使用专用扳手进行终拧的部位,需用扭矩法或转角法进行终拧,严禁气割割除未拧掉的梅花头。安装完毕之后需要逐个检查螺栓的状态,确保强螺栓的拧紧程度,欠拧、漏拧、超拧等情况的螺栓需进行补拧或者更换,以达到建设的要求,保证钢构件的质量。

3.4 焊接工程的监理要点

本工程结构材料,钢材主要材质为Q235B,Q355B,Q345GJB,焊接方式有手工电弧焊和自动、半自动保护焊。现场焊接量大,焊接难度大是本工程钢结构施工的一大特点。焊接应力与变形控制是本工程的重点。现场钢构件在进行焊接工艺施工之前,监理人员首先要检查相关焊条的合格证等出厂资料,并对焊条进行见证取样送第三方单位检测,以达到建设的要求。焊接过程中焊缝温度应先预热,焊接时温度保持100~150 ℃,一条焊缝焊接过程应保持连贯,一气呵成。如焊接过程中因各种原因存在停焊的情况,从而造成温度下降,则应当用加热工具进行加热,一直达到要求温度后方能再进行焊接。焊缝出现缺陷时,现场焊工不得擅自自行修补,应立即向焊接技术负责人报告,仔细查明情况,制订方案后才能进行修补。焊接完成后应认真清理焊渣、飞溅物等。清除完成后,施工单位对焊缝外观进行自检,不得有凹陷、咬边、气孔、未熔合、裂纹等缺陷,并做好焊接后自检记录。焊缝质量也要通过监理人员的详细判断,观察其表面是否存在裂纹、焊瘤、气孔、夹渣等质量问题;如果焊缝未能够达到工艺要求,就不能够进行下一道工序操作。焊缝外观检查合格后,经24 h冷却,使钢材金相组织稳定后,按设计要求对焊缝进行超声波无损检测,一、二级的焊缝必须通过第三方探伤检测进行质量检验,一级焊缝应进行100%的检测,二级焊缝抽检不少于20%的检测。如焊缝需返修时,同一个部位的焊缝返修不能超过2次,否则容易影响到材料的质量,造成钢构件的结构缺损问题。另外,监理人员还应检查上岗操作人员(焊工)是否持证上岗,无证人员不得进行现场焊接操作。因本工程结构较为简单,不存在复杂节点,焊接的重点为焊接顺序及高空焊接时须采取的防风措施。钢柱为箱形截面,焊接时应采用双人对称焊接,减小焊接变形对钢柱的垂直度影响。钢柱焊接时,钢柱与钢梁应形成小单元的结构体系,便于控制整个结构的变形。

3.5 钢结构涂装的监理要点

钢结构现场涂装的监理要点,主要在涂刷操作的工艺处理上。施工现场的涂装主要是进行构件连接焊缝的防锈防腐涂装及防火涂料涂装。所有现场焊缝或补焊焊缝处均应仔细清理焊渣、污垢,并严格按照出厂构件涂装要求进行补涂。同时,钢构件在运输、安装过程中表层涂层容易受损伤,现场应按损伤程度的不同采取相应的修补措施,表层清理须达到St3级要求后,采用同种涂料进行补涂。现场钢结构涂装主要进行防火涂料的涂刷。监理人员需检查进场防火涂料厂家的生产许可证、产品合格证等资料。该产品还应具有消防部门认可的、国家技术监督局检测机构检测后的消防产品认证证书。本工程耐火等级为一级,钢柱、柱间支撑的耐火极限为3小时,钢梁耐火极限为2小时,疏散楼梯、楼板的耐火极限为1.5小时。在进行涂刷之前,必须要保持钢构件表面干净。构件材料不得含有油污、水分、毛刺等异物干扰。钢结构防火涂料采用喷涂作业。涂前应检查母材是否已刷防锈漆,如有漏刷及脱落要通知管理人员安排补刷后方可进行施工。喷涂施工时温度应在0~35 ℃之间,相对湿度应在90%以下,当风速大于5级、下雨天或钢构件表面有露水时不宜施工。现场监理人员应依据设计和消防部门提出的防火等级标准及防火涂料检验报告,督促施工现场实际涂层厚度以及涂刷道数按要求设置,以保证材料的质量和涂刷的工艺各项要求能够达到专业标准,从而达到设计及规范的要求,保障钢结构建筑的细节部分能够处理得当。重点控制如下:

(1)钢构件防火涂料涂装前,需对焊缝位置及存在锈蚀的部位进行除锈,再进行防锈处理,同时对防锈漆的涂膜厚度进行实测,须满足设计要求。

(2)钢构件存在不同的耐火极限,需根据防火涂料的产品型式报告要求的涂装厚度来实测防火涂料的涂装厚度,达到耐火极限的要求。

4 结语

综上所述,高层钢结构的主要特点是体量较大,连接节点较简单,技术标准高,高空施工安全要求高等。因此,在建筑钢结构部分施工环节,应充分考虑到钢结构类型和层高、钢构件单根重量等参数,选择合适的安装施工方案,并按照施工工艺逐步开始安装施工,做到各个环节的质量管控和控制,及时发现安装偏差并进行纠偏,同时还应该进行必要的施工要点控制,切实提升建筑钢结构的质量水平,保证建筑工程应用的安全性,也能促进建筑工程领域的发展和进步。

参考文献:

[1] 董才海.钢结构厂房工程施工的质量监理[J].建设监理,2018(5):82-84.

[2] 朱书文.装配式钢结构建筑工程施工监理控制要点[J].建设监理,2019(7):85-86.

[3] 王亮.探索钢结构建筑装配式快速安装技术[J].低碳世界,2019,9(3):181-182.

作者简介:

徐益烽,男,1985年生,本科学历,国家注册监理工程师,目前在浙江永宁工程管理有限公司任职,现从事绍兴市科创大厦A、B工程项目总监理工作。

装配式钢结构——部分包覆钢-混凝土组合框架结构体系的应用与分析

浙江永诚建设工程管理有限公司　许振华

【摘　要】　近年来,在建筑工业化及绿色建造大环境趋势下,钢-混凝土组合结构在装配式建筑中的应用与发展受到了建筑行业的高度认可,多种钢混组合结构体系在实际工程中得到广泛应用。该文涉及的部分包覆钢-混凝土组合框架结构体系是多种钢混组合结构体系中的一种,其构件是指开口截面主钢件外周轮廓间包覆混凝土,且混凝土与主钢件共同受力的结构构件,简称PEC构件。结合工程实例,对部分包覆钢-混凝土组合框架结构体系工艺流程以及各工序的控制要点进行论述分析,供有关工程技术人员参考。

【关键词】　钢-混凝土组合结构;装配式建筑

1　工程概况

某工程为中学新建食堂,采用新型钢结构工业化建筑结构体系,即部分包覆钢-混凝土组合框架结构体系,总建筑面积为8071.06 m²;地下1层,±0.000以上3层,层高均为4.5 m,建筑物总高度为17.366 m;地下部分为型钢混凝土框架结构,上部结构形式为部分包覆钢-混凝土组合框架结构体系,主要涉及PEC柱、PEC梁;PEC柱钢骨截面为H400×400×8×18,H400×400×14×28;PEC梁钢骨架最小截面为H400×200×8×16,最大截面为H800×300×14×24。

2　PEC构件生产制作流程与管控

2.1　PEC构件加工制作流程

(1)主钢件制作根据已深化的设计图纸,制作应符合现行国家标准《钢结构工程施工规范》(GB 50755)和《钢结构工程施工质量验收标准》(GB 50205)的有关规定;主钢件制作完成验收合格后进入PEC构件的加工制作。

(2)PEC构件加工制作流程图如图1所示。

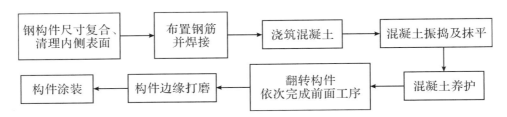

图1 PEC构件加工制作流程

2.2 根据PEC构件制作流程(如图2—图9),在生产制作过程中监理应着重加强工作

(1)首先,在制造构件之前,要对部件的生产商进行考察,这样才能更好地控制构件生产的整个过程。从PEC构件制作流程来看,PEC部件的制造主要由三个步骤组成,即主体钢件的制作、钢筋的布置以及混凝土的浇筑。

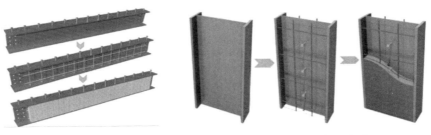

图2 PEC梁示意图   图3 PEC柱示意图

图4 钢构件尺寸复核及表面清理   图5 布置钢筋并焊接   图6 混凝土浇筑

图7 混凝土振捣及抹平   图8 混凝土养护   图9 构件涂装

（2）生产制作期间监理企业应实行驻厂监造,对各流程工序在工厂制作过程中进行检查验收并形成记录及影像资料,并在PEC构件混凝土浇筑前办理隐蔽工程验收。

（3）对主钢件制作质量进行检查,以深化设计图纸为依据,对构件尺寸进行复核,按批次对钢构件焊接焊缝质量以及节点进行检查,并对焊缝按比例抽检,进行焊缝探伤检测。

（4）PEC构件涉及原材料要进行事前管控,按规定落实送样检测。各项检测合格后进行PEC构件的生产制作。

（5）按照深化设计图纸,核对PEC构件的钢筋布置和构造,除了要核对钢筋的规格、间距和数量,还要着重核对钢筋和钢构件之间是否有效连接。

（6）在PEC构件的制造中,为了保证PEC构件内钢筋可以很好地连接在一起,防止发生错位,必须对连接部位的钢筋进行合理的定位;与此同时,在进行油漆涂装之前,应该对各连接板部位(如高强度螺栓连接范围和焊接部位),以及后浇混凝土接触部位进行保护处理,以保证后期连接摩擦面符合要求。

（7）在混凝土浇筑工序中,要在保证其强度达到设计要求的同时,还要对砼的和易性、坍落度等进行现场检查,最好使用振动台或振动棒的方式来进行振捣,以保证砼具有足够的密实要求,并与钢筋及钢构件有效连接,最终构成一个整体。

（8）PEC构件砼在节点连接界面处应进行健槽或拉毛处理,以确保后期新、旧混凝土面的黏结效果,以达到整体结构受力要求。

（9）要根据PEC构件的特性以及生产任务,对养护方法进行合理的选择,在构件浇筑工序完成后,进行保湿养护;在产品出厂时,其混凝土的强度不能低于设计强度的75%。

（10）PEC构件的制造实行首件验收制度,首件通过验收后才能进行量产。

3 PEC构件安装前施工准备及吊装方案确定

3.1 为了保证施工现场能够顺利进行PEC构件的安装,必须严格做好前期的各种准备工作

（1）安装前的技术准备工作。施工图须在开工前经各方会审完成,PEC结构深化设计图纸已经完成,并通过了原设计单位的审核,PEC结构施工组织设计、各专项施工方案已经审批完成。

（2）轴线的交接验收与复测。对建设单位或测绘单位提供的定位轴线,会同各方对定位轴线进行交接验线并做好相应记录;高程根据提供的基准点,引测至便于观测部位,并做好保护;并对待安装的部件进行定位轴线复核测量。

（3）构件的进场和验收:PEC构件的进场验收是对生产制作企业成品验收的最后一道工序,现场监理人员应高度重视;PEC构件、材料进场后根据运输单检查进场构件的数量及编号是否相符,并按设计图纸、标准规范及加工厂质检报告单,对PEC构件的质量进行验收检查,做好检查记录;对质量不合格或存在问题的构件进行退场或返修,使存在质量问题的构件不得进入安装流程。

（4）构件的堆放要求。

①构件堆放应按PEC柱、PEC梁等构件分类别堆放。

②构件堆放时,要按方便安装的次序排列,也就是最先安装的部件堆放在上层或容易吊装的位置。部件堆放时,必须注意将部件的号码或标志露在外侧或便于检查的方向。

③要根据现场的实际情况来布置所有构件的堆放地点,并按照规范的要求对其进行平整和支垫,不能将其直接放置在地面上,必须将其垫高到200 mm以上,这样才能最大限度地减少构件的堆积变形;根据作业区施工进度对构件堆场进行分阶段布置调整。

(5)为了确保PEC构件加工厂和现场的统一性,每个构件都必须精确编号,并且要与施工布置图、发货清单完全一致,严格按照规范和顺序进行堆放和安装,以确保构件的安装工作能够高效、有序地完成。

3.2 起重设备的选型及吊装方案的确定

(1)本项目建筑层数3层,总高度为17.366 m,如图10所示;考虑装配式结构安装周期短及构件重量大等因素,综合考虑选用汽车吊作为起重吊装机械。

(2)根据综合考虑汽车吊起重能力、现场安装的便利性、工厂制作能力及构件运输尺寸限制等,深化设计中对本项目PEC构件分段重量控制(PEC柱分段位置考虑在楼面梁顶标高以上1.2 m处分段,每段PEC柱构件重量均在6 T以内),现场拟采用160 T汽车吊,32 m吊装半径,额定吊重6.8 T;80 T汽车起重机,起吊半径20 m范围内额定起吊重量6 T;50 T汽车起重机的起吊半径为11 m时,起吊额定重量为8.3 T,均超过6 T,可以满足构件吊装的要求。

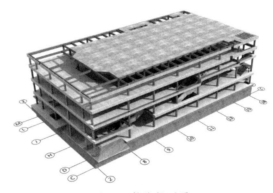

图10　整体轴测图

(3)以本项目的特点和施工场地的平面布置为基础,对起重设备进行合理的布置,对吊装安装的顺序进行明确,并编制起重吊装方案。在吊装作业之前,对其进行试吊,并编写作业指导书对其进行吊装方案交底;施工现场平面布置如图11所示。

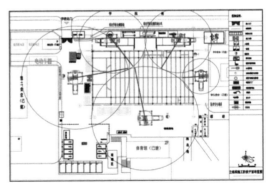

图11　施工平面布置图

4 PEC构件施工工艺及控制要点

4.1 PEC构件安装施工工艺流程

PEC柱安装施工工艺流程如图12。

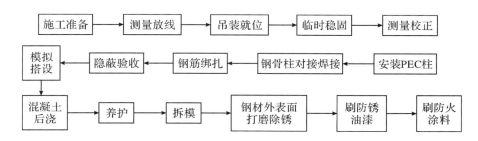

图12　PEC柱安装施工工艺流程

PEC梁安装施工工艺流程如图13。

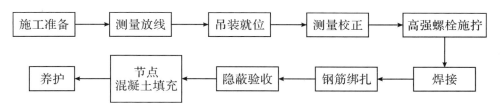

图13　PEC梁安装施工工艺流程

4.2　PEC构件安装现场控制要点

根据PEC柱安装工艺流程,现场控制要点如下:

(1)安装前从构件堆放区提前确定待吊装PEC柱,对接口处采用胶条进行清理,在PEC柱上画出中心线及高程控制线等装配基准线,如图14、图15所示。

图14　构件进场检验

图15　构件现场临时堆放

(2)现场对吊装作业进行旁站监理,检查吊装就位及吊点位置等情况.本项目PEC柱吊点设置在PEC柱上部的安装耳板上;PEC柱吊装到位后,复核上下节柱中心线,确保上下柱中心线对齐吻合,如图16所示。

(3)PEC柱吊装就位后,落实临时稳固,PEC柱的临时稳固采用无缆风施工技术,临时夹板插入下节柱对应的安装耳板上,并穿螺栓拧紧,如图17所示。

图16　吊装就位　　　　　　　　　　　　　　图17　双夹板临时固定

（4）重视PEC柱安装过程中的测量校正工作。现场每安装一节PEC柱前，应在柱上标设中心线及相对标高，当柱安装后并对柱顶做一次绝对标高实测，然后根据实测值来控制下一节柱的标高，以便提前通过临时固定板及处理端部来进行控制；在下节立柱的安装过程中，应严格控制立柱的顶部高程和轴线偏差、立柱的扭曲值，使之符合规范的要求。在上节柱吊装时逐节进行复核纠偏，以免造成累积误差。最后，对PEC柱进行垂直度、标高、水平位置等方面的调整，以保证其达到钢结构验收标准规定要求。

（5）为防止柱对接焊接变形，需先安装最顶层的PEC梁，使框架形成稳定体系；对接焊接采用CO_2气体保护焊施焊，焊接前对坡口及两边进行打磨，去除水锈、油污等，露出金属色；首先对称焊接翼缘板，然后再焊接腹板，在焊接结束后，将引弧板、熄弧板和安装耳板进行割除，并将其表面打磨平整。

（6）在后浇砼的节点上，在安装钢筋之前，按照深化设计图纸，在内壁上画出每根钢筋安装的定位线，以保证其保护层的厚度。纵向钢筋应该用金属扎丝绑扎到位，然后进行钢筋焊接连接，水平钢筋和翼板之间的连接应采用焊接。为了避免节点上的混凝土开裂，建议在钢筋的表面再绑扎一层钢丝网，如图18、图19所示。

图18　节点钢筋焊接　　　　　　　　　　　　图19　钢丝网绑扎

（7）模板进行组装之前，先要把模板的接触面处理干净。除此之外，还要涂隔离剂；柱内进行清理，节点上下交界处混凝土凿毛，冲水湿润，隐蔽验收合格后安装模板，采用对穿螺杆拉紧，使木模板与PEC柱紧贴严实。

（8）PEC柱的接合部后浇混凝土宜选用微膨胀混凝土或与其相应等级的自密实混凝土；将节点的混凝土浇筑至灌料口，等待砼初凝后，将其表面凿毛、湿润，并用豆石混凝土或同等级砼的去石浆料将灌料口填实抹压平整;在混凝土浇筑完毕后的 12 h 内,要进行喷洒养护,养护期不低于 14 d。

PEC柱安装时的注意事项:

(1)吊装要遵循各分区的安装先后顺序进行,并要及时形成稳固的框架体系。

(2)每根PEC柱安装后应及时进行初步校正,以便于后续PEC梁的安装和后续校正;校正时应对轴线、垂直度、标高、焊缝间隙等因素进行综合考虑,确保偏差值均在设计及规范要求的允许偏差范围内。

(3)PEC柱安装前必须焊好安全环及绑牢爬梯;当采用PEC柱的临时性连接耳板做吊点,吊点须相应对称,以保证柱子在吊装过程中呈竖直状态。

(4)在安装PEC结构的立柱时,每个立柱的定位轴线应从地面控制线引测。在标高的设定方面,地面的标高可按相对标高设定;在第一节柱子的安装过程中,应将控制标高从基准点引测在混凝土基础或 PEC 柱上。此后,在每一次柱子的安装过程中,都应采用该标高,以保证结构标高与设计及规范的要求相一致。

(5)PEC柱的起吊必须遵守一定的规定,不得有任何形式的拖曳;而且要求三个动作要以平稳的速度相互配合,即起钩、旋转和移动,当物体到达指定的位置后要轻轻地降低。

根据PEC梁安装工艺流程,现场监理控制要点如下:

(1)充分做好现场施工准备,提前确定待吊装PEC梁,对接口及高强螺栓孔处的胶条进行清理,对连接板的摩擦面进行检查,去除表面浮锈及油渍。

(2)对测量放线工作进行检查,主要是对校正柱牛腿处标高和柱网间距进行检查。在吊装的过程中,要对PEC柱垂直度的变化情况进行监测复核,并及时进行校正,以保证PEC梁能够顺利就位。

(3)在PEC梁的吊装过程中,必须严格按照2点起吊的要求,将其吊点置于PEC梁上部翼缘的吊运耳板之上,并且要仔细观察梁的上下方向、水平方向,使安装位置符合要求;PEC梁安装就位时,及时夹好连接板,对孔洞有偏差的接头应用冲钉配合调整跨间距,然后再用普通螺栓临时连接,如图20、图21所示。

图 20　PEC梁吊点绑扎

图 21　PEC梁吊装就位

(4)在一个框架内的PEC梁安装完成之后,监理人员应该立即组织对其垂直度、标高及轴线进行测量复核,对其中出现的任何偏差均要立即进行测量纠正,从而保证后续PEC构件的安装和整个框架结构体系的精准度。

(5)在测量校正合格后及时进行高强螺栓施工。高强螺栓的紧固分初拧和终拧进行,初拧紧固到螺栓标准轴力(即设计预拉力)的60%～80%,终拧时扭剪型高强螺栓应将梅花卡头拧掉,如图22、图23所示。

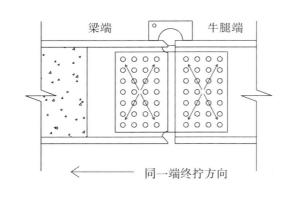

图22　高强螺栓终拧顺序

图23　高强螺栓终拧

(6)CO_2气体保护焊是一种常见的焊接方法,它可以在翼板的接合处进行焊接;在焊接之前,需要对坡口和两侧进行打磨,以去除水分、锈斑和油污;焊接时,应该按照《钢结构工程施工质量验收规范》(GB 50205)的规定,先焊接下翼缘板,然后再焊接上翼缘板。

(7)后浇砼节点处钢筋安装前,根据深化设计图纸在内壁上画出钢筋安装基准线作为钢筋安装的基准,确保保护层厚度,纵向钢筋采用扎丝绑扎牢固后焊接连接,横向钢筋与翼板连接采用焊接连接;钢筋焊接接头检验严格按照《钢筋焊接及验收规程》(JGJ 18)的规定执行。钢筋安装完成后,及时办理隐蔽工程验收,如图24所示。

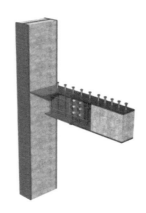

图24　梁柱连接节点钢筋焊接

(8)在PEC梁、柱节点接合部的后浇填充混凝土,宜选用微膨胀砼或自密实砼,其强度等级要比普通砼高出一级或同等级;在混凝土浇筑完毕后的12小时内要进行喷洒养护,养护期不低于14 d,如图25、图26所示。

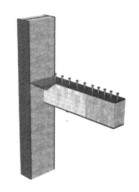

图 25　节点混凝土填充　　　　　　　图 26　节点混凝土养护

PEC梁安装时的注意事项：

（1）PEC梁的整体布置应结合PEC柱的安装次序进行；在吊装过程中，应遵循"先主梁、后次梁，先下部、后上部"的次序，并应考虑上部梁对下部叠合板的影响。

（2）在PEC梁安装完毕后，检查PEC梁与连接板之间的位置是否正确。

（3）对于存在偏差的螺栓孔，必须通过机械扩径，严禁采用火焰气割扩孔形式；在安装过程中，应该使用临时螺栓对其进行临时固定。

（4）在PEC梁安装固定后及时设置安全绳，以便于现场操作人员行走时挂设安全带使用，确保施工安全。

5　结语

本文以某项目工程施工实例，阐述了PEC构件从生产制作到现场安装、节点后浇筑各工序的工艺流程及管理要点，对类似工程具有借鉴意义。在PEC构件安装之前，要着重对测量放线的精准度进行控制，在PEC构件的安装过程中，要强化对安装误差的控制和测量复核校正，以满足各PEC构件的有效连接；加强连接节点钢筋焊接质量以及界面处理，节点处后浇混凝土应重点确保混凝土密实度，以达到后浇筑混凝土与构件有效黏结并形成整体。只有保证各个环节的质量控制，才能达到最终成果目标。

参考文献：

［1］中华人民共和国住房和城乡建设部.钢结构工程施工质量验收标准：GB 50205—2020［S］.北京：中国计划出版社，2020.

［2］中华人民共和国住房和城乡建设部.装配式钢结构建筑技术标准：GB/T 51232—2016［S］.北京：中国建筑工业出版社，2017.

［3］中华人民共和国住房和城乡建设部.钢-混凝土组合结构施工规范：GB 50901—2013［S］.北京：中国建筑工业出版社，2014.

［4］中华人民共和国住房和城乡建设部.部分包覆钢-混凝土组合结构技术规程：T/CECS 719—2020［S］.北京：中国建筑工业出版社，2020.

［5］中华人民共和国住房和城乡建设部.钢结构工程施工规范:GB 50755—2012［S］.北京:中国建筑工业出版社,2012.

［6］中华人民共和国住房和城乡建设部.钢结构焊接规范:GB 50661—2011［S］.北京:中国建筑工业出版社,2012.

作者简介:

许振华,男,1981年生,本科学历,高级工程师,浙江永诚建设工程管理有限公司副总工程师,现主要负责公司技术管理及企业内部培训管理工作。

驻厂监理如何做好装配式构件质量管理

宁波高专建设监理有限公司　胡建杰　杜志杰

【摘　要】 装配式构件主要是在生产厂家成型,驻厂监理工作对构件质量的管理较为重要,将直接影响工程施工质量和使用性能。该文简要阐述装配式构件常见的质量问题,主要分为结构、尺寸偏差和表观质量三类,分析产生原因,阐述预控措施,并对已经出现的问题采取有针对性的解决方法,达到在保证构件质量的前提下,减少各方损失的目标。

【关键词】 构件质量;结构;尺寸偏差;表观质量

引言

近年来,随着装配式建筑施工的不断推广,装配式构件的质量管理已成为目前和今后监理的工作重点。装配式构件采用工厂化生产制造,相较于现浇结构施工来说有很多优势,同时给监理工作提出了新的挑战,监理人员应学习各类新技术,才能做好监理工作。装配式建筑类型较多,监理工作涉及较广,无法在一文中全面概述。本文仅从驻厂监理岗位简单阐述装配式构件的质量管理工作。

驻厂监理人员平时远离施工现场,需要独立完成监理工作。驻扎工厂期间,生产安全不属于监理工作范围,只需做好构件产品的质量管理工作。所以监理单位选择驻厂人员,应参与前期的深化设计和厂家考察工作,了解装配式构件的生产流程和制造工艺,能分析质量问题,如表1所示,采取措施完成质量管理工作,避免不合格的构件运到施工现场。

表1　装配式构件生产流程和质量问题分类表

序号	生产流程	生产质量问题
1	模具组装	尺寸偏差
2	钢筋、灌浆套筒、管线布置	钢筋和预埋件偏位
3	浇筑混凝土	表观质量和尺寸偏差、钢筋和预埋件偏位,灌浆孔堵塞
4	养护和脱模	表观质量
5	吊运、检验入库	边、角损坏和裂纹

1 构件的结构质量问题和解决方法

构件的结构质量直接影响施工和使用安全,是监理质量的工作重点。与结构相关的质量问题,主要涉及混凝土、钢筋、裂纹和灌浆孔堵塞四大类。

构件混凝土质量问题最主要的是混凝土成型强度不符合设计要求,影响施工和使用。原因是构件混凝土质量控制措施不到位,建议根据混凝土配合比编制强度增长曲线,用于生产质量管理,制定技术方案确定混凝土合理拆模、出厂、运输、安装强度,每天做混凝土同条件养护试件,按要求检试压测。做好构件各阶段的养护工作,发现混凝土强度未达到设计值,应有专项技术措施进行处理;同时应继续养护和检测强度,满足要求方可让构件出厂。构件强度达不到设计要求,提请设计确认和洽商是否降低使用标准,无法满足结构安全的应作报废处理。

采用仪器检测构件钢筋位置和保护层偏差,若存在这种缺陷除了影响外观和安装,还影响结构受力和建筑耐久性。原因是技术交底不到位,钢筋半成品加工质量和工装定位不合格等过程管理不严格,以及混凝土浇筑过程中钢筋骨架变形未矫正,外露钢筋在混凝土终凝前未作二次矫正。监理人员需要确认生产厂家进行钢筋加工机械精度和安装工艺符合要求,检查钢筋预留段与现浇段位置准确,混凝土浇筑前检查钢筋绑扎或焊接牢固,固定钢筋骨架和预埋件措施可靠,浇筑混凝土后检查钢筋偏移和复位,做好检验和纠偏管理工作。

混凝土构件裂纹按照延伸深度不同,可分为表面裂纹、深层裂纹和贯穿裂纹。其中贯穿性裂缝和深层裂纹,将影响构件强度、建筑防水、耐久性和建筑结构等,不利于结构安全。原因是混凝土抗拉强度不足,因干燥收缩、化学收缩、降温收缩、局部受拉等抗拉应力,以及生产过程中构件混凝土养护、吊运码放和措施不当等因素,局部受力过大造成裂纹。监理首先检查构造配筋是否合理,优化混凝土配合比控制收缩,做好前期强度的养护工作,严格执行构件吊装、码放、运输、安装方案。构件表面宽度小于0.2 mm,长度小于30 mm,深度小于10 mm,或宽度较宽、较深的裂纹,建议采用灌注环氧树脂,将不影响结构安全和使用性能的表面裂纹封闭,内部填实,不引起钢筋锈蚀即可。严重的裂纹应报设计审批专项技术方案,再实施修补。监理做好监督工作,损坏严重无法修复的构件应直接作报废处理。

构件采用灌浆套筒结构连接,有时出现灌浆孔管道堵塞的情形,影响套筒灌浆质量,严重时会导致结构连接失效。原因是灌浆孔在混凝土浇筑时,定位工装移位导致注浆孔破坏或折弯,或者灌浆孔封堵保护不到位导致孔内漏浆。监理人员应从保证施工质量的角度出发,优化套筒结构,工装定位和灌浆管固定牢固,混凝土浇筑时避免触碰灌浆管及其定位工装,在灌浆管安装、混凝土浇筑、成品验收时严格检查灌浆管是否畅通。发现灌浆管堵塞,应立即让生产人员清理堵塞混凝土,直到具备灌浆条件,损坏了的构件应等待套筒灌浆完成后修补。

出现严重质量问题时应请设计确认,并和各方洽商,无法满足结构安全的,不能降低标准使用的构件应作报废处理。

2　尺寸偏差的质量问题和解决方法

监理人员首先在施工前认真熟悉设计图纸,检查产品和设计模具,确保构件尺寸正确、构造合理、刚度满足要求,对于构件外形尺寸偏差、表面平整度、轴线超规范允许偏差值等质量问题,主要是混凝土浇筑过程中因模具定位尺寸和措施错误、制作精度不准,或模板强度和刚度不足导致偏位。模板支撑机构应有足够的承载力、刚度和稳定性,记录模板使用时间和次数,混凝土体积很大或者流动性太强,也会导致浇筑偏位,构件生产、码放和运输不当会导致塑性变形。检查确保浇筑混凝土及养护模具不变形、不失稳、不跑模,生产振捣工艺合理,模板不会因振捣棒影响变形,混凝土坍落度不能过大。浇筑混凝土过程中发现模板松动或变形,应及时做好补救和二次抹面压光,严格执行"三检"制度,按技术方案码放和运输。构件尺寸偏差不影响结构性能、设备安装、使用功能的,建议采取打磨、切割等方式处理。

构件中线盒、管道、吊点、预留孔洞等各种预埋件安装,能减少施工现场的工作量,有利于工程安装;但预埋件会出现中心点位、轴线超过允许偏差值等问题,不影响结构安全,但严重影响构件外观和后期工程施工。原因是深化设计不细致,导致预埋件和钢筋移位,工人生产施工不够细致和固定不牢,或混凝土浇筑因振捣棒碰撞移位,工人没有认真检查和纠正。监理人员在深化设计阶段,应检查生产厂家的技术加强措施,必要时预埋件采用螺丝拧紧固定,过程中落实"三检"制度,浇筑混凝土避免振捣棒直接触碰钢筋、模板和预埋件等。混凝土浇筑完成后,监理人员应让专人检查预埋件质量,发现问题及时纠正。影响结构性能和装饰装修尺寸偏差的预埋件,需采取多余部切割、不足部填补等补救措施,偏位严重的建议挖掉重植。

严重尺寸偏差或缺陷,应提交技术处理方案经设计确认,各方认可后进行处理,处理后的构件需要重新验收。

3　表观的质量问题和解决方法

构件表观质量一般是混凝土常见的边角损坏、孔洞、蜂窝、麻面、色差、砂线、起皮、污迹等问题。边角损坏主要因边角处设计配筋不合理、钢筋保护层过大,生产、转运、码放、吊装等原因造成损坏。监理可在构件优化和模具设计时,要求阳角处尽可能做倒角或圆角,或增加抗裂构造配筋预防。

其他表观质量问题主要是由混凝土配合比不符,配筋密集处振捣不当,模具未清理干净和脱模剂涂刷不均等原因造成。监理人员要求构件生产前选用合适的混凝土配合比,深化设计时留好预埋件和钢筋中混凝土流动通道,浇筑前按"三检"制度检查钢筋和预埋件,以及模具清理和脱模剂涂刷质量,生产过程中控制混凝土坍落度和振捣,做好振捣管理,确保表观抹面和早期养护质量。

监理人员对质量问题修补时,较大边角损坏的破损面清理应去除浮渣,然后用结构胶涂刷结合面,使用掺有专用修补剂的高强砂浆修补,修补面积较大应加构造配筋或抗裂纤维,修补完成后保湿养护不少于48小时,最后进行表面修饰。对其他表观质量问题,构件表面混凝土色差一般不用处理,直接清洗表面污迹即可。非较大较深的孔洞采用相同品种、相同强度等级的水泥浆体修复,水泥浆硬化后,表面用细砂纸均匀打磨光洁,用水冲洗减少表面明显色差。

4 装配式构件质量的管理要点和总结

驻厂监理人员管理装配式构件生产质量要点,应熟悉生产流程,提前分析产生质量问题的原因。采取以事前控制为主,事中加强管理为辅,尽量避免事后补救的质量管理程序进行工作。个人总结质量问题要点和控制措施,如表2所示,首先应以结构为重点;其次是构件各类尺寸偏差;最后是表观质量问题。驻厂监理人员应加强施工各阶段管理,减少质量问题的出现,避免影响工程质量。

表2 装配式构件质量和控制措施汇总表

序号	质量问题	控制措施
1	钢筋和预埋件	(1)检查布置尺寸和固定质量; (2)检查混凝土浇筑时的保护,发现偏位及时修理
2	混凝土	(1)控制浇筑前使用混凝土质量和模板固定质量; (2)控制混凝土浇筑和振捣质量; (3)按构件养护工艺控制质量
3	裂纹	(1)控制使用混凝土质量和浇筑施工质量; (2)控制构件养护工艺质量; (3)做好拆模、吊运和存放过程管理
4	灌浆孔堵塞	(1)优化灌浆套筒设计减少堵塞; (2)混凝土浇筑前检查灌浆套筒固定和封堵质量; (3)混凝土浇筑后及时检查和清理

除了以上质量问题的控制措施,监理对质量的管理需变被动为主动,增强管理意识,才能达到事半功倍的效果。个人认为,监理还应从人、机、料、法、环五方面提高质量管理工作,如表3所示。

表3 驻厂监理的质量管理提升要点

序号	管理要点	监理工作
1	人	(1)选择优秀管理人员和技术熟练工人; (2)监督生产技术交底和过程管理
2	机	(1)建议考察已经供应构件的工程项目; (2)生产厂家整套设备应先进、适用、实用、经济
3	料	(1)建议按品牌选用; (2)检查验收混凝土、钢筋、预埋件和连接套筒等材料、构配件质量
4	法	(1)检查生产流程的工艺方案、质量管理文件和最终产品质量; (2)检查厂家质量管理资料记录,以及生产过程
5	环	(1)考察厂内生产环境、构件运输路线和现场施工配合等环境影响因素; (2)过程中做好生产环境配套管理

5 结语

装配式构件产品质量管理是一个系统工程,每个生产厂家的管理、设备、人员等条件存在差异。驻厂监理人员要加强与厂内各部门的协同合作,并需熟悉生产厂家质量管理文件、过程控制、各岗位工种操作指导书。最重要的是,监督车间管理操作工人管理和培训制度是否完善,生产设备机具检查维修更新是否及时完成,质检部门的管理能全过程落实到位,才能保证构件产品生产质量管理的及时性、时效性和有效性,保证构件质量管理措施真正落到实处,确保构件的生产质量。

参考文献:

[1] 王光炎.装配式建筑混凝土预制构件生产与管理[M].北京:科学出版社,2020.

[2] 张健.装配式混凝土建筑构件制作问题分析与对策[M].北京:机械工业出版社,2020.

作者简介:

胡建杰,男,1975年生,本科学历,高级工程师、注册监理工程师、一级建造师(建筑工程、市政公用工程)、一级造价工程师、注册咨询工程师(投资)、注册招标师;宁波高专建设监理有限公司总监理工程师,现主要从事工程项目监理、工程管理、技术咨询和造价管理等工作。

杜志杰,男,1989年生,本科学历,工程师、注册监理工程师;宁波高专建设监理有限公司总监理工程师,现主要从事建筑工程项目监理、技术管理和咨询等工作。

住宅项目装配式结构应用与分析

浙江永诚建设工程管理有限公司　　冯新良

【摘　要】　随着社会化进程的不断提升,对建筑企业也提出了新的发展需求,在降低工程造价、节约社会资源和减少自然环境影响等方面提出了更高的要求,于是装配式建筑便出现在人们眼前,可以有效满足建筑用户的基本要求,但在装配式结构设计、施工、监理管控等多个实施环节,参与建设各方还在探索过程中。该文就单个项目住宅工程装配式结构施工情况,并结合浙江省装配整体式结构工程施工质量验收规范的具体要求,对从项目设计阶段至工程施工验收环节及从装配式结构监理管理过程中获得的心得、体会进行分析。

【关键词】　装配式设计;装配式;构件生产;项目实施;常见问题;分析与处理;资料及验收

1　装配式结构设计

本项目由浙江天和建筑设计有限公司进行结构设计,装配式结构委托上海兴邦建筑设计有限公司进行深化设计,本工程18#、22#、23#楼为18层住宅装配式结构,单体预制率为31.0%,预制外墙立面占比为50.69%。本工程PC构件类型包括:叠合楼板底板、预制飘窗、预制外围护墙PC构件。混凝土强度等级如下:①相对标高5.800~8.700 m部分,叠合楼板底板C35、预制飘窗C30、预制外围护墙C30。②相对标高8.700~56.700 m部分,叠合楼板底板C30、预制飘窗C30、预制外围护墙C30。叠合板楼板板厚60 mm,上部设置70 mm厚现浇层,预制飘窗台厚200 mm,预制外围护墙厚200 mm,内墙采用200厚B07级A5.0强度蒸压砂加气混凝土砌块,专用砂浆砌筑,建筑物层高均为2.9 m。

装配式楼面采用叠合板60 mm厚加70 mm厚现浇结构面,在考虑楼面电气管线布置的同时减少楼面结构荷载,所有管线盒均在叠合板内埋设设置到位,不允许后凿开孔施工。

叠合板纵向分隔采用30 cm板缝现浇连接,叠合板预留插筋采用搭接设置,并布置在单体朝南房间,避开厨房、卫生间等有防水功能的房间。

装配式墙板与构造柱连接点采用螺栓间隔布置,墙板构件内埋设连接套筒,简化施工工艺,便于现场施工操作。

装配式墙板与楼面结构梁采用Φ16钢筋套筒连接,后续采用高强无收缩水泥砂浆进行灌缝处理。

2 装配式结构生产

装配式预制混凝土构件生产企业应具有相应的施工资质要求、施工技术管理人员、专业施工队伍;与项目总体施工计划相配套的生产能力,一般生产加工企业必须具有年生产规模在5万立方米以上的工业自动化生产线并配套相应的固定模台,具有钢筋加工设备、混凝土搅拌设备、混凝土布料和振捣设备、产品脱模和蒸养设备、构件加工生产检验设备以及起吊设备等。装配式预制混凝土构件生产企业应根据生产工艺要求,对相关员工进行专业操作技能的岗位培训并使其取得上岗证。

本项目装配式结构委托江苏金传建材有限公司负责构件生产,根据深化设计图纸、构件生产加工方案等采用成品模块化进行施工,根据监理合同的约定,项目施工过程中监理实行驻厂监督管理,针对各施工环节质量控制进行每日跟踪检查,见证厂家质量员进行质量检查检验工作,对装配式结构所用的钢筋原材料、预埋管线材料进行分批次见证取样工作,对构件砼浇筑过程进行旁站并进行见证取样工作,记录构件养护情况,对出厂构件进行实体质量检查、达到规范规定砼强度方可装车外运。构件生产流程如图1—图4所示。

图1 钢筋安装

图2 砼浇筑

图3 养护

图4 吊运装车

3 装配式结构施工

3.1 前期方案优化管理实施

3.1.1 装配式设计深化图纸初步设计完成后,由项目建设方、结构设计方、深化设计方、施工方、生产方、监理方对装配式设计图纸深化设计进行熟悉、讨论,并针对装配式深化设计与主体结构设计冲突、装配式结构现场布置与塔吊选型的匹配度、装配式结构与主体结构的连接、加固型式等问题进行集中协商,将后续施工、安装重难点在设计出图纸前完善。

3.2 装配式进场验收

3.2.1 装配式构件进场后,由生产方、施工方、监理方、建设方人员对现场构件尺寸偏差及外观质量进行检查,施工过程检查相应的技术指标要求如表1所示,检查结果需满足规范要求。

表1 预制结构构件尺寸的允许偏差及检验方法

项目			允许偏差/mm	检验方法
长度	楼板、梁、柱、桁架	<12 m	±5	尺量
		12 m≤L<18 m	±10	
		≥18 m	±20	
	墙板		±4	
宽度、高(厚)度	楼板、梁、柱、桁架		±5	尺量一端及中部、取其中偏差绝对值较大处
	墙板		±4	
表面平整度	楼板、梁、柱、墙板内表面		5	塞尺量测
	墙板外表面		3	
侧向弯曲	楼板、梁、柱		L/750且≤20	拉线、直尺量测 最大测向弯曲处
	楼板、桁架		L/1000且≤20	
翘曲	楼板		750	调平尺在两端量测
	墙板		1000	
对角线	楼板		10	尺量两个对角线
	墙板		5	
预留孔	中心线位置		5	尺量
	孔尺寸		±5	
预留洞	中心线位置		0	尺量
	洞口尺寸、深度		±10	
预留插筋	中心线位置		6	尺量
	外露长度		+10,−5	
预埋件	预埋板中心线位置		5	尺量
	预埋板与混凝土面平面高差		0,−5	
	预埋螺栓中心线位置		2	
	预埋螺栓外露长度		+10,−5	
	预埋套筒、螺母中心线位置		2	
	预埋套筒、螺母与混凝土面平面高		±5	
键槽	中心线位置		5	尺量
	长度、宽度		±5	
	深度		±10	

3.2.2 按照《装配整体式混凝土结构工程施工质量验收规范》，构件检验要求委托第三方对装配式结构主要受力钢筋数量、规格、间距、保护层厚度及混凝土强度等进行实体检验，待检验合格后才能进行安装作业。

3.3 装配式结构安装监理

预构制件安装监理工作流程如图5所示。

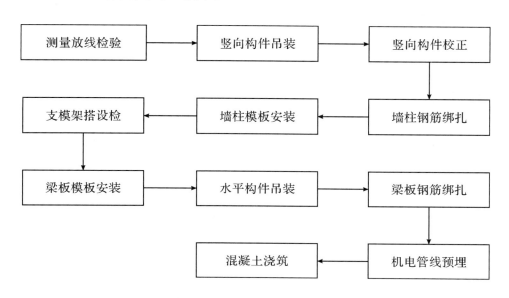

图5　预构制件安装监理工作流程

3.4　安装监理工作要点

3.4.1　测量放线控制

检验施工前，应按设计图纸要求对楼层面进行轴线定位放样，墙板安装边界线进行测放，在楼层面弹出墙板安装控制线；做好楼层标高控制点并进行复核确认；对竖向墙板构件连接件位置、数量、规格进行校验正确。由现场质量员就楼层安装面标高进行全数复核，对楼层现浇砼面超高的事先凿除，低于安装面的应进行找平处理，清理好安装面垃圾，施工员放好墙板轴线、外框线、控制线并复核完成；墙板吊装前，检查墙板套筒预埋钢筋间距、尺寸、垂直度，墙板底与结构面根据设计要求留置2 cm板缝，采用铁件进行支垫并找平到位。

3.4.2　构件吊装、校验

本项目装配式结构吊装从3层平面叠合板开始，并按照深化设计图纸对装配式墙板套筒预埋件进行布置。叠合板吊装采用四点吊，装配式墙板吊装采用原墙板构件上的预埋螺栓孔，采用专用螺栓吊装工具紧固后起吊，即四孔竖向起吊，吊装吊具均由装配式厂家提供。在构件吊装前，编制好相应的吊装方案，由项目技术、安全负责人对现场装配式吊装进行质量、安全交底，吊装前做好对吊装吊具的检查，对吊装用的皮带、绳索、夹具进行外观检查，符合要求方可起吊；项目专职安全员全程进行现场吊装安全管理；吊具螺栓由施工人员紧固后，由专职安全员进行复查。起吊过程中应先做试吊，检查后吊具、紧固件在保证安全可靠的前提下方可以继续起吊，装配式墙板、叠合板起吊后保持平衡、无晃动状态后再平稳上升,起吊过程应由专人指挥;墙板到达楼面前应缓慢下降,施工人员应借助牵引绳、撑杆进行位置校核,在构件离楼板面小于50 cm时施工人员方能靠近,在套筒螺栓就位插入后,立即安装墙板临时支撑件,专职安全员检查支撑件的紧固情况,达到有效可靠后方可卸下吊具。墙板吊装就位及时安排施工人员对墙板垂直度进行检查,按规范要求必须小于8 mm,落实人员进行封边料封边施工。叠合板就位后还应对板面标高进行复核检查,按规范要求控制在±5 mm内,就位后对相邻两块板面标高进行复核检查,按规范要求控制在2 mm内。

3.4.3 模板支架设置

本项目模板支架搭设选用盘扣式模板支架进行搭设。为确保项目吊装施工过程中人员安全,楼面板采用满铺模板方式,楼层框架梁与装配式墙板重合位置在装配式墙板位置预设相应的对穿孔洞,梁顶部根据框架梁设计高度分别选用对穿螺杆或定型方木固定处理。叠合板安装前在楼面模板上铺设双面胶带,预控砼施工环节的漏浆质量隐患。

3.4.4 现浇结构钢筋安装

墙、柱钢筋安装需在装配式墙板安装后进行。本项目装配式墙板与框架柱采用螺栓连接,钢筋安装中不得推挤已安装的墙板构件,并做好钢筋保护层控制。框架梁钢筋安装应在叠合板吊装前完成,梁箍筋安装过程中要注意避开叠合板锚筋。叠合板安装或梁钢筋绑扎施工中不得对叠合板锚筋进行破坏,并注意控制锚筋长度。叠合板板带位置应按设计要求设置附加底筋。

3.4.5 管线安装预埋

管线预埋应在装配式结构全数安装完成后进行,现浇楼面与预制墙板管线的位置应校验正确,管线连接处应进行密封处理;叠合板与梁交接处管线弯折段应进行支垫处理,预防管线踩踏破坏。所有楼面管线均应穿过叠合板筋,不得在叠合板筋面层通过。

3.4.6 装配式套筒灌浆施工

施工在上层结构面浇筑完成,模板支架拆除后进行。灌浆前对孔道进行气泵吹孔、清渣处理,灌浆料应严格按照材料使用说明进行拌制。现场由项目质检员对现场灌浆料的流动度进行抽查,达到设计规定≥200 mm后方可进行灌浆。墙板套筒灌浆应采用慢速灌浆,待出浆孔溢浆后及时用皮塞塞紧,依次类推,直至全数灌浆完成。单块墙板套筒灌浆应一次完成,不得重复二次灌浆。当墙板过长、套筒数量过多时按4～6个灌浆点为一组进行灌浆。项目质检员应在灌浆过程中检查封边料的密封情况,发现封边不实应及时处理,施工中在墙板底缝边缘部位留设一个出气孔,防止在灌浆过程中出现板缝脱空,灌浆完成后对出气孔、灌浆孔、溢浆孔全数用皮塞塞紧,防止浆液回流,待浆液凝固后方可拔出。构件安装过程如图6—图8所示。

图6　吊装

图7　检验

图8　灌浆

4　装配式结构施工常见问题分析及处理措施

4.1　设计吊点位置选择不当

未考虑吊点位置构件分摊重量,构件起吊后在重力影响下构件状态失衡,造成安装困难。其处理措施:首先将现场情况反馈给设计单位进行吊点重量复核;其次对现场构件吊装方法进行调整,采用更换吊具、人为干涉吊点起吊重量等方式进行现场调整施工。

4.2　现浇结构面平整度差、现浇面侧边掉角

现浇结构面标高控制不准,造成墙板缝不一,墙板吊装后出现瞎缝、缝隙大等情况。其处理措施:现浇结构面施工前做好标高控制点,采取在预留插筋位置设置标高控制点,在梁侧模板设置砼上表面高程点的方式进行双控制管理,现浇筑采用人工抹平,并拉毛处理及增加灌浆料与构件连接强度;严格控制梁侧模板拆除时间,梁侧模拆除确保不破坏现浇面结构。

4.3　装配式构件与外架拉结点问题

传统外架拉结点施工在框架梁面埋设钢管与外架连接,现楼层外侧有装配式墙板无法进行拉结点施工。其处理措施:现场在楼层浇筑前在相应拉结点位置设置2 cm厚钢板,梁侧模留设相应的槽口。待砼施工完成、结构吊装完成后采用短钢管进行外架拉结点布置。

4.4　装配式构件与悬挑架、卸料平台设置问题

4.4.1　装配式外围护墙对悬挑架、卸料平台型钢布置上存在冲突,给常见施工工艺采用的悬挑拉锚式布置造成困难。其处理措施如下:

(1)根据悬挑拉锚式施工方法要求,在装配式墙板预留相应的孔洞进行型钢梁布置,在梁侧面留设吊环。

(2)选用下撑式悬挑承力架结构施工。

(3)选用新型钢拉杆组合式悬挑承力架。

4.5 装配式结构板缝防水问题

装配式结构墙板缝防水常见问题为:墙板竖向施工缝渗水,墙板底部水平灌浆缝渗水。其处理措施:

(1)为避免竖向施工缝渗水,在装配式墙板深化设计时侧面采用凹型防水槽,墙板端部无剪力墙时,在端部设置构造柱与楼层整浇。

(2)墙板水平缝处理,首先对卫生间、厨房、阳台位置进行结构砼面上翻设置;其次严格控制墙板灌缝施工工艺,保证灌浆料密实度,做好灌浆料的后期养护管理,防止脱空、开裂情况发生;再次在墙板外侧封边时应设置相应凹口,后续粉刷施工前进行油膏嵌缝处理,并设置 300 cm 宽的防水层,外设抗裂网片。

5 装配式资料管理

5.1 分部、分项、检验批划分

装配式结构工程资料应按照《装配整体式混凝土结构工程施工质量验收规范》(DB 33/T1123—2016)和《建筑工程施工质量验收统一规准》(GB 50300—2013)等技术规范要求进行现场编制、收集,根据项目实际施工情况选用如表2所示。

表2 分部、分项、检验批验收划分表

分部工程	子分部工程	分项工程名称	检验名称(简称)	检验批编号	划分
主体分部	装配式结构	模板	模板安装	02080101	按实选用,按楼层、施工段进行划分确认、编制
		钢筋	钢筋安装	02080201	
		混凝土	混凝土施工	02080301	
		预制结构构件	预制楼板、楼梯构件进场	02080401	
			预制梁、柱构件进场	02080402	
			预制桁架构件进场	02080403	
			预制墙板构件进场	02080404	
			预制板(叠合板)安装	02080405	
			预制楼梯构件安装	02080406	
			预制梁、柱构件安装	02080407	
			预制墙板构件安装	02080408	
			预制结构构件拼缝	02080409	

5.2 隐蔽工程验收

根椐设计图纸要求对墙板及楼梯套筒结构预埋件、筒套灌浆、叠合板板缝安装进行隐蔽工程检查验收。

5.3 生产厂家资料收集

构件出厂合格证及相应的原材料质量保证资料,构件出厂试块强度报告,生产检验记录等。

5.4 施工记录

装配式构件进场验收记录台账、装配式构件吊装记录表、装配式构件套筒灌浆记录。每层现场吊装、套筒灌浆按规范要求留有影像资料并整理汇总。

5.5 检验检测资料

除对装配式结构主要受力钢筋数量、规格、间距、保护层厚度及混凝土强度等进行实体检验外,对套筒灌浆连接件及灌浆施工料按标准进行抽查检测。

6 结语

装配式建筑作为我国现代化建设发展的需要,各地区正积极配合实施,现阶段装配式建筑施工质量参差不齐。本文从工程实际角度出发,就装配式施工管理进行深入浅出的分析,对类似工程在今后的监理管理中能起到一定的指导作用,也希望我国的建筑业能不断推陈出新。

参考文献:

[1] 中华人民共和国国家质量监督检验检疫总局.浙江装配整体式混凝土结构工程施工质量验收规范:DB 33/T 1123—2016.[S].杭州:浙江省住房和城乡建设厅,2016.

[2] 中华人民共和国住房和城乡建设部.钢筋套筒灌浆连接应用技术规程:JGJ 355—2015 [S].北京:中国建筑工业出版社,2015.

[3] 中华人民共和国住房和城乡建设部.混凝土结构工程施工质量验收规范:GB 50204—2015 [S].北京:中国建筑工业出版社,2015.

作者简介:

冯新良,男,1980年生,专科学历,工程师、国家注册监理工程师;浙江永诚建设工程管理有限公司项目总监,现主要从事建筑工程项目监理、工程管理、技术管理和咨询等工作。

浅谈防辐射间混凝土防裂缝施工技术

浙江海辰建设管理有限公司　　汪乐益

【摘　要】　在医院项目、医疗厂房项目中,防辐射要求需达到二级及以上,需要混凝土墙、板、梁尺寸极大并且不允许有裂缝产生。大体积重晶石混凝土结构出现裂缝的情况,是建筑领域施工中存在的常见问题。而怎样避免裂缝的发生,从而提高建筑施工质量,是一个长期待解决的技术难点。

【关键词】　大体积混凝土;重晶石混凝土;降温措施;测温措施

某医疗电子设备厂房加速器机房剪力墙厚度为1.8～4 m,顶板厚度2.2 m(其中顶板下部800 mm为普通C30混凝土、顶板上部1400 mm为重晶石防辐射混凝土),最大梁尺寸为2 m×4.5 m,浇筑方量为2400 m³,占地面积约476 m²,顶板混凝土标高为6.1 m,模板支撑体系采用Z型盘扣式支模架,立杆搭设间距为300 mm。通过在混凝土内预埋铅板、加大混凝土构件尺寸、采用重晶石混凝土浇筑等方法达到防辐射要求。加速器机房所在空间布局宽广设计方案中,剪力墙构件不设置铅板,通过加大构件尺寸达到防辐射要求,顶板以800 mm厚普通混凝土＋1400 mm厚重晶石混凝土达到设计要求。其中竖向构件与顶板第一层一次性连续浇筑800 mm厚混凝土,待28天混凝土龄期到后,浇筑第二次1400 mm厚重晶石混凝土。本文就大体积重晶石混凝土裂缝防治问题进行探讨。

1　裂缝产生的原因

(1)砼构件厚度过大,要一次性施工,砼内热量不宜散发。

(2)混凝土强度等级高,为控制造价及混凝土生产施工便利性,一般用硅酸盐52.5或硅酸盐42.5水泥,水化热高。

(3)如遇冬季施工,环境温度降低,混凝土内表面温差进一步加大,温度应力大。

在上述各种因素综合影响下,钢筋结构必然产生很大的温差,面临着出现裂缝的风险。要避免砼结构出现裂缝(包括表面裂缝和贯穿裂缝),还需要在减少混凝土温度应力和改善自身抗拉性能两方面进行综合考量。

2 支模架及模板工程的施工

（1）该案例中的支模架为超重支模架，必须进行专家论证，并根据论证结果修改施工方案后严格按论证方案执行。

（2）支模架搭设间距为300 mm，在剪力墙周边根据方案要求预留水平间距为550～600 mm的通道，以便混凝土浇筑时对模板进行检查。

（3）考虑防辐射间单位体积较小，单独采购铝膜成本较大，故模板仍采用普通胶合板模板。模板背部满设40 mm×90 mm方木增加其模板的荷载，再根据螺杆布置设置加固钢管夹紧方木及模板。

（4）由于防辐射要求需保证混凝土与螺杆的粘结强度，故螺杆需采用全丝螺杆，并在螺杆上焊接止水片，采用双螺帽扣紧（螺杆超出模板板面300 mm），对穿螺杆间距为400 mm，遇到洞口等位置螺杆需加密设置。

（5）由于施工环境昏暗，除配备照明设施外，需结合方木拼接位置在模板上开设溢流孔，待混凝土浆液从溢流孔处溢浆时用棉花等软物塞实。

（6）混凝土浇筑时需派专人对支模架及模板进行看护，发生风险后需立即暂停浇筑，待险情排除后组织专业人员进行验收，待验收通过后方可进行混凝土浇筑。

3 混凝土浇筑前的准备工作

混凝土浇筑前需进行混凝土级配试验。重晶石混凝土中重晶石骨料需占总骨料质量的70%及以上，重晶石细骨料中的硫酸钡材料掺入量需根据防辐射技术等级而定，二级防辐射等级须达到90%及以上，并待龄期到后进行试验。混凝土中采用原材料应满足设计标准的要求，并且相关检测合格资料齐全。浇捣前班组需分工明确，及时交底，责任到人，人机齐全到位。

4 混凝土浇筑

砼施工时进行全面分层浇筑，分级厚为300～500 mm，且不得超过震动棒的1.25倍长度。分段作业多采取踏步形式分级前进，斜度比通常取1∶6～1∶7。在施工时混凝土的入模温度应严格控制，掺外加剂的混凝土时间根据试验结果确定，但最长不能超过试验时的初凝时间。砼施工宜由最低处开始，沿长边向另一端推移，逐级提高。可取中间向两边推移，保持砼水平均匀上升。施工时，要在第一层混凝土初凝之前浇筑第二层混凝土，防止产生施工冷缝。局部厚度大时先浇深层砼，在初凝前浇上层混凝土。

施工混凝土时应采用φ50型的插入式振捣器（节点钢筋集中较多时，使用小口径振捣棒振捣），振捣器的移动位置间距须在50 cm以内，但也不得超出振动器的1.5倍有效作业范围，避免漏振。斜面推进的振捣器可在底脚和顶边之间认真振捣。振动砼时，振捣器要平稳地插拔，进入最下层砼1/3内，各处震荡时间（一般10～15 s）至砼表面泛浆而不再溢漏气泡时为准，切勿过振。在有预留洞口处应对称均匀浇筑，以免一侧混凝土过高从而发生模板位移现象。

梁、墙在浇筑砼时除配备看模人员外，上部需有专业工人振捣混凝土，下部应人用橡皮锤敲击模板表面。梁、顶板若要同时施工，施工方式应平行框架梁由一侧开始用"赶浆法"，即先施工框架梁，再按照柱高分层浇筑呈阶梯状，当框架梁内砼达到顶板底部位时再与板的砼同时进行，随着阶梯形继续延伸，梁板砼的施工也在继续地往前推进。在柱底和柱帮的部分也要小心振实，在施工时不得触及任何钢筋和提前预埋的各种套管。

顶板砼的尺寸大，顶部产生的水泥浆会比一般构件厚，所以需在砼初凝前均匀撒一层20 mm左右的碎石用振动器振实，初凝前用木抹子磨平压实，初凝后再用平板打磨机或木抹子抹压两遍，以防止表层出现龟裂，并按标准规范要求及时进行养护。

5 降温措施

因为砼体量大，硅酸盐混凝土水化热高，内部温度无法有效扩散，因此通过在砼内部预先设置冷却用水管，强制降低砼内的高温，以减小砼的温度应力。

冷却水管采用直径Φ80的镀锌管及丝接弯头，采用增压泵送水实现水循环。冷却水管横向间距为800 mm、竖向间距为1000 mm，成Z字形布置，与墙板钢筋马凳(角钢)焊接固定。水源选择布置于就近的施工用水水箱，内配增压泵。同时将循环排出的水用水管回倒入水箱内，这样可以减少水资源的浪费。在混凝土浇筑后12小时，启动增压泵，开始水循环进行强制降温。当循环水的水温过高时，可采取放入冰块等措施降低水温。根据测温情况，待混凝土内部水化热温度发展趋于平稳后(一般在混凝土养护期间14天)，停止冷却水循环。由于冷却管垂直于辐射射线方向，在得到设计同意后可不进行封堵。

6 测温措施

因为加速器机房对射线的特殊需求，所以在墙体上的测温杆不可垂直设置。需要按照放射源的具体位置确定测温杆的插入角度，一般为小角度反方向倾斜插入埋设，并相应减小测温杆数量，故测点根据结构轴线来设置2—4个检查点，测点间距以轴线进行划分，并在建筑物的每个平面上预埋温度检查点2—4个，保温材料温度检查点2—4个。每个测量部位，均采用热电偶补偿导线和数显温度仪相连。工地安排技术人员24小时轮流进行温度监测，每隔45~60分钟检测一遍并进行记录，准确测算构件中心测点与表面测点的温差值，作为改变控温工艺的基础依据，避免砼构件产生温度应力裂缝。待测温工作结束后，预埋在顶板上的测温杆需及时用灌浆料封堵密实。

7 养护措施

为防止裂缝产生，要尽可能让构件处于表层湿润状态，使混凝土得以提高硬度以抵抗断裂应力。当表层干燥速度过快时，就需要持续补充湿润养护以达到良好的表面强度。而目前，大体积砼最常使用的养护方式为保温，所使用的表面保温材料为毛毯。

蓄水的目的主要是用来降低构件表层的热量扩散，从而降低构件表层的温度梯度，并拉长散热时间,以发挥水泥强度的最大值,并避免产生表面裂纹。养护的主要目的是:一是对于施工后尚处在初凝至终凝阶段的砼构件硬化的时间较快,在适当的保湿条件下可避免因混凝土表面的脱水现象而形成收缩裂缝。二是砼构件表面在适当蓄水和保湿条件下,可使混凝土的水化作用顺利地进行,从而增加混凝土的物理性能。

8 防辐射大体积混凝土施工注意事项

（1）需制定详细的组织管理流程,加强现场协调,配备足够的施工人员和管理人员、材料物资、施工设备等确保浇筑施工按计划顺利进行。

（2）项目所用的重晶石混凝土的粗细骨料必须严格选配,采购时宜选用同一矿场或同一产地的重晶石。重晶石混凝土可全部采用重晶石骨料也可掺入部分沙和石料,重晶石细骨料的粒径需小于4.75 mm且大于等于75 μm,粗骨料粒径不小于4.75 mm。对防辐射要求较高的混凝土防护单元,也可试配时在重晶石混凝土内掺入含化合水的矿石骨料或含锂、硼等低轻元素的骨料。

（3）砼施工时竖向构件不应留施工冷缝,需在初凝时间前把最上部的砼全部浇筑完毕,如剪力墙上因施工困难必须留设施工缝时不得留设平缝,必须留设成凹凸状且凹缝和凸缝的水平间距需均匀布置,垂直高低差必须错开200 mm及以上。严格把控每个振捣点的振捣时间、移动间距和振捣棒插入深度,严禁出现漏振或过振现象。严格按规定时间进行温度测量,出现混凝土构件内表面温差超过25℃时及时发出温度警报,及时洒水养护并覆盖保温保湿材料。

9 结语

重晶石大体积混凝土的浇筑质量好坏是保证能否达到防辐射等级要求的关键,在浇筑前需综合考虑重晶石混凝土原材料的质量、物理性能等。在施工过程中,应从各个环节避免裂缝的产生,控制入模温度与环境的温差、重晶石混凝土硬化时的内表面温差和应力释放,浇筑完成后混凝土内部的降温与养护等。只有确保每道工艺具有切实可靠的措施的情况下,才能避免裂缝的产生从而达到防辐射等级的要求。

参考文献:

[1] 中华人民共和国住房和城乡建设部.大体积混凝土施工标准:GB 50496—2018[S].北京:中国建筑工业出版社,2018.

[2] 中华人民共和国住房和城乡建设部.混凝土结构工程施工质量验收规范:GB 50204—2015[S].北京:中国建筑工业出版社,2015.

[3] 中华人民共和国住房和城乡建设部.混凝土强度检验标准:GB/T 50107—2010[S].北京:中国建筑工业出版社,2010.

[4] 中华人民共和国住房和城乡建设部.混凝土结构工程施工规范:GB 50666—2011[S].北京:中国建筑工业出版社,2012.

[5]中华人民共和国住房和城乡建设部.重晶石防辐射混凝土应用技术规范:GB/T 50557—2010[S].北京:中国计划出版社,2010.

作者简介:

汪乐益,男,1989年生,本科学历,国家注册监理工程师、一级建造师(房屋建筑);浙江海辰建设管理有限公司总监理工程师,现主要从事建筑工程项目监理、全过程工程管理、技术管理和咨询等工作。

土建工程混凝土裂缝的控制和防治

浙江盛康工程管理有限公司　　董能杰　　胡继勇

【摘　要】　混凝土裂缝是土建工程中的质量通病。混凝土裂缝不仅影响工程的外观,部分裂缝还对建筑物混凝土结构的整体质量构成一定的隐患。因此,施工现场应加强对混凝土裂缝的防治与控制,以减少混凝土裂缝的产生,尽可能避免由此引起的诸多不良影响。

【关键词】　混凝土裂缝;控制;防治

引言

混凝土裂缝,是由混凝土物理结构在内外因素影响下发生变化而产生的,是混凝土结构物承载能力、耐久性及防水性降低的主要原因。混凝土裂缝是土建施工中的质量通病,也是大多数施工单位对混凝土裂缝问题视而不见的原因。混凝土裂缝不仅影响工程的外观,部分裂缝还对建筑物混凝土结构的整体质量构成一定的隐患。因此,施工现场应加强对混凝土裂缝的防治与控制,以减少混凝土裂缝的产生,尽可能避免由此引起的诸多不良影响。

1　工程概况

本项目为某安置房工程,建筑面积41182.00 m²,其中地下建筑面积13843.19 m²,共由9幢住宅组成,1#楼至6#楼为8层建筑,其余为10层建筑,采用了钢筋混凝土框架。本项目混凝土裂缝防治的主要部位为地下室、卫生间、厨房间等有水房间、屋面、楼板等。因为地下室周边地下水位较高,顶板回土高度1.5 m,所以地下室底板、外部剪力墙、顶板的裂缝控制将是本项目混凝土裂缝控制的重点。考虑到安置房项目的特殊性,避免在交房时由于裂缝原因影响交房和被投诉,工程开工后施工单位、监理单位、代建单位对混凝土裂缝的危害、成因、控制和防治进行了认真研究和分析,并要求施工单位制定裂缝控制和防治方案,监理单位也针对项目实际情况编制了裂缝控制和防治监理细则。

2　混凝土裂缝的危害

2.1　对混凝土结构造成影响,严重时可导致建筑物倒塌

当建筑物出现裂缝时,空气和水就会被引入,而且随着四季温差的变化,比如霜冻,裂缝中的水就

会凝固,体积也会变大,这种内部膨胀力会使裂缝不断扩大,从而导致裂缝的宽度和深度不断增加,最终导致混凝土结构被破坏。如果不采取有效措施进行修复,裂缝将会迅速扩大,最终可能导致建筑物倒塌,给社会、人民和财产安全带来极大危害。

2.2 钢筋腐蚀和混凝土附着力受损

通常情况下,钢筋混凝土建筑的框架都可以得到良好的防锈处理,因为pH值偏向弱碱,可以起到良好的防锈效果。但当钢筋混凝土施工产生裂纹时,就可以使得钢筋混凝土表层剥落,无法得到良好的防锈处理,特别是当温度偏低或者潮湿时,更容易使得钢筋水泥的表层受到损害,严重影响钢筋水泥的硬度和使用寿命。除去钢筋混凝土的锈蚀,还有其他因素可能造成构件的破坏。例如:锈蚀可能降低钢筋与混凝土的结合强度,进而造成更多的裂纹出现。另一个问题是,当这些材料长期暴露于潮湿环境或者高温条件下,它们的耐久性就可能下降。如果不及时采取有效措施加以消除,将严重影响建筑的质量。

3 施工中混凝土裂缝的成因

3.1 混凝土的收缩

建筑项目施工中,由于水分的蒸发,会发生塑性收缩。混凝土浇筑工作完成后,会发生一系列的化学反应。因此,胶凝混凝土中水分蒸发或流失会引起混凝土收缩,造成混凝土开裂。在混凝土硬化过程中,收缩是不可避免的。这是因为随着表面的干燥,水分的蒸发速度加快,而内部的水分则相对流失较慢,而内、外收缩不平衡会引起混凝土开裂。

3.2 混凝土材料原因

水泥的质量取决于其氧化钙含量。如果氧化钙过多,水泥的溶解过程会减慢,可能会出现混凝土已经硬化,但水泥仍在水化过程中,会损坏混凝土并形成裂缝。沙子和砾石的大小和硬度与建筑物中混凝土的裂缝密不可分。较细的砂石在搅拌过程中会使混凝土产生较大的空隙,从而降低整体结构的强度。毫无疑问,砂石中肯定存在杂质,特别是砂石紧缺时代含泥量应控制在规范要求内,一旦超标超量就容易出现裂缝现象,而且易降低混凝土的强度。

3.3 施工质量原因

混凝土搅拌不均匀,使砂石水泥未有效胶合在一起,致其不致密,这无疑大大增加了开裂的可能性。随着技术的飞速发展,当前市场上的商品混凝土坍落度基本能满足要求,但在浇筑进程中,若速率太快,将导致水泥的紧密性受到限制,从而在水分蒸发后出现紧缩性的裂纹。为了确保质量,在实施的整个过程中,必须严格执行标准的流程,减少这种情况的发生。

3.4 温度原因

由于夏天的炎热、冬天的寒冷,混凝土的内部和表层的温度变化较大,这种变化可能会造成裂纹的产生。此外,由于混凝土中的水分已经达到了饱和状态,而其他的残留物也可能被冻住,从而使得混凝土的抗拉能力减弱,进而产生了裂纹。

4 本工程混凝土裂缝控制和防治

4.1 结构设计控制

本工程代建和施工单位作为联合体中标,设计单位由代建单位另行招标,统一管理。因此,在施工图设计阶段和后期施工阶段,由代建单位统一协调管理,结合地勘报告、基坑开挖后地质情况、基础形式、施工方案等特点,针对钢筋混凝土裂缝的控制和防治在设计阶段采取相应的措施。

4.1.1 关于钢筋的应对措施

在设计房屋结构时,需要选择合适的钢筋数量。如果钢筋数量过少,或者过多,或钢筋过粗等,与房屋的结构不匹配,很容易造成现浇混凝土脆性开裂。因此,在选择钢筋时,要结合房屋的结构要求,为墙板、楼板等薄壁构件选择合适的钢筋配置。

4.1.2 关于地下室混凝土裂缝的应对措施

在设计过程中,需要考虑工程基础特点导致混凝土可能产生裂缝的原因。在许多情况下,大体积混凝土的裂缝是由混凝土不均匀收缩引起的。因此,为了防止混凝土收缩,需要使用补偿收缩、自修复材料的混凝土技术,以便即使混凝土有收缩也能自身修复功能。本工程在地下室顶板、侧墙、底板的设计中,要求在混凝土搅拌阶段加入抗裂纤维以加强混凝土的抗裂能力。

4.1.3 关于混凝土构件收缩变形的应对措施

设计过程还需要考虑混凝土构件中可能出现的各种收缩和变形情况。在进行结构设计时,应以科学、合理、可行的原则为基础,根据房屋的实际状况进行精心的计算,制定一套完善、有效的方案,以确保工程的高质量。同时要对房屋建筑中出现的裂缝进行有针对性的技术处理和设计。需要注意的是,随着钢筋数量的增加,收缩开裂的可能性会增大。因此,在设计过程中,应当根据工程实际情况,精心挑选出最适合的抗裂技术,以达到最优的结果。

4.2 混凝土原材料的质量控制

在施工中,材料配置是混凝土裂缝控制最重要的环节。

在这个工程中,我们使用了预拌商品混凝土。由于这种混凝土需要在特定地区和时间内运输,因此控制其质量非常重要。为了确保混凝土质量,我们需要对混凝土的制备过程进行严格控制。这个过程涉及两个主体:一个是预拌混凝土生产企业;另一个则是施工单位。对于原材料的控制,更多的是预拌混凝土生产企业在源头上控制,即对进场原材料的控制,还包括实验室根据施工单位上报的设计要求对混凝土标号的科学配比,生产操作的控制,出厂混凝土的检验,运输调度的控制,混凝土进入施工现场后施工单位现场浇筑的监督,以及成品混凝土养护及混凝土构件质量的跟踪检查反馈等。通过以上措施来共同确保混凝土的裂缝控制和防治。本工程所在地只有两家商品混凝土生产企业,在工程开工前,通过过往工程施工经验以及厂家实勘,确定一家距离、供应量、质量控制较符合本工程要求的商品混凝土厂家作为本工程商品混凝土供应商。

预拌混凝土生产公司在选择原材料方面会比较谨慎,主要对水泥的比表面积、强度、安定性和标准黏度,以及使用的水的比例进行检测。此外,对超细矿粉比表面积、活性指数、流动度比等,对进场砂亚甲兰试验、细度模数、含粉量、泥块含量等,对进场碎石的含泥量、泥块含量、颗粒级配、表观密度等,对进场的外加剂水率、泌水率、含气量、坍落度经时损失等按批量进行检测,并做好记录。

本工程监理、代建、施工在基础混凝土生产过程中,通过现场监督、临时抽查的方式确保抗裂纤维按配合比加入。预拌混凝土进入施工现场进行浇筑施工前,施工人员和监理人员应按照具体要求检查骨料、水泥、外加剂、矿物等材料的质量控制报告和材料证明,确保各项指标符合质量要求,特别检查砂石料的含泥量杂质情况是否符合质量要求后,方可允许这些材料进入。同时按规范要求进行坍落度检测和标养、同养试块的留置,以检测进场混凝土原材料是否符合设计及规范要求。

4.3 施工质量控制

施工过程控制不好,很容易产生裂缝。因为施工单位现实存在的客观原因,混凝土施工过程中一旦管理不到位,混凝土浇筑工人施工过程的随意性和不规范操作,易造成混凝土裂缝的产生。由于泵送商品混凝土具有较高的坍落度和较强的早期流动性,容易发生振动;而且在施工时,由于工人们想尽快完成浇筑,未等混凝土初凝,就在其上覆盖尼龙薄膜,这也是导致出现裂纹的主要原因。为此,在混凝土表层抹平并收缩浆料后,应该及时采取适当的维修和养护措施,以维持其表层的潮湿状态,加强其水化作用,从而有效预防和减少出现的微小裂纹;如遇到环境和条件有所限制,无法及时养护时,在混凝土开始初凝之前,应该进行一次彻底的抹压,以确保其表面的完整和紧致;同时,要有效地抑制早期的塑性变形,以防止表面的凹凸不平。此外,还要加强对表层的紧固处理,以增强其耐久性和耐热性。

施工过程中严禁过早拆除模板。拆除时间以拆模试块强度报告为准,辅以现场实体回弹强度监测,达到拆模强度要求后方可拆模,严格落实至少7天一层以及作业层未浇筑下层支模架不得拆除的要求。在混凝土强度形成过程中,严禁在混凝土面过早过载堆载,特别严禁头晚浇筑次日一早大面积开始施工的现象,以免造成"先天不足"的裂缝。

4.4 温度裂缝的控制

夏天与冬季浇筑混凝土时,由于气温温差大易引起混凝土内外温差产生裂缝。夏天混凝土表面温度要高于混凝土内部温度,应对混凝土表面进行湿水覆盖降温,以保持与混凝土内温度温差不要超过规范要求;冬季混凝土表面温度要低于混凝土内部温度,应对混凝土表面进行覆盖保温,必要时还要表面加热保温,不致由于内外温差过大而引起混凝土裂缝。

4.5 项目裂缝控制成效

本项目从源头开始对裂缝的产生进行了分析和预控,分别制定了裂缝控制方案和细则,过程中严格把关,使裂缝得到有效控制。与公司在监其他项目横向比较裂缝明显减少,为今后其他项目裂缝控制提供了案例。

5 结语

综上所述,可以说,混凝土裂缝的出现,不仅会影响工程的整体外观,还可能降低建筑工程的基本特性,进而影响建设工程的安全、质量和使用。所以必须严格控制产生裂缝的因素,以减少其发生。

裂缝产生是设计原因、原材料原因、施工原因还是外部环境原因,需要大家在今后实践中不断去分析查找,积累宝贵的经验,不断加强对施工现场混凝土裂缝产生原因的分析,从而发现并逐步控制、防治各种裂缝产生的因素,为社会呈现完美的建筑产品。

参考文献:

[1] 毕莹,索楠.建筑结构设计中混凝土裂缝的防治探究[J].建筑与装饰,2020(34):6-7.

[2] 冯建国.高层混凝土结构中裂缝产生的原因及其控制[J].甘肃科技.2009(5):122-123.

[3] 白玉国.混凝土裂缝分析及其防治探讨[J].绿色环保建材,2019(8):24-27.

作者简介:

董能杰,男,1977年生,本科学历,高级工程师,国家注册监理工程师、二级建造师;浙江盛康工程管理有限公司总经理,现主要从事建筑工程咨询、工程监理和技术管理等工作。

胡继勇,男,1971年生,本科学历,工程师,注册监理工程师;浙江盛康工程管理有限公司总监理工程师,现主要从事工程项目监理、工程管理和技术管理等工作。

某项目大体积混凝土质量监理控制重点

杭州大江工程建设管理有限公司　蒋建英

绿城房地产建设管理集团有限公司　石俊峰

【摘　要】　房建项目中大体积混凝土质量控制措施往往未被各建设单位、施工单位重视，致使大体积混凝土由于施工时未采取相应措施或措施不当而产生大量内部裂缝，影响使用功能甚至结构安全。鉴于此，该文结合案例分析了大体积混凝土质量控制的必要性，并简述控制的措施要点，供业内同行参考。

【关键词】　大体积混凝土；质量控制；裂缝控制措施

1　工程概况

某公建项目总建筑面积82826 m²，其中地下面积22690 m²，地上面积60136 m²；地下2层，地上23层，最大高度99.85 m；共2个单体建筑，功能为办公楼。

该工程基础概况：纯地下室为梁承台基础，底板厚度为600 mm；主楼下为桩筏基础，筏板厚度为2500 mm，电梯井与消防集水井附近部分厚度为5100～5800 mm；地下室底板及外墙混凝土强度等级为C35，抗渗等级为P8。

2　大体积砼开裂成因及影响分析

《大体积混凝土施工规范》(GB 50496—2018)中，大体积混凝土的定义为砼构件短边尺寸超过1 m的为大体积混凝土。本工程主楼区域基础筏板厚度2.5 m，电梯井、集水坑等局部区域基础厚度为5.8 m，因此主楼地下室区域的基础筏板为大体积砼。本项目地下室底板根据设计的后浇带划分施工区块如图1所示，大体积混凝土位于C、E区块，在主楼基础范围内，如表1所示。

表1　施工区块内大体积混凝土强度和方量

编号	部位	砼标号及抗渗等级	工程量/m³	一次浇筑/m³
1	C区	C35、P8	4900	4900
2	E区	C35、P8	5900	5900

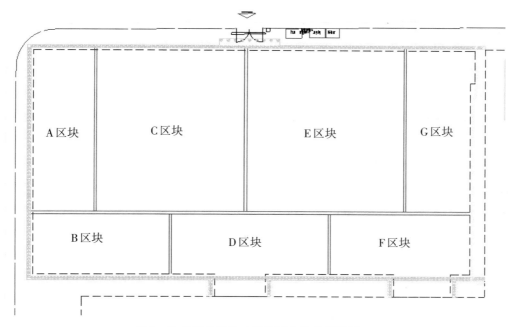

图1　地下室底板施工区块划分平面布置图

大体积混凝土产生裂缝的主要原因如下：

(1)水泥作为胶凝材料,在水化过程中要产生一定的热量,容易引起大体积混凝土裂缝。由于大体积混凝土构件截面尺寸大,表面系数较小,水化热聚集在构件内部不易散发,使混凝土内部的温度急剧升高,混凝土内部的最高温度大多发生在浇筑后的3~5天,当混凝土内部与表面温度差过大时就会产生温度应力。当混凝土的抗拉强度不足以抵抗该温度应力时,便产生温度裂缝,这是大体积混凝土产生裂缝的主要原因。

(2)基础大体积混凝土与地基浇筑在一起要受到下部地基的约束,混凝土弹性模量小,应力松弛度大,当混凝土温度升高时,释放应力导致混凝土与地基连接出现不牢固;当温度下降时,又会出现较大的拉应力,当拉应力超过混凝土的抗拉强度,就会出现垂直裂缝。

(3)施工期间外界气温的变化对大体积混凝土产生裂缝也有重要影响。混凝土浇筑温度会根据气温而变化,特别当气温骤降时,将大幅增加内外层混凝土的温差梯度,导致温度应力加大,从而造成大体积混凝土出现裂缝现象。

(4)混凝土中的水分蒸发引发混凝土收缩,产生收缩裂缝现象。基础筏板主要功能是抗剪切和抗渗漏,如果大体积混凝土质量控制不好,构件严重开裂,不仅影响结构承载能力,而且会造成地下室底板大面积渗漏,给后期修补带来很大问题,有些裂缝甚至无法修复,严重影响使用。常见的现象为地下室底板拱起、开裂渗漏,情况严重的还会出现结构内部炸裂,致使筏板的抗剪切强度达不到设计要求。

大体积砼施工方案主要解决基础筏板内部因水化热而开裂的施工质量问题,在混凝土龄期初期如何化解水泥水化热带来的热胀、冷缩对砼结构的破坏,预先将一系列科学合理的措施编制在大体积混凝土施工方案中,并在施工中切实按方案执行,是有效控制大体积混凝土质量的关键所在。

3 大体积混凝土质量控制要点

3.1 完备的质量控制措施

大体积混凝土施工技术要求比较高,要从材料选择、技术措施、组织措施等各方面做好充分的准备工作,才能保证基础底板大体积混凝土顺利施工。因此要求施工单位编制详细可行的施工专项方案,监理应进行认真审核及监督。

3.1.1 混凝土原材料和配合比

大体积混凝土的配合比设计,要满足缓凝、和易性、坍落度、抗渗性、强度等方面要求,首先要在原材料上进行控制。结合项目对主要材料的要求建议如下:

(1)水泥:采用低热或中热水泥,如矿渣水泥等,降低水化热。

(2)粗骨料:碎石,粒径5~25 mm,含泥量不大于1%,选用粒径较大、级配良好的石子。

(3)细骨料:采用中砂,含泥量不大于1%。选用平均粒径较大的中、粗砂拌制的混凝土。

(4)粉煤灰:改善混凝土的和易性,降低水化热,提高抗渗和抗腐蚀性,增加后期强度。

(5)矿粉:适当增加矿粉掺量,可延缓胶凝材料的水化速度,提高抗渗和抗腐蚀能力,增加混凝土后期强度。

(6)外加剂:掺入减水剂、缓凝剂等外加剂,增加流动性、可塑性,延缓水泥水化放热的速度。

(7)冰块:在炎热季节施工时,采取降低原材料温度、减少混凝土运输时吸收外界热量等降温措施。

混凝土配合比由混凝土搅拌站试验室根据施工单位下达的任务单进行试配,要求提前一周做好混凝土优化配合比,把试配结果报到项目部,审核后方允许使用。根据设计要求和类似工程的经验,结合项目建议确定配合比的原则如下:

(1)在设计许可的情况下,采用混凝土60天强度作为设计强度。

(2)水灰比要求:宜保持在0.5左右,水灰比过小,则和易性差,流动阻力大,易引发堵塞;水灰比过大,则易产生离析,影响泵送性能。

(3)砂率要求:砂率应保持在45%左右,一般不宜小于40%,但不得超过50%。砂率过小,砂量不足,则影响混凝土的黏聚性和保水性,容易脱水,造成堵塞;砂率过大,骨料表面积及空隙率增大。

(4)矿粉:掺入适量矿粉可改善流动性,增加和易性,降低水化热,增加后期强度。采用矿粉掺量一般在20%~30%左右。

(5)粉煤灰:控制粉煤灰掺量,一般为15%。粉煤灰对改善混凝土和易性有利,减少水泥用量,但掺加粉煤灰的混凝土早期极限抗拉值会有所降低,对混凝土抗渗抗裂会有一定不利影响,因此粉煤灰的掺量要控制在15%以内,采用外掺法,即不减少配合比中的水泥用量,按配合比要求计算出每立方米混凝土所掺加粉煤灰量。

(6)外加剂:复合型抗裂纤维(SY-K)。

3.1.2 大体积混凝土浇捣方法和机械配置

大体积混凝土浇捣,既要满足连续浇筑、不出现冷缝,又要尽量延长浇筑时间,合理利用初凝时间和缓凝性能,延长水化热的散热时间,以避免集中释放造成对混凝土结构的破坏。混凝土采用分层连续浇筑的方法,分层浇筑的厚度一般每层为500~800 mm,合理确定浇筑的起点位置与浇捣顺序。本项目采用的是从最深处向外浇筑。

主要施工机械与劳动力配备取决于工程量、现场条件、浇捣顺序及大体积混凝土初凝时间,一般初凝时间在6~10小时。为确保混凝土连续浇筑,混凝土输送泵、混凝土搅拌运输车及劳动力等需用数量应经计算确定。

3.1.3 混凝土内部预埋设散热水管

为了将混凝土结构内部水化热带走,实践采用在构件内部预埋水冷散热管是一项有效的措施。本项目在混凝土结构内部预埋散热水管,水管采用直径48 mm、壁厚3 mm的钢管,管道平面间距按1.2 m、边距1.5 m进行布置,基础深度方向布置二层管子,每层各有一个进口、出口,每一层管道安装完成后均应做保压试验,确保在一定工作压力下不渗漏水。散热管布置如图2、图3所示。

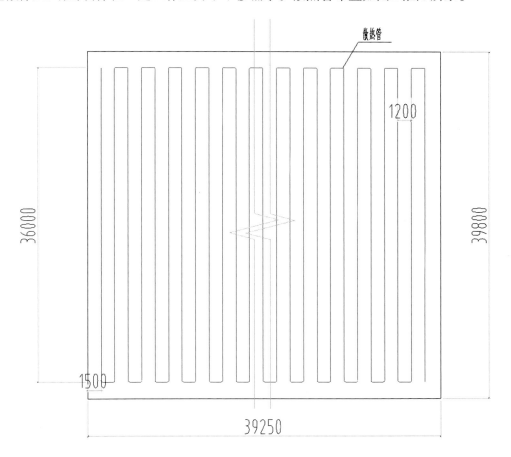

图2　散热管平面布置图

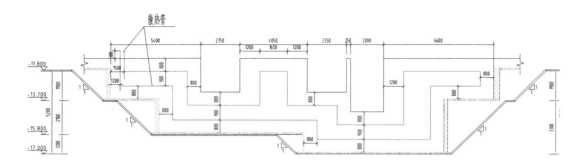

图3 散热管布置剖面图

3.1.4 测温管布置

为了及时掌握混凝土内部温度变化,控制混凝土表面温度与大气温度之差不超过20 ℃和混凝土内、表温度差不超过25 ℃,以便采取有效的降温措施,防止水化热聚集产生温度过度升高,在主楼核心筒区域等散热不利部位和标准深度2.5 m处设置测温点,预先埋设测温管,并将一端封闭可盛水的钢管焊接固定在基础底板钢筋上。此外,在现场还需设置两处测温点,用以监测环境温度,以便与混凝土表面温度作对比,比较混凝土表面温度与大气温度之差。测温点布置如图4、图5所示。

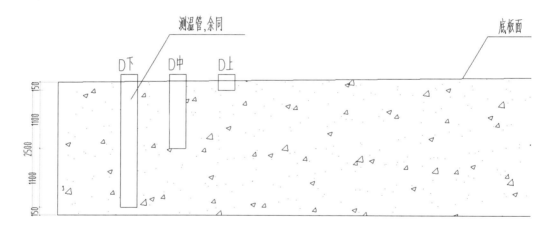

图4 测温管布置剖面图

3.1.5 温度监测和降温措施

(1)温度监测。

测温工作在混凝土浇筑后即开始,降温前每天每隔4小时测温一次,同时检查混凝土表面情况,并做记录,同时观察记录裂缝情况。当混凝土开始降温后,每隔4小时测温记录一次。检查混凝土表面是否缺水(混凝土表面发白),塑料布和麻袋是否覆盖严密。测温人员除对测温点进行按时测温外,还要对大气环境温度、进出水温度进行测量并记录。本项目测温频率如表2所示。

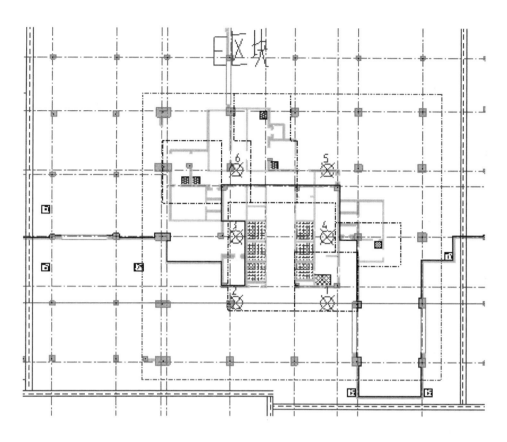

图 5 测温点平面布置图

表 2 测温频率表

序号	测温时间(d)	测温频率(h)
1	降温前	每4h测温一次
2	降温时—降温后2 d	每2h测温一次
3	降温后3 d—降温后5 d	每4h测温一次
4	降温后6 d—降温后14 d(测温结束)	每6h测温一次

(2)温控指标。

①混凝土浇筑体在入模温度基础上的温升值不宜大于50 ℃。

②混凝土浇筑体的内表温差(不含混凝土收缩当量温度)不宜大于25 ℃。

③混凝土降温速率平均每天应小于2.0 ℃。

④混凝土浇筑表面与大气温差不宜大于20 ℃。

(3)降温措施。

当混凝土内外温差超出25 ℃时,测温人员需要迅速通知施工项目总工或质量控制小组组长以及监理人员,立即采取相应降温措施,当内表温差回到25 ℃以内时降温结束。在开启降温的散热水管两端阀门后,要随时观察工作情况,如夏季进水温度较高,必要时应准备冰块以降低进水处的水温。所有可能用到的降温物资都应编制在应急预案中,以备随时取用。

3.1.6 保温保湿养护

混凝土浇筑后应采取保温保湿养护。覆盖塑料薄膜后,上面再覆盖麻袋、土工布等,并用热水洒水养护,使混凝土表面始终保持湿润状态(含撤除保温层后)。混凝土中心温度与表面温度的差值不应大于25 ℃,混凝土表面温度与大气温度的差值不应大于20 ℃,养护时间不应少于14天。在大体积混凝土养护阶段应制定相应的应急措施:

(1)施工作业时严格按方案进行过程控制。

因为大体积混凝土裂缝主要产生于内部,一时难以发现,所以往往为施工单位所忽视,以至于施工时即使有了措施也执行不到位,因此从管理上进行过程控制是十分必要的。

(2)根据方案要求成立质量控制小组。

由专人负责各个控制点,通过程序保证质量,使每个环节都得到有效控制。如预埋测温器必须位置准确,绑扎牢固;冷却水管必须安装牢固,并做保压试验;降温物资准备就绪后,才能开始大体积混凝土浇捣。

3.2 精心的过程控制

本项目大体积混凝土浇捣时,严格按方案进行施工。在对温度的观测与控制过程中,由于冷却水流量受限,采取了加冰的措施来控制温度。现场设置值班人员,间隔2小时观测一次,4天后改为每4小时观测一次,一旦出现温度超值就立即通知管理小组,指令施工人员及时投放冰块,降低冷却水初时水温,确保大体积混凝土内部温度控制在规定的范围内。

4 结语

本文结合案例分析了大体积混凝土裂缝的成因及其影响,提出了保证大体积混凝土施工质量的各方面控制措施。案例项目通过对大体积混凝土施工方案的认真编制与审核,实施过程中严格把关,有效地防止了大体积混凝土在浇捣时由于水化热大量聚集导致温度梯度过大引起的、因化学反应诱导物理因素产生的内部裂缝。

作者简介:

蒋建英,女,1963年生,本科学历,国家注册监理工程师;杭州大江工程建设管理有限公司副总工程师,现主要从事建筑工程项目监理、工程管理、技术管理和咨询等工作。

石俊峰,男,1965年生,本科学历,国家一级注册结构工程师;绿城房地产建设管理集团有限公司项目执行总经理,现主要从事房地产开发项目管理等工作。

地下室底板砼结构上表面一次成型施工技术

宁波高专建设监理有限公司　林卫华

【摘　要】　随着我国经济建设的快速发展,建筑工程现浇混凝土结构的地下室底板或楼板采用砼板结构及上表面找平层一次成型施工技术越来越多。大面积现浇混凝土结构板上表面标高、平整度控制是砼板结构及上表面找平层一次成型施工技术的重点和难点。混凝土结构板浇筑过程中,采用一些特定的标高和平整度控制措施,以达到砼结构板上表面标高和平整度控制的精度要求。

【关键词】　混凝土结构板;上表面;一次成型

1　地下室底板概况

本案例的地下室面积约 6000 m²,地下室未设置人防。除垃圾房、水泵房、楼梯间、电梯间、管井等外,一次成型的地下室面积约 5200 m²。地下室平面如图1所示。

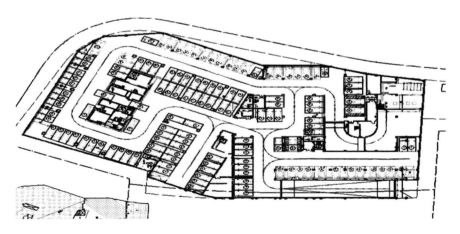

图1　地下室的平面图

本案例工程原地下室底板设计图示做法为(自下而上):(1)100厚压实碎石垫层;(2)150厚 C15 素混凝土垫层;(3)20厚 1:2.5 水泥砂浆找平层;(4)1.5厚合成高分子防水卷材;(5)土工布一层;(6)50厚 C20 细石砼保护层;(7)现浇钢筋防水混凝土底板;(8)80厚 C20 细石混凝土(内配单层 Φ6@200 双向)找坡层抹平。

施工前,建设单位联系设计单位拟采用大面积现浇混凝土结构板及找平面层一次成型楼地面的工艺,故调整设计做法。原450 mm厚底板更改为470 mm厚,保护层20 mm,面层30 mm,混凝土强度等级均为C40,面层完成后底板面标高−4.950。取消原有80厚C20细石混凝土(内配单层Φ6@200双向)找坡层。

同时,对特殊部位采取特殊处理,主要集中如格构柱处做法处理:格构柱位于底板底200 mm处焊好止水钢板,底板下部400 mm厚砼先与底板整体一次性浇筑。格构柱上部70 mm厚度范围内的砼先不浇捣砼,每边留500 mm宽,待格构柱切除后,采用微膨胀混凝土二次浇筑,做法同后浇带。为保证工艺实施效果,地下室底板还增加集水井,集水井尺寸为1 m×1 m×1.2 m,共增加5个井。

2 地下室结构底板及找平面层一次成型施工方法

工艺流程:原材料的准备与配比、坍落度控制→现场地下室底板的上表面钢筋标高、上表面钢筋保护层厚度及其平整度(集水井周边的坡度)的标高控制点的布控→立柱和塔吊柱钢格构柱、后浇带、剪力墙和柱根部的细部收口措施设置→砼浇筑振捣、振动→长3 m的铝合金刮杠/振动横梁振动找平→初凝前砼表面采用抹光机进行抹面压光3次→混凝土初凝后不久,完成人工第二遍收光→砼养护→运到施工允许强度后覆盖保护层→后续静力切割支撑梁、搭设支模承重架。

2.1 原材料控制

工程控制合理的坍落度。坍落度控制范围为130~160之间,保证其泌水性及混凝土凝固时间对一次成型施工最有利,同时控制坍落度均匀。

混凝土外加剂部分,根据图纸要求进行添加,其中地下室底板采用补偿收缩混凝土,性能参数应满足要求,如表1所示;施工后浇带和工程接缝处采用膨胀混凝土,性能参数也应满足要求,如表2所示。

表1 补偿收缩混凝土的性能

项目	限制膨胀率(X10Œ-4)	限制干缩率(X10Œ-4)	抗压强度/MPa
龄期	水中14 d	水中14 d,空气中28 d	28d
性能指标	≥1.5	≤3.0	≥25

表2 膨胀混凝土的性能

项目	限制膨胀率(X10Œ-4)	限制干缩率(X10Œ-4)	抗压强度/MPa
龄期	水中14 d	水中14 d,空气中28 d	28 d
性能指标	≥2.5	≤2.0	≥30

2.2 技术措施控制

2.2.1 施工准备控制

(1)施工前密切注意天气变化情况,合理安排施工。本案例底板施工主要集中于1月份,着重考虑雨雪天气,采取相应措施。

（2）施工前必须做好相关管线预埋工作，清除承台内的积水、垃圾、浮浆等。

（3）必须通知监理及建设单位共同对敷设完成的区域进行隐蔽工程验收，同时对书面文件及影像资料存档备查。

（4）施工过程中必须保证坍落度控制均匀，保证混凝土浇灌的连续（不得间断），即使在上下班高峰期，仍需保证来料均匀连续。为此，需控制混凝土罐车的发车速度及频率。本案例当时状态为保证2辆混凝土罐车在现场浇筑，同时已经有4辆车混凝土罐车在运输途中。

（5）商品混凝土浇筑前放好控制线，明确控制标志位置，确保在商品混凝土摊平时能够及时找到控制标志，控制标志按间距2 m，纵横布置。

（6）除靠近集水井处采用放坡外，其余底板面均不采用放坡形式，放坡范围为集水井周边3 m内，以1%坡度进行放坡。

（7）施工前确认好二次装修面所需的预留空间，防止一次成型施工时混凝土浇筑标高错误，导致日后返工处理。

2.2.2　技术处理控制

（1）底板角钢支撑处理：为了保证整体标和平整度控制，需要焊角钢，角钢间距加密至1200 mm，同时角钢与细石砼保护层间支撑采用直径为14 mm的三级钢，做三角支撑，方向相邻错开设置，间距为900 mm。其立面如图2所示。

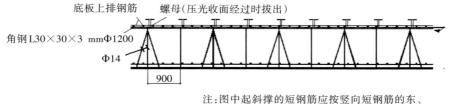

图2　标高、平整度控制措施之底板角钢立面图

（2）后浇带处理：考虑到后浇带处不能随地下室底板一起施工，为方便底板面一次成型后，能保证后浇带与周边底板更好地衔接，同样采用混凝土浇筑前焊接50×50的角钢进行分隔处理，日后浇筑后浇带混凝土时再拆除，其做法如图3所示。

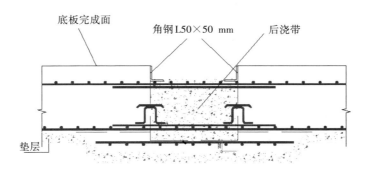

图3　后浇带处理之角钢分隔做法图

（3）剪力墙处吊模处理：保证剪力墙与地面交接处感观效果，也是一次成型面层工艺的关键之一。为保证泥工在整体面层收面时，其操作铁板须顶着模板下口进行抹面，才能确保分隔处平整。为腾出操作空间，采用吊模做法。其断面如图4所示。

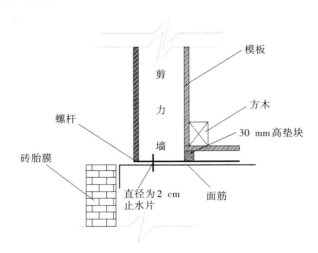

图4　剪力墙处吊模处理断面图

（4）电梯井模板盒子加固处理：考虑到本案例工程部分电梯井下方没有设置工程桩，为防止模板盒子在混凝土浇筑时上浮，在垫层施工前预埋倒"T"形钢筋头，在模板盒子上口开孔，浇筑前将预留钢筋头与模板盒子通过钢筋进行焊接连接，随后进行加固。其做法如图5所示。

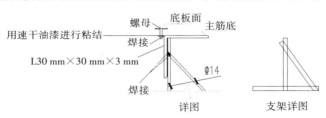

图5　电梯井模板盒子加固处理

（5）柱子模板定位箍及柱子模板定位钢筋处理：柱子定位箍分两道处理，第一道位于面筋上方板面处，第二道位于板面500 mm以上。柱子模板定位钢筋设置于板面以上500 mm处，同时地下室车位部分与降板区分隔采用方木，位置设置于砖墙位置的中间部位。柱边提前钉模板条，防止上部柱子施工时出现跑浆。

2.2.3　砼浇捣成型及养护控制

（1）优化浇筑顺序。本案例施工中以后浇带为界，分为6个区域进行浇捣，一区一区逐一进行浇筑。

（2）混凝土浇筑分两次施工，第一次浇捣至承台面标高，待混凝土初凝之前进行第二次浇捣，第二次浇筑从承台面浇筑至底板板面，混凝土整体浇高2~3 mm。

（3）砼振捣频率加大，混凝土浇捣采用斜面分层，振捣过程中，使用插入式振捣器应快插慢拔，插点要均匀排列，逐点移动，顺序进行，不得遗漏，做到均匀振实，移动间距不大于振捣作用半径的1.5倍并严格控制混凝土振捣时间,避免过振。每一处振捣器的振捣时间以拌和物停止下沉、气泡不再冒起并泛出水泥砂浆为准,且不宜过振。浇筑过程中随时检查模板情况,如有下沉、松动、变形等及时纠正弥补。

(4)浇筑过程中,跟锹人员及时配合振捣人员,见振捣后商品混凝土有不平之处应及时挖填补齐,且需用碎石较细的商品混凝土拌和料进行填补,严禁用纯砂浆填补找平,在振捣大致震平以后需采用刮杠或振动横梁振动刮平。

(5)当板面内局部出现了泌水,可采取橡胶皮管拖刮吸水措施处理。

(6)采用抹光机进行抹面。首先装上专用圆盘进行初磨,主要是起到压石提浆作用,加快面层混凝土凝结时间,均匀反复抹光压实,进行3遍。每完成一遍后打磨,须给予混凝土表面水分蒸发时间,待水分蒸发后再进行下一次打抹,经两次圆盘磨光,打磨至混凝土表面有一定光洁度和平整度之后,此时以上人时有轻微脚印为宜,才进行人工收光。工人宜选熟练工,且着平底鞋进场操作。

(7)控制在商品混凝土初凝后不久完成粗抹工作。粗抹前先测试混凝土表面硬化程度,测试方法为脚踩到上面有脚印下沉5 mm以内为合适作业的前提。粗抹的要求为面层抹平压实并且调出原浆呈泛平状。

(8)根据施工现场现浇混凝土的干湿情况,用抹光机纵向交错打抹,直至商品混凝土楼面不出现抹痕为止,并随时检查平整度情况。磨光机重叠区域为磨光机幅宽的1/3幅。

(9)去除抹光机的专用圆盘,用机器镘刀进行磨光,磨至混凝土表面平整无砂眼,可停止作业。

(10)完成抹光机抹光后需人工铁抹再次进行收光,以去除抹光机镘刀痕迹。

(11)混凝土面层经充分打磨后,24小时内不能上人、上材料,同时需要用塑料薄膜全覆盖。后续上层施工所需钢管、模板,包括施工放样人员,必须在底板施工压光完成1天后才能入场,方可进行后续施工作业。且在3～5天内,混凝土面层上所堆放荷载要有所控制,不能超重堆载。

3 结语

以上案例描述的是地下车库底板及找平面层一次成型楼地面的工艺。局部的技术处理控制措施如底板角钢做法、电梯井模板盒子加固处理仅适用于地下室。其他如浇捣成型及养护控制措施,均可推广至大型商场、工业厂房、综合科研楼、物流仓库、停车场等建筑工程中的地面或楼面中。其结构混凝土标高控制、混凝土配合比优化、混凝土整平、材料布料及磨光系通用的工艺特点。

因采用混凝土结构上表面一次成型工艺,具有可以不设找平层,减轻结构荷载,增加室内空间设计净高,降低成本,耐磨性好,抗压强度大等优点,且能起到减少砂石、水泥用量,有利于环境保护的效果,值得推广应用。

作者简介:

林卫华,男,1968 年生,本科学历,国家注册监理工程师、一级建造师;宁波高专建设监理有限公司总监理工程师,现主要从事建筑工程项目监理、工程管理和技术管理等工作。

浅谈现浇混凝土空心楼盖施工技术

浙江育才工程项目管理咨询有限公司　　许承杰　方占中

【摘　要】 该文主要对现浇混凝土空心楼盖应用、工艺流程、质量控制措施、影响质量的主要因素进行了阐述。重点对空心楼盖填充体(模盒)施工方法、抗浮、抗滑移控制措施、过程检查及验收进行论述,希望能为今后实际工作提供借鉴。

【关键词】 空心楼盖;工艺流程;质量控制;抗浮;抗浮专用支架;检查;验收

1　混凝土空心楼盖应用

随着建筑新技术、新材料的不断更新,人们对建筑功能的需求更加多样化。为满足现代建筑对大空间、空间可自由分隔、大空间抗震等要求,人们研究出新颖、适用、经济的现浇混凝土空心楼盖体系,它在减轻楼板自重、抗震、隔声、节能、降低施工成本等方面,比传统的现浇混凝土实心楼板有着较明显的优势。目前,现浇混凝土空心楼盖在一些大跨度写字楼、商业体、大型活动中心、图书馆、多层停车场等公共建筑以及大开间的住宅中已广泛应用。现根据工程实例来阐述其施工工艺,剖析质量影响因素,汇总质量控制措施等。

2　混凝土空心楼盖施工工艺

2.1　工艺流程

现浇混凝土空心楼盖施工工艺流程,如图1所示。

2.2　主要工序阐述

2.2.1　综合排版、定位放线

根据设计图纸要求对模盒、预埋管线、梁、柱等位置的尺寸大小、管线走向进行综合排版。用墨线在模板上进行定位、分隔,墨线误差应控制在5mm以内。分隔线的作用,首先在于指导板底钢筋的均匀分布,并确保至少有一根底板钢筋位于两只模盒之间肋梁位置,以便肋梁上下钢筋拉钩设置。其次,是对模盒安装位置提供基准,保证模盒安装横平竖直。各模盒之间肋梁尺寸符合设计要求(一般为30～100 mm),避免间距过大或过小,同时综合考虑预埋管线、预埋件、预留孔洞的设置是否影响模盒的安装等。现场示范,如图2所示。

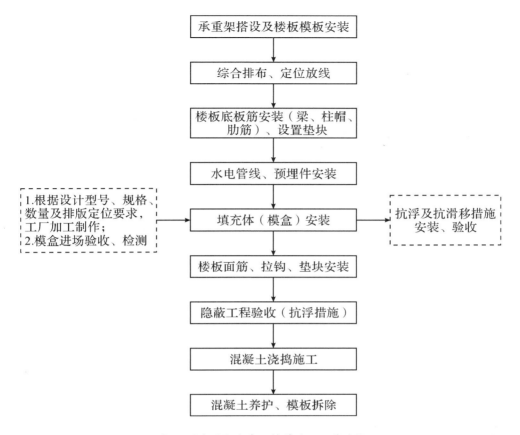

图 1　现浇混凝土空心楼盖施工工艺流程

图 2　综合排布、定位放线

2.2.2　楼盖底板钢筋安装

按照设计图纸要求的钢筋型号、规格、钢筋间距进行常规的底板钢筋安装。在板底钢筋安装前，应按照事先设置的分隔线进行钢筋分布、绑扎，同时设置好混凝土保护层垫块。现场示范，如图 3 所示。

图3　底板钢筋安装、垫块设置

2.2.3　水电管线、预埋件安装

水电管线安装宜分布在模盒与模盒肋梁之间,尽量避免管线交叉。无法避开时应保证模盒底部混凝土厚度满足设计要求(一般为70～80 mm)。若无法保证,则应调整模盒高度(一般为200～220 mm)。这些工作应在模盒综合排布、定位放线时就综合考虑,凡水电管线、预埋套管、预留孔洞的安装位置均一一过滤,以便在模盒制作、安装时进行调整。现场示范,如图4所示。

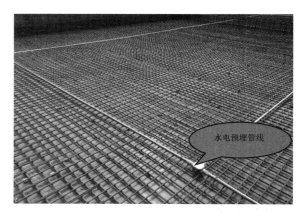

图4　水电套管、预埋件安装

2.2.4　模盒安装

模盒安装是空心楼盖施工的关键工序,模盒的抗浮、侧滑移措施是施工控制的重点。首先是抗浮专用支架安装。根据布置好的模盒安装位置,把抗浮支架用自攻螺钉或气枪钉固定在模板指定位置上,每只模盒固定4点;然后,再进行模盒固定安装。现场示范,如图5所示。专用支架的作用在于固定模盒,又可有效防止模盒上浮及侧滑移,同时保证模盒底部混凝土设计厚度,即支架高度约70 mm。模盒安装应牢固可靠、位置正确,确保模盒间肋梁宽度满足设计要求,约80 mm宽。现场示范,如图6所示。

图 5   抗浮、抗滑移专用支架安装

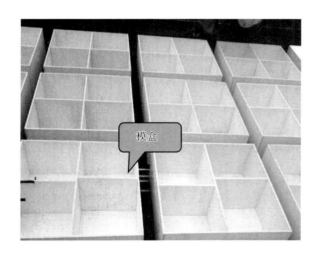

图 6   模盒安装

2.2.5   楼盖面筋安装、拉钩设置

首先,楼盖面层钢筋安装前,应检查模盒是否固定牢固、位置是否正确。面层钢筋绑扎时,应按图纸要求设置,肋梁部分至少有一根主筋与底筋对应,以利于上下边结,设钢筋拉钩。拉钩的作用可使楼盖底钢筋、模盒、楼盖面钢筋紧紧地连成整体,以增加模盒抗浮保障。同时,设置好面层钢筋垫块(楼盖上部混凝土钢筋保护层厚度约 80 mm),垫块最好设置在模盒加强筋位置。其次,应注意模盒的成品保护,防止人员踩踏、钢筋材料的集中堆放等对模盒造成挤压、损坏。现场示范,如图7、图8所示。

图7　抗浮拉钩设置　　　　　　　　　　　图8　楼盖面筋绑扎

2.2.6　模盒隐蔽前验收

模盒验收,主要检查模盒规格型号、数量、安装位置是否符合设计要求,是否有损坏;模盒抗浮、抗滑移措施是否可靠。检查方法应逐个检查,且检查同行同列模盒中心线,相邻行相邻列的模盒平行度及模盒顶面高差是否符合设计规范要求,钢筋绑扎是否规范,拉钩设置是否到位、有效等。

2.2.7　混凝土浇捣、养护、拆模

(1)混凝土浇捣前2小时应对模盒进行洒水处理,使之充分吸收水分,增加模盒本身自重,增强抗浮力,同时确保模盒底部混凝土的流动性,保证楼盖成型质量。模盒充分吸水后对混凝土空腹板还可起到内养护的作用。

(2)空心楼盖混凝土浇捣,较以往实心板施工大有不同。混凝土浇筑时,首次放料应沿着模盒间的肋梁逐步进行放料,放料高度宜为肋梁梁高的2/3,用振捣棒在模盒四周肋梁位置逐步振捣,以确保模盒底部混凝土浇捣密实。然后,进行二次放料,即浇筑剩余梁高的1/3及模盒上翼缘,浇捣时应分区、分块逐步实施浇捣。

(3)混凝土进行振捣时,振捣棒应顺着模盒肋间竖直向下振捣,避免棒体碰到模盒,破坏抗浮措施。现场示范,如图9所示。

图9　混凝土浇捣施工

（4）楼盖养护及拆模是混凝土浇捣完成后的作业。混凝土养护中应及时洒水、覆盖养护，防止产生裂缝。拆模时，应注意安全，防止钢管扣件击穿楼盖面层从而损伤模盒，造成模盒内大量积水无法排出，从而引起楼盖漏水。

3 空心楼盖施工时的注意事项

相比混凝土实心楼板，空心楼盖工艺复杂，在实操中注意事项更多，以下为相关要点：

（1）模盒安装，必须排列整齐，肋间间距（一般为80～100 mm）。若宽窄不一致，将影响楼盖结构质量。

（2）模盒安装固定应牢固。若不牢固或不到位，导致抗浮、抗滑移措施失效，容易引起模盒上浮。

（3）钢筋绑扎、拉钩设置须规范。若未按规范设置，因板底、板面钢筋偏小，将无法克服模盒整体上浮，只有上下拉紧，方能起到止浮效果。

（4）成品保护措施必须到位。若不到位，容易造成模盒损坏，导致需更换，更是费工费时。

（5）提倡样板先行，然后再推开实施大面积施工。

4 空心楼盖质量影响因素

4.1 方法因素

（1）在混凝土浇捣时，未分层、分区浇捣，或局部混凝土一次放料量过多，对模盒产生挤压，容易造成侧滑移或上浮。

（2）在混凝土振捣时，若振捣位置、振捣方法不当，也容易造成模盒抗浮失效，模盒上浮。

4.2 人的因素

（1）若泵车操作人员、混凝土分料人员、振捣人员配合不默契，容易造成局部堆料过多、分料不均匀、振捣不及时等作业混乱，从而直接影响楼盖质量。

（2）若管理人员经验不足或不重视，技术交底不详细，工人违规操作，则更容易引起模盒上浮等质量缺陷。

4.3 机械因素

（1）宜采用汽车泵对楼盖进场浇筑，这样混凝土浇捣时分料、下料均匀可控，水平方向移动方便；若采用地泵浇筑，出料口容易堆积，移动不方便，容易损坏模盒或抗浮措施。

（2）混凝土振捣时，振捣棒功率、直径不宜选择过大，宜采用直径为Φ30或小功率的振捣棒，随浇随捣。

4.4 材料因素

（1）混凝土碎石骨料不宜过大，直径尽量控制在16 mm以内，最大不应超过25 mm，且以瓜粒状骨料为优。

（2）混凝土坍落度要求比普通楼板混凝土稍大些，流动性要好。若流动性差，模盒底部振捣效果差，容易造成成型不密实。若采取局部延时加密振捣，又容易引起模盒上浮。

（3）混凝土运输、供应须及时。如泵车来料时间过长，导致混凝土初凝过早，容易引起裂缝。浇捣前应统筹安排，计算好浇筑方量、运距、泵车组合、生产及运输能力是否匹配等，精心组织策划连续作业，以确保供料及时。在策划中还要注意编写应急预案。

5 空心楼盖施工质量控制措施

（1）施工前根据设计工艺要求，现场应进行预浇捣试验。分别对模盒的抗浮、抗滑移、混凝土成型质量等进行验证，直至质量可控且确无缺陷后，方可进行大面积施工。

（2）施工前应编制模盒施工专项技术方案。方案应包括施工工艺、施工材料、施工设备、操作方法、质量保证措施、质量问题处理及安全措施等针对性内容，经监理、业主审批后实施。

（3）模盒安装前应按设计要求绘制详细的模盒排布图，并标明模盒的型号、肋宽及与周围结构件之间的距离等，对框架梁、肋梁、柱帽、管线组件预埋设位置确认，无误后再进行模盒安装施工。

（4）现浇混凝土空心楼盖施工关键是控制模盒上浮、防侧滑移措施是否得当。根据不同的填充体，应制定合理有效的技术措施，以确保空心楼盖的整体质量。

（5）板内预埋设施工应与钢筋安装、模盒安装相互配合，穿插或同步进行，避免预埋工序介入时间滞后而造成施工困难。当预埋件施工无法避开模盒时，可采取模盒开孔、改变厚度等措施进行处理。对管线集中部位，宜采取局部调整模盒厚度方法。

（6）施工时应做好模盒成品保护，人行通道或材料堆放部位应铺设竹片或模板等进行保护，避免工人直接踩踏模盒和材料对模盒的挤压。

（7）施工前，应做好班组技术交底、培训工作，特别要针对实际操作人员。施工中，还应做好技术资料或影像资料的收集整理工作。

6 空心楼盖工程验收标准

（1）空心楼盖结构用钢筋、填充体、预应力筋、水泥、砂石、外加剂等原材料进场验收，应按现行国家标准规定执行。

（2）模盒安装验收，宜归属模板分项工程中，不掺入混凝土结构子分部。但模盒应提供质量检验报告及出厂合格证等质量保证资料，材料进场时以每5000个作为一个检验批，实施进场验收。

（3）现浇混凝土空心楼盖结构作为混凝土结构子分部内容。其各分项工程应按现行混凝土结构工程质量验收规范进行验收。

7 结语

通过工程实践，现浇混凝土空心楼盖施工关键是控制模盒上浮、防侧滑移措施是否得当。针对不同的填充体材料、结构形式，项目部应编制与之相适应的专项施工方案和技术控制措施，克服人为、材料和环境等因素的影响，以提高空心楼盖的整体施工质量。

作者简介：

  许承杰，男，1973年生，本科学历，注册一级建造师(机电工程)；浙江育才工程项目管理咨询有限公司项目经理，现主要从事工程项目监理、工程管理和咨询等工作。

  方占中，男，1973年生，本科学历，国家注册监理工程师，投资项目管理师；浙江育才工程项目管理咨询有限公司副总经理，现主要从事工程项目监理、工程管理、技术管理和工程咨询等工作。

三、装饰装修

监理对TCP水泥直塑裂缝的控制

浙江万事达建设工程管理有限公司　余建军

【摘　要】　TCP水泥直塑施工工艺是当下建筑外立面装饰装修中正兴盛的一种新工艺,其外观效果给建筑物增添了一份活力,改变了"冷冰冰"的建筑物给人一种拒人于千里之外的感觉。所以其外观效果的质量控制尤为重要,TCP水泥直塑裂缝问题经常在施工中出现。该文就监理方在TCP水泥直塑施工中对裂缝的控制进行浅谈。

【关键词】　TCP水泥直塑;裂缝;控制

1　概述

一种以雕刻水泥为主要材料,制作成仿真石、木材、人物造型等的新工艺出现在建筑装饰装修行业,通常人们称其为TCP水泥直塑(Themed Cement Plaster,TCP)工艺。该工艺不仅可以表现出丰富的效果,还具有绿色环保、防火、节能、寿命长、低维护等特点。目前该工艺已广泛应用于迪士尼主题乐园、好莱坞环球影城等世界大部分的主题公园。

TCP水泥直塑工艺,即通过雕刻师对雕刻水泥的抹、压、挤、揉、刻、划等手法和各类工具,制作出逼真细腻的木材、金属、天然石材、瓷砖、砌块砖等各种类似饰面,最后通过喷漆上色、彩绘形成主题公园鲜明的主题特色。

TCP水泥直塑主要施工工艺流程包括:后置埋件安装→基层钢骨架焊接安装(工字钢和钢筋网等)→塑形挂网(钢骨架上绑扎钢丝网和六角网)→喷浆拉毛(水泥砂浆层)→喷浆雕刻(雕刻水泥层)→人二雕刻造型→数遍主题漆上色→成品保护。

TCP水泥直塑工艺实际上在20世纪80年代就已进入中国,但至今为止一直没有形成一种固定模式与相应体系,与之形成的监理工作形式和相关资料更是少之又少,同时一些质量通病特别是裂缝问题对外观质量有着很大的影响。

舟山儿童公园主题包装工程采用设计、采购和施工总承包EPC模式,并由澳大利亚新道信创意设计咨询(上海)有限公司进行艺术概念设计,工程位于浙江省舟山市临城鼓吹山南侧的小湖岙地块,南至新城大道,西至怡岛路。本工程由独立的17个服务用房单体工程、9个娱乐设备配套用房、门头、雕塑等构成。包装工程主要采用了TCP水泥直塑、GRP玻璃钢、TM彩绘等工艺,并以TCP水泥直塑工艺为主。本次探究就是通过对舟山儿童公园主题包装工程的实际经验进行梳理、归纳总结,目的是通过控制人、机、料、法、环等来预防裂缝的产生或减少裂缝产生的影响,为国内监理在TCP水泥直塑工艺中进行的相关监理工作提供一些帮助和建议。

2 TCP水泥直塑开裂原因分析

基层或者雕刻层完成后,有时会出现大面积细而密的龟裂状裂纹和一些细长的横竖向裂缝,这些裂缝严重影响外立面的美观,更有甚者开裂较深较大时,往往会伴随着空鼓、脱落现象的发生,造成质量安全事故。所以严格控制裂缝的产生是TCP水泥直塑工艺质量控制中的重中之重。下面从设计、材料、施工等方面分析裂缝产生的原因。

2.1 设计原因分析

(1)设计单位或设计人员无相应资质,造成设计文件质量不符合法律法规要求。

(2)设计人员在设计过程中欠仔细、不到位、未结合实际等因素,导致原始设计文件在客观上就会产生裂缝。

2.2 材料原因分析

(1)采用未达到设计强度要求的钢材,会导致钢龙骨不足以承受外立面材料的荷载,从而引起不均匀沉降,形成沉降裂缝。

(2)使用了未镀锌钢材,日后易被锈蚀,会使水泥砂浆爆裂。

(3)使用了不合格水泥,造成水泥强度不足,较容易造成水泥开裂。

(4)使用了海砂、粗砂等不符合设计要求的砂。

2.3 施工原因分析

(1)预埋件、钢结构、钢筋网、钢丝网等钢骨架相互之间连接不牢固,导致裂缝产生。

(2)抹灰层水泥砂浆配合比不适,水泥用量过大,导致水化热过大,干缩严重,进而造成龟裂。

(3)基层喷涂完毕未及时进行养护、养护不到位、养护时间不够充分等,导致抹灰砂浆失水过快而引发龟裂。

(4)水泥砂浆基层或者雕刻水泥砂浆层厚度不足、强度不足,从而导致裂缝产生。

(5)基层喷涂完毕未进行拉毛处理或雕刻层喷涂前未进行基层的清理和适当湿润,导致基层与雕刻层粘结不牢固,从而导致裂缝产生。

(6)基层表面平整度未满足要求,抹灰层厚薄不均或抹灰层过厚都会造成开裂。

(7)当厚度过厚时抹灰应分层施工,但有时为了赶进度或图方便省工,造成抹灰分层不当、层厚不当、压实不严,从而引发裂缝。

(8)未充分考虑气温、湿度、风力等自然条件影响,未对养护方式和遍数进行调整,从而造成水泥砂浆和雕刻水泥失水较快进而导致严重裂缝产生。

(9)为了使抹灰尽快成活,交活时表面美观,有时在表层抹光后或在压光的同时,外罩一层纯雕刻水泥灰。这层水泥灰风干后薄而脆,极易引发表面龟裂的发生。

3 监理对TCP水泥直塑裂缝的控制措施

舟山儿童公园主题包装工程为EPC项目，所以监理方可以从设计、采购和施工等各个环节进行裂缝的控制。

3.1 设计阶段对裂缝的控制

（1）TCP水泥直塑工艺属于外墙装饰工程，必须要求设计单位进行深化设计，装饰荷载必须进行相应的计算，必须要求设计单位提供完整的详细设计施工图和效果图（包括骨架的平面、立面、剖面及各个节点大详图和雕刻彩绘三维效果图），设计方案可巧妙设置伸缩缝、凹凸线条、局部小块、孔洞等造型来避免大体积抹灰层的出现，从而让TCP无约束自由伸缩，防止裂缝产生。要求施工方根据业主方认可的详细设计效果图制作样板，并经设计、业主方认可后，施工方才能进行下一步施工。施工方进行大面积施工时必须参照设计、业主方认可的样板。

（2）承担深化设计的单位应具备相应资质，并应建立质量管理体系。由于设计原因所造成的质量问题应由设计单位负责，设计过程中各节点应及时汇报业主并得到业主的认可。

（3）承担深化设计的单位应对建筑物进行必要的了解和实地勘察，设计深度应满足施工要求。

（4）深化设计必须保证建筑物的结构安全和主要使用功能。当涉及主体和承重结构改动或增加荷载时，必须由原结构设计单位或具备相应资质的设计单位核查有关原始资料，对既有建筑结构的安全性进行核验、确认。

3.2 材料进场验收阶段对裂缝的控制

（1）水泥：水泥可采用施工方自供或者业主指定的水泥，包括基层325普通硅酸盐水泥、专用雕刻水泥，要求各层水泥具有较强的抗开裂性和均匀性，同时要求雕刻水泥初凝时间大于6小时，终凝时间小于10小时，这样有充分的时间进行主要雕刻和细部修改。进场时按要求提供合格证及检测报告，并在监理方的见证下进行复试，不合格的材料坚决不允许进场使用。

（2）砂：砂按设计要求或可采用中细砂，砂须进行见证取样送样复试。不符合要求的严禁用于TCP水泥直塑中。

（3）抗裂纤维：进场时施工方按要求提供合格证等合格证明文件进行材料进场报验，并按要求比例掺入抹灰层中，有效增强抹灰层强度，防止开裂。

（4）钢材：承重结构层的钢骨架支承体系为钢型材，包括工字钢、槽钢、角钢及圆钢，还包括镀锌钢丝网和镀锌六角网，因此钢材的检测就显得尤为重要。

①钢型材。钢骨架通常采用Q235B热镀锌型钢。钢材本身的质量检验更显重要，它决定钢材使用寿命，更是TCP水泥直塑牢固度和使用寿命的关键。因此，在使用之前，应对钢材进行必要的检查。

②外表检查。钢材表面质量无下列缺陷：锈蚀、结疤、裂缝、气泡、夹杂（非金属夹杂）、折叠、耳子、麻面、分层、拉裂、弯曲、扭转、弯腰挠度、凹面、厚薄不均、飞翘、缺角、剪切偏斜、锯齿形边等。

③外形尺寸检查。槽、角钢、工字钢：在距端部不小于750 mm处，测槽钢腿长以及它们的腰高和角钢的腿宽，还要测量槽钢的腰厚和角钢的边厚，以及槽钢弯腰挠度和外缘斜度等。槽钢的弯曲度：每

米弯曲度允许偏差≤3 mm。

④检验钢材的机械性能应符合国家有关规定。此部分的检验需到有关部门做实验或有关部门出示有关报告。槽钢、工字钢和角钢应符合《碳素结构钢和低合金结构钢热轧钢带》(GB/T 3524—2015)标准。

⑤镀锌钢丝网和镀锌六角网提供合格证和质保书等质量文件。检查镀锌钢丝网和镀锌六角网的外观是否镀锌、生锈、破损等。

(5)五金配件:五金构件、零配件及其他材料应全部符合现行国家标准或行业标准的有关规定。所采用的金属附件等金属材料,除不锈钢外,应进行防腐处理,并防止发生接触腐蚀。在工程中所用的开启件、零散件均为优质产品,对其的检验主要是产品的正规进货渠道和产品的合格证以及厂家的社会信誉、生产能力和规模。

(6)焊条:按照设计及规范要求选用焊条。焊条进场时需提供焊条的合格证和质量证明书,并按规定进行材料报验和进场验收。如需改动焊条型号,必须征得设计部门同意。严禁使用过期药皮脱落、焊芯生锈的焊条。焊接前将焊条进行烘焙处理。

3.3 机械使用方面对裂缝的控制

喷浆机械主要包括专用喷浆机和空压机,相关机械都须提供相关合格证明文件等质量文件。喷浆机分为搅拌区、备料区、压力输送管和喷嘴,待水泥砂浆或雕刻水泥按配合比在搅拌区充分搅拌后输送到备料区,再通过压力输送管和喷嘴到达作业面。监理方通过观察水泥砂浆层或雕刻水泥层饱满度和厚度等来控制机械启停和喷射压力,保证水泥砂浆和雕刻水泥饱满度、厚度满足设计要求。搅拌区做到搅拌时不添料、添料时不搅拌。喷射作业开始时必须先通气再喷浆,喷射结束时先停喷再关气。机械安全施工用电安全使用方面,参照《施工现场临时用电安全技术规范》(JGJ 46—2005)等安全规范,且要有专职安全员现场管理施工安全。

3.4 人员管理方面对裂缝的控制

现场人员须持证上岗,特别是特种作业人员,须检查其证书是否符合资格要求,是否在有效期内。喷浆工、雕刻师、彩绘师等须进行相关培训,使其熟悉施工工艺、掌握雕刻理念后并经考核合格,方可允许上岗。

3.5 环境影响方面对裂缝的控制

施工时气温宜控制在5~35 ℃。夏季施工采取相应的保湿措施以防止水泥中水分蒸发过快形成干裂,冬季施工需做好保温措施,以免抹灰层受冻收缩过快造成裂缝。

湿度宜控制在30%~80%,应尽量避免在雨天施工。当下雨时,已完成的水泥应尽快抹压完毕并采取措施避免雨淋。

风力小于等于5级。

3.6 施工过程中具体的监理控制措施

(1)监理方督促施工单位按设计图纸要求对预埋件进行准确放样,对预埋件位置进行跟踪检查,如发现位置偏移应要求施工单位及时调整。预埋件采用普通化学锚栓、镀锌钢板、镀锌槽钢等,根据设计需要交替使用,使之固定于建筑外立面的混凝土上,并根据设计要求全数检查焊接质量,焊缝均采用防锈漆处理。预埋件和后置埋件的位置、数量及后置埋件的抗拉拔力必须符合设计要求,且抗拉拔力的检测须由有资质的检测单位检测,并由其出具检测合格的报告,确保后置埋件牢靠。

(2)检查主龙骨、次龙骨与预埋件之间的连接必须符合设计要求。龙骨采用镀锌工字钢、镀锌槽钢、镀锌角钢等。主龙骨、次龙骨的间距须符合设计要求,遇门窗、转角、变截面处根据设计要求变更和补强材料。龙骨与预埋件、龙骨与龙骨之间的焊缝长度、焊缝等级须满足设计要求,在焊缝冷却后敲除焊渣,对焊接质量进行全面检查,且焊缝均要求采用防锈漆处理,以免日后产生锈蚀胀裂,保证钢龙骨牢固。

(3)跟踪检查钢造型、钢筋网和钢丝网的施工质量,采用镀锌角钢、镀锌钢筋、镀锌钢丝网、镀锌六角网等。根据设计图纸要求依次进行角钢焊接造型,钢丝网挂网(网面采用镀锌扎丝绑扎固定安装),再焊一层镀锌钢筋网,最后绑一层六角网。钢筋搭接长度和焊缝必须满足设计要求,镀锌钢丝网和镀锌六角网必须满挂摊铺均匀,绑扎牢固,不得遗漏、褶皱、破损等。在电弧焊接过程中,当接头有全熔透要求时,背面的第一层焊缝容易出现未焊透、夹渣或裂纹等缺陷,要从背面彻底清除后再行焊接。不能出现缺焊、少焊,焊渣要及时处理掉,焊点均采用防锈漆处理。因为镀锌钢筋、镀锌钢丝网、镀锌六角网等效于钢筋混凝土中的钢筋,所以必须严格控制质量。

(4)监理方和业主方对钢骨架、钢筋网和钢丝网等隐蔽工程验收合格后,方可进入下一道施工工序,进行水泥砂浆层喷浆作业和拉毛处理。喷浆过程中水泥砂浆层选用325普通硅酸盐水泥、砂、水和抗裂纤维进行混合,严格按设计要求进行砂浆配比,并采用机械搅拌均匀2分钟以上。喷浆采用机械喷浆,控制好压力,喷头离钢筋网0.1~0.2 m,喷头角度为90°,并根据设计要求的厚度进行分层喷射,喷射完毕立刻进行人工抹压,检查水泥砂浆层是否充分渗入钢筋网架层并将其充分包裹住。一方面,与钢骨架共同作用形成整体受力体系;另一方面,可以保护钢骨架以免生锈,同时检查施工单位是否在水泥砂浆初凝前进行拉毛处理,并检查基层喷浆厚度,厚度必须满足设计要求。施工完毕后,要求施工单位及时进行洒水养护14天以上,同时根据气温、湿度、风力等环境条件的变化调整洒水遍数,洒水完毕不得有积水。每日观察水泥砂浆层,不得出现空鼓、裂缝、金属骨架外露等现象,如有质量问题,及时要求施工单位根据金属骨架外露、空鼓情况、裂缝的宽度,通过局部凿除、补喷、注浆、打胶、填缝等修补方式及时进行返修、返工处理。

(5)雕刻层施工。专业雕刻师进行雕刻水泥前,监理组织施工方、业主方对水泥砂浆基层情况进行检查,如存在空鼓、开裂等质量问题均要求施工单位整改完毕,经复查验收合格后方可进入雕刻层施工。雕刻层施工前需进行适当的洒水湿润,这有利于雕刻层和基层充分粘结牢固。材料采用专用雕刻水泥,配合比根据雕刻水泥说明书上的要求进行调配,并根据当日气温、湿度进行调整,严格控制现场施工水灰比,同时控制机械搅拌均匀2分钟以上。施工采用机械喷浆,控制好压力,喷头离水泥砂浆基层0.1~0.2 m,喷头角度为90°,根据设计厚度要求分层喷射,边喷射边及时进行人工抹压,让雕刻层和基层充分粘结,如有漏喷、掉落等现象应要求施工单位及时进行修补,并同步检查喷层厚度是否满足设计要求。人工初步抹压后,督促施工方按设计图纸、效果图的要求和样板的效果进行塑造效果面层,然后再对局部的主要造型进行细部雕刻,同时应留出伸缩缝、凹凸线条、局部小块、孔洞等造型,让雕刻层自由伸缩,避免应力集中而产生裂缝。雕刻水泥终凝后及时进行洒水养护28天,并根据当日天气温度、湿度、风力等环境条件的变化要求施工单位加减洒水养护次数,洒水完毕不得有积水。每日观察雕刻层,不得出现空鼓、裂缝等质量问题;如有发现,要求施工单位根据空鼓情况、裂缝的宽度进行局部凿除、补喷、注浆、打胶、填缝等修补方式及时进行返修、返工处理。

(6)效果调整。造型抹灰完后,督促施工方按设计图纸和效果图进行自检,根据自检结果进行效果面层调整,并应采用同配合比雕刻水泥,严禁采用薄灰贴补。施工方自检合格后,填报隐蔽验收记录,并邀请监理和甲方进行验收,验收合格后方可进入下一道工序。

(7)着色。着色前须进行TCP碱性测试,达到色彩要求碱性后方可进行色彩涂装作业,并按设计要求监控好抗碱底漆厚度、喷涂遍数等。如有漏喷、厚度不足、流淌等质量问题,及时要求施工单位进行整改,严格控制抗碱底漆质量,防止日后泛碱现象的产生,造成起皮、脱落等质量问题。最后根据效果要求进行上色和成品保护。

4 TCP水泥直塑裂缝的修补措施

TCP水泥直塑裂缝修补前,施工单位须编写专项修补方案,经施工单位技术负责人审批后报监理方和建设方。监理方和建设方同意后严格按方案进行修补。舟山儿童公园主题包装工程现场实际裂缝情况和主要的修补方式如下:

(1)细微裂缝,采用大理石胶、云石胶等胶水填补缝口。其优点是不变动造型效果,便捷、快速,上完胶水后即可以上色,不影响美观。

(2)裂缝宽度大于3 mm,用刻刀等工具在裂缝处轻凿出"V"字口,基层清理干净,再使用精细雕刻水泥填补,及时进行养护,上色即可。

(3)较大裂缝,深凿缝边,采用小电镐等工具,凿出"U"字口,直至无缝隙处,基层清理干净,再使用精细雕刻水泥填补,使表面肌理与缝边TCP效果一般,并及时进行养护,再上色。

(4)严重破裂,将裂口的TCP一并凿除至钢结构基层,清理完毕,重新绑扎钢丝网、钢筋网、六角网后再进行水泥砂浆拉毛和雕刻水泥施工等依次工艺施工。

修复好的TCP使用油布或者雨布遮挡,防止人为触碰。根据天气状况采取防风、保温、保湿等措施。每日对修复好的裂缝进行观察,14天后不再出现裂缝,为修复合格。

5 结语

裂缝是TCP水泥直塑这种新工艺施工中最主要的通病,对于外观整体效果影响很大。因此监理在实际管控中,需要按规范要求进行事前、事中、事后控制,严格控制每道工序,这样这些裂缝是可以避免或者将影响降到最低的,从而有助于提高经济效益和社会效益。

作者简介:

余建军,男,1973年生,本科学历,国家注册监理工程师;浙江万事达建设工程管理有限公司总监理工程师,现主要从事建筑工程项目监理工作。

发泡陶瓷保温板外保温系统的施工监理
质量控制要点

浙江万事达建设工程管理有限公司　余建军

【摘　要】　近年来,外墙外保温系统出现部分建筑物外墙保温板脱落、空鼓、开裂现象,施工质量得不到保证,给外墙外保温的安全及今后的正常使用留下了隐患。该文结合岱山山外地块住宅小区项目发泡陶瓷板外墙外保温施工实例,浅谈发泡陶瓷保温板施工监理质量控制要点。

【关键词】　发泡陶瓷保温板;外保温系统;质量控制

1　工程概况

岱山山外地块住宅小区项目,由4幢17层的高层建筑、3幢18层的高层建筑、3幢22层的高层建筑、1幢25层的高层建筑、2幢27层的高层建筑、1层地下室和小型附属建筑组成。项目总建筑面积为222468 m²,其中地下建筑面积为66857 m²。设计采用30厚发泡陶瓷保温隔热板Ⅰ型(无釉),粘锚结合6个/m²(燃烧性能为A级)。其构造为:基层墙体(孔洞用M20聚合物砂浆修补平整);界面剂一道;10厚M15聚合物防水砂浆(掺5%防水剂)找平层;30厚发泡陶瓷保温隔热板Ⅰ型(无釉),粘锚结合6个/m²(燃烧性能为A级);5厚聚合物抗裂砂浆压复合耐碱玻纤网一层(首层抗裂砂浆压复合耐碱玻纤网二层,防裂砂浆厚度为6厚)。

2　发泡陶瓷保温板性能及优点

近年来,国内接连发生建筑外墙外保温系统火灾事故,如央视新址"2·9"火灾,给国家和人民生命财产造成了极大的损失。这类外保温系统在使用中也屡屡发生开裂、空鼓、渗水甚至保温层脱落的质量问题。另外,现行《外墙外保温工程技术标准》(JGJ144—2019)规定,外墙外保温系统使用寿命不小于25年,但实际由于各方面因素,很多工程25年的使用寿命都难以保证,更无法与建筑物同寿命。为了确保发泡陶瓷板的施工质量,本文针对该保温材料及其保温系统的性能及优点进行了相关的研究与总结,并对其施工工法和质量控制进行了探讨。

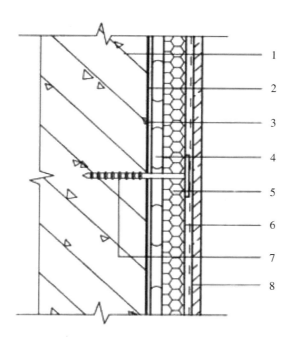

1—基层墙体;2—界面层;3—找平层;4—粘结层;5—发泡陶瓷板;6—抹面层(耐碱玻纤网);7—锚栓;8—饰面层

图1　外墙外保温系统构造节点图

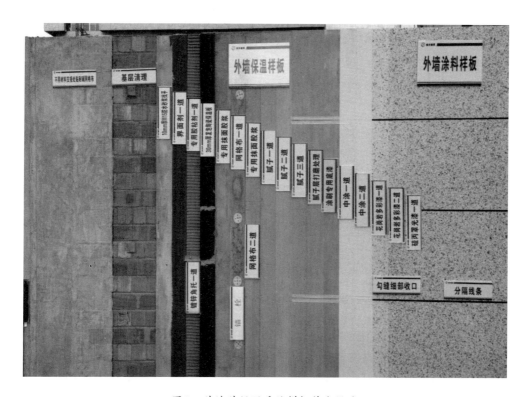

图2　外墙外保温系统样板节点做法

2.1　发泡陶瓷保温板性能

发泡陶瓷保温板薄抹灰外墙保温系统是由发泡陶瓷保温板作保温层,通过水泥基类胶粘剂作固定层,表面采用薄抹灰工艺批刮抹面胶浆(内置网格布和锚栓),再辅以涂料等饰面层而组成的外墙表面非承重保温构造,适用于新建、扩建、改建的民用建筑和既有建筑节能改造工程。

发泡陶瓷保温板是以黏土、石英、陶瓷废渣、珍珠岩尾矿、铁矿尾矿、赤泥、粉煤灰等工业固体废弃物为原料,经磨碾后辅以发泡剂等材料,通过发泡、切割、包装等工艺而制成的具有蜂窝状泡孔的轻质板状制品。该产品具有较好的保温隔热性能,属于A级不燃保温材料,吸水率低,相对强度较高,与水泥基材料相容性好,粘结强度高,而与发泡陶瓷保温板配套的胶粘剂及抹面胶浆皆为水泥基材料。

图3 发泡陶瓷板生产工艺流程

2.2 发泡陶瓷保温板的优点

(1)热导率低。最新研制出的发泡陶瓷保温板热导率达到0.09 W/(m·K),接近水泥基复合保温砂浆。

(2)不燃、防火。发泡陶瓷保温板经1400 ℃左右的高温焙烧而成,制作过程中已经受了高温,燃烧性能可以达到A1级。

(3)耐久。发泡陶瓷保温板是陶瓷类的无机保温材料,耐老化,完全能与建筑物同寿命,这是常规的有机材料所无可比拟的。

（4）与水泥砂浆、混凝土等相容性好。发泡陶瓷保温板线膨胀系数与水泥砂浆、混凝土等相近,热胀冷缩下不开裂、不变形、不收缩,与水泥砂浆、混凝土、饰面砖等能够可靠地粘结,与水泥砂浆的粘结强度可达0.2 MPa以上。

（5）吸水率低。发泡陶瓷保温板是高气孔率的闭孔陶瓷材料,体内不吸水,不会发生冻融破坏,不会吸水膨胀变形。

（6）耐候。在阳光暴晒、冷热剧变等恶劣气候条件下不变形、不老化、不开裂,性能稳定。

3　技术准备

（1）发泡陶瓷保温板施工方案已编制并经审核,技术、安全交底已按要求完成,施工人员已经过培训并经考核合格。

（2）对保温材料供应企业的资质进行审核,已经取得节能系统推广证书和材料备案证书。

（3）各立面排版图已按要求完成。施工前应进行排板图、弹线分格,应符合下列规定:

①根据设计图纸绘制建筑外立面草图,并确定优化排板分隔方案。分隔方案应做到省材、美观、安全。

②应根据建筑立面设计和保温工程的技术要求,在墙面弹出垂直控制线、水平控制线,并应由控制线处开始测量门窗、线条、墙体等的实际尺寸。

③弹线分格时,应在建筑外墙大脚及其他必要处挂垂直基准线,每个楼层适当位置挂水平线。应按设计排板图的分隔方案,弹出每块板的安装控制线,确定接缝宽度,并应制作统一塞尺。

④应根据实际弹线情况,结合设计排板图,出具相对应的每块板的实际尺寸和详细构造图清单。

（4）样板引路,发泡陶瓷保温板大面积施工前,应在现场采用相同材料、构造做法和工艺制作样板墙或样板间,并经有关各方确认后,再进行施工。外墙外保温工程施工应加强过程控制,完成上一道工序的验收后,方可进行下道工序的施工,并做好隐蔽工程和检验批验收。对于重点部位应留有图文影像资料。

4　进场材料的质量控制

要求施工单位首先提供该系统的型式检验报告和发泡陶瓷保温板、耐碱网格布、专用粘结剂、抗裂砂浆的质量保证资料,符合要求后才同意进场。材料进场后首先根据相关标准检查其外观质量。发泡陶瓷板的外观质量检查主要包括长度、宽度、厚度、对角线、边直角、翘曲度;专用粘结剂、抗裂砂浆的外观主要检查其包装、生产日期、生产厂家的标志、生产批号;耐碱网格布的外观质量主要包括断经、接头痕迹破洞、涂覆不良污渍等。外观质量检查合格后,并按规定随机对发泡陶瓷保温板、粘贴砂浆、抗裂砂浆、耐碱网格布、锚栓等现场见证抽样复验,以上各种类型的材料在全部检测合格后方可使用;并且在使用过程中要经常巡查,以杜绝施工单位在使用过程中使用未检测的材料或更换材料品牌和规格。复检项目如表1所示。

表1　进场材料复检项目

序号	材料名称	复检项目	备　注
1	发泡陶瓷板	密度、导热系数、抗拉强度	外观、尺寸、厚度在材料进场后由监理检查,并建立检查记录
2	粘贴砂浆	干燥状态拉伸粘结强度(与水泥砂浆)	试件制样后养护7 d进行拉伸粘结强度检验,发生争议时,以养护28 d为准
3	抗裂砂浆	干燥状态和浸水48 h拉伸粘结强度(与发泡陶瓷保温板)	合并在外保温系统分项工程
4	耐碱玻纤网	单位面积质量、耐碱拉伸断裂强力、断裂强力保留率	合并在外保温系统分项工程
5	锚栓	拉拔力	合并在外保温系统分项工程

5　发泡陶瓷保温板施工对基层的要求

发泡陶瓷保温板施工前,基层墙体粉刷10 mm厚水泥防水砂浆找平层,防水砂浆找平层粉刷后其质量经验收合格,基层表面坚实、干燥,没有开裂、空鼓、松动、泛碱、粉化、起皮、爆灰等现象,基层表面清洁无灰层污染等妨碍粘结附着物。防水砂浆粉刷基层表面垂直度、表面平整度、阴阳角垂直度经现场实测全部符合相关标准要求。

6　发泡陶瓷保温板施工质量控制

发泡陶瓷保温板采用满粘铺贴、粘锚结合的方式进行施工。施工操作较为简单,与传统瓷砖施工方法极为相似,施工工艺成熟且工期短。

(1)基层质量合格后方可进行保温系统施工。粘贴前一日,宜浇水湿润基层表面。粘贴前,应确认基层表面无液态水,并清除发泡陶瓷保温板表面浮灰、松散砂粒等。

(2)应在外门窗洞口、伸缩缝、装饰线、外墙阴阳角、伸缩缝等挂垂直基准线和水平基准线、水平控制线,控制粘贴的和水平度,确保粘贴发泡陶瓷保温板横平竖直。

(3)托架采用镀锌角钢,对墙面高度方向进行大致排版,54 m以下每两层设置一道,高于54 m时每层设置一道,锚栓数量不应少于6个/m²。先弹出一条托架位置线,在实际铺贴时可做适当调整,但框架结构墙面托架必须留设在楼板部位。采用8 mm镀锌膨胀螺栓拧紧固定于混凝土构件上,螺栓间距小于600 mm,角钢之间留一定的缝隙。铝模混凝土墙面采用敲击式钻孔锚栓,用9 mm钻头在混凝土墙面钻深度大于锚栓长度的孔,然后将锚杆插入孔中,将钉敲入锚杆中,将圆盘轻轻敲击平整,不要太用力敲;砖墙面采用射钉锚栓:先将塑料锚栓敲至板面平齐,再敲入锚钉至砂浆面,然后用射钉枪将锚钉打入墙内,枪要放平打入,圆盘不够平整时轻轻敲击平整。

(4)应严格按规定的配合比配制粘结砂浆,专用界面剂、胶粘剂、抹面胶浆配制应由专人负责,严格计量、机械搅拌,确保搅拌均匀;胶粘剂、抹面胶浆应按产品说明书中的比例进行配制(根据气候条件可适当调整),不得掺加其他材料,两种材料不得混用,不得相互替代(胶粘剂不可以当抹面胶浆用,抹面胶浆也不可以当胶粘剂用)。搅拌时先加水,后一边搅拌一边慢慢加粉料,搅拌时间自投料完毕后不小于5分钟,一次配制用量以1小时内用完为宜。

(5)粘贴时,应将发泡陶瓷保温板用力压实,并可用橡皮锤轻轻敲打并揉搓,调整板面高度、平整度和位置,保证水泥浆、界面剂与发泡陶瓷保温板表面、基层表面充分接触,墙面阴阳转角处保温板应交错咬合,上下排之间板材的粘贴应错缝1/2板长,大面积中上下排保温板之间错缝不要小于100 mm;保温板铺贴时发现有缺角、碎裂、孔洞或较大板缝时,及时用碎板塞缝,用抹面胶浆批刮;保温板侧边外露处、阳角及门窗框接口处均应粘贴成品塑料护角;保温板在粘贴窗框四周的阳角和外墙大角时,应先挂垂直线或弹出垂直基准线,角部必须顺直、方正。保温板粘结剂的有效粘结面积≥80%;每层板贴至上部收口时都要用胶粘剂封口,以免上面浇水和垃圾下来影响收口,在下次往上贴板时将上面的垃圾清理干净。

(6)增强网宜在第一层抹面砂浆上墙后铺贴,铺贴平整后再抹第二遍抹面砂浆,并将墙强网包裹。涂料饰面的抹面层厚度控制在5 mm。耐碱玻璃纤维网格布平面之间的搭接宽度不应小于100mm,阴阳角处应压槎搭接,搭接宽度不应小于200 mm,铺贴要平整、无褶皱。

(7)锚固件应严格按照设计要求设置。每平方米设置6个锚固件,固定点处与板角之间的距离应在120~150 mm范围内。抹面层发泡陶瓷保温板宜在粘贴好3天后铺设增强网,采用冲击钻钻孔安装固定件。锚栓进入混凝土基层的有效锚固深度不应小于30 mm,进入其他墙体基层的有效锚固深度不应小于50 mm。对于空心砌块、多孔砖、蒸压加气混凝土砌块等砌体应采用通过摩擦和机械锁定承载的锚栓。

(8)抹面砂浆施工完后,应检查平整、垂直及阴阳角方正,不符合要求的应用抹面砂浆修补、找平。抹面砂浆施工完应适当喷水养护,饰面层的施工宜在7天后进行。

(9)材料在储存运输中应注意防晒,材料应分类分标识存放。发泡陶瓷保温板堆放场地应平整,在运输及安装中应轻拿轻放,严禁扔摔。砂浆类材料应防潮、防雨且在保质期内使用。施工现场配置原材料时,必须保持计量准确。原材料进场落实专人对质量进行验收,提供相应质保书、合格证,对有关材料按规定见证取样送检复试,复试合格后方可用于工程上。凡不合格材料一律不得用于工程上。

(10)成品墙面要避免人为、脚手架、施工器具的碰撞、刮擦、玷污,其他队伍不得在墙面上随意切槽、开洞以及其他破坏外墙面的活动。

7 现场实体检测

(1)锚固件的拉拔试验。抗拉拔试验方法参照《外墙外保温工程技术标准》(JGJ 144—2019)的规定,每幢楼锚固件施工完毕,按照随机、均匀、有代表性的原则,在现场抽取10个有代表性的锚栓进行现场锚栓拉拔试验,抗拔试验结果值应全部大于0.50 kN,满足设计和施工规范要求。

(2)发泡陶瓷保温板与基层的粘结强度试验。对每幢楼的发泡陶瓷保温板粘贴后,在抗裂砂浆抹面层完成28天后,有代表性地选取5处测试点进行粘结强度测试,测试点部位使用切割片在外墙面上切取尺寸为100 mm×100 mm的试件,断缝切至基层,5个测试点粘结强度值均大于0.10 MPa,测试结果满足设计和规范要求。

图4　施工现场检查发泡陶瓷板开裂、空鼓、起壳等情况

8　结语

总而言之,外保温是一门新的技术,在施工过程中质量把关及监管的力度起着关键作用。本工程我们采取了施工前对施工人员进行交底,在对保温层结构了解的基础上,要清楚各种材料特性及现场的检测方法。在施工时对粘结的面积进行控制,对使用的粘结材料不要过多地加水,每平方米锚固件的数量、长度要经常进行检查。施工结束后,采用随机、均匀、有代表性地选取部位进行实体检测,做到工程质量问题早发现、早解决、早预防,不留隐患,确保本工程外墙外保温的系统质量。

作者简介:

余建军,男,1973年生,本科学历,国家注册监理工程师;浙江万事达建设工程管理有限公司总监理工程师,现主要从事建筑工程项目监理工作。

GRG室内装饰质量管理要点探讨

浙江工程建设管理有限公司　张舒雅　张钟明

【摘　要】 GRG材料以其优良的特性,在建筑行业被广泛运用,其可塑性强,可以满足设计师的各项需求,被加工制作成各种造型的墙面及吊顶装饰物。应用于众合科技青山湖产业园项目6#楼中庭吊顶、墙面及扶梯侧封的装饰面,设计师采用了柔和的多曲线形式,力求完美地营造出年轻的企业文化和随性的氛围,GRG优良的特性完全可以满足6#楼的个性要求,建筑与艺术得以完美结合,使6#楼成为众合科技青山湖产业园项目的地标性建筑。

【关键词】 GRG材料;质量问题;防治措施

1 什么是GRG材料

GRG预铸式玻璃纤维增强石膏成型品(GlassFiber Reinforced Gypsum,GRG)是一种以优等天然改良石膏为基料,添加石膏专用增强玻璃纤维和环保微量添加剂制成的预铸式新型装饰材料。可制作各种平面板、镂空板、双曲板等功能产品及各种艺术造型。因其创意造型的随意性成为设计师追求个性表达艺术形式的首选,所以GRG成为目前国际装饰材料界最流行的产品,被广泛应用于剧院的声学反射、吸声吊顶和墙面,高档建筑的大型艺术造型吊顶,艺术隔墙造型等领域。

GRG的生产和应用已经有30多年的历史,出现在中国市场也有近7年了。通过近几年的发展,GRG产品在中国的应用越来越多,以适应越来越丰富多彩的装饰造型及功能需要。GRG工艺利用其流畅的曲面造型或浮雕效果的装饰图案来制造出新奇、独特的视觉感受,从而更好地提升办公氛围及企业文化。从这一点来看,GRG在综合办公楼室内空间里起到了画龙点睛的作用。

2 GRG材料选择及质量管理

众合科技青山湖产业园项目6#楼展厅室内装饰因业主提出的效果要求,设计师进行了多方案比较,在材料选择上更是大费周章,必须找到材料优点与办公楼室内效果的契合点,最终选定了GRG这种材料。因为GRG材料有如下特性:

可塑性强、可满足各种造型需要,材质外观表现力突出,高强度、抗冲击、经久耐用,造型稳定、环境影响小,密度高、质量轻,防火、阻燃性能优越,防潮性能好,施工方便、快捷,绿色环保,声学效果好。

如图1所示。

图1 展示大厅GRG材料装修效果实景

笔者作为项目管理团队成员有幸参与了从设计方案选择、GRG材料选择、现场管理等一系列工作,下面就GRG施工质量管理要点进行探讨。

2.1 材料选择与检验

钢架采用40 mm×40 mm×5 mm的镀锌角铁,40 mm×80 mm×2.5 mm的镀锌方管,角铁与板材预埋件用4#镀锌角铁连接。GRG材料的质量直接影响到装饰工程的质量,因此,在选择GRG材料时,应选用具有良好质量的产品,并进行必要的检验,检验内容包括材料的强度、防火性能、耐久性等。

2.2 设计与施工方案的合理性

GRG装饰工程的设计与施工方案的合理性对于质量管理至关重要。设计方案应充分考虑GRG材料的特性,合理安排施工工序,确保装饰效果与质量达到预期目标。

2.3 施工工艺控制

GRG装饰工程的施工工艺控制是保证质量的关键。施工过程中,应严格按照施工方案进行操作,注意控制施工环境的温度和湿度,确保GRG材料的粘结效果和表面质量。

2.4 施工过程中质量控制内容

(1)审核施工单位的专项施工方案,要求施工方建立定期质量检查,及时反馈和解决工程质量问题。

(2)按工程项目的主次实行分级交底,对重点部位的所有工序进行技术交底,做到责任到人。技术交底由项目技术负责人根据设计图纸、操作规程、质量标准和作业指导书进行,并做好记录。

(3)加强施工工艺的管理,保证施工工艺过程的合理性、科学性和相对稳定性,从根本上预防、减少质量事故和不合格产品的发生。

（4）必须按照设计图纸及规范要求，在施工中坚持自检、互检、专检制度，施工分项填写复核单，做好技术复核验收。现场定期组织施工方进行质量检查，及时解决质量问题。

（5）隐蔽工程验收是施工管理的重要环节，也是保证工序质量，分部分项工程质量，进而保证整个工程质量的关键。隐蔽验收在施工单位自检合格的基础上进行，并形成验收的必要资料。

3 存在的质量问题及防治措施

3.1 预埋件的精准度问题及防治措施

问题：GRG材料根据不同场景的设计来制作生产模具，若墙面为曲面造型，且采用了不对称设计，模具的制作量非常大，而且在不同情况下放置的位置也不同，这样会造成GRG预埋件的位置不准确，在现场安装过程中，与钢架结构基层的位置不符，甚至导致不能安装。

措施：在进行生产加工前，对施工现场的定位进行准确测量，严格要求厂家按照标准进行制图与加工。安装过程中减少误差，GRG安装部位应事先安装龙骨转换层，在安装点位置焊接转接头，当厂家预制完成的GRG装饰板运至现场时，通过螺栓连接即可完成安装。安装中需要经验丰富的工人，适当的调节转接件以及螺栓的连接位置，做到板面之间的缝隙一致和顺滑过渡。

3.2 装饰面起壳、脱落等问题及防治措施

问题：室内空间对于声音反射的需求，采用GRG材料作为天花板吊顶，选取各种艺术涂料进行装饰，艺术涂料在GRG材料上出现起壳、脱落的现象。由于大型建筑物的空间较大，吊顶较高，在进行维修的过程当中需要搭设若干脚手架。吊顶天花板装饰物涂料一旦出现起壳、脱落的现象，就需要花费大量的物资进行维修，造成大型建筑物由于维修与养护而不能进行正常使用，这样就会影响建筑的正常使用。

措施：装饰面起壳、脱落等问题，大部分是由于腻子基层与GRG材料之间的黏度不够。在具体的施工过程当中，应选取环保型胶水，并且在胶水干透后再涂抹腻子粉，等腻子粉干透后再进行打磨，最后进行艺术涂料的喷绘等工作，这样就可以减少由于GRG材料引起的外装饰起壳、脱落等问题。在天花板吊顶或墙面的施工过程当中，可以先涂上一层环保型胶水，这样能够保证腻子层与GRG材料的黏度，进而减少相关脱落等问题。

3.3 墙面出现裂缝问题及防治措施

问题：GRG板材墙面经历了寒冷与高温之后会出现裂缝的问题。虽然GRG材料整体性能较好，能够达到节能环保的要求，也有较高的防水性，并且可塑性非常强，但是并不能够有效避免墙体裂缝的出现；而且材料本身的伸缩性较大，由于热胀冷缩的效应，会使墙面出现裂缝；另外，楼层的不均匀沉降也会导致墙面GRG板材受力不均匀而产生裂缝，这样的裂缝将会影响到墙面的整体使用，也会对装饰的整体效果产生极大的影响。

措施：在设计时应充分考虑墙面的整体性，要在可行的范围内留有伸缩缝，并且满足装饰效果，才能减少裂缝的产生。在施工安装的过程当中，板与板之间的接缝要严格按照标准执行，并且要粘结得

非常牢固才可以满足强度需求,来减少裂缝的产生。对于楼层的不均匀沉降而导致的墙面裂缝,在墙面GRG板材与天花接口之间留10 mm×10 mm的凹缝,留缝必须保证完全断开,不只是GRG板材断开,基层钢架也必须断开,这样就给不均匀沉降导致GRG板材开裂时预留足够的伸缩空间,避免裂缝的出现。在施工过程中须注意以下要点,避免墙体产生裂缝:

(1)采用机器开模,确保加工精度、磨具准确度,GRG材料最难的是建模和开模,这也是产品使用年限久的重要一点。

(2)采用高质量的原材料,GRG原材料强度和硬度都很高,使用得当不变形,不开裂。

(3)严格控制安装的精准度。

(4)用技术手段处理好接缝。

4　结语

GRG是一种新型的装饰材料,在目前市面上还没有形成统一的工艺标准,没有足够可借鉴的经验,这就要求我们在设计、施工过程当中要严格按照工艺样板的标准来进行管理,才能保证整个施工过程中的质量。GRG材料因为其可塑性较强,常常被制作成复杂造型的装饰物,所以在设计、施工过程当中选取适当的质量管理方法和措施,才能对今后特殊造型、异形结构的施工提供良好的帮助。本项目通过各参建方的共同努力,顺利完成,质量得到各方的好评。

参考文献:

[1]郭跃骅,沈旋.复杂造型GRG安装施工工艺[J].中国建筑装饰装修,2017(7):120-123.

[2]张小刚.浅谈GRG石膏板复杂造型吊顶的质量控制[J].建材技术与应用,2016(6):16-18.

[3]唐勇.城市开放空间规划及设计[J].城市规划,2002(10):21-27.

作者简介:

张舒雅,女,2000年生,本科学历,浙江工程建设管理有限公司监理员,现主要从事建筑工程项目监理、全过程工程咨询工作。

张钟明,男,1984年生,本科学历,浙江工程建设管理有限公司助理工程师,现主要从事建筑工程管理、全过程工程咨询工作。

四、机电安装

综合管线施工质量问题及应对措施

杭州信达投资咨询估价监理有限公司　赵　诗

【摘　要】　近年来,随着土地资源的减少,高层建筑鳞次栉比,相应的地下室层数增加,同时各类公共建筑及商业综合体规模也不断扩大,导致综合管线变得更加繁杂,涉及给排水、消防、空调、通风、电气等各种管道设备。因此提前做好综合管线布置工作显得尤为重要,特别是要处理好各种管线的综合交叉,同时根据管道走向合理布置,合理安排施工工序,公共管道应在施工前进行CAD软件或BIM技术三维模拟及现场实际测绘,以避免管道打架现象,便于后续保温、装修及日后维修工作。

【关键词】　综合管线;空间优化;BIM技术

在各类建筑地下室、酒店及大型实验室等公共建筑的公共走廊、设备夹层、地下管廊内,通常综合管线较多,主要包括给排水管、空调冷(热)水管、空调冷却水管、空调通风及防排烟风管、消防管、强弱电桥架等,如排布不合理,轻者影响观感质量,占据有限空间,重者将影响使用功能、后期检修,并存在安全隐患。本文介绍现场综合管线施工中存在的质量问题,并提出相应的应对措施。

1　水管等供液管道在电气桥架上方,影响电气设备安全运行

在检查酒店地下室中发现,综合管线排布中强、弱电桥架如图1、图2所示,设置在消防、空调冷(热)水、给水管等管道下方,上述管线排布不符合《建筑电气工程施工质量验收规范》(GB 50303—2015)第11.2.3条第二款要求:配线槽盒与水管同侧上下敷设时,宜安装在水管的上方;与相关施工工艺、技术规程、设计图纸要求不符。后期如进行维修,不便于开启桥架盖板;一旦管道渗漏或结露,渗漏水会滴入桥架内,影响电气设备的正常运行,甚至发生线路短路,造成意外事故;通常要完全避免供液管道在电气桥架上方敷设比较困难,应提出解决方案。

图1　成排水管在桥架上方

图2　消防水管弯头在桥架上方

在综合管线施工前,应考虑机电工程中消防管、给水管、各类桥架等对公共空间的要求,核对相关设计图纸,从满足使用功能及观感质量的要求,进行管线空间布局管理、支架综合设置。

综合管线安装应提前考虑在有限空间内管线的最合理位置、标高和施工程序,应做好整体规划,尽量减少管线空间的交叉。当遇到管道十字交叉时,要充分利用梁内空间,在满足弯曲半径的条件下,可适当减少风管、桥架弯头且有压水管通过梁内空间进行翻转避让,其避让原则:小管让大管,水管让风管,有压让无压;冷热水管道上下平行安装时热水管道应在冷水管道上方,垂直安装时热水管道在冷水管道的左侧;施工时应先安装重力管,后安装压力管。

现场施工时,一般风管、消防喷淋管先施工,桥架安装及电线电缆敷设后施工。特别是公共走廊内的综合管线,由于空间窄小,吊顶标高又受装修工程的限制,如果桥架放在上层,后期电线电缆敷设、维护就比较困难。

考虑施工工序及通常电气电缆截面积较大,上述成排桥架安装虽考虑了后期穿线缆施工,但未考虑在上部水管与下部桥架之间设置阻隔作用的隔离层,后期存在管道渗漏水滴入桥架并影响使用功能的隐患,因此建议需要增设隔离层。

2　成排风管在水电管线下方,影响上部管线检修

地下室两排风管如图3所示平行安装且在桥架、水管的下方,影响上部管道、桥架的后期检修、维护,管道设计、施工时未考虑预留后期上部管道、桥架、设备的维保、检修空间,造成检修维护困难。

通常地下室(含公共走廊)内通风与空调工程的风管、水管等与其他机电管线(桥架)之聚集,大量管线纵

图3　成排风管在桥架下方

横交叉、层层集中排列、密集布置等现象,个别项目在一个有限空间内排布的机电管线达二三十根甚至更多。

因此,综合管线施工前应仔细进行图纸会审,综合管线图纸会审时应复核结构图纸,所涉及的专业应叠图会审,在符合设计工艺、规范标准和保证观感质量的前提下进行合理布置,以确定管线在有限空间内位置及标高均合理,保证专业间的使用安全性和便于检修,管道距墙边距要考虑建筑饰面层

厚度和支吊架宽度。一般情况下,距建筑完成面不小于100 mm,每个通道需要预留1条不小于300 mm宽的上人检修空间,相邻管道之间应考虑保温、阀门安装空间和施工误差空间。

此时可考虑先进行风管安装,必要时错位布置,再安装上、下部空调冷冻水、冷却水及其他强弱电桥架,同时考虑施工工序,避免出现上述情况的发生。

另综合管线底部标高受建筑结构梁高及楼层净高影响,因此在设计图纸会审时应建议优化梁尺寸或将地下室顶板改成无梁板,或变更风管截面形状。这样在装修工程施工时,可保证公共部位净高不小于2.1 m。

3　未考虑综合支架或缺少支架,影响观感质量及支架受力体系

地下室强、弱电桥架与消防镀锌钢管如图4、图5所示分别设置独立支架,未考虑综合支架,观感质量欠佳,施工管理人员、监理人员以及建设单位管理人员未协调相关专业单位,支架施工前未能统筹考虑支吊架安装,对叠合位置进行优化,设计成综合支架。

图4　地下室强、弱桥架缺少综合支架　　　　　图5　地下室消防水管、桥架缺少综合支架

消火栓管道及桥架角弯处如图6、图7所示缺少相应支架,导致管道悬挑长度过长及桥架下挂,影响支架受力体系和穿线缆施工。

图6　成排消火栓管道角弯处缺支架　　　　　　图7　桥架弯头处缺支架

消防水管支架间距依据《自动喷水灭火系统施工及验收规范》(GB 50261—2017)第5.1.15条及《建筑给水排水及采暖工程施工质量验收规范》(GB 50242—2002)第3.3.8条表格要求:DN100~150 mm,

支架间距6~7 m;桥架角弯处宜单独设置支架进行补强,桥架安装依据《建筑电气工程施工质量验收规范》(GB 50303—2015)第11.2.3条第八款,弯头处宜有固定支架,可避免穿电缆时桥架弯头出现脱落、损坏现象。

综合管线施工应严格执行样板先行制度,管线施工样板应于相应工序大面积施工前完成,且完成后应经施工单位、监理单位、建设单位甚至设计单位相应专业负责人联合验收,并形成验收记录,后期施工应严格按样板进行,并做好施工过程控制。

地下室及公共走廊内的综合支架施工应进行深化设计,施工前应由建设单位和设计单位、施工单位共同确定,必要时需召开专题会议。支架图集一般采用角钢或吊杆,而且都是单专业的,图集中最多3根管道而现场多达十几根,现场综合支架多采用槽钢;由于综合支架工程量较大,通常由消防专业单位或总包单位进行施工,其他相关专业单位进行配合,可有效防止施工中造成不必要的材料浪费及返工损失。

综合支架正确做法可参考图8方式,综合支架荷载比较大,应优先选择固定在梁中上部位,其次选择固定在板上,为了尽可能多地固定在梁上,就必须考虑结构轴网间距,通过主次梁进行等间距布置。

该地下室综合管线施工前,由BIM公司提前进行综合管线优化,具体操作程序如下:BIM公司建模(依据地下室各专业设计图纸)→出具碰撞报告→专题(各专业图纸调整)协调会议→BIM公司出深化图纸→

图8 综合支架做法

图纸成果汇报及会审→业主明确综合支架施工方,通常采用桥架、风管、消防管道等支架综合设置,并将综合管线布置在汽车通道上,以保证停车位空间。

4 结语

通常综合管线施工前应进行优化设计,首先确定管线分布,并提前考虑采用综合支架;特别需要确定在狭窄空间内管线最合理的位置、标高;在综合管线中,通风与空调工程是大型公建机电工程中占据空间最大的分部工程,其各类风管、水管尺寸较大,与其他机电管线之间易存在空间冲突,应提前合理布置管线,并提前明确综合支架施工单位;为了尽量满足吊顶标高要求,可考虑部分消防管道穿梁敷设措施。

施工前优化施工组织设计(方案),并通过深化综合管线排布及施工工序,将管线事先排布后,可预测空间内机电管线的位置,同时确定施工顺序,以避免不同专业人员交叉作业造成的不必要拆改;如发现设计管线排列存在碰撞问题,应将管线重新排布,以确保管线的位置、标高并满足设计及以后维修要求。

在优化施工方案时应充分利用BIM技术,结合BIM技术的充分运用,可提供解决综合管线排布问题的技术手段及方法。

参考文献：

[1] 执业资格考试命题研究中心.机电工程管理与实务[M].3 版.南京:江苏科学技术出版社,2014.

[2] 中华人民共和国住房和城乡建设部.建筑电气工程施工质量验收规范:GB 50303—2015[S].北京:中国计划出版社,2016.

[3] 中华人民共和国住房和城乡建设部.自动喷水灭火系统施工及验收规范:GB 50261—2017[S].北京:中国计划出版社,2017.

[4] 辽宁省建设厅.建筑给水排水及采暖工程施工质量验收规范:GB 50242—2002[S].北京:中国建筑工业出版社,2002.

作者简介：

赵诗,男,1978年生,本科学历,国家注册监理工程师,高级工程师;任职于杭州信达投资咨询估价监理有限公司,现从事建筑工程项目监理、工程管理、技术管理和咨询工作。

公共建筑中央空调水系统渗漏防治措施

东南建设管理有限公司　　杨爱良

【摘　要】　中央空调系统广泛应用于大型商场、办公大楼、高级宾馆、医疗建筑等场所,以上建筑采用的一般为舒适性空调系统,空调末端设备采用"风机盘管加新风空调系统",空调系统冷、热源由机组集中供应,冷、热媒通过布置在各个功能区域的管道送至末端空调设备。在实际工程中,由于管道系统的设计及安装质量问题,出现管道渗漏水,污染建筑环境及建筑设备。渗漏严重时空调系统需停机检修,影响商场、宾馆的正常营业,对医疗建筑来说,甚至影响病人的生命健康。该文结合湖州市某中医院新建医疗综合楼,对中央空调水系统渗漏的防治进行论述。

【关键词】　空调水系统;丝扣连接;法兰连接;焊接连接;密封填料;法兰垫片;渗漏

1　工程概况

1.1　空调系统的组成

浙江省湖州市某中医院新建医疗综合楼,该地区夏热冬冷,医疗建筑夏季供冷、冬季供热。本工程采用"风机盘管加新风"中央空调系统,选用水冷螺杆冷水机组作为夏季空调冷源,机组冷冻水供回水温度为7 ℃/12 ℃,选用"汽—水板式热交换器"作为冬季供热热源,蒸汽来自医院自有燃气锅炉房,热水供回水温度为50 ℃/60 ℃。另外在屋面上设置涡旋式风冷热泵机组,作为ICU病房、体检中心、血透中心、静脉配置中心等过渡季节需要使用空调系统的冷、热源。放射科等检查用房、商业用房、连廊采用VRF变冷媒流量多联机空调系统;为了保证ICU病房空调可靠性,设有水冷(热)及VRF多联机两套空调系统;信息中心采用恒温恒湿空调机组。

空调水系统设计采用冷、热两用的二管制,采用同程式供回水系统,水泵采用变频运行方式,根据季节变化和负荷进行运行调节,实现节能要求。为保证水力平衡,空调柜机、新风机回水干管上安装动态平衡电动调节阀,实现各设备间的流量平衡;在楼层回水干管及集水器回水干管上设有静态流量平衡阀。末端设备风机盘管回水管上设有温控电动二通阀;分水器与集水器之间设置压差旁通阀。立管最高点、水平管道局部翻高点等易集聚空气产生气囊处安装排气阀,吊顶内采用手动型排气阀;机房、管道井等处采用自动排气型。

1.2 管道水压试验要求

该建筑地下1层、地上15层,屋面标高57.7 m,地下室地坪标高-5.2 m。空调水管道及其连接件最大工作压力为1.0 MPa,选用的水泵等空调设备、阀门、管道配件的额定工作压力为1.6 MPa。设计要求系统最低点水压试验压力为1.5 MPa,分区、分层试压时,试验压力根据楼层标高推算,在试验压力下稳压10分钟,压力下降应≤0.02 MPa,检查管网不渗漏、不变形;再降至工作压力,60分钟内压力不下降、外观检查无渗漏为合格。

1.3 管道材料及连接方式

本工程管道材料及管道连接方式如表1所示。

表1 管料及管道连接方式

管道类型	管道规格	管道材料	连接方法	备注
空调系统供、回水管;冷却水管	DN<100 mm	镀锌钢管	螺纹丝扣连接	金属缠绕垫片
	100 mm≤DN≤250 mm	无缝钢管	焊接连接或法兰连接,热镀锌二次安装	
	DN>250 mm	螺旋缝电焊钢管		
空调冷凝水管	PVC-U	厚壁塑料管	粘接或热熔连接	
空调补水管、膨胀管、排水管		镀锌钢管	丝扣连接	

2 问题的产生

系统安装完毕,水压试验过程中,当管道内水压加至0.6 MPa时,发现地下室空调机房、走廊通道、管道井内管道法兰渗漏水,楼层走廊通道也存在部分镀锌钢管丝扣连接部位渗水,当即停止加压,排出管道的水,对法兰螺栓进行第二次拧紧,对管道丝扣渗水处也进行拧紧。以上拧紧工作完成后,重新进行水压试验,管道内水压加至0.6 MPa进行检查,原有渗漏点已不再渗漏,继续升压至1.0 MPa,停止加压进行全面检查,原有渗漏点又有部分法兰及少部分丝扣接头出现渗漏水,并且又出现新的渗漏点。

3 原因分析

拆除渗漏处管道丝扣,经检查后发现是管道丝口螺纹不完整,存在烂牙、滑丝现象,部分接口采用聚四氟乙烯生料带密封填料未拧紧,丝口连接不严密产生渗漏水。主要是由施工人员套丝及管道安装时操作不当、密封填料选择不当、管道及配件质量缺陷造成的。

法兰渗漏水是因为本工程100 mm≤DN≤250 mm的管道采用法兰连接、热镀锌二次安装,钢管在现场根据施工图进行分段预制,焊接法兰时没有在现场进行预安装,法兰没有配对做好标志,镀锌完成后法兰不配对,法兰四周的间隙不一致;另外部分法兰安装位置空间窄小(如管道井),靠墙侧操作困难,法兰螺栓没有对称拧紧。部分大口径管道法兰厚度不达标(较薄),强度及刚度不足;法兰垫片采用普通橡胶板垫片,大口径法兰垫片未放置平整;部分法兰之间间隙过大,安装了双垫片。主要原因也是施工工艺及施工方法不当,法兰密封垫片选择不当,法兰及垫片存在质量缺陷。

4 解决方案

4.1 提高镀锌钢管丝口连接的可靠性

4.1.1 镀锌钢管材料质量的保证

(1)镀锌钢管丝扣采用的是55°圆锥外螺纹,锥度为1:16,如图1所示,与之连接的管道配件采用的是55°圆柱内螺纹,如图2所示。管道配件是由专业生产厂家制造,配件内螺纹是由机械设备加工,质量容易保证。而镀锌钢管外螺纹是现场加工的,受现场机械设备、操作人员的影响,质量较难保证,因此这是一个质量控制的重点。

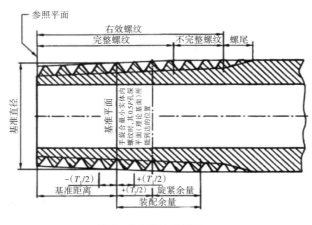

图 1 55°圆锥外螺纹   图 2 55°圆柱内螺纹

(2)要保证丝扣不渗水,必须使管道外螺纹与配件内螺纹连接紧密,管道的圆锥外螺纹外径、深度等必须符合《55°密封管螺纹 第1部分:圆柱内螺纹与圆锥外螺纹》(GB/T 7306.1—2000)标准的有关规定。

(3)要保证镀锌钢管丝扣质量,首先应保证镀锌钢管的质量。镀锌钢管的外径、壁厚、材质等必须满足《低压流体输送用焊接钢管》(GB/T 3091—2015)标准的要求。

4.1.2 镀锌钢管丝口加工质量的保证

镀锌钢管现场一般采用切割机下料,切割面应保持与管道垂直,管端切割时产生的毛刺应去除,长管套丝时,管后端一定要垫平。套丝用板牙型号规格应与管径一致,管螺纹的锥度设置为1:16,加工螺纹时,板牙应徐徐渐进。在套丝过程中,切削端应加上润滑剂冷却板牙及螺纹,以保证不烂牙及提高螺纹的精度。管径 DN 50 mm 以下者,一般两次套成;管径 DN 50 mm 以上者,应三次以上套成;严禁一次完成套丝。套丝完成后用管件进行试装,丝口的长度应保证外露2～3牙。

4.1.3 管螺纹密封填料的选择与安装

(1)正确选择和使用管螺纹密封填料是防止丝扣接头渗漏的关键环节。镀锌钢管螺纹连接密封填料,传统的方法一般有两种:一是缠麻丝＋涂厚白漆;二是缠聚四氟乙烯生料带。

(2)采用聚四氟乙烯生料带作为管螺纹密封填料,用量大,成本高,并且连接完成的丝口配件(三通、弯头等)如果调整角度需要回拧时,容易松动而产生渗水现象。因此,目前在空调水系统安装中极少采用。

(3)目前,大部分空调工程管道采用缠麻丝+涂厚白漆作为管螺纹密封填料。其施工速度快,质量可靠,成本低。但是管口内残留的麻丝不易清除,风机盘管过滤器易阻塞,并且观感较差。

(4)现今有一种新型管道螺丝密封填料"厌氧胶"——液态生料带,已在空调工程中得到使用。其工作原理是:将"厌氧胶"液涂覆在螺纹表面,在螺纹拧紧前,空气中存在的氧气使胶液不固化;螺纹拧紧后胶液与空气隔绝,胶液因缺氧产生固化反应,填充整个螺纹间隙,形成高强度、耐腐蚀、可耐一定温度(150~200 ℃)、耐老化、密封锁固性极强的热固性塑料,可防止因震动和冲击造成的松动和渗漏,操作方便,质量可靠,外形美观,接头处加热可以拆除。因此,采用"厌氧胶"作为螺纹密封填料是完全可以满足管道丝口连接的强度及密封要求的,如图3所示。

图3 密封填料丝扣连接

4.2 提高管法兰连接的可靠性

4.2.1 法兰的选择与验收

空调系统供回水管道系统额定工作压力一般低于1.6 MPa,常用公称压力PN1.0与PN1.6板式平焊钢制管法兰。法兰质量应符合《钢制管法兰第1部分:PN系列》(GB/T 9124.1—2019)标准的要求,如图4与表2所示。

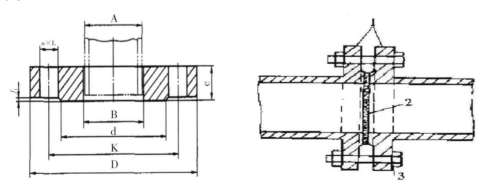

(图中:1—法兰,2—垫片,3—螺栓)

图4 突面(RF)板式平焊钢制管法兰(适用于PN 2.5~PN 100)

表2　公称压力 PN10、PN16 板式平焊钢法兰标准尺寸对照表

（单位：mm）

公称尺寸	法兰外径		螺栓孔中径		螺栓规格		螺栓数量		法兰厚度	
	PN10	PN16	PN10	PN16	PN10	PN16	PN10	PN16	PN10	PN16
40	150		110		M16		4		18	
50	165		125		M16		4		20	
65	185		145		M16		8		20	
80	200		160		M16		8		20	
100	220		180		M16		8		22	
125	250		210		M16		8		22	
150	285		240		M20		8		24	
200	340		295		M20		8	12	24	26
250	395	405	350	355	M20	M24	12	12	26	29
300	445	460	400	410	M20	M24	12	12	26	32
350	505	520	460	470	M20	M24	16	16	30	35
400	565	580	515	525	M24	M27	16	16	32	38
450	615	640	565	585	M24	M27	20	20	36	42
500	670	715	620	650	M24	M30	20	20	38	46

从表2可以看出，公称压力 PN10、PN16 板式平焊钢法兰，小口径法兰其法兰外径、厚度、螺栓的规格及数量基本相同；但公称压力 PN16 的大口径法兰，其法兰的外径、厚度、螺栓的规格及数量比公称压力 PN10 的法兰大而多，强度及刚度更大。

实际工程中，在法兰的选用上存在如下问题：不同公称压力等级的法兰混用（如用 PN10 代替 PN16），采购的法兰与阀门等配件的法兰盘压力等级不一致，部分承包商为节约成本采购非标（薄型）的钢法兰。法兰的安装配合精度不高，强度及刚度不能满足设计要求，造成法兰密封面渗漏水。

4.2.2　法兰密封垫片的选择

（1）中央空调供回水系统，夏季供冷水、冬季供热水，介质设计温度一般在 7 ℃~60 ℃之间。常用的管道法兰垫片有石棉橡胶板垫片、工业橡胶板垫片、金属缠绕垫片等几种。

（2）石棉橡胶板垫片：空调系统使用普通石棉橡胶垫片的历史较长，它能耐高温、高压、可现场加工制作、价格便宜。但回弹性较低，介质冷、热交替使用易渗漏；更换垫片时，法兰面清理较麻烦，目前工程中采用的不多。

（3）工业橡胶板垫片：耐磨、抗裂、易拉伸，弹性较高，电绝缘性优良，可现场加工，价格低。缺点是耐氧和耐臭氧性差，容易老化变质；耐热性不高，适用于温度不超过 60 ℃、压力不超过 1.0 MPa 的系统。柔性垫片在大口径水平法兰安装不方便，在以往的空调供回水系统中使用时，产生渗漏现象较多。

（4）三元乙丙橡胶垫片：与工业橡胶相比，三元乙丙橡胶（EPDM）具有优异的耐候、耐臭氧、耐日

光、耐热等耐老化性能,使用温度:—30 ℃~130 ℃,适用于压力不超过1.0 MPa的系统。

(5)金属缠绕垫片:由薄钢带与各种填充料交替缠绕而成,能耐高温、高压,回弹性好,安装简单方便,是一种应用广泛的密封垫片。但是它属于刚性垫片,对法兰面的平整度、装配精度要求较高,如果法兰装配精度不高,易产生渗漏。另外价格也较高,很难现场加工,需要外购,可用于高温、高压等场所。

4.4 焊接连接

大口径钢管焊接连接是最可靠的一种连接方式,连接强度高,大口径管道采用焊接连接方式,几乎没有焊接接头漏水现象。大口径钢管管壁均较厚,用于空调供回水系统应进行热镀锌处理,钢管表面形成一层耐腐蚀的结构紧密的锌—铁合金层。

现场临时修改需要对镀锌钢管切割、重新焊接时,焊口应先进行除锌处理。由于金属锌的熔点及沸点较低,熔点419.5 ℃、沸点907 ℃;钢材的熔点约1500 ℃。镀锌钢管焊接时,在高温作用下锌层先行蒸发,挥发出大量的有害白色烟雾,人体吸入过多的锌雾可引起锌中毒。锌熔化成液体会侵蚀焊缝金属,形成"液体金属脆化"。同时,锌与铁可形成金属间脆性化合物,降低焊缝金属塑性,在应力作用下焊缝会产生裂纹。因此,镀锌钢管焊接前必须把焊接处的镀锌层打磨处理掉。对厚壁钢管,为了确保焊口焊透,焊口部位要开设60°~65°坡口,焊接完成后应重新进行二次镀锌处理。

5 结语

综上所述,正确选择和使用空调水系统管道的连接方式、密封材料,是防止管道渗漏的关键环节。空调水系统管道材料及连接宜按以下方式选择:

管道公称直径DN<100 mm时,采用镀锌钢管螺纹丝扣连接,螺纹密封填料采用"厌氧胶"。为方便检修时拆卸,法兰阀门采用《钢制管法兰》(GB 9124—2019)中的"突面(RF)带颈螺纹钢制管法兰"连接,丝口阀门采用厚白漆＋麻丝或生料带密封填料;丝扣应完整不烂牙,丝口的长度应保证安装后外露2~3牙。外露螺纹应进行防腐处理。

管道公称直径100 mm≤DN≤250 mm时,采用无缝钢管,焊接或法兰连接,热镀锌二次安装。法兰垫片采用金属缠绕垫片。对于压力不超过1.0 MPa的系统,可采用三元乙丙橡胶垫片。

法兰应在现场预安装焊接,法兰内外口均应满焊,镀锌前法兰应成对做好标记。安装前,法兰面应清理干净,垫片应与法兰面贴合(特别是水平管道安装柔性橡胶垫片时要注意),一副法兰只能放一个垫片,法兰螺栓应对称拧紧,管道通入介质后,应进行"冷紧"或"热紧"。

管道公称直径DN>250 mm时,采用螺旋缝电焊钢管,焊接或法兰连接,热镀锌二次安装。

敷设于管道井内的垂直管道(立管),由于空间窄小安装困难,可采用沟槽连接。管道支架、补偿器的型式及安装方式应进行专项设计,并严格按设计要求施工。

现场临时修改或者管道碰头,大口径管道接口可采用焊接连接。焊接前应将焊口部位的镀锌层清除,焊后应重新进行二次镀锌处理。

参考文献：

[1] 国家质量技术监督局.55°密封管螺纹 第1部分：圆柱内螺纹与圆锥外螺纹：GB/T 7306.1—2000[S].

[2] 低压流体输送用焊接钢管：GB/T 3091—2015[S].

[3] 钢制管法兰：GB/T 9124—2019[S].

作者简介：

杨爱良，男，1965年生，本科学历，国家注册监理工程师、一级建造师（房建、机电）、造价工程师、注册公用设备工程师、注册消防工程师；东南建设管理有限公司副总工程师，现主要从事建筑工程项目管理、工程监理、技术管理等工作。

五、市政工程

宁波市机场快速路南延南段重难点监理回顾

宁波市斯正项目管理咨询有限公司　孙启祥　吴力峰

【摘　要】　随着城市化进程的加快,现时城际快速路已具有多结构复合、工况复杂、公轨结合、内容齐全等特色。该文就公司参与的实际监理案例,阐述现时快速路的建设特点,剖析监理重难点,以提供系统的监理解决方案等,分享于同行。

【关键词】　工程难点、重点;工程监理;管理措施

引言

宁波市机场快速路南延南段工程是奉化连接宁波市中心的重要快速通道。该工程结合轨道宁奉城际线建设,促进奉化区纳入宁波中心城"半小时交通圈",有效支撑城市空间拓展和经济社会发展,是推动奉化"同城化"发展具有实质意义的省重点工程。

1　工程概况

由宁波斯正公司监理的机场快速路南延南段(绕城高速—岳林东路)工程施工Ⅱ标段、施工Ⅲ标段,其中Ⅱ标段北起莫方线南,南至规划恒康路北,主线里程为K6+460~K7+855,全长1395 m;Ⅲ标段北起恒康路北,南至规划四路北K7+855~K9+251,线路全长1396 m。

监理内容为:机场路主线高架桥、上下平行匝道桥、轨道区间桥梁和地面道路工程。建设规模包含保通工程、桥梁工程、轨道交通工程、道路及附属工程、地面桥梁、给排水、污水泵站、路灯、交通设施、智能交通等,工程总造价约13.87亿元。

2　工程监理重点、难点

(1)本工程沿线地质情况复杂,主线钻孔灌注桩均为嵌岩端承桩,钻孔灌注桩需穿越圆砾混卵石、圆砾层、卵石混圆砾层、全风化沉凝灰岩、强风化沉凝灰岩,最后嵌入中风化沉凝灰岩的深度不小于1倍桩径,不仅施工难度增大(成孔困难),同时工效低影响工期,成孔质量难以控制。

(2)本工程跨越现状120 m宽的东江,现状为内河Ⅵ级通航航道,规划为Ⅴ级通航航道,新建五幅跨江桥梁,包括中间一幅主线高架桥(上层采用钢砼叠合梁、下层采用现浇预应力砼轨道梁),主线高

架两侧为各一幅机动车道桥和一幅人非桥。该部位是本工程施工进度控制关键节点,也是工程施工质量、安全控制的难点。

(3)本工程为公轨共建工程,上层桥为机场快速路,下层桥为宁奉城际轨道交通线路。上层桥主要采用预制小箱梁及预制叠合梁,下层桥大部分采用预制U形梁,单片梁重、吊装作业面受到限制、上下层安装顺序等,是本工程的难点。

3 针对重点、难点监理控制措施

公司执行"严格监理、热情服务"的原则,并针对项目特点、技术要求成立了监理项目部,组建了强有力的团队,分工明确,通力合作,责任明确。针对该工程重点、难点监理管控采取的措施如下:

3.1 嵌岩端承桩施工监理管控

嵌岩桩施工目标是工程桩嵌入到岩层中,根据地勘报告,岩层为中风化玄武岩,岩层硬度大,一般钻机无法施工,通过比选各类型钻机性能、效率等指标,最终采用SR75大型旋挖钻机。SR75旋挖桩钻机技术性能各项参数完全适合中风化岩层钻进,且施工效率高,非岩层段平均钻进速度8 m/h,岩层段平均钻进速度约0.8 m/h。

本工程桩基工程量大,施工期间遇到问题也比较多。为确保工程顺利实施,项目监理部制定了详细的检查验收制度,如开孔申请制度、钻孔检查制度、成孔验收制度、钢筋笼安装及清孔验收制度、砼浇筑申请制度。本工程钻孔桩控制难点、重点是穿越鹅卵石夹砂砾层、岩层。穿越鹅卵石夹砂砾层时,钻进速度不能太快,同时调整泥浆稠度,如加入膨润土,同时把循环出来的泥浆中砂过滤掉,降低泥浆中的含砂率。控制钻进速度,过快易造成局部塌孔。进入岩层,钻机扭矩明显增大,转速变慢,需要及时调整钻进速度,并对取出来的岩样进行判定,刚入岩段岩样破碎,且含泥量较大,约入岩50 cm后(钻机中控平台能显示钻进深度),取出的岩样比较完整,岩质硬度大,以此判定入岩深度,直到完全符合设计入岩深度要求。整个施工期间,检查验收到位,桩基检测Ⅰ类桩比例高于95%。

3.2 东江水中施工区域监理管控

东江水中施工区域涉及水中深基坑工程、施工作业平台、箱梁承重支架,施工难度及安全风险系数非常大。施工总体方案主要包括:深基坑采用新型"CO"锁扣钢管桩围堰;作业平台采用钢管桩贝雷梁支架平台;轨道三跨箱梁采用少支架形式,自下而上依次为钢管桩+双拼工字钢横梁+贝雷梁+碗扣钢管支架,航道处支架跨径27 m。针对以上施工方案,方案经专家评审通过后,监理对施工难点、重点等方面进行了细化,并对参与监理检查验收人员进行了详细交底,以便动态跟踪管控。

深基坑"CO"锁扣钢管桩围堰,重点是控制第一根钢管定位和垂直度,最后一根钢管围堰封口特殊定型加工及打入。若第一根钢管桩垂直度达不到要求,不但造成后续钢管桩与之锁扣连接时增大打拔桩摩阻力,而且会造成整个钢管围堰结构倾斜或扭曲。精确定位后,通过两台全站仪90°站位,打桩时两人负责通过全站仪控制桩的垂直度,一旦发现偏差及时调整。水中深基坑围堰难点是确保围堰不漏水、围堰结构整体稳定,需要控制"CO"锁扣钢管加工质量,如焊缝质量、"CO"大小钢管之间定位及焊接等。每道工序均需要严格把关,一旦加工精度达不到要求,不但会漏水,而且还增加了打拔难度。把控支撑体系安装顺序及轴力施加,确保围堰结构整体稳定,日常检查支护体系稳定性,全面排查、监督安全隐患整改工作。钢管拔出时,因钢管与土层固结,摩阻力非常大,振动锤液压嘴与钢管接触处在振动拔除时会产生高温,导致该部位钢管软化,不利拔除,故采用冲水降温,边拔边冲水,降低液压嘴与钢管接触处的钢管温度。

水中轨道现浇梁满堂支架,采用钢管桩＋双拼工字钢横梁＋贝雷梁＋碗扣钢管支架。为保证航道正常通行,支架最大跨径为27 m。大跨度支架控制重难点是支架挠度变形及整体稳定性。贝雷梁采用高强度HD200型贝雷梁,上下均设置加强弦杆,但是挠度仍然较大。为减小挠度对现浇梁质量的影响,施工期间除加强管控外,还需采取有效技术措施,通过对支架预压,观测贝雷梁挠度变形值,进行观测和分析,确保挠度变形值在批准方案计算值范围内。根据观测的每个部位变形值,对对应部位箱梁底模进行预抛高,同时控制模板支架与主次梁间隙,浇筑混凝土前,整个支架上下托架、碗口均敲紧,减小压缩变形量,同时在砼浇筑期间跟踪监测,监控支架整体稳定性。

3.3 轨道预制U型梁吊装监理管控

本工程为公轨共建工程,上层桥为机场快速路,下层桥为宁奉城际轨道交通线路。上层桥主要采用预制小箱梁及预制叠合梁,下层桥主要采用预制槽型梁,单片梁重,且下层桥净空最低仅不到6 m。因此下层桥超低空架梁及上下层架梁顺序是本工程的难点。

根据施工现场实际情况,最终确定了城轨一体化双层预制梁采用1台架桥机同跨同步架设方案,施工方自研梁上运梁设备,通过设置提梁站,利用已架设的U型梁作为运梁通道,采用"定点上梁、梁上运梁,桥机架梁,自行转跨"方式,每跨遵循先下层后上层的原则,依次逐跨完成预制梁架设。轨道预制U型梁通过运梁小车驮运至安装桥跨位置,通过喂梁方式,架桥机先吊起预制梁一端,随后架桥机与运梁小车同步向安装桥跨位置移动,同步移动期间确保架桥机与运梁小车移动速度一致,移动到预制梁另一端可以让架桥机起吊位置。当预制梁两端被架桥机吊起后,运梁小车退出,随后安装工作由架桥机纵横向移动,通过架桥机微调定位,确保球钢支座脚螺栓插入垫石预留孔洞内。监理在吊装前,严格检查支座垫石标高及平整度、脚螺栓预留孔位、轨道梁上预埋支座上钢板位置等是否准确,确保顺利安装到位。

4 安全及质量管理措施

4.1 安全管理措施

坚决贯彻"安全第一、预防为主、综合治理"的原则,通过专项检查、日常检查、巡视和旁站等方式进行安全管理,发现安全隐患及时消除,避免安全事故发生。具体控制措施如下:

(1)专项检查,重点检查大型设备、起重吊装、高处作业、支架搭设、管线保护、基坑支护、水中作业、施工用电、安全防护等安全状况,杜绝安全隐患。

(2)高处作业方面应注意两个方面,一是登高作业人员必须进行体检和安全教育,身体条件满足要求才准进行登高作业;二是施工单位应为作业人员配备必要的安全防护用品、张挂安全宣传标语和警示标志等。

（3）支架搭设必须按照规范和审批通过的专项方案进行搭拆,严格遵守承重支模架检查验收程序,验收合格才准进行下道工序施工。

（4）水上作业,需做好前期准备工作,相关安全防护措施、安全技术交底、专项方案等必须落实到位。施工单位应加强监管,作业人员安全防护用品配备齐全。

（5）临时用电,施工单位应使用合格的配电箱,规范接线及布设电缆,配置消防器材。

（6）大型构件吊装要严格执行操作规程,规范吊装作业。特种作业人员必须持有效证件上岗,做好机械设备维修保养记录。

4.2 工程质量管理措施

项目监理部通过巡视、旁站、平行检验等方式控制工作质量。针对工程质量通病,监理方提前通过工作联系单形式告知施工方管理人员及现场监理人员,以主动控制为原则,以影响质量的五方面"人、机、料、法、环"为基础建立有效的控制系统,将事前控制和事中控制紧密结合,通过巡检过程中加大事前控制力度。同时监理还通过跟踪、旁站监督及事后督促整改,对存在的问题能及时进行整改,如砼外观质量,严格把控砼配合比、水泥品种、砼和易性、模板拼缝及施工振捣等方面,来加强跟踪监督检查。

5 取得的效果与监理体会经验

本项目通过有效管控,工程顺利完工,并于2022年获得国家优质工程金奖。现就此工程浅谈一些取得的效果与监理体会经验:

（1）项目已先后参与了宁波市标化工地、甬江杯、钱江杯及国家优质工程奖评选,并顺利通过评选工作,得到各级评选组好评。

（2）项目建成通车后,实现了首条复式快速路无缝对接,连接宁波市区与奉化区,方便奉化周边区域居民及企事业单位人员出行,促进奉化区纳入宁波中心城"半小时交通圈"。

（3）在项目总监带领下,注重团队建设,在工作中相互学习交流提高,大大提升了监理人员专业技术水平,同时培养一批优秀监理人员,提升了监理人员工作能力。

（4）根据"百年大计、质量第一""质量管理,预防为先"的要求,应做到质量控制工作深度一定要细化到工序、分部分项工程,增强质量意识,落实施工人员责任制,严格质量管理,规范施工行为,严格依照合同要求,依照规程规范和工程设计文件要求进行施工,使施工单位认识到质量是企业得以继续生存和发展的根本,也是关系到项目建设成败的关键。

6 结语

针对本项目监理工作中出现的难点和重点,通过监理有效把控和制定相应的控制措施,将工程重点、难点的相关监理工作予以一一落到实处,使得分部分项工程质量、安全、进度均获得较好效果,也保证了项目顺利实施;同时,也提升了参与项目监理人员的专业知识和管理能力。

作者简介:

孙启祥,男,1965年生,本科学历,正高级工程师职称,国家注册监理工程师、一级建造师、一级造价工程师;现任中共宁波市斯正项目管理咨询有限公司监理公司第一党支部书记,主要从事市政工程项目管理、工程监理、技术管理等工作。

吴力峰,男,1984年生,本科学历,工程师职称,国家注册监理工程师;宁波市斯正项目管理咨询有限公司监理公司员工,主要从事市政工程项目管理、工程监理和技术管理等工作。

越东路智慧快速路PPP项目施工监理总结

浙江中誉工程管理有限公司　冯关明

【摘　要】 绍兴市智慧快速路是浙江省大湾区建设的重要组成部分,绍兴市正积极推进"六横八纵"城市快速路网规划,其中包括438 Km的智慧快速路。这一快速路的建设,不仅有助于绍兴市更好地发挥其作为浙江省大湾区的中心区位的作用,而且能够有效地促进绍兴市的经济发展,加快绍兴市的城市化进程,实现绍兴市的经济社会发展。越东路智慧快速路一期已经完工,它是绍兴迎接亚运会的必经之地,也是绍兴市融入杭州湾、大湾区和长三角地区的关键之地。作为省重点工程之一,越东路是绍兴市首条开工建设的智慧快速路工程,做好本工程的监理服务工作,并总结本工程实施中的成功经验和分析不足,对促进今后同类工程的品质提升、积累经验教训至关重要。

【关键词】 智慧快速路;工程监理;越东路

越东路智慧高架路网,作为绍兴市高架路网的首条,从杭甬高速绍兴市收费站一直延伸到绍诸高速平水收费站,总长度达21 Km,构成了绍兴市东部的智慧型大动脉,为当地的交通出行提供便利,也为当地的发展注入新的活力。

越东路智慧快速路PPP项目I标段工程自2018年11月开工,采用了"标准化设计、工厂化生产、装配化施工、信息化管理"的建设方法和五大智能"黑科技",通过各方努力,目前本工程被评为"省标化"工地,已申报"2023年度钱江杯优质"工程奖。笔者有幸参与本工程的监理工作并担任项目副总监,下面针对本工程实施过程的监理工作进行一个小结。

1　工程概况

越东路智慧快速路工程PPP项目I标段项目,快速路主线北起杭甬高速绍兴收费站,经中兴大道、三江路,沿越东路南至凤林路交叉口。

工程敷设形式:采用高架主线＋地面辅路建设形式。主线高架桥标准为城市快速路,设计时速80 km。其中,中兴大道跨线桥标准宽度19.5 m(一级公路设计兼顾城市快速路标准),采用双向4车道(变宽段采用6车道),中兴大道跨线桥节点施工完成如图1所示;越东路主线标准宽度25.5 m,采用双向6车道(匝道段双向8车道);三江路连接线标准宽度15.5 m,双向4车道。

地面辅道:越东路为城市主干道,设计时速50 km;中兴大道为城市次干道,设计时速40 km;三江路为城市次干路,设计时速50 km;由平行匝道连接主线快速路与地面辅道,设计时速40 km;匝道标准宽度8.5 m。

该项目涵盖了道路建设、高架桥梁建设、景观设计、照明系统、绿化景观、交通安全设施以及智慧工程等多个领域。

图 1 中兴大道跨线桥节点

2 合同履约情况

工程从2018年11月开工建设以来,我们的监理团队始终将客户的需求放在首位,坚持"守法、诚信、科学、公正"的原则,秉承"团结、服务、优质、高效"的信念,不断努力,认真负责,完美地完成了我们的使命。

项目监理团队致力于为业主提供优质的服务,坚持以独立、科学、公平的方式完成任务。根据相关的法律法规,为承包商提供专业的指导,确保按照预期的方案完成任务,并认真地执行我们的管理方案,确保每一个环节都能得到妥善处置。通过严格的审查和指导,确保施工单位按照合同要求顺利实现所有的任务,同时也完成委托监理合同约定的监理工作内容。

3 技术经验和不足之处总结

3.1 立柱拼装

本标段高架桥梁共有立柱628根,其中预制安装的立柱549根、采用现浇的立柱79根,立柱高度大于5.0 m小于13.0 m的,采用单节预制拼装,立柱大于13 m的分2节预制拼装,且上节统一为6.0 m,对于较高的曲线墩立柱,设有竖向预应力,先分2节进行预制拼装,然后进行竖向预应力施工。立柱吊装采用250~500 t汽车吊进行吊装,吊装前先清洗承台,安装定位装置,坐浆;吊放到位后通过定位装置调整立柱垂直度和柱顶标高;待坐浆料达到设计强度拆除临时限位装置,并对注浆套筒进行注浆。因为从底部进行注浆后,移出注浆管后进行木塞封堵,如图2所示。在现场巡视检查中,发现立柱套筒灌浆后,灌浆套筒出浆口上部因浆液回落过快,局部存在灌浆不到位、不饱满的情况,如图3所示。经研究后本监理部提出了"在下部注浆管口上设置一次性止浆阀门,如图4所示,确保套筒灌浆质量"的建议,得到了施工单位的采纳。虽增加了一点成本,但经检查,灌浆口上部不再出现不饱满的情况,如图5所示,从而保证了预制拼装桥墩关键节点的施工质量,并被绍兴市城投集团作为保证预制拼装质量的措施向所有在建智慧快速路项目推广使用。

图2 木塞封堵

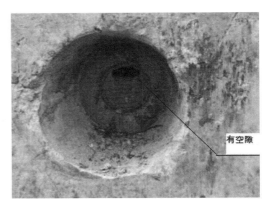

图3 局部灌浆不到位、不饱满

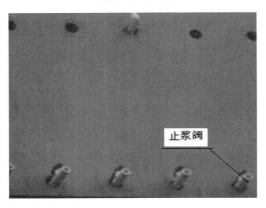

图4 一次性止浆阀

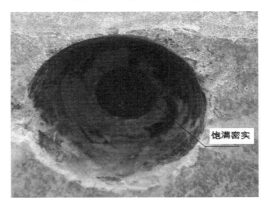

图5 灌浆口上部饱满

3.2 现浇盖梁不落地支架浇筑

为缓解地面交通压力,盖梁现浇支架采用预制盖梁的安装支架。将大梁两端支墩改为三角架,如图6所示,便于盖梁底模安装,支架上部采用双排桁架结构,配合螺栓连接固定。双排桁架为H45型钢、分配梁位I20工字钢,支撑以上桁架的是开设于桁架上的安装孔、立柱上的水平预留孔及贯穿通过安装孔和预留孔的销棒,销棒的两端分别套设有支撑套管以同水平预留孔的内壁面贴紧形成支撑,支撑套管自安装孔延伸至水平预留通孔内。优点是在桁架与立柱之间采用销棒与支撑套管的组合结构,可有效地将桁架固定在桥墩立柱上,并可在达到承载力的要求下,减少销棒直径和重量,从而降低安装难度。

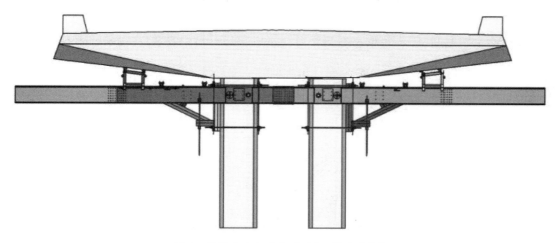

图6 销棒法支架平衡系统(不落地支架)

3.3 钢桥面铺装对铺装材料的要求较高

为有效预防铺装的病害问题,本项目针对主跨>70 m部分钢桥面选择柔性较大和钢板随从性好的铺装材料,因此设计选型为改性聚氨酯混凝土(ECO)。因钢梁安装工艺(后锚点提升分段安装钢箱梁)导致钢桥表面接口变形、梁顶标高控制不到位、局部梁面不平整,如图7所示,ECO混凝土铺装的现场条件无法满足设计工况(设计为3 cm厚),如按照设计标高和线型,局部钢桥面摊铺的ECO厚度增加,局部桥面铺装厚度不满足3 cm的设计要求,且ECO铺装造价高昂,整体抬高标高以满足设计厚度会极大地增加施工成本。因此本项目ECO铺装表面平整度控制相对较差,以后的设计和施工中应予以改进。

图7 钢桥表面接口变形、梁顶标高控制不到位、局部梁面不平整

4 建议

建议今后工程中立柱盖梁预制拼装套筒注浆"在下部注浆管口上设置一次性止浆阀门,确保套筒

灌浆质量",编入绍兴市桥梁预制拼装施工导则或在今后的设计图中明确,在今后的同类项目上推广使用。

曲线段小箱梁预制时,因小箱梁存在角度差会造成每片小箱梁安装后横隔板错位现象,如图8所示,造成现场横隔板施工困难,且线型较差。建议今后曲线段小箱梁预制时(尤其是变宽段位置)横隔板取消预制,改为现场现浇,这样在横隔板施工前可将预留钢筋进行矫正后浇筑,避免横隔板错位影响美观。

图8 横隔板错位

分段盖梁采用"反拉法"进行施工。该方法可减少施工时占用保通道路,施工周期较落地支架法更短,今后同类工程建议推广。

大跨度钢箱梁铺装层为ECO材料,该材料对钢梁平整度要求太高,在大跨度大截面的钢梁制作和安装过程中难以达到铺装平整度要求,今后遇到类似情况需要考虑增加铺装层数量和厚度。

今后同类工程交安设施设计、施工前应做好与交管部门、行政执法部门的沟通,设计图纸提前送相关设施管理部门进行审查,避免像本工程一样大量返工及大量新增交安设施等,造成浪费和延误工期。

三江路连接线道路在施工完成后,经检查发现部分机动车道中间安全带宽度不足0.25 m,设计规范中要求在设计车速小于60 km时,安全带宽度不小于0.25 m。经分析原因为:三江路路幅窄,中间绿化带宽度较窄,在考虑设计方案时为减小盖梁悬臂,拉大柱间距,将安全带宽度设计为0.25 m,未留有施工偏差空间;在承台施工、立柱施工、侧平石施工以及各工序测量过程中存在累积偏差;施工过程中施工单位对设计规范了解不深入,施工时未考虑到安全带宽度的设计规范要求,施工时主要考虑《城镇道路工程施工与质量验收规范》(CJJ 1—2008)中关于沥青路面宽度不小于设计值的相关要求。后采取的补救方案为(方案并经专家论证):三江路全线立柱上增加轮廓标,为夜间车辆通行时提供反光标志。轮廓标高度为距离侧石顶0.8 m;三江路靠近中央绿化带侧每6 m安装一个反光道钉,为夜间行车时增加反光;中分带侧石边增设硬质提升装置,以满足规范要求的安全带宽度尺寸;三江路沿线路口、主要厂区出入口增加"超宽车辆请走外侧车道"提示牌;三江路(中兴大道—越东路)段双向共增加

20块提示牌。鉴于以上情况,今后的同类工程实施可从中吸取经验教训。

针对桥面连续构造漏水的质量通病,建议改进设计做法:

图8原设计的连续缝构造,桥面铺装的混凝土因荷载、温度变化、收缩、基础变形、施工工艺等影响因素难以避免会存在裂缝,因此会造成连续缝处渗漏水。图9通过在连续缝下面设置U型镀锌铁皮收集渗漏水并接入排水系统,从而避免下雨天桥下连续构造处的滴漏水现象。

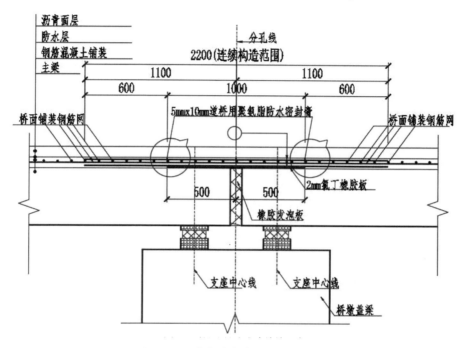

图8 原设计易造成连续缝漏水

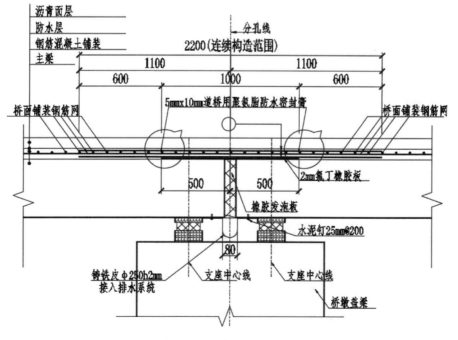

图9 建议改进后的做法

5　结语

完成了本项目的所有控制指标,达到了预期的水平,我们将继续努力,确保每一项工作都能达到最高的标准,并且为客户提供最高的满意度。在此期间,我们将从中吸取教训,加强管理,完善技术,并且为提升客户的满意度而努力。

业主的大力支持是确保工程顺利实施的关键:在施工过程中,积极推动监理方采取有效的管理措施和监理手段,以确保工程的高效实施。

对于一个完善的项目监理机构来说,协调与沟通至关重要,与工程各相关方保持密切联系,并积极参与到每一个环节,以确保每一个步骤都得到妥善处置,从而达到最佳效果。

为了成为一名出色的监理人员,我们必须具备丰富的现场管理经验和扎实的基础理论知识。我们必须不断学习他人的优点,努力弥补自己的不足,以便在工作中提升我们的素质,并为项目的成功做出贡献。

作者简介:

冯关明,男,1968 年生,本科学历,高级工程师,国家注册监理工程师;浙江中誉工程管理有限公司总监,绍兴市建筑工程质量监督总站聘用土建工程质量类专家,绍兴市超危大工程方案论证专家,浙江省优秀总监,现主要从事建筑、市政工程项目监理、项目管理等工作。

绍兴袍江新区群贤路
(中兴大道—越兴路)改造工程监理总结

浙江中誉工程管理有限公司　茹　健

【摘　要】　工程监理单位作为一个重要的责任主体,其对绍兴市袍江新区群贤路(中兴大道—越兴路)改造工程进行严格监督和把关,对于消除施工现场的安全质量隐患具有十分重要的作用。该文阐述了该工程以力争各项荣誉为目标,精心策划,精心施工,精心管理,以达到尽心管理的施工监理。

【关键词】　创优目标;管理措施;重点及创新;监控实践

1　工程概况

绍兴市袍江新区群贤路(中兴大道—越兴路)改造Ⅲ标段工程,是袍江新区一条东西向的城市主干道,道路西起越秀路,东至越兴路,道路全长2.798 Km。

群贤路原有路宽34 m,为城市主干路,沿线共有3座桥梁,均为简支结构。现状道路为四车道路幅布置,交叉口距离近且没有渠化,通行能力很低,路面受损严重。随着绍兴行政区划调整和大城市建设的整体推进,群贤路西连柯桥区、镜湖新区,东连高新区和上虞区,其在三区融合的交通路网格局中将承担越来越重要的功能。由于该道路已不能适应近、远期交通运行的需求,2017年该路段被列入绍兴市市政工程扩容改造范畴。本次改建将对缓解三区融合路网的交通压力产生重大意义:加强了柯桥区、镜湖新区、东连高新区和上虞区三区间的交通对外联系、经济交往协作,改善了三区间路网环境,以及产生的社会和国民经济效益。

改建后该区域道路拓宽至60 m(采取原道路向两侧拼宽),老旧路面及原人行道均挖除新建;3座桥梁拆除老桥进行改造及向两侧拓宽(其中:6号桥为3 m×30 m预应力混凝土后张法小箱梁;7号桥为3×16+20+13 m预应力混凝土后张法空心板梁;8号桥为1 m×13 m预应力混凝土后张法空心板梁)。

群贤路本期改造工程分为3个施工标段。其中改造Ⅲ标段工程为浙江中誉公司荣幸中标,实施施工阶段的工程监理。

工程自2017年8月22日开工,历时约2年的建设期,2019年8月30日通过竣工验收及通车交付使用。该工程在2018年5月施工期间,绍兴市市政工程有史以来第一次安全生产现场会——"绍兴市市政公用工程质量安全文明施工暨道路工程标化施工现场观摩会"就在这里召开。该工程于2021年7月和10月获得"2021年度浙江省市政金奖""2021年度浙江省钱江杯奖"。

2 工程施工监理

2.1 明确创优目标及管理措施

工程中标后,建设单位即明确对该项目的创优要求。随即,施工单位浙江海滨市政工程有限公司与工程项目部会同现场监理部,根据工程的规模、特点,确立"争创浙江省钱江杯优质工程"的目标,海滨总公司与施工项目部组建了工程质量创优指挥部,编制"质量创优计划",制定内部质量创优管理制度,逐级签订创优责任书,制订现场各工种操作规程,并及时向行业主管部门申报。工程各参建单位积极予以响应,制订相应的创优措施。

工程施工过程中,施工单位和监理单位管理人员严格履行各项技术交底,施工单位对重要工序的相关施工人员实施技术培训合格后的上岗制度。总公司各职能部门认真梳理工程质量的特点、难点及创优新技术,从建设程序、设计优化、隐患排查、安全生产等方面进行全程质量监控和平行检验,为确保工程创优争杯起到了决定性作用。

2.2 对工程重点、亮点及新技术的监控实践

2.2.1 工程重点

（1）老桥拆除施工

6#桥、7#桥、8#桥均需先进行老桥拆除,由于6#桥、7#桥均涉及通航水域,施工期间必须保障该水域正常通航。施工方案采取分幅、分阶段拆除的方法,各工序按进度顺序前后穿插进行,并确保各工序连接紧凑,拆除安全有序。此专项施工方案在实施前,先行提交工程专家并通过论证。

老桥拆除施工前,施工单位向航道管理相关部门办理了"申请临时交通管制和封航"手续。在拆除施工过程中,施工和监理单位安排专人进行值守,对航道交通安全进行疏导管理,切实加强各类安全防护措施,以确保施工现场安全。

（2）连续箱梁安装监控

6#桥采用3 m×30 m、先简支后连续预应力混凝土小箱梁结构,共54片,混凝土设计强度为C50。混凝土小箱梁单榀质量最大约97 t,采用型号QJcy-120（额定起重量120 t）的架桥机进行施工。按照住建部2018年31号文规定,"起重量超过100 kN的非常规起重机械,属于超过一定规模的危险性较大的分部分项工程",施工单位编制了《架桥机专项方案》,提交项目监理部进行了认真、详细的审核,施工单位根据监理单位所提出的意见或建议修改完善后,提交专家组进行论证,后根据专家组提出的意见,施工单位再次修改后重报专家组审核。

桥机按照起重机械办理相关报验手续:办理产权备案手续—安装告知—第三方检测—办理使用登记手续等一系列的控制程序完善,小箱梁进场验收合格后才允许进行吊装。小箱梁吊装过程中,现场监理员和专职监理安全员实施全过程旁站,专业监理工程师对架桥机施工安装质量进行验收,顺利完成起吊、安装全过程施工。

2.2.2　工程亮点

（1）对桥头跳车的监控

绍兴市属于典型的软土地基区域，土基承载力低，沉降量大，桥头跳车已是一项桥梁工程的质量通病。为此，施工项目部成立了QC小组，对"提高现浇泡沫轻质土施工质量"予以专题攻关。施工中严格按照设计要求在桥头段级配碎石垫层中设置一层网眼为5 cm×5 cm的钢丝网片（钢丝直径为3 mm）；碎石分两层填筑，厚度≥50 cm，最大粒径≤50 mm；桥梁台背的填土与压实对称进行；桥头路基填筑采用泡沫砼；复合土工膜采用两布一膜。监理项目部对桥头路基高压旋喷桩严格控制水灰比和水泥的用量（水泥采用42.5普通硅酸盐水泥，水灰比0.8～1.0，水泥用量180 kg/m），控制桩长，做到24小时轮班制，成桩7天内采用轻型触探，28天成桩钻芯检测。

工程通车以来，桥坡未出现沉降跳车现象。该成果在绍兴市质量协会评比中，获得一等奖的好成绩。

（2）对超静定结构的施工控制

本工程的预应力连续箱梁桥属超静定结构体系，一旦基础产生不均匀沉降，将使桥梁结构产生附加内力。因此施工中对桥梁支架基础、支架本身的控制要求较高。施工单位组织技术人员进行专项攻关，现场进行精准勘测，制定《主桥支架专项施工方案》。该施工方案经实践检验，完全达到箱梁施工质量标准。此次的技术实践，为今后的同类结构体系施工积累了宝贵的经验。

2.2.3　对新技术的施工监控

（1）钢纤维混凝土技术主要用于桥头伸缩缝位置。钢纤维混凝土采用机械搅拌，总搅拌时间控制在6分钟内。钢纤维混凝土振捣采用平板振捣器。浇筑完后及时养护，用不透水的薄膜黏附于表面，从而阻止混凝土中水分蒸发，保证钢纤维混凝土的水化作用正常进行。项目监理部主要对钢纤维混凝土的原材料和拌和料的质量进行检验。

（2）钢筋焊接网技术应用于桥面铺装（采用直径10 mm的冷轧带肋）。采用钢筋焊接网可显著提高钢筋工程质量，大量降低现场钢筋安装工时，缩短工期，适当节省钢材，具有较好的综合经济效益。现场监理部针对钢筋焊接网的钢筋间距和直径进行检查。

（3）有粘结预应力技术主要用在小箱梁的负弯矩张拉上。预应力施工前首先对千斤顶、压力表、油泵进行同时标定，计算各阶段张拉力的压力表读数，进行智能张拉。灰浆的配合比，使用材料须通过试配试验确定。灌注前应检查灌注通道的管道状态是否通畅，对孔道应在灌注前用压力水冲洗。张拉后应尽早进行孔道压浆，压浆应缓慢、均匀、连续进行。每孔道应一次灌成，中途不得停顿。

其监理主要内容包括：材料检测、成孔检查验收、穿束验收、张拉锚固验收、灌浆验收。

（4）清水混凝土质量控制。本桥梁工程设计要求为清水混凝土。清水混凝土施工是一项综合技术，它的成功关键点是混凝土构件的外观质量。为了保证其外观质量达到设定的验收标准，必须加强对模板工程、钢筋工程、混凝土等各工序实施过程的质量控制。现场监理部主要抓好以下几点：

①开工前，监理工程师认真审核施工方案的可行性和完善性。并对关系到结构质量和安全的关键工序，如模板设计与施工、混凝土垂直运输、浇捣和养护以及防坍塌、应急预案等安全措施重点审

核,确保清水混凝土施工的顺利进行,为清水混凝土技术应用奠定良好的基础。施工过程中严格监督施工方按此方案进行。

②对模板施工监控要点。督促施工单位按施工方案确定的施工工艺顺序施工,结点处混凝土施工缝连接严密、顺直,保证梁柱交界处几何尺寸准确;清水混凝土模板拼接缝处理严格把关,混凝土浇捣时不漏浆才能保证其表面质量。所有模板面均涂刷高性能脱模剂以消除混凝土表面起泡、保证拆模时不黏带混凝土面,以免影响表面质量,模板安装完毕经分项质量检查合格后进入下道工序。

③对清水混凝土钢筋施工工序,重点检查施工单位进场的钢筋品种、规格以及钢筋的放样、锚固搭接、构造是否符合设计和规范质量要求,及时组织对原材料见证取样工程。严格按照设计检查钢筋安装位置、保护层厚度等。

④混凝土的振捣浇筑技术对清水混凝土质量至关重要。要求施工单位浇筑前应对班组进行技术交底。实行定人定项操作,严禁振动器碰击模板,混凝土浇筑过程中可以在模板外侧或底侧适度敲击模板,以排出混凝土表面气泡。

对清水混凝土拆模与养护工序中,重点监控两点:一是混凝土拆模时间应严格按规范要求,根据同条件养护混凝土试块试压强度结果,安排拆模时间;二是清水混凝土构件拆模后,其表面养护用塑料薄膜严密覆盖养护。梁底用喷管向上喷水养护。养护时间不少于14天,在高温季节增加养护时间和浇水次数。

(5)施工现场远程监控管理技术。本工程在钢筋加工厂和桥梁预制加工场安装了一个长焦巡航摄像机,图像质量满足1080P,可对预先设置的各个目标物,根据选定的时间、范围进行定时定点巡视监控,具备对工作面定时自动地全方位扫描和自动截图,可在图片上叠加项目名称、截图时间、截图人员等基础信息并存储。在施工围挡的四周各安装了一个环境侦测联动设备,对施工现场的PM值等环境数据进行远程采集,并进行实施自动统计分析。若环境数据超过预警值时自动报警,并自动启动喷淋等防尘设备。

3 监理在工程实践中的提升

现场项目监理部针对工程施工的特点,编制了《监理规划》《监理实施细则》。在质量方面,严格按照国家现行有关规定、标准以及本公司管理要求,依照事前预控、事中监控、事后核验和结合旁站、巡视检查、平行检验的监理程序进行层层把关、严格管理。协助指导施工单位做好《施工组织设计》及各类专项施工方案的编制修订,及工程施工技术资料的收集、整理、归档等工作。为了有效预防、监控可能在分部、分项和环节上发生安全生产事故,在施工准备期间督促施工单位对危险源进行排查,项目监理部辨识危险源,对日常的巡检建立制度,针对基坑支护、土方开挖、老桥拆除、起重吊装及安装拆卸工程进行危险源的控制。在每周的工地例会上,项目监理部将施工现场存在的问题及处理方法等情况,向建设单位进行汇报,提出加强施工现场的质量、安全管理的指令,并及时传达新规范、新标准及区域主管部门要求文件,为该工程能够高质量、高标准地完成提供了科学依据。现场项目监理部在工程监理过程中得到建设单位、设计单位、施工单位的大力支持和理解,各参建方合作得较为默契。

4 结语

市政(道路、桥梁)工程作为城市发展的重要环节之一,工程建设的质量关系着人民群众的出行质量。因此,在市政工程的建设中,实行科学、有效的工程监理制度,对规范市政工程的施工行为以及保证市政工程的质量具有不可忽视的重要意义。我们对本工程的建设监理体会是:监理人员不仅要尽心履责,更要有上乘的服务意识,科学的管理能力,精准的质量把握尺度,为工程创优夺杯锦上添花。

作者简介:

茹健,男,1979年生,本科学历,高级工程师,国家注册监理工程师,注册咨询工程师(投资);浙江中誉工程管理有限公司总监,浙江省优秀总监,现主要从事建筑、市政工程项目监理、项目管理和咨询等工作。

EPC模式下的钢桁架梁质量管理要点

浙江东南建设管理有限公司　孙卫荣

【摘　要】　该文以湖州市风荷桥钢桁梁项目为例,从两个角度(狭义及广义),三个环节(设计、采购、建造)出发,对五点因素(人、机、料、法、环)进行全面探讨,找出EPC模式下钢结构质量控制的关键点,并提出可行的解决方法,为以后类似的施工项目提供参考。

【关键词】　钢结构;EPC模式;质量控制

1　工程概况

湖州市主线风荷桥项目跨越龙溪港(西苕溪),里程桩号M8～M10(k0+144.123～k0+362.123),为两跨(90 m+128 m=218 m)连续钢桁架结构,整体钢结构用钢量约为7000 t,左右幅双幅布置,采用单塔(砼)双索面双层钢桁梁斜拉桥,半飘浮体系。中跨(M9～M10,128 m)一跨跨越西苕溪[龙溪港(长湖申线)],为Ⅲ级航道,通航净空60 m×7 m,最高通航水位2.66 m;边跨(M8～M9,南侧)跨径90 m,其下为规划绿地,如图1所示。[1]

图1　风荷桥效果图

2 结构特征

主桥按两幅双层桥设计,两幅桥间净距为 12.85 m,上层单幅桥总宽 15.35 m,下层单幅桥总宽 20.35 m,单幅桥横向布置为:0.8 m(桁架、索区)+0.5 m(防撞护栏)+12.75 m(车行道)+0.5 m(防撞护栏)+0.8 m(桁架、索区)+5 m(人非混行道,下层桥外侧悬挑),主塔附近人非车道局部加大外挑,以穿过主塔。主桁、横梁、桥面板、桥门架等焊接部件的钢板采用 Q345qD 钢材。[2]

主梁采用等高度三角桁,主跨节间长度 12 m,边跨节间长度 9 m,主桁中心高度 9 m,高跨比为 1/14.222,主桁横向中心距 14.55 m,宽跨比为 1/8.797。桥梁上下层行车道宽 13.75 m(含防撞护栏),桁架外侧外挑 5 m 人非混行道。[3]

3 EPC 模式下对钢结构质量控制的要点

本项目实施 EPC 工程总承包模式,EPC(Engineer-Procure-Construct)模式较传统的 DBB(Design-Bid-Build)模式和 DB(Design-Build)模式更具优势:①充分发挥设计在整个工程建设中的主导作用,有利于项目建设整体方案的不断优化;②设计与施工一体化管理克服了设计、采购及施工相互脱节、相互制约的情况,在施工图设计阶段就能结合施工方案的需要,进行相应过程工况的荷载验算,减少了施工阶段还需要修改、调整设计导致延误工期等不良影响的概率;③能最大限度发挥工程项目管理各方参建单位的优势,实现各项工程项目管理目标。因此需要搭建适应 EPC 模式的组织框架,站在全过程管理角度,邀请项目各参建方(业主、总包、各专业分包单位等)参与组成质量控制小组,并制定相关的质量控制制度,对现场施工质量管理专项会议、工厂质量检查、现场质量检查等工作做出明确安排,确保制度充分执行。在执行过程中,综合考虑设计、采购、建造三个环节对钢结构工程质量的影响。其中,设计管理主要包括:①原材料优化;②结构深化设计;③施工方式优化;④复杂节点优化;⑤线形拼装优化;⑥BIM 三维模型校核。采购管理主要包括:①采购前置;②检测先行;③劳务甄选。建造管理主要包括:①构件加工质量控制;②单元拼装质量控制;③单元安装定位控制;④测量精度控制;⑤焊接质量控制。

本工程质量控制过程,一方面需要满足钢结构的质量要求;另一方面,需要满足桥梁工程的质量要求。在实施过程中应坚持以设计为主导,侧重事前管控,将质量风险控制在策划阶段。

4 质量控制过程

以风荷桥项目的实施过程为基础,着重说明当前 EPC 模式下,业主方较为关注的节点的质量控制过程。

4.1 结构设计

钢桁架桥梁质量控制的首要环节即为结构设计。结构设计是否合理是钢桁架桥梁质量能否得到保证的前提条件,此项工作主要由设计单位及深化设计单位完成。其次是桥梁结构二次分割及拼装设计,并判断位移、应力是否在合理范围之内。二次分割设计时要点在于主桁、桥面系、节点结构以及技术指标。

4.1.1 设计分析

根据设计图纸,主桁采用不带竖杆的华伦式三角形腹杆体系,节段划分时应充分考虑风荷桥钢桁架的结构特征,同时考虑结构构造要求、现场交通组织、吊装变形控制、运输条件限制、起重设备能力、航道通航宽度等因素,采用搭设支架分段吊装的方式能较好地满足各方面的限制因素,最终风荷桥钢桁架节段划分方案为:横向分为左右桁架片、上下层钢桥面、外侧人非挑臂分段;纵向边跨桁架分为5段,包含桁架20片、边跨桥面分段(混凝土桥面段)40片;中跨分为3段,包含桁架12片、边跨桥面分段(混凝土桥面段)42片;挑臂分段纵向分段相对应桁架分段再分,基本为每个节间一段,总计26片。风荷桥钢桁架共分为140片结构单元。

4.1.2 结构计算

结构计算在钢桁架桥质量控制中起着至关重要的作用,主要工作内容为计算二次分割后钢结构设计是否满足质量要求。结构的计算是按照不同的工况分类来进行的。在钢桁架桥梁结构中,主桁计算、横梁计算采用梁单元,桥面板计算采用板单元模拟。主桥计算采用有限元程序 midascivil2021 进行分析计算,分别包括吊装状态下恒载、活载、温度变化、风作用等荷载作用的计算。计算中按有关规范规定对各种荷载进行不同的荷载组合,对结构强度、稳定、刚度和应力进行验算。全桥一共划分单元为5443个,其中板单元有750个,桁架单元一共有4693个。

其结构计算方面主要是静力结构计算。静力结构的计算主要是依据工况进行,结构稳定计算运用 midascivil2021 进行分析,如图2所示。

图2 钢桁架全桥计算模型

4.2 采购管理

湖州市风荷桥项目采用EPC总承包模式。在这种模式下,总包方对设备、材料、劳务的采购会直接影响工程质量,由此起着决定性的作用。对于物资及设备采购有一套明确的管理控制流程,从供应商资质筛选、设备监造、到货控制、供应商服务各个环节入手,可以为工程质量提供多重保证。[5]

本工程空间结构复杂,对劳务水平要求高。劳务甄选的专业水平对保证施工质量有重要意义。根据项目的具体情况,确定劳务分包模式。在劳务班组优选过程中,要组织劳务班组实地考察(图3)。通过比价格、比业绩、比组织能力、比信用度等,择优选用。同时,还要准备好备选班组,以确保劳务持续有效地输入。

根据风荷桥项目的施工特点,施工时选择具有大量空间结构施工经验的劳务进行施工,人员进场后立即进行技术质量交底,确保施工质量。本项目经过筛选比较,确认上海洪铺钢结构工程有限公司,承担风荷桥主桥钢结构的加工工作。该公司年生产能力8万t,有4个生产基地,共有生产人员500人,外包劳务队若干。此外多家供应商为工程提供了包括汽车吊、履带吊、浮吊、塔吊、升降机等在内的设备支持[2],为钢桁架施工提供了作业保障。

图3　钢桁架施工前考察

4.3　施工方式

4.3.1　施工方法

施工方法是保障钢桁架桥制作质量中至关重要的步骤。实施时需综合考虑工期、现场交通、造价成本、技术可行性等因素,选择合理的施工方式进行生产,确保工程质量可控。[3]

4.3.2　方法分析

根据现场实地分析,风荷桥所处的位置属于水陆交通交汇处,桥下有干线航道,来往船舶较多,陆路、水路交通量非常大。因此,风荷桥的区位优势在于构件运输方便,有水陆两种选择,对构件的拆分要求较低;相应的区位劣势在于处于交通枢纽,往来船舶车辆众多,毗邻城市交通要道,导致施工区域受限,封航、封路难以实现,社会关注度高。实际操作时需选用速度快、周期短的施工方式,故而在实际施工组织过程中需采用梁同步施工的方式进行。经方案讨论,采用支架法施工,较好地解决了施工区域小、工期紧的问题。最终选择支架吊装方式作为本工程的施工方案。同时做好相应的物资供应、安全防护等保障措施。

4.3.3 施工组织

施工时所有构件在工厂切割加工完成后,再分别通过水运、陆运的方式运输到现场,最后进行吊装、焊接。在吊装过程中,最重要的便是对线形的控制及测量。

(1)桥梁线形控制(位移控制)是整个桥梁工程施工的重难点。风荷桥线形控制主要涉及三个专业点,即制作预拱度(最终线型-最终位移量+附加预拱度)、施工预拱度(制作预拱度+到相应阶段的总位移)、成桥预拱度(成桥运营期间,在无活载的情况下,结构需要保持的线形),为保证安装过程质量可控,在做施工阶段分析前一定要了解整个施工顺序和各阶段的荷载,因为当按预期的制作预拱度吊装后,如果发生了意外的荷载或其他没有考虑到的情况,重新调整会很困难,风荷桥在施工时经多方专家进行严密的分析和验算。具体线形设计时综合考虑了自重、预制板(边跨混凝土桥面段)铺装荷载,温度影响等因素,并对每一步施工给出对应的施工指令。钢桁架桥预拱度如图4所示。

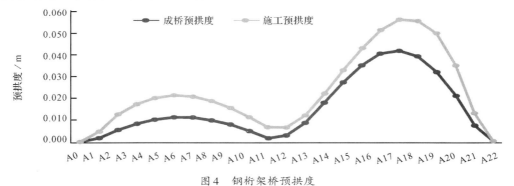

图4 钢桁架桥预拱度

(2)节点临时固结处理是钢桁架安装过程中的一个重要环节。临时固结的作用是保证拼装过程中桁架连接点不发生位移及转角,腹杆及弦杆吊装定位后,使用码板(连接板)固定连接,设置在杆件受弯方向,焊缝两侧设置引弧板及熄弧板,可由同一块钢板制作,起到临时固结的作用,如图5所示。

图5 钢桁架节点临时固结

（3）合龙段伸缩缝处理是桥梁吊装成型的关键步骤。风荷桥吊装时受封航条件影响，合龙时间需设置在白天10:00～17:00之间，钢材线膨胀系数取0.0000118 mm/℃，吊装时合龙段伸缩量为56290×0.0000118×20=13.28（mm），同时考虑到风荷桥钢桁架制作时厂房温度与实际吊装时温度的差异，风荷桥实际施工时在合龙段预留切割余量10 cm，确保合龙可顺利进行。[4]

（4）在施工过程中需进行一系列的观测，用来检验实测值和理论值的吻合程度。吊装完成后，需对桥梁控制点进行测量复核，风荷桥项目在实施过程中，复核全线平曲线、竖曲线、线路中心坐标、墩台中心坐标、墩台相互关系、墩台结构高程、线形控制数据指令等参数。[6]风荷桥测量实施过程中，放样数据由两人独立计算，相互复核，确认无误后方可用于现场施工放样，并在施工完成后，将测量数据与BIM三维模型进行校核，确保测量点位不发生过量偏差。

5 结语

EPC项目钢结构质量控制是一个系统性的工程。其复杂程度及可操作性难度远大于其他工程模式，在实施过程中总包方承担了更多的潜在风险，责任也更加重大。希望对风荷桥钢桁架梁质量控制的经验，可以为其他EPC类似工程起到借鉴作用。

参考文献：

[1] 中华人民共和国交通部.公路桥涵施工技术规范:JTG/T 3650—2020[S].北京:人民交通出版社,2020.

[2] 中华人民共和国住房和城乡建设部.钢结构工程施工规范:GB 50755—2012[S].北京:中国建筑工业出版社,2012.

[3] 中华人民共和国国家质量监督检验检疫总局.桥梁用结构钢:GB/T 714—2015[S].北京:中国建筑工业出版社,2015.

[4] 中华人民共和国住房和城乡建设部.城市桥梁工程施工与质量验收规范:CJJ 2—2008[S].北京:中国建筑工业出版社,2008.

作者简介：

孙卫荣，男，1977年生，大学本科，高级工程师，国家注册监理工程师;东南建设管理有限公司项目总监理工程师，现主要从事市政工程项目监理、工程管理、技术管理和咨询等工作。

浅谈连续梁施工裂纹及控制措施

浙江新世纪工程咨询有限公司　徐　建

【摘　要】　该文以深圳市龙岗区富康路市政工程——跨铁路桥段项目,跨铁路连续梁5号主墩、腹板底出现多处纵向裂纹为例,分析施工裂纹产生的原因,并阐述与之相对应的施工技术措施,即如何有效控制结构裂缝的产生,为类似工程的裂纹控制提供些参考价值。

【关键词】　连续梁施工;裂纹;控制措施

引言

钢筋混凝土连续梁桥是较为常见的一种梁型,属于超静定体系。在恒荷载作用下,产生的支点负弯矩对跨中正弯矩有卸载的作用,使内力状态比较均匀合理,且刚度大,整体性好,桥面伸缩缝少,适用于大跨度、高受力、高要求的大型桥梁。但是在施工过程中,由于混凝土施工工艺、混凝土养护不到位等因素,容易在混凝土表面及内部出现裂纹情况。目前我国在设计上对混凝土裂纹有一定范围规定,在施工验收规范和工程施工中都是不允许混凝土结构出现明显裂纹的。为此,钢筋混凝土连续梁桥施工如何有效控制施工裂纹的产生是一个重要课题。本文结合具体工程实例,通过对裂纹情况描述,施工裂纹产生原因的分析,阐述如何采取有效措施控制裂纹产生。

1　工程概况

深圳市龙岗区富康路市政工程——跨铁路桥段项目中一跨铁路桥桥梁工程全长500 m,由左右两幅桥组成,全桥共划分为三联,第二联为主桥(3号~7号墩)。具体桥跨布置如表1所示。

表1　桥跨布置方案

桥名	起止桩号	跨径布置	桥长/m (计至台尾)	结构类型
第二联 (主桥)	K0+124.5~K0+476.5	左幅:(68+108+108+68) m 右幅:(66.5+109.5+108+68) m 墩台号:3号~7号墩	352	直腹板单箱双室、悬臂施工预应力混凝土连续箱梁

主桥上部结构采用变截面预应力混凝土连续箱梁,单幅桥宽16.75 m,采用直腹板单箱双室结构,中间3个支点(主墩)处梁高均为6 m,跨中梁高2.5 m,梁底按1.6次抛物线变化。箱梁顶宽16.75 m,底

宽 11.75 m。箱梁顶板厚度一般为 0.3 m，至中、边墩支点处渐变到 0.6 m；箱梁腹板厚度分别取用 0.4 m、0.6 m，中墩支点附近为 0.8 m，边墩现浇段由 0.4 m 变化为 0.8 m；箱梁底板厚度以 1.6 次抛物线规律由 0.3 m 变化为 0.8 m。

本文引例 5 号墩箱梁左幅，主墩 0#块节段长 10 m，主跨悬浇段纵向对称划分为 14 个节段，编号 M1～M14。梁段数及梁段长从根部至跨中分别为 6 节×3m（M/S1～M/S6）、4 节×3.5 m（M/S7～M/S10）、4 节×4 m（M/S10～M/S14）。悬浇节段（M/S1）最大质量为 2172.2 kN。

2 裂纹情况描述

本桥 5 号主墩梁端悬臂浇筑施工过程中发现，从第 M1～M4 梁段开始，每个梁段箱梁底板呈现顺桥向（纵向）分布的 1～6 道不等裂纹，现场拆模后 15 天内观察裂纹长度不再发展，裂纹宽度亦未见变化。委托第三方检测单位现场选取具有代表性的 6 条纹缝进行检测。检测结果：裂纹长度最长的为 2631 mm，最短 153 mm，裂纹宽度为 0.12～0.17 mm，裂纹深度 37～66 mm，裂纹全部位于箱室底板范围内，裂纹之间不连通。无横向裂缝（纹）情况，混凝土强度满足设计强度要求。

3 裂纹产生原因分析

根据本桥梁特点，分析裂纹产生的原因：

排除预应力张拉造成裂纹。由于整个底板位置未设张拉束，顶板、边墙位置张拉束定位、张拉等环节均符合设计要求，此因素可以排除。

排除钢筋保护层不足导致裂纹。现场钢筋安装采用钢膜钢筋定位槽设置，现场严格控制底部钢筋保护层垫块安装，确认符合要求，排除因钢筋保护层不足造成裂纹因素。

排除不均匀沉降因素导致裂纹。经第三方对桥梁检测，监测数据报告结论显示无异常沉降，排除不均匀沉降因素。

经分析和排除后，确定裂纹产生原因可能为浇捣时水化热导致混凝土内外温差大、大热天施工表面干缩快、混凝土振捣不到位、混凝土养护不到位、混凝土初凝时间不满足混凝土浇筑时间及挂篮支架系统变形等问题。

3.1 浇捣混凝土内外温差引起的裂纹

本桥箱梁设计采用 C60 混凝土，浇筑后的混凝土产生的水化热大，现场第三方实测混凝土芯温度最高达到 81 ℃，由于表面的水化热快速扩散到空气中，内部的水化热却不容易扩散，混凝土内外形成较大的温差，温差产生的应力导致裂纹的产生。

3.2 天气较热干缩引起的裂纹

据现场温度统计，混凝土浇筑 41 天内日最高气温达到 36 ℃，平均日最高气温达 32 ℃，导致水分蒸发流失快。混凝土出现干燥收缩，表面干燥收缩快，中心干燥收缩慢，表面的干缩受到中心部位混凝土的约束，在混凝土表面产生拉应力导致裂纹。

3.3 混凝土振捣不到位引起的裂纹

本桥为跨铁路桥施工,混凝土浇筑大部分只能在晚上进行;同时完成一个节段浇筑持续时间较长,需 8 小时左右,每个节段安排 2 名工人全程负责混凝土振捣,中间无轮班制。工作量大、持续时间长造成工人存在疲惫和懈怠表现,同时整个夜间施工现场技术管理人员未全程监控到位,上述因素造成混凝土振捣不到位,导致裂纹产生。

3.4 混凝土养护不到位造成的裂纹

当地气候温度较高,日最高气温达到 36 ℃,平均日最高和日最低气温达 32 ℃和 26 ℃。现场临近营业线施工,为保证行车安全,按要求现场禁止出现落物至铁路营业线范围内(包括较大连续滴水),这给现场混凝土养护带来极大困难,存在实际养护措施达不到理论养护效果要求的问题。

3.5 混凝土初凝时间不满足混凝土浇筑时间引起的裂纹

本工程混凝土施工配合比设计时,初凝时间按 5~6 小时控制,由于现场受临近营业线施工条件制约,实际完成一个节段浇筑需 8 小时左右。混凝土浇筑过程中梁体底板混凝土已经初凝,而后续的腹板、顶板混凝土浇筑仍在施工,腹板、顶板浇筑振捣对底板产生过大压力荷载容易造成裂缝。

3.6 挂篮支架系统变形产生的裂缝

浇筑混凝土后产生下挠导致混凝土产生裂缝。本桥采用菱形梁挂篮结构,底篮底板下纵梁采用 H350×175H 型钢,设置间距 900 mm,底模横向钢桁架支撑采用的前锚吊点设置 6 处。经现场测量数据观测分析,挂篮底篮靠中部受力集中几处部位存在 2~6 mm 下挠变形。

4 对应措施

4.1 浇捣过程混凝土内外温差引起的裂纹控制措施

(1)调整配合比,通过使用外加剂改善混凝土性能,减少混凝土凝固过程的水化热。

(2)降低混凝土的入模温度,控制不大于 25 ℃,使混凝土凝固时其内部在较低的温度起升点起升,避免混凝土内部温度过高。

(3)浇筑混凝土时减少浇筑厚度,利用浇筑层面散热,加快混凝土内部的热量散发。

(4)采取延长拆模时间和外保温措施,使内外温差在一定范围之内。通过减少混凝土结构内外温差,减少温度裂缝。

(5)加强测温工作,及时掌握混凝土内部温升与表面温度的变化值,浇筑混凝土前埋设测温管。混凝土浇筑完毕后每天按每隔 4 小时做一次测温,直到内部温度稳定为止。

4.2 混凝土表面干缩裂纹控制措施

(1)调整配合比,在多处混凝土芯部安装测温元件,及时分析了解配合比调整后水化热反应效果。测得 5 号主墩第 M5、M6 节段混凝土芯部最高温度降至 66 ℃,对减缓水分快速蒸发、防止干缩起到较好效果。

(2)及时对新浇筑混凝土采取抹面、磨光处理,同时注意抹面时造成的表面渗水,控制抹面的次数和时间,过度抹面或过早抹面均会造成脆弱面层收缩可能性增大而出现裂纹。

4.3 混凝土振捣不到位处理措施

（1）改善夜间作业环境，增加照明。保障作业安全和改善作业环境，在一切需要照明的作业区、下料口均设充足照明，确保混凝土浇捣质量。

（2）合理配备混凝土浇筑人员。施工过程中从第5节段开始，每台混凝土泵配备6人负责混凝土输送软管的移动和混凝土的局部铲运，配备3名混凝土工负责振捣，配6人抹平压实收光，3人负责浇筑过程中钢筋成品的保护和恢复，安排1人负责在浇筑混凝土之前浇水湿润模板。

每节负责混凝土振捣的工人按两班倒连续不间断浇筑混凝土，选择有操作证、熟练并有责任心的人员负责振捣，做好技术、质量交底工作，确保混凝土振捣密实，不漏振，不过振。

（3）管理人员现场带班，全程监督混凝土振捣质量。施工现场督促工人分层浇捣，控制分层厚度，及时移动泵管，在浇捣过程中根据混凝土泵送时自然形成的流淌坡度，沿坡度布设好振捣棒，确保各部位混凝土振捣密实，振捣时振捣棒需直上直下，快插慢拔，插点均匀，防止混凝土离析和漏振。同时督促施工人员加强对钢筋密集部位的振捣。

4.4 混凝土养护不到位处理措施

受到既有线桥梁施工养护条件制约，按照常规方法养护，效果较差。从第5节段开始现场指派专人在保证营业线安全使用的情况下，对现场每个养护人员划分具体养护责任区域，保证混凝土浇筑完72小时内随时抽查混凝土面呈湿润状态。在施工范围内合理布置多个水雾喷淋加强养护效果。从多次抽查现场养护情况来看，整改后现场混凝土养护达到预期效果。

4.5 混凝土初凝时间不满足混凝土浇筑时间的处理措施

在保证混凝土质量性能的前提下，调整配合比，选用合适的缓凝、减水等外加剂，改善混凝土的性能，延长浇筑时间。加入外加剂后，混凝土初凝时间延长至8小时以上，保证了混凝土初凝前续的腹板、顶板混凝土浇筑及振捣，减小对底板产生过大压力荷载。

4.6 减少挂篮支架塑性变形措施

为减少挂篮支架塑性变形，根据挂篮厂家指导意见，挂篮前端吊点由原来的6个增加到8个，底篮底板下纵梁同样采用H350×175H型钢，对底板中部等荷载较集中位置增加4道纵梁支撑，同时加强挂篮整体各部位螺栓拧固检查。挂篮加固完成后，进行全面检查，确认所有螺栓、杆件均紧固后进行预压，以消除非弹性变形对梁体的影响。

采取以上措施后，现场对5号墩第5节段进行监测，数据显示已消除了下挠变形情况。

5 结语

通过对本工程箱梁底板产生裂缝的原因进行分析，采取相应的裂纹控制措施后，箱梁5号主墩第5节段开始只出现左幅250～110 mm长、0.04～0.06 mm宽的两条裂缝，剩余后期全部节段均未见明显裂纹，这些措施在防止连续梁底板裂纹产生的效果非常明显，通过施工过程控制有效地避免了新开裂的产生，控制了裂纹的发展，使裂纹不至于对结构产生危害，保证结构的正常使用。这些措施对以后类似工程的裂纹控制是一个很好的经验。

参考文献：

[1] 邱国明.预应力混凝土连续梁桥箱梁底板裂纹成因分析[J].基层建设,2018(30):3-6.

[2] 毛怀谋.预应力混凝土连续箱梁裂缝成因分析[J].交通科技,2006(6):22-23.

[3] 何海.变高度预应力混凝土箱梁桥底板纵向裂缝成因分析及防治[J].中南公路工程,2001(9):61-62.

作者简介：

徐建,男,1985年生,本科学历,中级职称(路桥工程),国家注册监理工程师,注册安全工程师;浙江新世纪工程咨询有限公司质教处科长,现主要从事建筑工程项目监理、工程管理、技术管理和咨询等工作。

市政桥梁顶升改造监理管控浅谈

浙江公诚建设项目咨询有限公司　张　宝　谭强胜　梁清泉

【摘　要】　随着市政桥梁建设的更新换代,为实现新建高架桥和原有高架桥梁的平顺衔接,对原有桥梁进行顶升成为比较常见的一种形式。为确保质量大、跨度长的高架桥梁顶升工作顺利进行,监理单位应做好顶升前方案审核、准备工作,试顶升及正式顶升等各个环节的监理管控工作。

【关键词】　高架桥梁整体顶升;试顶升;正式顶升;行程管理;监理管控

伴随着城市建设的快速发展,许多城市都在进行城市内高架快速路的建设,出于建设经济性的考虑,一些原有市政桥梁采用改造的形式融入新的快速路建设范围内。因原有桥梁的设计标高、角度与新建或改造后的路桥存在偏差,采用顶升工艺改变原有桥梁的标高或角度,融入新建市政桥梁的整体建设成为一种途径,同时对传统市政工程的监理工作带来新的挑战。

二环北路智慧快速路作为杭州亚运会的重点配套工程,在建设过程中对镜水路立交主线桥最后两联(ZX3~ZX6;ZX6~ZX10)的原高架桥梁落地段,采用PLC电脑同步控制系统对原有现浇连续箱梁进行整体顶升,由原-3%的下坡调整为1.09%的上坡。顶升到位后对ZX3~ZX9下部结构墩柱改造接高,将ZX10原桥台改造为桥墩。本次顶升以ZX3墩柱顶布置的千斤顶作为顶升的铰接点固定不顶,其他各墩柱顶升时以该点作为圆心进行整体旋转式等比例顶升。顶升时必须保证各点的顶升比例协调与同步性,确保在顶升过程中梁体的整体安全可靠,具体如图1所示。该桥梁顶升高度较高、顶升时间较长、顶升过程中梁体投影长度不断变化,所以在此过程中必须对顶升各个工序严格管控,对梁体实时变化进行严密监测,确保顶升的安全可靠。此次顶升作业为国内万吨级变截面现浇箱梁调坡旋转高度之最,施工技术难度大、安全风险高,创造了国内同类型桥梁顶升工程顶升高度和顶升质量之最。

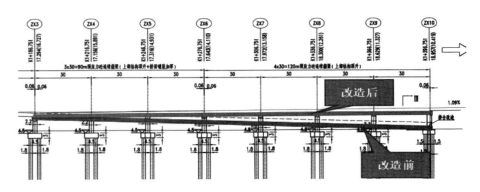

图1 顶升改造前和改造后坡向示意图

全桥利用原承台和墩顶立柱作为千斤顶的反力基础。在顶升反力基础上定位安装钢管支撑(或钢箱垫块),然后在钢支撑与箱梁底之间安装液压千斤顶。预顶升后(顶升10 mm)拆除原支座,并在对应原支座位置布置机械跟随千斤顶,顶升时机械跟随顶进行全过程跟随保护。

本次顶升采用了液压自适应球头顶升千斤顶、液压随动顶、PLC液压同步控制系统、位移"十字"滑槽等四种专利设备。

1 顶升施工步骤

(1)顶升前对结构进行检查及复核桥面标高等数据并提交给监理方。

(2)承台开挖放样出钢支撑位置并植筋安装支撑。

(3)施工限位装置及安装顶升设备。

(4)顶升设备调试,液压顶升千斤顶预顶(液压千斤顶与上部顶升构件顶紧)。

(5)整体试顶升10 mm(此时由液压千斤顶机械保压环受力),拆除原支座及垫石。

(6)安装跟随千斤顶(保护装置,液压千斤顶泄漏时起保护作用)。

(7)正式顶升:①设定指令位移(每墩位移数值按等比例顶升计算数值为准);②顶升时液压千斤顶按照指令进行顶升;③跟随千斤顶自动跟进;④顶升到指令位移后,液压千斤顶停止顶升,跟随千斤顶停止跟进;⑤跟随千斤顶与上部梁底顶紧;⑥液压千斤顶收缸,在其下放置工具式垫块(垫块高度同顶升高度一致,垫块累计增加高度达到1.5 m时,更换一节1 m长609钢支撑);⑦液压千斤顶与垫块顶紧,把自螺纹装置旋紧;⑧跟随千斤顶收缩,在其下安装工具式垫块(垫块高度同顶升高度);⑨重复步骤④直至顶升到指定高度后,液压千斤顶支撑上部梁体,拆除跟随千斤顶及其垫块,此时由液压千斤顶及下部支撑体系承担上部结构的压力。

2 顶升准备阶段的监理工作

2.1 专业施工队伍的审核

总承包单位选择在国内有着丰富顶升作业经验的专业分包单位作为顶升作业单位,监理单位对专业分包单位的资质、安全生产许可证、项目负责人资质证书等进行审核,确保作业队伍的专业性、作业人员持证上岗。

2.2 对桥梁梁体的技术状况进行复核

施工准备过程中,监理工程师组织施工单位对桥梁的技术状况进行复查,重点复查跨径、中线、标高、坡度、主梁截面等主要参数。做好原始参数的收集记录工作。相关参数作为专项施工方案的编制依据之一。

2.3 顶升专项方案的审核

本工程属于超过一定规模危险性较大工程,专项方案需要提请专家论证。对方案的审核作为监理工程师管控的一个重点,保证方案的编制审批合规性、内容完整性等。要求施工单位严格按照专家评审意见进行修改完善,以便对现场施工的指导性做到更强更合理。

2.4 顶升支撑体系设置的管控

本工程顶升支撑体系坐落在原桥墩承台上,经过设计核算满足要求。监理工程师组织施工单位对原有承台混凝土强度进行回弹确认符合原设计强度要求。对支撑柱脚的植筋、浇砼、安放支撑等严格把控,保证每道工序的施工都严格按照方案进行,同时严格核对支撑体系材料与方案要求材料一致。对支撑钢管及连接法兰部位的螺栓按照规范要求仔细检查,保证钢管直径厚度满足要求、法兰螺栓全数设置。钢支撑采用14#槽钢进行加固,监理工程师应对初始设置的槽钢加固支架的搭接长度、焊缝长度逐一进行检查核对,具体如图2所示。

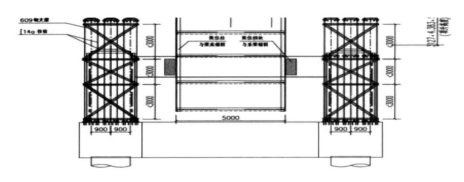

图2　钢支撑加固示意图

2.5 原有桥面约束解除的检查

监理工程师对原有桥面伸缩缝拆除、沥青路面铣刨、桥面清理、防撞护栏角度变化后的空间预留等进行一一核对检查,保证顶升作业前原有桥面约束的解除到位、防撞护栏因为角度变化而预留的空间满足要求。

2.6 对顶升千斤顶及随动千斤顶的检查

顶升千斤顶和随动千斤顶成为顶升过程中的主要承力设备和保证装置,千斤顶在顶升准备阶段作为监理工程师检查的一项重点工作,对照施工单位上报并经过监理工程师按照方案核对批准的每个千斤顶的规格型号,现场逐一核对,保证作业机具同方案要求的一致性。顶升设备应采用同源标准传感器进行自校准,监理工程师对出具的自校准报告进行审核。主动液压千斤顶及随动千斤顶布置如图3所示。

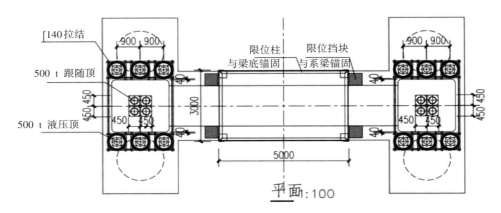

图3 主动顶及随动顶布置情况

2.7 对纵横向限位装置的检查

桥梁顶升过程中,为保证不产生桥面的纵横向滑移,必须设置原有桥梁的纵横向限位设施。监理工程师对限位装置的材料、固定装置、焊缝长度饱满度等进行核查。

2.8 原有桥梁裂缝检查和应力感应器的安装

对原桥梁裂缝进行全数排查并做好记录、标记和编号工作,在顶升阶段随时对原有裂缝的变化进行观测记录。同时在原桥梁上安装应力感应装置,试顶升和顶升过程中及时关注顶升段桥梁的应力变化。根据裂缝和应力的变化及时进行判断和确定顶升作业的施工。

3 试顶升阶段的管控

根据专项方案,对两联桥梁进行试顶升10 mm,主要是验证顶升系统的联动状况,顶升千斤顶的工作状况等。同时顶升10 mm后,拆除原有支座,为保证随动千斤顶的安装空间,还需要对原桥墩进行切割,切割完成后检查桥墩混凝土密实度,并对混凝土强度进行回弹确认。安装随动千斤顶与顶升千斤顶形成顶升过程中的顶升和保证体系。

试顶升施工前和试顶升后,及时观察原有裂缝的变化和应力的变化并做好记录。现场实际裂缝无明显变化。应力及温度变化也在控制范围内。

4 顶升阶段监理工作

4.1 单个顶升行程的控制

准备工作准备完善,试顶升工作对顶升系统的状态进行验证后进入正式顶升阶段。按照事先演算和确认的分级行程,开始正式顶升,顶升过程通过PLC系统对顶升千斤顶的控制,以最大顶升高度处千斤顶顶升不大于3 mm/min的速率进行。跟随千斤顶同步跟进,达到顶升形成后,跟随千斤顶采取油压及机械锁定,具体如图4所示。在顶升过程中,监理工程师督促控制顶升速率,不得随意加快顶升速率。同时对各个千斤顶顶升过程中的工况进行实时巡检,一旦发现有漏油、异响等特殊情况,立即叫停顶升作业。

图4　主动千斤顶和随动千斤顶工作图

4.2　单个顶升行程完成后的控制

每个顶升行程完成后,监理工程师组织施工单位对临时支撑、液压千斤顶、管线、系统状态等进行详细检查,并做好记录。对支撑钢管连接法兰部位的螺栓按照规范要求仔细检查,保证螺栓全数设置。每个行程结束后,监理工程师需组织施工单位对单个行程的顶升高度、梁体的纵横向水平位移对照理论计算值进行复核,对梁体原有裂缝的变化情况进行检查。当检查各个环节都处于正常状态时,方允许进入下一个顶升行程的施工。

4.3　行程间的过程控制

每个顶升行程结束后,首先对跟随千斤顶进行锁定,主动千斤顶行程收回,转换为跟随千斤顶受力,更换主动顶升千斤顶的支撑。按照实际情况,长支撑替换短支撑,调整支撑系统的垂直度,并及时安装横向联系杆件,监理工程师实时对新增支撑的同心度、垂直度以及加固支架杆件的设置、焊缝长度、焊接质量等进行逐一检查,保证支撑体系的整体性,满足要求后方允许进入下道工序的施工。主动千斤顶采用十字滑槽专利调整垂直度和支撑系统的同心度,保证千斤顶和支撑体系受力的一致性。主动顶支撑体系更换完成后,受力进行转换,主动千斤顶受力,跟随千斤顶行程收回,更换随动顶支撑。上述工作完成后,监理工程师对基础承台的情况,主动、随动支撑系统及加固,桥面伸缩缝的宽度变化,防撞护栏的角度变化等进行检查核实,发出指令进入下一个顶升行程的施工,循环作业直至达到设计顶升高度。

5　顶升阶段的监测工作

顶升过程中实时进行梁体的裂缝监测、应力及应变监测、温度监测、水平位移和竖向位移监测。顶升全程进行不少于3次的上部结构标高监测。对控制点三维坐标测量不少于3次。同时增加支撑钢立柱的应力应变监测工作,保证顶升作业的整体实施顺利进行。

6　底部改造阶段的监理工作

顶升完成后,锁定液压千斤顶,拆除设置于下部墩柱的随动千斤顶,进行底部墩柱加高改造工作。本阶段监理工作的重点是做好改造过程中钢筋接高、混凝土浇筑的各项工作。另外,重点要做好改造施工过程中对主动千斤顶支撑体系的监测工作,同时保证在施工过程中减少对液压千斤顶支撑体系的扰动,保证支撑体系的受力平衡,从而保证上部顶升完成的桥梁体系的整体稳定。

底部墩柱接高达到设计标高时,安装新支座。支座安装过程中因为桥面坡度发生改变,原有上垫石与支座上垫钢板之间存在夹角,采用C100高强度座浆料进行填缝,保证支座上部受力均匀。待上下垫石强度达到设计强度后,解锁液压千斤顶,控制千斤顶收回,梁体匀速回落,通过对桥面标高的测量,达到设计标高,整个顶升改造工作结束。

梁体落梁结束后,对桥面系的内部应力、梁体裂缝、伸缩缝宽度变化、防撞护栏角度变化等进行检测检查,均在允许和预控范围内,未发生明显变化。落梁完成后现场状况如图5所示。

图5　落梁完成后实景图

7　结语

市政桥梁顶升是一项复杂且危险性较大的施工,通过对原有桥梁的高度和线形的调整,达到既定目标。相比于桥梁拆除新建工艺,桥梁顶升技术既可以节约成本,又不产生大量的固体废弃物,可不进行市政道路封道施工,无灰尘生产,有效降低对周边环境和交通的影响,充分实现现场无废化管理。监理单位在顶升施工过程中,严格审查施工单位专项方案,严把专业施工单位、作业人员的资质关、材料关等,做好过程中各个工序的检查验收工作,保证桥梁顶升改造工作的顺利进行。

参考文献:

中华人民共和国住房和城乡建设部.桥梁顶升移位改造技术规范:GB/T 51256—2017[S].北京:中国计划出版社,2017.

作者简介:

张宝,男,1978年生,本科学历,高级工程师,国家注册监理工程师;浙江公诚建设项目咨询有限公司项目部经理,现主要从事建筑工程项目监理、工程管理、技术管理和咨询等工作。

谭强胜,男,1966年生,本科学历,高级工程师,国家注册监理工程师、注册一级建造师;浙江公诚建设项目咨询有限公司直营部副经理,现主要从事建筑工程项目监理、工程管理、技术管理和咨询等工作。

梁清泉,男,1972年生,本科学历,高级工程师,国家注册监理工程师;浙江公诚建设项目咨询有限公司副总经理,现主要从事建筑工程项目监理、工程管理、技术管理和咨询等工作。

浅谈古桥修复施工管理

浙江景成工程管理有限公司　孙　军

【摘　要】　绍兴市是中国第一批历史文化名城之一,这个地区的历史文化内涵丰富,其中就包括古桥文化。古桥文化是一种综合性的历史文化,它既反映了丰富的历史掌故,当时的自然环境及其变迁,更反映了古桥本身建筑技术的演变与建筑工艺技术,对古桥的研究既可了解历史,古为今用,又为保护古桥,弘扬绍兴历史文化,申报中国、世界文化遗产起到重要作用;而位于柯桥古镇的古桥对绍兴市有着举足轻重的作用,成为近年来网红打卡地。该文希望通过此次修复古桥施工管理的机会,分析其施工管理要点,与大家一起探讨学习,传承和凝聚其背后的社会文化精神。

【关键词】　历史文化;古桥;古镇

1　古桥情况介绍

立新桥又名红木桥,红木桥东、西两桥台下各设一小孔,高1.30 m,跨径为2.00 m,利于泄洪排水,小孔边上竖立金刚石,上托条石,上用条石错缝叠砌,小孔外侧用两条并列的厚石条金刚石,上端插入伸头冒石凹槽中,伸头冒石上搁置石梁石栏。桥面为三拼石梁铺设而成,桥面长6.15 m,内净宽1.73 m。桥面南北两侧设实体石栏板,栏板长同桥面,高0.50 m,厚0.25~0.28 m,顶部平面略呈弧形。二侧栏板外侧刻凿长方形石匾,刻"立新桥"三字。旁边落款小字已模糊难认。立新桥始建年月不详,于清咸丰二年(1852)重建,为县文物保护点,位于柯桥老街中心,具体如图1所示。

工农桥原称公济桥,公济桥东、西两桥台用条石纵横错缝叠砌,两桥台下靠岸边处留有长方形排水小孔,不能通船,便于流水,但现在只剩有小孔,后面造了踏道,似乎也不能流水了。两桥台上口置伸头冒石,伸头冒石上搁石梁和石栏。四拼桥石梁铺筑成桥面,桥面长5.90 m,宽2.25 m。桥面南北设置长方体石栏板,栏高0.55 m,栏上厚0.22 m,下厚0.28 m,顶部平面略呈弧形。桥石栏板外侧阴刻"工农桥"三字,字迹较清晰。这三字是20世纪60年代中期改的,并被凿在桥栏上的。工农桥是一座具有典型清代风格的梁式石平桥,桥东西向横跨急水弄,具体如图2所示。

图1　立新桥原貌

图2　工农桥原貌

2　古桥存在问题及处理措施

2.1　立新桥

立新桥经水准仪测量,原桥梁基础未发现明显沉降,经铅垂测量,石桥未发现明显倾斜,由于年久失修,部分构件缺失,脱落。

西侧桥台上部的望柱缺失,将西侧桥台上的南侧栏板落架,参照桥台北侧望柱规格补配。

东侧桥坡最下两级台阶缺失,参照现存台阶规格补配。

东侧桥台短的一组金刚石上横向条石缺失一块,导致桥坡面侧轻微下陷倾斜,将东侧桥坡局部落架,按原规格补配缺失的横向块石,将桥坡南侧块石归位,局部落架后桥坡内部有利用石灰浆碎石补充。

西侧桥坡北侧桥身下部块石缺失,将西侧桥坡局部落架,按原规格补配缺失块石,局部落架后桥坡内部用石灰浆碎石补充。

东侧桥坡南侧桥身上部块石缺失,将东侧桥坡局部落架,按原规格补配缺失块石,局部落架后桥坡内部用石灰浆碎石补充。

2.2 工农桥

工农桥经水准仪测量,原桥梁基础未发现明显沉降;经铅垂测量,石桥未发现明显倾斜。由于年久失修,部分构件缺失,脱落。

(1)东侧桥坡面北侧桥身生长有灌木,已对桥体内部结构造成安全隐患,将桥梁局部落架,挖除灌木,局部落架后桥坡内部用石灰浆碎石补充。

(2)桥身各部位长有杂草,清除杂草。

(3)桥身南北侧用铁件连接有铸铁管道,对桥身结构安全造成影响,且与石桥本体及周边环境风貌不协调,拆除连接铁件及管道。

(4)东侧桥坡的南侧桥身靠近桥脚处块石缺失,约0.5立方米,将缺口上的台阶落架,按缺口规格补配缺失块石。

(5)东侧桥坡桥身南侧后砌有水泥块(用以支撑上部铁管),拆除后加砌块。

(6)东、西侧桥坡南侧桥身底部一块条石中间断裂,且上部已形成通缝,对桥坡南侧桥身结构造成安全隐患,且上部桥身条石断裂,导致受力集中在河坎侧,受力不均匀,导致河坎轻微下陷,将上部桥坡落架,按原规格将断裂成两块的条石更换为整块条石,重砌桥坡下的河坎段,约4 m长,局部落架后桥坡内部用石灰浆碎石补充。

3 落架拆卸控制要点

拆卸时应先拆除栏板,再由上而下分层拆落桥心石,条石,用吊机落架,配合人工指挥;在拆落过程中,应防止榫头折断或劈裂。拆落石构架前,应先给所有拟拆落的构件编号,并将构件编号标明在记录图纸上,对拆下的构件就将原有石料放置于平整场地,经检查确定需要更换或修补加固时,应按修缮加固说明执行。

4 主材石料选择、制作安装控制要点

各种材料的选择均应按设计图纸的要求进行,具体操作按古建传统做法和以施工图纸为依据进行加工制作。石料选料时应注意石料是否有裂缝、隐残、文理不顺、污点、红白线和石铁等问题。有裂缝、隐残的不应选用,对于有文理不顺、污点、红白线和石铁等问题但不严重的,使其可用于"大底""空头"的可以考虑。石料加工根据使用位置和尺寸的大小合理选择荒料然后进行打荒,根据使用要求进

行弹扎线、大扎线、小面弹线、齐边、打道、截头，为了保证安装时尺寸合适，有的阶条石可留一个头不截，待安装时按实际尺寸截头。

根据设计图纸要求，有的需要进行打细和石活安装：首先根据要求套顶石、阶条石栓通线安装，所有石活均应按线找规矩，按线安装。根据栓线将石活就位铺灰作浆，打石山将石活找好位置、标高、找平、找正、垫稳，无误后灌浆，为了防止灰浆溢出需预先进行锁口。安装落心石时确定准确尺寸后"割头"，保证"并缝"宽度一致，不得出现"喇叭缝"。

修复后的古桥新貌，具体如图3立新桥新貌、图4工农桥新貌所示。

图3　立新桥新貌

图4　工农桥新貌

5　结语

古桥改造过程中秉持"修旧如旧"原则，改造后的古桥成为绍兴古镇步行游览及泛舟观光的亮点，为打造古镇景观3.0"生活体验型古镇景观"，保护文化活化传统，创新建设，将传统文化与现代生活相结合，为打造融合传统与时尚的创意型都市水乡增添了一笔绚丽色彩！

参考文献：

［1］屠剑虹.绍兴古桥［M］.杭州:中国美术学院出版社,2001.

［2］陈树尧.绍兴桥乡［M］.浙江:浙江出版社,2018.

作者简介：

孙军,男,1987年生,本科学历,国家注册监理工程师、中级经济师;浙江景成工程管理有限公司水利经营部经理、监理事业部副总经理,现主要从事建筑工程项目监理、工程管理和技术管理等工作。

浅谈非开挖定向钻进施工技术
在电力线路排管敷设中的应用

浙江泛华工程咨询有限公司　　赵德群

【摘　要】　电力线路排管敷设是连接国家特高压电网同用户端变电站的重要一环,如何在复杂环境条件下,省事、省时、省力、省钱、少污染的情况下顺利完成电力线路敷设施工,对建设一个安全可靠、稳定运行的变电所至关重要。该文结合中国移动浙江信息通信产业园二期110 kV变电站接入工程实例,从施工工艺流程、施工注意事项等方面着手,分析总结非开挖定向钻进施工技术在电力线路排管敷设中的应用所体现出来的优劣势,指出非开挖定向钻进施工技术值得进一步推广和应用。

【关键词】　非开挖定向钻进技术;施工工艺;应用的优劣势

引言

电力线路排管敷设通常分为两种:(1)地面明挖开槽排管敷设;(2)地下非开挖排管敷设。在城镇施工范围内,城际铁路、市内高架、主次干道、宽窄河道纵横交错,新建、改扩建市政管网、通信管网、燃气管网等地下管网纵横交叉、密密麻麻,地上建筑物不能移动,也不能拆除,从而导致地面不能开挖或开挖受限,若全部采用地面明沟开槽排管敷设显然不太现实,无法全部满足地上、地下环境较为复杂条件下的施工需求。非开挖定向钻进施工技术的应用可实现地面非开挖排管敷设,与地面明挖开槽排管敷设实现互补。非开挖定向钻进施工技术具有地面非开挖、走地下,施工时具有省事、省时、省力、省钱、少污染的诸多优势,与地面明挖开槽排管敷设交替互补合理安排,能更好地适应电力管线排管敷设施工需求。

1　非开挖定向钻进施工技术简要介绍

非开挖定向钻进施工技术俗称"拖拉管",是把应用于市政工程中的顶管施工技术同应用于石油工程中的定向钻进技术巧妙融合在一起改进而来的一项施工技术。在电力工程、市政工程、通信工程、燃气工程等施工中得到大力推广和应用。非开挖定向钻进施工技术是根据施工方案,在地面上架设选定适用型号的定向钻机,在不开挖、不扰动原有土体的情况下,通过智能无线控向仪,由一名施工人员操控,使钻头牵引钻杆沿设定的曲线穿越地下土层,然后采用扩孔器往返多次扩孔,扩孔完成后再将管材沿孔道拖拉就位,从而完成管道敷设的一种施工方法。

2 工程概况

2.1 工程概况

中国移动浙江信息通信产业园二期110 kV变电站接入工程,包括新建110 kV变电站、2台50 MVA主变压器及站内设备安装及12.8 km长的110 kV电力外线接入工程,总投资13234万元。

2.2 110 kV电力外线敷设施工方案选择

根据原设计单位提供的施工图,本项目为新建单回电缆线路11.3 km(综合管廊3.08 km,新建单回路电缆排管线路8.22 km)。故施工单位对电缆排管线路施工采取的按图施工方案,总计电缆排管线路8.22 km,其中:移动产业园园区内的0.87 km电缆排管线路计划采用地面明挖开槽排管敷设,移动产业园园区外的7.35km电缆排管线路则计划采用明挖5.787 km+非开挖1.473 km两种形式交替进行施工。

进场施工过程中,发现以下问题:(1)移动产业园区内一期项目已投入运营,园区内道路运营部门不让开槽明挖;(2)移动在建二期项目部恰好建在线路上,项目竣工时间还早,场内没有剩余空地迁建项目部,项目施工单位也不肯迁建项目部,即便迁建项目部也是一笔不小的费用开支;(3)线路一出移动产业园区即是市政绿化带,接着就是新建好开通的城市次干道高新七路,穿过高新七路接下去就是机场快速路沿线绿化带,沿途遇到的地上障碍物有通信基站、附近在建项目部临时用房、多块村民耕地、农田灌溉沟渠、多条城市主次干道、一处高架互通、2条河流;(4)经精探得知,沿线市政管网、通信管网、燃气管网等纵横交叉、密密麻麻,产权单位多达数十家,需要沟通协调,调取相关线路图纸难度较大。

经过摸排、权衡利益分析,最后施工单位提出修改施工方案,将移动产业园区内的0.87 km电缆排管线路大部分改为非开挖定向钻排管敷设;移动产业园园区外非开挖1.473 km敷设方式增加至线路总的65%之多,与剩下35%的明挖开槽排管敷设交替施工。非开挖定向钻排管敷设排管方式为4+2模式,即4孔Φ200×16MPP+2孔Φ110×10MPP电力排管,分段穿越,最短穿越距离70 m,最长穿越距离180 m。非开挖钻机根据施工需要配备ZT-45和ZT-75两种型号的自动化钻机,2台智能无线控向仪,一台50 kW备用柴油发电机组,2组Φ300、Φ400、Φ600扩孔器等配套钻进设备。

3 非开挖定向钻进施工工艺流程

3.1 定向钻进步骤

本工程非开挖定向钻进管线穿越拖拉施工,主要是通过施工方案事先确定好的设计曲线进行钻进施工,采用DCI月蚀无线控向仪进行导向和无线探测,先钻出一个与设计曲线相同的导向孔,然后分次使用Φ300、Φ400、Φ600的扩孔器将导向孔扩大,再把焊接好的MPP电力管沿导向孔拖回,从而完成MPP电力管拖拉穿越施工。施工全程大致分为三个步骤:第一步,按照事先设计好的曲线,在智能无线控向仪的辅助下,精准地钻出一个导向孔;第二步,分次采用Φ300、Φ400、Φ600直径的扩孔器进行往返多次对导向孔进行扩孔施工;第三步,将焊接好的MPP电力管沿扩孔达到设计要求孔径的导向孔中回拖回来,从而完成全程施工,如图1所示。

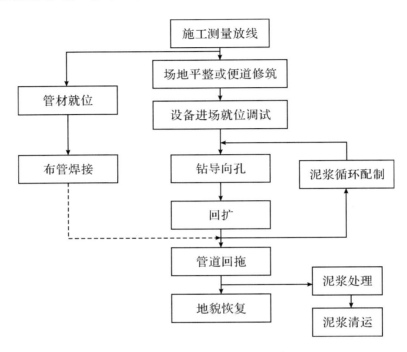

图1 非开挖定向钻进施工工序

3.2 导向孔钻进施工

导向孔钻进施工是本工程MPP电力管敷设能否顺利完成的一道重要工序,依据施工方案事先设计好的导向孔穿越曲线线路,我们在起点位置开挖一个方便导向钻头、钻杆作业的工作井,钻杆以5°～12°的斜角布设在工作井始发端,然后在导向孔终端也开挖一个方便导向钻钻头、钻杆作业的工作井。在这个工序中,我们只安排2名施工人员即可完成全部施工任务,其中1名施工人员负责操作钻机机械,全程控制钻头、钻杆自动安拆、钻进速度、深度控制;1名施工人员负责智能无线控向仪,全程在线监控导向钻头在土体中行进的方向调整和速度调整,这比明挖开槽排管敷设节省了大量人工。

3.3 预扩孔施工

本工程地质条件较好,孔径不大,采用的钻机性能好,MPP电力管孔数不多。因此,预扩孔采用的是三次预扩孔、一次清孔。在导向孔施工完成后,卸下钻头,先用小直径Φ300的回扩钻头,再在钻头后面的分动器上安装钻杆,进行一次扩孔施工,然后依次换上Φ400、Φ600直径的回扩钻头来回往返两次完成扩孔施工。视扩孔情况,最后可采用大直径回扩钻头进行清孔,确保孔道内畅通无阻。扩孔全机械化操作,省时省工,大大提高了工效。

3.4 往回拖拉MPP电力管施工

经过往返多次扩孔和最终清孔后,孔内具备MPP电力管拖拉施工的条件。拖拉前,先将MPP电力管同拉管头绑牢,然后与分动器进行可靠连接,负责钻机的施工人员启动钻机,一节一节回收钻杆,

MPP电力管随着钻杆节节回收,也被拖拉回来,待全部MPP电力管拖拉敷设完成,工料清完,机械入库,转移至下一施工区域,进行下一段拖拉管施工。由于浆护壁和浆液润滑,管材拖拉起来阻力较小,工效较高,管材外防腐层无损伤。

3.5 泥浆配制及用量控制

泥浆具有以下重要功效:一是可以将钻进过程中产生的砂石等钻屑排至地表;二是防止卡钻,减少钻头损耗;三是泥浆护壁,防止塌孔;四是为高速旋转而产生高热量的钻头和钻杆降温,保护钻头和钻杆;五是减少钻进阻力。因此泥浆配制至关重要,在现场控制中,泥浆黏度、各种外掺剂掺加比例,以及泥浆压力控制值和流量控制值需要严格按施工方案进行控制。

泥浆的主要指标黏度在30~80 S之间,不同地质的泥浆黏度如表1所示。

表1　泥浆黏度表

土质	黏土、粉质黏土	粘着性黏土	非粘着性黏土	粗砂	砂砾
黏度/S	30~40	35~40	45~60	60~80	≥80

本项目位于杭州市萧山宁围街道及盈丰街道范围内,钻进施工穿越的土层为萧山区域常见沙土层,参照表1,本次施工方案,泥浆黏度控制按照60~80 S这个范围进行严格控制;在第一次扩孔阶段和MPP电力管回拖施工阶段,按施工方案将泥浆黏度提高5~10 S;在穿越过程中,土层略有变化,根据土层的不同选用不同的外掺剂调节泥浆的黏度以适应钻进需求。

泥浆用量则按照"高流量、低压力"的泥浆流量控制原则,本项目一个拖拉管施工区段泥浆用量最大值达8.5 t。现场施工由一名熟练施工人员调控泥浆泵压力挡位及机械转速,调节泥浆喷嘴数量和喷嘴直径大小,严格控制钻杆钻进速度和管材回拉速度。

4　非开挖定向钻进施工注意事项

项目实施下来,我们发现,在非开挖定向钻进施工前及钻进施工过程中,做好如下施工前及施工过程中的注意事项,会事半功倍,加快施工进度,节省成本。

4.1　施工前注意事项

(1)地上、地下原有管线及障碍物调查。

人工调查:由经验丰富的施工人员对即将施工的线路进行地上、地下实地调查。主要对原有各类管线及它们的走向进行精准研判,以便进一步明确它们对待施工项目的影响。

探测仪探测:采用探地雷达、金属管线探测仪等,对地下原有管线和地下障碍物进行准确定位,精准避开和避免损害原有管线。

查阅档案资料:主要从各市政管线、企业产权单位、相关设计院、规划院及其他相关部门了解施工路线上原有地下设施及管线资料。

(2)在施工前,应编制专项施工方案,根据地勘资料、钻具性能、地上地下施工环境等因素设计钻进曲线,确保钻进曲线的经济性和可行性。

(3)在施工前应实地调查,进行场地布设,选择合适位置挖工作井,以方便后续施工。

（4）施工期间应按安全文明施工方案要求，做好施工区域硬隔离、正确使用安全防护用品，悬挂安全警示牌等安全文明施工措施。

（5）要求施工人员为经培训合格的、能熟练操作钻机的人员，并能同其他施工人员有良好的沟通协调能力。

（6）精心挑选泥浆配制原材料，保证后期泥浆配比参数具有合理性和可调性。

（7）对管材进行挑选，优选质量有保障的知名品牌。进场前应做好见证取样、送检，经复试合格的管材方可进场。

4.2 导向孔钻进施工注意事项

（1）定向钻进导向作业能否顺利实施，关键取决于施工方案钻进曲线设计是否合理可行，也取决于施工人员是否按图施工。

（2）设计钻进曲线路径时，应着重考虑的影响因素：一是管材材质；二是管材规格尺寸；三是曲线曲率半径；四是钻杆抗弯性能。

（3）钻机施工人员应能根据智能无线控向仪传回的钻进数据及时控制钻头位置和偏差，以及钻头钻进深度和钻进倾角、钻进速度，完成钻进施工任务。

5 技术应用的优劣势

通过本项目的成功实施，我们总结了如下技术应用的优势和劣势。

5.1 技术应用的优势

（1）省事：本项目因将部分线路改为非开挖定向钻进施工，在穿越城际铁路、市域高架、主次干道时，不需封道、不需隔离行人；在下穿河流时，不需截流、不需封航；在下穿沟渠时，不需截断沟渠、停止灌溉；在下穿市政管网、通信管网、燃气管网时，不需断线、不需断网，不影响管网正常运行。

（2）省时：采用非开挖钻孔技术后，因专业化、自动化、机械化施工，工效大大提升，比原计划提前了3个月完工，大大缩短了工期。

（3）省力：因采用非开挖定向钻进施工，自动化程度提高。钻机配有自动化钻杆装卸系统，正常钻进过程中，增加钻杆或减少钻杆均靠机械自动完成。本工序施工仅需1名机械操作工和3名小工，提质增效，省却了大量用工。

（4）省钱：因采用非开挖定向钻进施工技术，减少了明挖开槽所需的人工、机械费用，以及后期路面修复费用共约50万元，也大大减少原有景观绿化移苗补偿费及后期复绿费用共约180万元。

（5）无污染：采用非开挖定向钻进施工技术，减少了明挖开槽对地表表层土的破坏，也减少了废土、废渣排放，不会产生噪声和粉尘等，降低了对环境的污染，有利于环境保护。

5.2 技术应用的劣势

（1）孔隙处理难：在管道与扩孔孔隙间注浆处理时，发现孔内注浆不易控制，往往导致注浆量不足，有些孔隙未注满，加上浆体凝固体积收缩等因素影响。经过一段时间后，孔道上侧土体易出现不同程度的小幅下沉。

(2)管道内杂物不易清理:因非开挖定向钻进施工铺设的管道在地下呈反向抛物线,曲线倒置,导致进入管材内的雨污水、淤泥污物等不易清理。

(3)外界强磁场干扰:在施工现场发现,在有无线电发射接收设备、超高压输变电线路等强磁场区域,手持式定位探测仪会受到干扰,测量精度不易控制。

6 结语

非开挖定向钻进施工技术在本项目的实践应用进一步表明,它能成功穿越地面构筑物、道路、河流等障碍物,能巧妙避开市政管网、通信管网、燃气管网等地下复杂管网,能大大减少同沿线各产权单位的沟通协调,也能减少相应的财产赔付,还能有力保护原有生态环境,缩短工期,提前通电。因此,这一技术可以在日后的电力线路排管敷设施工中进一步推广应用,助力电网基础设施建设。

参考文献:

[1]李路路.浅谈电力工程项目的施工流程及管理策略[J].市场周刊(理论版),2019(44):185-186.

[2]许耀锋.浅谈非开挖定向钻进技术[J].经济技术协作信息,2011(19):127.

[3]任安安.谈非开挖定向钻进拉管施工技术[J].山西建筑,2014(26):112-113.

[4]朱建华.非开挖定向钻施工技术探讨[J].江西建材,2019(12):153-154.

作者简介:

赵德群,男,1979年生,硕士研究生,高级工程师,国家注册监理工程师、一级建造师(建筑工程);浙江泛华工程咨询有限公司总监理工程师,现主要从事建筑工程项目监理、工程管理、技术管理和咨询等工作。

大口径定向钻穿越施工技术与管控要点

浙江文柏建设监理有限公司　　王　波　盛俊颖　李　君

【摘　要】 该文介绍某大口径长距离定向钻穿越工程的施工过程,及工程实施中所采取的工艺设备和技术亮点。针对大口径长距离管道穿越技术与施工管理问题,结合该工程特点和成功经验,从监理工程师的角度分析探讨施工中的重点和难点,并进行管控工作总结。

【关键词】 定向钻;穿越施工;管控要点

引言

建设工程中采用水平定向钻方式,穿越桥梁、铁路、道路、建筑物、沟渠、水域河流等障碍物时,具有施工周期短、不破坏被穿越物、环境影响小、安全可靠等优点。因此,水平定向钻施工技术广泛应用于石油天然气管道、市政管道、航道交通及水利工程等非开挖穿越工程。随着建筑业的快速发展,工程施工设计中对于管道直径和穿越距离的需求量不断增大,如何准确、经济、有效地解决和改进大口径长距离穿越施工技术问题,已成为非开挖穿越工程的重要课题。本文根据某大口径管道水平定向钻穿越河流工程实例做分析阐述,为类似工程施工提供借鉴参考。

1　工程概况

某天然气管道穿越河道工程,该工程为中俄东线天然气管道项目中一处典型的非开挖穿越工程,采用定向钻穿越施工方案,等级为大型。穿越区地形平坦,属于冲洪积平原,河流两岸为农田。场地河堤为自然河堤,岸线较顺直,岸坡土层由第四系粉质黏土、粉砂、中粗砂、圆砾、泥质砂岩为主组成,河道穿越处主河槽宽度约44 m,平均水深2.2 m。

穿越处管道设计压力为10 MPa,输送温度为12.1~38.5℃,地区等级为三级,设计系数为0.4。穿越段管道为 D1219×27.5 L555M 直缝埋弧焊钢管,防腐均采用3LPE加强级外防腐层,定向钻穿越段管道防腐层外采取玻璃钢整体防护。管道入土角8°,出土角6°,管道曲率半径为1500D,穿越水平长度740.2 m。

2 施工工艺及施工设备

2.1 定向钻穿越工艺

根据工程特点结合现场条件、地层条件等情况，从安全性、可靠性、经济性等多方面科学合理地选定穿越起、止点及对应的定向钻穿越工艺；工程施工过程中采用单钻机导向孔施工方案，单钻机进行多级预扩孔，回拖采用搭建"猫背"和定点降浮的施工工艺，以有效降低回拖阻力。

2.2 管道回拖力计算

依据水文地质资料及有关建构筑物安全间距的规定，确定合适的穿越曲线及穿越深度，待穿越实长确定后，根据设计规范，计算穿越管段回拖力如下：

$$F_t = \mu_{soil} L \left| \frac{\pi D_s^2}{4} \gamma_{mud} - \gamma \delta \pi D_s - W_p \right| + \pi D_s \mu_{mud} L$$

式中：F_t—穿越管段回拖力（kN）；

L—穿越管段长度 $L=740.2$ m；

D_s—穿越管段的钢管外径，1219 mm；

δ—钢管壁厚，0.0275m；

γ—钢材密度，$\gamma=78.5$kN/m³；

γ_{mud}—泥浆重度，$\gamma_{mud}=12$kN/m³；

μ_{soil}—摩擦系数，取 0.3；

μ_{mud}—黏滞系数，取 0.175 kN/m²；

W_p—单位长度配重，取 10.19 kN/m。

经计算本穿越工程的计算回拖力为 721 kN，按设计规范要求，最大回拖力取计算回拖力值的 1.5～3 倍，本工程取 3 倍，则穿越最大回拖力为 2163 kN。因此，应选取回拖力不小于 216 t 的钻机。

2.3 穿越钻机确定

施工场地位于稻田内，地基承载力较差，同时还要面临降雨涨水等客观情况，因此设备选型既要满足施工需要，还要保证通行安全。根据现场条件和回拖力计算结果，并校核回拖、试压及运行等不同工况下的管道应力，确定定向钻穿越采用徐工 XZ5000 水平定向钻机，其主要性能参数如表 1 所示。

表 1　XZ5000 水平定向钻机主要性能参数

序号	参数名称	数　值
1	最大扭矩	141 kN·m
2	最大推拉力	5000 kN
3	入土角调整范围	8～18°
4	钻机总重	46 t

2.4 穿越钻杆确定

本次穿越施工过程中，扩孔、洗孔级数多，钻杆磨损程度较大，加上大级别扩孔器对孔洞所造成的下沉,会影响到钻杆在孔洞中的稳定性和安全性,经以往工程实践和扭矩分析计算后,钻杆选用S-135 6-5/8″高强度钻杆,搭配6-5/8″R-105新型柔性钻杆,并在开工前对钻杆、钻具进行耐磨处理和严格检测。

3 施工顺序

施工准备—测量放线—进场道路、场地平整及围挡—设备进场就位及泥浆池砌筑—光缆管开钻及回拖—设备转场及地锚浇筑、养护—导向孔施工—扩孔、洗孔—穿越管段焊接、防腐补口—穿越管段吹扫、测径、试压—主管回拖—整体试压、测径、检漏—地貌恢复。

4 工程技术亮点及施工措施

为了保障工程顺利实施,工程施工前制定了合理的施工组织管理方案、设备能力选择与组合方案、导向钻具配比、控向系统方案、扩孔器选型方案、降浮方案、回拖钻具配比、主要风险识别及技术控制方案等;施工过程中严格按照相应方案进行管控,采用有效的偏差控制技术和加强钻机扭矩、推拉力、泥浆控制手段,并结合现场实际工况数据进行动态调整,有效预防和解决了塌孔、偏向、卡钻、断杆、泥浆漏失等技术问题,在提高施工效率的同时也确保了施工质量。

4.1 导向孔施工

(1)导向孔施工。其钻具组合采用6-5/8″鸭掌钻头+7″泥浆马达+8″无磁钻铤+6-5/8″钻杆,并加装喷浆短节,提升泥浆流动性;导向孔施工示意如图1所示。

(2)控向工艺。使用高精度的控向P2系统进行导向孔作业,同时辅助以地面磁场校核系统辅助控向,并每钻进50～100 m进行一次磁场校正,确保了导向孔的控向精度;在实际施工过程中,每根钻杆最大调整角度控制为0.8°,连续四根钻杆的角度不大于2.2°,成功解决了地磁信号干扰、偏差大等问题。

(3)加设工艺套管。为确保入土点的穿越曲线精度和钻杆顺利进入,在入土段安装工艺套管,有助于钻杆受力和泥浆返流。

(4)泥浆工艺。本工程的泥浆性能主要针对砂质黏土的特性进行配置,采用检测合格的环保泥浆材料,泥浆池选用高质量国标土工布进行铺垫以达到防渗要求,泥浆工程师根据现场施工返浆情况、返出的泥浆性能、泥浆携带钻屑等情况,及时调整泥浆配比。

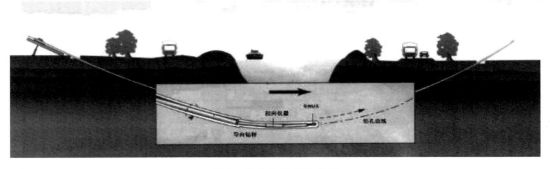

图1 导向孔施工示意图

4.2 预扩孔施工

（1）选用新型扩孔器。扩孔器选用板桶一体式低质轻扭扩孔器进行扩孔，有效降低扩孔器在孔洞内的下沉量，同时板桶一体式扩孔器对于此类地质的挤压式扩孔有很好的效果，可以确保扩孔器在孔内为平直状态，降低对扩孔器前、后钻杆连接处应力，降低断杆风险。新型扩孔器相比传统的扩孔器质量降低30%，浮力增加10%，降低了与钻杆连接处的垂直分力，从而达到降低扭矩的作用；预扩孔施工示意如图2所示。

（2）扩孔前编制扩孔工艺，并编制卡钻、断杆等应急预案，配备相应的设备和材料。

（3）扩孔级数。采用7级扩孔，最大扩孔尺寸为61″（Φ1550 mm），即扩孔尺寸分别为17″（Φ450 mm）、22″（Φ550 mm）、30″（Φ750 mm）、37″（Φ950 mm）、45″（Φ1150 mm）、49″（Φ1250 mm）、61″（Φ1550 mm）等。

（4）钻具组合。选用S-135 6-5/8″加强级钻杆，其理论扭矩为146790 N·m，并在施工前对钻杆及钻具委托具有相关资质的第三方检测部门进行无损检测，确保钻杆及钻具质量可靠，避免因为钻具本身的质量问题而导致钻具断裂的情况发生。

科学合理的钻具组合。扩孔阶段钻具所受到的扭矩较大，为确保施工安全及大尺寸扩孔器获得更大的扭矩，选用加强钻杆和钻具进行施工，采用S-135 6-5/8″高强度钻杆＋长锥桶式扩孔器＋6-5/8″R-105新型柔性钻杆钻杆。板桶一体式低质轻扭扩孔器为可退式，施工时一旦发生卡钻，可使用辅助钻机进行反拖，保证施工安全。

（5）泥浆工艺措施。采用与导向孔相同的泥浆体系，在扩孔施工时，根据现场施工返浆情况、返出的泥浆性能、泥浆携带钻屑等情况进行泥浆配比调整，并加装喷浆短节，提升泥浆流动性。在钻具出土点侧另安装一套泥浆系统，与钻机侧泥浆系统进行"对注"作业，保证泥浆的性能及用量。

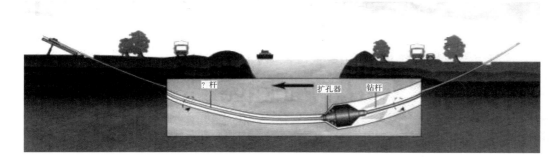

图2　预扩孔示意图

4.3 多级扩孔

为了保证钻机扭矩的平稳输出，降低扭矩过大导致施工事故风险，工程采用7级扩孔，最大扩孔尺寸为61″（1550 mm）；施工现场钻机扩孔施工作业如图3所示。

多次扩孔扰动易造成钻孔塌方，导致卡钻、断杆等情况。针对上述问题在施工中的应对措施为：

（1）提高泥浆密度，以较高的液柱压力平衡地层压力。

（2）控制起钻速度不过快过猛，降低钻头撞击孔壁强度，同时防止起钻时抽吸。

（3）加快速度，缩短扩孔作业周期，减少泥浆浸泡时间。

（4）根据地层状况做扩孔设计及程序安排，并保持泥浆性能均匀稳定。

（5）检测调控泥浆的pH值，降低高碱性环境的强水化作用，减少进入周围地层的水分。

（6）采用新型扩孔器，优化扩孔级数，缩短扩孔时间以利于成孔的稳定。

（7）采用轻量化扩孔器，降低扩孔器自身重力与浮力之差，使扩孔孔径保持圆滑。

图3　钻机扩孔施工现场

4.4　回拖阶段施工

扩孔完成和管道试压检验合格后，即进入回拖阶段。管线回拖施工如图4所示，是整个穿越工程中的重点和难点，根据现场情况，管线回拖采用吊管机、滚轮架结合发送沟的方式进行，主管回拖使用的钻具组合为：6-5/8″钻杆＋60″桶式扩孔器＋500 t万向节。

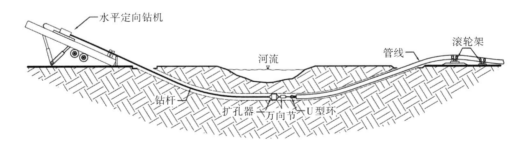

图4　管线回拖示意图

4.4.1　发送沟

（1）发送沟开挖尺寸根据地形、出土角确定。发送沟沟底宽2.0 m，深度为1.5 m。

（2）为达到润滑减阻和保护管道防护层的效果，发送沟内注水深度为管道直径的1/3以上。

4.4.2　管道降浮

经计算，D1219管道的浮力远大于重力，因此在回拖施工中使用D800PE管内充水"定点降浮"施工措施,确保有效减小管道与孔洞上的摩擦力,达到降低钻机回拖力的效果。

4.4.3 回拖吊装

出土端采用"开挖检查坑+发送沟"的吊管机配合吊车方案。设计出土角为6°,最大吊装高度为 5.95 m,在地面出土时需设置吊点不少于8个,采用开挖+吊装方案如图5所示。

(1)在出土端开挖吊装基坑,深度5.2 m,长度64.26 m。

(2)吊装高度为0.75 m,起吊长度为76.67 m,设置吊点不少于2个。

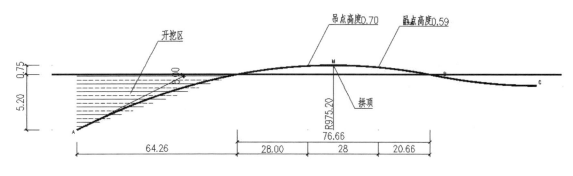

图5 回拖吊装图

4.4.4 管道入洞

管道入洞是关键工序。为了确保 D1219 大管径管道顺利入洞,工程中采取吊管机配合吊车的方案。

(1)在管道入洞过程中,严格控制回拖力和扭矩。

(2)调整入孔段管线角度如图6所示,尽可能和穿越出土角保持一致,回拖万向节和管线回拖头之间采用软连接,增加弹性角度,确保管线圆滑平缓地进入孔洞。

图6 吊管机调整管线角度

4.4.5 管道回拖

(1)回拖时钻机保持连续作业,始终维持泥浆在钻孔内的空间流动。

（2）使用高润滑泥浆,使防护层上附着泥浆,减小回拖阻力。

（3）现场配备推管机和2000T夯管锤作应急之用。在整个回拖过程中,吊管机和吊车全程配合,直到回拖完毕。图7为管道即将回拖到位现场。

图7　管道回拖

4.5　塌孔和冒浆的处理

由于施工地段有粉质黏土层和粉砂层,且穿越河道底部距离较长,成孔稳定性差,难免会出现塌孔和冒浆问题。施工中塌孔和冒浆的处理措施如下:

（1）根据不同地层制定和落实泥浆配比方案,合理提升泥浆密度、黏度,减少水分流失,以小流量循环方式冲洗钻进,让环形空间内的泥浆形成平板型层流或塞流,以使泥浆能顺利带出塌块和切屑。

（2）参照穿越各层位的孔隙压力或封闭压力,实时监控孔内的泥浆压力,控制合适的泥浆压力,防止跑冒、渗漏泥浆,保持泥浆流道通畅。

（3）利用推进套管增加钻杆与孔洞之间的环形空间,有效地控制了冒浆问题。

4.6　出入土点防渗

为了保证堤防、河道安全稳定,定向钻穿越完成后在出、入土点采用黏性土换填加混凝土止水环的方式阻断可能的渗流通道。

定向钻穿越的出、入土点侧直管段各设置两道混凝土止水环,第一道止水环距离弯管焊缝1 m,第二道止水环距离第一道止水环5 m。混凝土止水环为现浇混凝土,标号为C30,外尺寸为3.24 m×3.24 m×0.5 m。

换填黏性土并压实,压实系数不小于0.93;黏土换填范围:定向钻入、出土点弯管两侧焊口外各2 m;竖直方向为管底至管顶以上1 m。

5　监理管控工作要点

作为参建一方,在工程实施中充分发挥监理职能,积极参与整个施工过程,并融入各个施工环节,及时发现问题和质量偏差,对出现的问题进行综合分析与判断,结合实际情况运用最佳工作方法和监理措施实施有效管控,做到既严格按规范检查和处理问题,又能按照现场实际帮助施工单位解决问题,确保工程目标顺利实现。

5.1 开工前检查

(1)检查施工单位定向钻穿越工程施工方案是否已完成审批。

(2)检查设计图纸完备情况,技术交底、安全培训是否已完成。

(3)检查机组进场人员是否已完成报验,司钻、控向、泥浆工等是否已到位并是否具有相应资质,特种作业人员(吊车手、吊管机手、电工、焊工)是否具有资格证和上岗证。

(4)整个施工场地布局是否合理,责任区划分是否明确,是否对管道实际位置进行探测,并进行标志。

(5)泥浆处理协议是否签署完成,泥浆池围挡设置情况,防止环境污染的措施。

(6)进场定向钻机、泥浆泵、扩孔器型号是否符合施工方案并完成报验,钻杆是否具有合格证、检测报告并完成报验。

(7)钻机安装固定是否符合设计要求,如图8所示,地锚是否安装稳固。

(8)膨润土、泥浆添加剂等主要进场材料是否完成报验。

(9)泥浆黏度检测的马氏漏斗是否报验,泥浆回收装置应符合施工方案要求。

(10)施工现场临时用电和目视化管理是否符合要求。

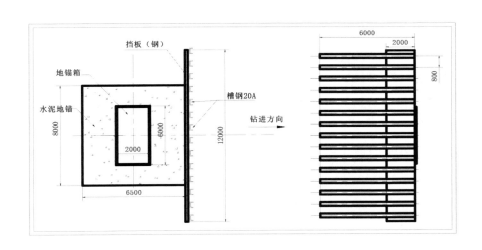

图8 钻机固定体系图

5.2 测量放线检查

(1)检查入、出土点的坐标是否与设计图纸一致,检查穿越轴线是否与入出点成一条直线。

(2)检查钻机是否安装在中心线上,地锚坑中心线是否与穿越中心线一致,钻进导轨与水平面夹角是否比设计入土角大1°。

(3)检查发送沟轴线与穿越轴线是否成一条直线。

5.3 导向孔施工管控

钻进过程中,检查施工单位是否按照经批准的方案施工。现场重点检查作业人员在坐标纸上绘制的平面及纵断面图钻进轨点的偏差值,如连续3根钻杆左右偏差超过规范值,应要求分析偏离原因并启动纠偏方案;检查每根钻杆控向记录,要求准确、完整和有效;出现任何异常和停钻均应记录。

施工完成后,复核钻进曲线是否符合设计要求,出土点偏差值是否在允许范围内。

5.4 扩孔洗孔控制

扩孔过程中,检查拉力和扭矩的变化情况,如发现扭矩、拉力过大,应要求采取洗孔作业将扭矩降至合理扭矩以下,避免发生扩卡钻、抱钻等情况;检查泥浆的压力、流速和协渣返回情况,验证泥浆性能是否满足要求;检查扩孔情况,验证扩孔尺寸、扩孔器水嘴数量和直径等施工参数选用是否合理。

为防止扩孔后形成的层间台阶影响管道的回拖,要求施工单位最后一次清孔采用两个1500 mm桶式扩孔器进行修孔,通过观察回拖数据,控制效果非常理想。

5.5 回拖过程管控

管道回拖施工管控是整个穿越工程监理的重点。图9为监理人员正在进行回拖施工过程检查。

(1)回拖前,检查是否完成对设备的全面维护保养,确保设备的正常运转。

(2)检查管道与钻具连接是否牢固、无异常,是否完成无损检测。

(3)检查钻杆、扩孔器、旋转接头、U型环、拖拉头及连接件的疲劳破坏,对使用次数较多的部件要求施工单位进行更换。

(4)检查钻杆、扩孔器、万向节、拖拉头是否按要求连接。要求施工单位完成对钻杆丝扣的磨损情况逐一检查,对未按规定检验检测或检验检测不合格的禁止使用。

(5)检查各单位人员到位情况,在管道回拖前,其管道焊接、防腐、无损检测人员应全部到位,施工设备、施工材料和应急设施需准备齐全。

(6)检查管道电火花检漏及防腐补伤记录,现场检漏设备和补伤材料应配备齐全,并检查碰伤处补伤是否合格。

(7)要求施工单位在作业前先检查各泥浆通道及喷嘴畅通情况,并试喷泥浆,检查定向钻回拖管段末端是否完成盲板满焊封堵。

(8)回拖时应保持连续作业,对钻机的回拖力、扭矩重新进行复核检查,满足设计、规范、施工方案三者中计算最大值,确保回拖力满足要求。

(9)检查施工现场的夜间施工照明,防雨雪措施;检查定向钻钻机地锚的稳固情况,地锚松动应急处理措施应到位。

(10)发送沟注水前,检查发送沟深度能否满足飘管要求,且沟内不得有石块及其他硬物,注水后查验是否达到润滑减阻和保护管道防护层的要求。

(11)检查管线的入洞处应有足够的滚轮支架,调整管线的入洞角度与定向钻的出土角度相符,要能使管头顺利入洞。

(12)跟踪了解管道回拖情况,及时掌握并记录拖拉力、扭矩急剧变化等特殊情况。

（13）检查卡管、抱管应急措施的到位情况，施工现场目视化管理及HSE应符合要求。

图9　管道回拖过程检查

5.6　施工后控制要点

（1）施工完成后，及时检查管道露出地面部分的防护层和防腐层是否完好。

（2）测量出土和入土点间的管道长度（即根据管道预制长度，减去露出地面两端的长度，计算得出），与设计曲线长度对比，确认偏移量偏差不大于穿越长度的1%。

（3）检查施工单位泥浆回收处理情况，是否达到环境保护要求。

（4）防腐层完整性检测（馈电检测），施工完毕后，要求施工单位对穿越段管道外涂层的电导率进行检测试验；测试应由具有检测资质的第三方检测机构进行。评价结果为差或一般时，要求施工单位对穿越管段增设阴极保护。

（5）检查施工记录、施工技术资料、施工测量记录、安全环保资料、施工质量保证资料、试验验收记录等施工资料的完整性、准确性及归档保管情况。

6　结语

定向钻穿越技术在工程领域有着很多应用实例，施工技术也日臻完善，但工程具体实施过程中仍存在着诸多问题与风险。通过总结定向钻穿越施工经验，存在的技术风险有塌孔、偏向、卡钻、断杆、泥浆漏失等；而大口径长距离穿越，管径大自重大，在施工中受到地层的阻力也会增大，且随着穿越距离的增加导向孔方向控制难度也会增加；在设计及施工中应注意这些风险和难点，并采取相应方案或必要技术措施，如双钻机导向孔对穿技术、高精度的控向系统等，避免造成穿越失败。

该工程已在参建各方共同协作努力下顺利完工，并达到预期目标。相信随着定向钻穿越施工技术的发展进步，穿越的距离和地质级别也将会不断地突破刷新。

参考文献:

[1] 朱建华.非开挖定向钻施工技术探讨[J].江西建材,2019(12):153-154.

[2] 王秋错,房蕾.市政给排水工程定向钻施工技术及成本管理研究[J].建筑工程技术与设计,2021(9):738.

[3] 董智杰.复杂地层下水平定向钻施工技术[J].水科学与工程技术,2019(1):80-83.

[4] 吴学刚.定向钻施工法在南水北调配套工程穿越河道中的应用[J].南水北调与水利科技,2016(A02):193-195.

[5] 石中秋.天然气管线定向钻施工穿越Ⅰ级公路实例分析[J].工程技术研究,2019(11):218-219.

作者简介:

王波,男,1976年生,本科学历,国家注册监理工程师,一级建造师,造价工程师;浙江文柏建设监理有限公司总工程师,现主要从事建筑工程项目监理、工程管理、技术管理和咨询等工作。

盛俊颖,男,1989年生,本科学历,监理工程师;浙江文柏建设监理有限公司项目负责人,现主要从事建筑工程项目监理、工程管理、技术管理和咨询等工作。

李君,女,1993年生,本科学历,国家注册监理工程师;浙江文柏建设监理有限公司项目负责人,现主要从事建筑工程项目监理、工程管理、技术管理和咨询等工作。

市政雨污水管道安装技术和质量控制探析

浙江盛康工程管理有限公司　董能杰　李伟波

【摘　要】　雨污水管道与城市居民的日常生活息息相关,每当雨季时节来临,其作用更加明显。如何强化对雨污水管道的施工管理,在不影响施工质量、满足道路排水需求的前提下,加快施工进度,减小对周边居民的影响,这是雨污水管道施工面临的主要问题。对此,该文分析所监理项目中雨污水管道安装施工的关键技术,针对管道施工质量提出有效的控制措施。

【关键词】　雨污水管道;安装;施工技术;质量控制

1　工程概况

某市政道路工程沿线经过区域地貌单一。起点 k0＋000 至 k0＋260 段沿线为现状砼路面,其余段拟建道路沿线已经清理,场地地面高程介于 49.95～61.52 m。拟建场地地表分布素填土、耕土,地层主要为粉质黏土、圆砾、强风化泥质粉砂岩。

排水工程雨水检查井采用砖砌检查井,雨水管采用 DN300～DN1600 等 8 种规格的混凝土管,污水检查井采用钢筋砼井,污水管采用 DN300、DN400、DN500、DN600 等 4 种规格的混凝土管,混凝土管均采用 135° 钢筋混凝土基础。笔者作为项目总监和监理单位主要技术负责人参与了此项目。

2　市政雨污水管道施工的重要性

作为隐蔽工程,雨污水管道关系到城市道路排水系统能否正常运行。其重要性体现在如下两点:(1)城市道路在雨水的冲击下,难免会遭到破坏,利用雨水排放系统能够减少雨水冲击对道路造成的影响。(2)如果城市的排水能力小于降水量,发生内涝的可能性非常大,此时居民无法正常出行,对人身安全构成威胁,同样也会造成财产损失;内涝影响城市道路的稳定性、抗滑性以及承载能力,内涝也会带来一系列次生灾害和各种传染病。雨污水管道施工给周围绿化环境、光纤电缆、给水管道造成影响是不可避免的,对居民出行也有一定的干扰。因为雨污水管道有着庞大的施工规模,设计管道时需考虑较多的因素,为确保工程能够在规定的工期内完成,必须重视进度的合理安排和管道施工技术的应用。

3 市政雨污水管网施工关键技术

3.1 前期准备

施工单位对雨污水管道进行施工之前,须事先做好各项准备工作,以便顺利推进后续工程施工。(1)委派人员负责调查作业区域,主要围绕工程当地的天气状况,以及地下管道的具体分布、地下水水位标高,包括障碍物排查等内容,结合调研结果编制专项施工方案,并报监理单位审批。(2)保证施工进度计划的合理性,了解材料的具体参数,比如材料级配、管道承压能力以及内壁厚度等,采购材料需分阶段进行,这样才能满足材料的供应需求。(3)对控制点标高、平面坐标进行测量复核,复核无误后再现场组织施工,以减少测量误差引起的施工质量隐患和不必要的返工。

3.2 沟槽开挖技术和质量控制

施工组织设计和施工方案是影响管道施工质量的重要因素。因此,项目施工相关人员在施工前有必要对设计文件、勘察资料进行充分熟悉、了解和领会具体的设计意图,合理组织施工场地布置,编制有针对性和可操作性的专项施工方案。如发现沟槽开挖深度有超过5 m处,应按超危大工程要求组织专家对方案进行论证。施工过程中,组织和安排各项工作时应严格按编制审核同意的施工方案执行。管道开槽期间,应连续开展施工作业面并保证其安全性,同时按照设计图纸和施工方案的要求进行沟槽开挖,从源头上提高雨污水管道的施工质量。开挖沟槽上部土方时,须边开挖边清运多余的土方。与沟槽边缘相距2 m外的地方,可用于堆放回填部分土方,堆放需保持均匀,高度应在1 m以内,同时预留一定的空间用来装卸管道。本项目施工过程中监理人员检查时发现沟槽基底常有渗水较多现象,施工单位技术人员对此不够重视,监理人员严格要求按规范排除渗水,清理浸泡泥浆浮土后再施工。沟槽开挖结束后,须组织地勘单位、设计单位、建设单位、施工单位、监理单位五方负责人,并邀请质量监督部门一起进行地基验槽,同时检测沟槽基底的承载力,确保验收合格后,才能进行下一道工序。

3.3 管道安装及回填质量控制

雨污水管道施工需按照相应的流程,可采用人工加机械的方式进行管道安装,并坚持轻吊轻放的原则,保证对位准确、轴线一致,尤其需一次性将承插口对接到位,安装好密封橡胶圈之后需检查其是否牢固。安装过程中,需对管内底高程、轴线位置进行反复核对,做好临时固定,在完成隐蔽验收的基础上尽快浇筑管道护管,避免管道发生移位。管口填缝如果采用防水砂浆,需对其进行插捣密实,确保其厚度达到一定的要求。如果管径在50 cm以上,人应该先入管内进行填缝防渗处理,以改善管道的防渗漏功能。做好以上工作之后,管道两侧须及时进行分层回填,分层厚度应控制在30 cm以内,然后借助小型机具进行对称回填、碾压,这样可避免管道发生移位变形,导致管道受损。施工中需加强管道两侧回填土料含水量和压实度控制,确保沟槽回填夯压密实。雨水管管座护管砼拆模后容易出现局部蜂窝麻面,必须要求施工人员凿除松散砼采用砂浆修补密实。每回填一层需委托有资质的检测单位对回填土进行密实度检测,尤其是检查井四周和管腔管背部位,检测不合格不得进入下道工序,否则管道后期容易出现不均匀沉陷。

3.4 闭水试验

将管道安装好之后,需检查管道的密封性。(1)对安装好的管道进行复查,尤其管道衔接点不存在问题之后,方可进行闭水试验。(2)闭水试验的管道,需封堵其两端,从检查井将水注入管道内,再查看管道内有没有出现漏水现象,同时将渗漏水位置标记出来,将其修补好之后,再开展闭水试验。(3)在施工单位自查合格的基础上再组织建设、施工、监理三方人员并邀请质量监督部门参加闭水试验检查。当全部管道均符合《给水排水管道工程施工及验收规范》(GB 50268—2008)要求,功能性试验合格,方可进入下道工序进行土方回填施工。

3.5 CCTV 管道机器人检测

CCTV 管道检测机器人检测,是一种利用平板、笔记本电脑或专业控制器作为主控,连接操控机器人代替人员进入城镇排水管道内部,进行电视成像精细检查,实时影像监测并存储视频、抓拍图像的新型技术。

市政给排水工程需进行至少两次 CCTV 管道检测机器人检测。第一次是在闭水试验合格以及路基回填完成后,稳定层浇筑前,施工单位须对所有地下雨污管道进行影像检测自查,避免因道路结构层完成后进行管道修复,造成巨大经济损失。第二次是在竣工验收前,进行 CCTV 管道检测机器人检测,施工单位需留存自查合格的视频影像资料,并提供一份给建设单位、监理单位、质量监督部门备查。

4 市政雨污水管道施工质量控制措施

4.1 建立健全的质量监管体系

按照有关质量管理文件的要求,从合同评审、质量策划、材料的采购与供应等方面着手,将项目经理当成核心,加快构建质量管理保证体系,并提出具体的工程质量目标。与此同时,施工现场需建立质量管理网络,并以工程师为主要核心,通过实施全过程监督,采取有效的检测手段。只有按照相关程序进行施工,同时各施工班组必须采取自检、互检以及交接接检等方式来开展工序,不断加强自身的质量意识。通过严格执行责任制,各负其责,不同的部门、岗位有不同的要求,但必须保证每个人都能承担相应的责任。项目经理是工程质量的第一责任者,而生产、技术管理人员也要从各自的范围和要求承担质量责任,把质量意识落到实处。

4.2 注重施工全面监管

施工监督同样也是施工中非常重要的环节,是保证质量的核心环节。(1)需要从采购环节对原材料进行监督,认真对材料市场展开调查,确保采购原材料在质量、价格上均达到最优。对于所有进场管材,监理工程师需检查其性能报告以及产品合格证是否符合进场要求,同时对进场管材进行试验抽检,一旦发现不合格的管材,必须立即进行退场处理。(2)对施工过程实施全面监管。除了把握工程质量标准外,更要遵从行业标准,必须对施工的各个细节进行严格审核,及早发现存在的质量问题,应避免事后返工事件发生,使施工质量达到行业的标准水准。

4.3 做好边坡护坡作业

管道开挖期间须妥善处理边坡土。开挖过程中,需根据现场周围的环境、土质特性以及沟槽深度,综合考虑该如何进行预加固处理。如果现场具备良好的地质条件,可采用放缓坡度,但对于地质条件较差的区域,需设置内支撑、钢板桩等临时支撑加固体系,避免发生塌方。

4.4 保证管线和地基的稳定

管道施工质量与管线以及地基也有很大的关系,因此必须保证二者的稳定性。为了保持管道和地基稳定,施工过程中必须将地质水文条件考虑在内,严格按照图纸要求进行施工,防止出现较大的误差。施工期间,如果发现水渗入到底槽土中,必须立即处理软土,可选择相对稳定的回填物,铺设地槽可用碎石、砂砾等,这样管线基底就能保持稳定。

4.5 提升施工人员的综合能力

施工人员是操作施工技术的重要载体,其现场作业质量关系到技术的应用效果。因此,监理单位应按规定要求施工人员必须做到持证上岗,在施工前接受相关业务培训和教育,做好施工方案交底工作,熟悉图纸和各种施工工艺,减少人为因素引起的操作失误。

5 结语

总而言之,想要高质量完成管道施工,施工前必须做好充分的准备,确保原材料以及施工人员能够达到相关要求。施工过程中必须按照有关规程执行,不可随意删减工序,进行下道工序之前需保证上一道工序验收合格。只有这样,管道施工质量才能得到整体提高。

参考文献:

[1] 郑洋洋.市政雨污水管道施工技术控制研究[J].建筑与装饰,2020(3):188-190.

[2] 刘方兵.新时期关于市政雨污水管道施工技术控制研究[J].建材与装饰,2018(49):13-14.

作者简介:

董能杰,男,1977年生,本科学历,高级工程师,国家注册监理工程师,二级建造师;浙江盛康工程管理有限公司总经理,现主要从事建筑工程咨询、工程监理和技术管理等工作。

李伟波,男,1983年生,本科学历,高级工程师,国家注册监理工程师,二级建造师;浙江盛康工程管理有限公司总监理工程师,现主要从事市政工程和房屋建筑项目监理、工程管理和技术管理等工作。

浅谈城市园林建设管理中存在的问题及对策

浙江东城建设管理有限公司　王海燕

【摘　要】　近几年来,随着城市现代化建设的步伐加快,人们对于生活质量的追求也越来越高,城市园林建设水平和面貌成为影响城市环境质量及城市形象的重要因素之一。该文列举了园林设计、施工在管理上的一些常见问题,提出园林绿化设计必须按设计规范进行科学的设计,严格落实园林工程建设施工质量标准,建立园林工程施工质量溯源机制等整改措施,希望能形成一套行之有效的园林工程管理模式,促进城市园林工程管理能力得到保障。

【关键词】　园林建设;管理;问题;对策

引言

国内各大城市园林建设方兴未艾,景观效果不断得以改造提升。园林不仅仅是象征着绿色生态,更代表着城市的靓丽和青春。城市园林建设,需要科学规划和施工,需要从各个环节进行优化处理,争取用最经济的成本,完成高质量的城市园林工程,达到预期的生态和美化目标。

1　我国城市园林建设中存在的问题

1.1　园林设计缺少科学的统筹规划

(1)忽视园林设计的整体规划。总体规划重建筑硬件,重河湖景观,重眼前效果,忽视城市园林绿化设计和适地适树,使园林绿化成为城市建设的附属规划,只重视工程竣工时的短期效果,缺少发展的眼光。老小区改造时为满足居民的停车需要,把原先就不多的绿地铲除改成砼硬化地,也属于这种情况。

(2)忽视园林景观的生态功能。在许多城市的园林设计中,偏重景观设计上面的美感,对园林植物合理选择有所忽视,也缺少从统筹城市环境保护、生态平衡的角度来规划。

(3)忽视园林设计中的地方特色。我国地域辽阔,城市特色鲜明,园林景观设计千园一面,缺少地域特点,缺少当地特有文化挖掘和体现。

1.2　施工企业对园林工程建设认识不到位

(1)忽视园林建设的专业性。园林建设工程施工队伍与普通建筑工程施工队伍相比,要求也更为严格,如施工队伍不仅需要一线的园林工人队伍,也需要一定配比的园林专业技术人员,除了能指导工人种植植物材料、叠山理水造景施工之外,还得具备一定的设计和造型能力,能够做到适地适树,及时综合立地条件、景观材料外部特征、造景的需要,作出最优化的调整。

(2)忽视园林工程施工组织设计落实。园林企业片面追求招投标的成功率,精心编制施工组织设计方案,但在实际施工中,片面追求节约成本预算,减少机械设施设备投入、技术人员配备,施工材料以次充好,对这种现象在施工管理中缺少有效的监督机制。

1.3 园林绿化材料应用缺少科学有效的管理

(1)园林植物品种以次充好或任意改动。在工程建设中,用五叶地锦代替爬山虎,用宁波木樨代替八月桂,用单瓣山茶花代替重瓣山茶花,用山麦冬代替沿阶草,用山合欢代替合欢,用扦插苗代替实生苗,用截干苗代替全冠苗,用利润高的植物品种代替利润低的植物品种。园林施工单位因此不当得利,却对园林景观施工效果大打折扣。

(2)种植土壤不适合植物生长。适土适树一直是园林行业中最为强调的一点,但在实际施工中,为节约成本或因工程运土困难,多采用现有场地内被建筑垃圾污染的土壤作为种植土,施工单位往往认为在工程保修期内保证苗木成活,保修期外苗木是否成活就不关他们的事了。

1.4 园林绿化施工技术各要素未落实到位

(1)施工放样未按设计要求。园林设计布局讲求师法自然,但在园林施工中,不能离开设计图纸另搞一套。如前期的土方工程需根据地形设计堆土造型,为贪图施工方便,施工员未认真阅读设计图纸,随意更改设计中的地形地貌。园林建筑及园路的定位因势造型,也因此偏离设计师的设计初衷。园林植物定点位置不准确,影响整体景观效果。

(2)忽视植物生长规律,苗木栽植时间混乱。不同的植物都有其独特的生长规律和生长环境,要尽量减少在恶劣生长环境条件下种植工程。实际施工中,为达成建设单位工期目标,不管栽植季节是否适合植物成活,都是集中在一个时间段内完成栽植工作。

(3)忽视园林工程施工后续养护。前期园林景观工程建设结束后,管理上一般都会有所松懈。园林工程不同于其他建设工程,后期还需投入大量人力物力进行养护,否则会造成很大的经济损失。许多施工单位对苗木养护不重视,未及时修剪、浇水、树干、树冠未及时做遮荫、喷雾保湿处理。冬季对苗木未能及时采取防寒措施,夏季对绿化苗木病虫害未及时防治。

2 城市园林建设管理对策

为了更好地优化城市园林施工管理,可以针对以上出现的问题,采取以下措施:

2.1 园林绿化设计必须符合科学的设计规范

(1)园林设计总体规划要注重整体性。除建筑硬件、河湖景观外,城市园林绿化不仅是最重要的部分,更是城市生态文明建设的一个重要载体。要考虑到园林绿植在若干年之后的景观效果,不可只考虑到眼前的需要。绿化材料品种、规格的选择,都必须考虑到这一点。另外,老小区改造时为满足居民的停车需要,随意将绿地铲除改成砼硬化地,也应出台相应政策予以禁止。

(2)园林设计总体规划要注重园林景观的生态功能。选择园林树木一定要做到适地适树,适合当地生长的树木,一定是具有较强的病虫害抵抗能力,一方面可以较少采用农药使用,以减少对环境的污染,另一方面也可以大大提高种植成活率和降低种后管理养护社会成本和经济成本。另外,也要根据园林景观分区功能的需要,合理设计乔木、灌木、地被植物等,用植物合理分隔空间,用植物隔离喧闹的外围空间,用植物提高湿度遮蔽阳光,用植物吸附空气中的灰尘和其他污染成分,让植物成为园林景观构建中的主角。

(3)园林设计总体规划要体现地方特色。绍兴市的乡土植物是最能体现绍兴市的地方特色和地方文化的绿化材料,每一种乡土植物背后都有相应的乡土文化,要善于挖掘乡土植物背后的故事,并在园林设计中加以适当升华。绍兴市是"鉴湖越台名士乡",在园林设计中体现绍兴市"名士文化"的古朴雅致,不仅可以用亭、台、楼、阁、水榭、长廊等古建体现,更可以用"兰桂当亭""松竹梅""玉堂富贵""岁寒三友"等植物小品。绍兴市花"兰花"、市树"香榧",也可在园林设计规划中有所体现。

2.2 园林施工企业要正确认识园林工程施工的特点

(1)园林建设各环节都要体现专业性。园林建设是一门综合艺术,现场施工园林专业技术人员不仅要吃透设计师的设计意图,更重要的是要有一定设计和造型方面的临场应变和调整能力。园林施工企业要重视挖掘和培养一线施工专业技术人员,做好施工现场人员调度,配足工程建设需要的专业技术人员,由专业的人做专业的事。

(2)施工放样要加强检查和复核。特别是重要土方造型、园林建筑、园路、水池、大树栽植等必须严格按照图纸设计要求放样定点,安排施工技术人员跟踪复核,相关隐蔽工程要及时审核。大树栽植穴挖好后,必须复核中心点有没有偏离。花境栽植应按照设计要求在现场种植放样时根据实际适当作少量调整。

(3)深入领会贯彻设计意图。施工前要认真阅读图纸,深入学习施工组织设计,分析设计师的设计意图。对一些不能理解的地方要及时与设计师和建设方沟通交流,个别不符合实际情况的设计可提出自己的想法,供设计师深入思考并对设计方案作必要的调整。一经确定,则必须严格按照设计要求施工,不得随意改动。必须根据设计需要准备绿化材料,不得因为各种原因改变成相近的品种代替,更不得以次充好。

(4)根据实际需要变更施工组织设计。施工组织设计如因需作出变更或没有规定的方面,需根据实际情况,并得到建设方、监理方的科学论证后作及时调整。

2.3 科学有效的管理园林绿化材料

(1)严格按照设计要求种植园林植物品种。现场监理要具有一定的园林植物鉴别能力,要注意收集和学习常见的园林绿化种植中常出现的案例。植物的规格和苗木类型也必须与设计相符,对设计中部分园林植物规格表述中有歧义的要及时提出,经设计方、建设方、监理方达成一致意见后,再付诸实施。执行绿化材料溯源机制,部分绿化苗木短期内难以发现质量问题的,如八月桂、山茶花等绿化材料以次充好,可以通过溯源追责机制赔偿。

(2)根据种植需要严格管理种植土。提高对种植土壤质量的认识,严格杜绝生活垃圾、建筑垃圾、工业污染土作为种植土进场。要合理耕作制度,提高土壤肥力,消灭病虫杂草。如现有土壤仍较为贫瘠,可采取深翻结合增施有机肥,改善现有土壤的结构和理化性质;为促进新种园林植物发根,提高成活率,可用山地茶园土或竹林土作为客土。

2.4 严格落实园林绿化施工技术各要素

(1)加强施工质量过程性考核检查。加强巡检工作,在施工过程中及时复核施工放样点位。规范施工过程,制定检查评分制度,奖优罚庸。对于一些不能规范施工,偷工减料、弄虚作假、以次充好,人员配备不足,特别是严重缺少技能人员的劣质园林绿化企业,要有相应的考核机制,从而保证城市园林绿化施工质量。

(2)要按照植物生长规律,适时栽种。园林植物种植时间的选择要合乎植物生长规律,要尽量减少在冬、夏两季种植施工,如因特殊需要,要多与业主方沟通联系,征求业主方同意,尽量做到适时适树。部分确实需要在冬、夏两季施工的树木,可采取提前断根缩坨或盆栽等形式,尽量减少在种植中对苗木根系的损伤。

(3)园林工程施工后续养护不能忽视。实行工程后期养护质量责任人挂牌制度,严格落实工作质量跟踪制度。要及时督促施工单位做好后续养护工作,安排专门人员对新种苗木专门养护,及时采取修剪、浇水、喷雾保湿、"挂吊瓶"等技术措施,提高苗木成活率。冬季对苗木及时采取防寒措施,夏季及时遮荫并防治植物病虫害。要有专人巡视检查,发现问题要及时解决。

3 结语

近几年来,随着城市化的发展,园林建设正如火如荼地蓬勃发展,可能是过于追求速度了,一些园林工程建设项目在实施过程中,也出现了不少不和谐的地方。园林建设管理从设计、施工、材料选择、后期养护都必须遵循实事求是、与时俱进的原则,科学合理地安排施工管理各要素,优化处理施工各个环节,以最小的建设成本达到最大的工程效果,高质量地完成园林工程建设。

参考文献:

[1]黄建军,杜飞辉,谢小辉.乡土植物营造地方特色园林景观探讨[J].现代园林,2009(8):67-69.

[2]殷茹荟.园林绿化工程施工与管理探讨[J].现代园艺,2017(22):207-208.

[3]顾杨.小区景观园林绿化工程施工管理中的常见问题及措施[J].现代园艺,2018(14):195-196.

[4]陈劲元.浅谈园林绿化工程的施工与管理[J].中山大学学报论丛,2012(20):117-119.

[5]孙海利.浅谈市政园林工程施工管理中存在的问题及解决对策[J].城市建设理论研究(电子版),2017(5):299-299.

作者简介:

王海燕,女,1974年生,本科学历,国家注册监理工程师,一级建造师,高级工程师;浙江东城建设管理有限公司项目总监,现主要从事建筑、园林工程项目监理、工程管理、技术管理和咨询等工作。

浅谈园林景观绿化监理要点

浙江禾城工程管理有限责任公司　　夏演明

【摘　要】　随着绿化品种的越来越丰富,品质要求的越来越高,这就要求监理人员应当熟悉《园林绿化种植工程施工规范》,掌握必要的园林绿化专业知识,不断提高监理服务水平。该文浅谈园林景观绿化工程事前、事中、事后的范围以及控制要点。

【关键词】　绿化;苗木种植;监理控制

随着"绿水青山就是金山银山"理念的深入人心,从根本上更新了自然资源的传统认知,打破了发展与保护对立的束缚,树立保护自然环境就是保护人类、造福人类的新理念,有利于提高园林绿化的层次与品位。随着绿化品种的越来越丰富,品质要求的越来越高,这就要求监理人员应当熟悉《园林绿化种植工程施工规范》,掌握必要的园林绿化专业知识,不断提高监理服务水平。下面结合嘉兴市南湖区风华剑桥景观绿化工程的监理工作经验,浅谈园林景观绿化工程从准备阶段、种植过程、养护阶段的监理工作要点,供同行取长补短共同提高。

1　前期准备阶段的监理工作

1.1　看懂理解施工图,因地制宜合理优选苗木品种

(1)监理人员首先应熟悉园林景观绿化施工图纸,掌握绿化苗木品种、规格、质量要求,明确相应的平面布置、设计标高。同时参加设计单位施工图技术交底及建设单位图纸会审。督促施工单位采用读图讲图、样板段现场放样、点评的方式,共同进行核查、确认。

(2)对于现场发现的问题或差错与施工图不符的,监理人员应及时与建设单位联系,由设计单位作出变更设计。如在金地风华剑桥项目工程中,地下雨污管的标高与造型中的标高发生冲突,地形造型无法满足乔木种植深度的要求,所以需要调整地形造型的标高及堆土形状,来满足乔木种植深度的要求。发现此类情况,监理人员及时向建设单位反馈,由设计单位按实际标高修改设计图纸。

(3)苗木品种选择应因地制宜,结合当地的绿化环境、土壤酸碱度、气候条件进行合理确定。本工程位于浙北亚热带季风气候地区,监理人员应根据已掌握的绿化监理工作经验,结合当地的气候条件和工程具体情况,对适宜当地种植的乔木、苗木品种提出调整的合理化建议,有效提高树木的成活率。例如亚热带季风气候雨热同期,夏季炎热多雨,冬季寒冷少雨,两季分明。因降水与气温等原因,植被

宜种植常绿阔叶林,主要有榆科、樟科、山茶科和木兰科等树种,典型的有榉树、樟树和山茶树等。如想种植果树,则有"桃三李四杏五年,枣树当年就出钱"的说法。

(4)要根据园林景观绿化施工图纸设计要求,提议建设单位会同施工单位一起对供货商苗场的乔木、苗木进行考察,选择符合本工程所需的乔木、苗木,做到事前控制苗木质量。

1.2 审核《苗木报验表》,做好苗木进场验收工作

(1)监理人员应审查施工单位根据设计图纸编制本工程的《苗木报验表》,明确本工程乔木、灌木的规格、数量、质量等要求。

(2)监理人员应查看《植物检疫证书》,核对现场苗木的品种、规格、数量与《植物检疫证书》开具的苗木品种、规格、数量是否一致,与施工图设计是否相符,是否经林业部门检疫合格,如图1所示。

(3)监理人员应现场测量苗木的高度、胸径、蓬径、树冠等参数,看是否与施工图设计及合同要求一致。

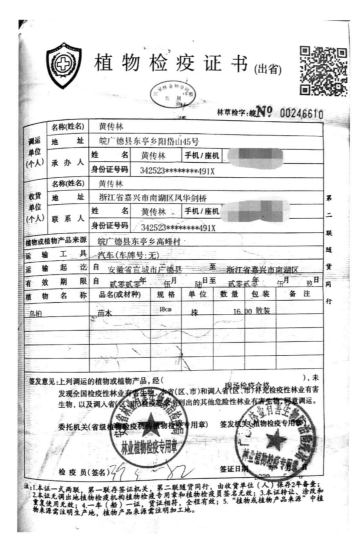

图1　植物检疫证书

1.3 核查种植土的质量是否符合植物要求

（1）监理人员应对种植土的土质、酸碱度、土壤杂物等进行检查。对土壤酸碱度可采用试纸测试这一便捷方式现场检查，也可现场取土实验室测试，并出具实验测试报告，测试报告作为技术资料留档。如种植土的土质未达到种植标准要求，需进行土壤改良处理，如填加介质土、营养土、肥料等方法。

（2）监理人员应督促施工单位对种植绿化范围内的土壤进行平整深翻，并清除土壤中的碎石块、碎砖块及杂物，一般深度不宜少于30 cm。如现场发现为三、四类土，则根据实际情况要求换填种植土，换填深度为30～50 cm。

（3）监理人员应该对土层表面平整度、土颗粒大小及松散程度进行检查，防止地表面积水，影响苗木生长，降低成活率。

2 种植过程的监理工作

2.1 检查施工项目部人员落实情况、吊运保护措施、样板段方案确定

（1）在做好前期准备工作的前提下，检查施工单位人员到位情况，特别是现场专业绿化施工员及专业种植操作人员必须到岗，方可进行栽植施工，并制定好各种树苗保活的措施，以提高种植成活率。

（2）乔木移植时间应在最适合该树种种植的季节进行，如非种植季节需种植乔木的应采取加大土球规格、适当疏枝、起挖乔木苗木避高温、运输种植要及时等处理方法解决。挖掘后乔木应及时吊运。吊运过程中，对乔木应采取保护措施，防止土球破损、树皮擦伤、树枝断裂现象，做到轻吊、轻放、保护到位。

（3）样板段确定。如金地风华剑桥项目工程，根据现场实际情况，选择9号楼西南侧比较有代表性的位置作为此项目的样板段。督促施工单位按施工图设计及《园林绿化种植工程施工规范》要求施工，严格控制堆土造型标高，核查现场堆土造型是否与设计要求相符，核查开挖树穴点位、直径大小、深度是否达到规范要求。树穴标准可按《浙江省园林工程施工规范》执行，如表1～表4所示。检查合格后，签认"地形、树穴报验单"，作为工程隐蔽资料留档。

表1 乔木类种植穴规格

胸径（cm）	种植穴深度（cm）	种植穴直径（cm）
2～3	30～40	40～60
3～4	40～50	60～70
4～5	50～60	70～80
5～6	60～70	80～90
6～8	70～80	90～100
8～10	80～90	100～110

表2 花灌木类种植穴规格

冠径(cm)	种植穴深度(cm)	种植穴直径(cm)
100	60~70	70~90
200	70~90	90~110

表3 竹类种植穴规格

种植穴深度(cm)	种植穴直径(cm)
盘根或土球深20~40	比盘根或土球大40~60

表4 绿篱类种植穴规格

苗高 \ 深×宽 \ 种植方式	单行	双行
50~80 cm	40×60 cm	40×60 cm
100~120 cm	50×50 cm	50×70 cm
120~150 cm	60×60 cm	60×80 cm

(4)监理人员在对树木种植复核验收合格之前,首先应对地形坡度、平整度、土颗粒大小进行验收,防止坡度太斜产生泥土流失,地形不平整产生积水,土粒不均等,都会影响种植质量、影响苗木的生长,降低苗木成活率。其次,要检查各种苗木的种植位置点位,株行间距疏密及自然种植位置,应符合《园林绿化种植工程施工规范》要求。监理人员应签署"放样报验单"。

(5)样板段施工完成后,应由施工单位项目部根据施工图自检合格后报监理项目部,同时由建设单位项目部、监理项目部、施工项目部三方共同进行样板段验收,并提出整改意见。整改完成验收合格三方在验收报告上共同签字,并做好影像资料作为在区施工样板,供大区验收及资料留档使用。

2.2 检查现场树木、苗木种植情况

(1)栽植前要施足基肥深翻土壤。核查土壤是否符合种植土的质量要求,核查表面层土颗粒大小及土石比例是否符合种植要求。

(2)树木吊运到施工现场,要对树木树形进行筛选分类,选择适合现场位置种植,并选择树形丰满看面完整,种植在主要朝向视线面,同时检查周边建筑物及硬景是否相匹配。督促种植施工过程,对开挖树穴深度、直径大小进行验收,审查隐蔽工程记录并签字存档。检查土球包扎物清除情况,树穴中泥土须填实整平及时浇水,发现泥土下沉及时补填泥土。

(3)裸根树木种植应检查根系是否发达,断枝枯枝修剪情况。督促施工单位严格按《园林绿化种植工程施工规范》进行种植施工。

(4)对于带泥球移植的树木,首先检查泥球完好、破损情况;其次检查泥球直径大小是否符合,如图2所示,如树木地径在10 cm以下的泥球大小应在地径大小的8~10倍,树木地径在10 cm以上的泥球大小应在地径大小的6~8倍,再检查树木的形状、胸径大小、树冠幅大小、顶梢高度、分枝点高度、分枝数量能否满足要求。对于检查中层乔木类的树木应测量地径大小、树木高度及蓬径大小,再观察树木形状等均能否满足要求。对于检查球形类灌木绿化应测量球体高度及直径,还要观察球体饱满度

及吊脚长度等均能否满足要求。对于检查小苗类绿化主要观察主径高度、蓬径、分枝数。检查草本花卉类绿化主要看主径高度、蓬径完整度、花蕾数量。检查草坪的根系情况、草根带泥厚度、草苗修剪高度、杂草含量等。

(5)种植前应检查树木树皮有无擦伤、枯死树枝、病虫树枝现象,应及时修剪,对修剪口及树皮伤口应做防腐处理,如图3所示。对树木的修剪整形应根据树形的实际情况,做到修剪后疏密得当、易通风光照,有利于树木自然生长。修剪的方法要做到切口靠节,剪口在反侧呈45°倾斜,剪口要平整,修剪后要涂防腐剂处理,如图4所示。对球类修剪应检查球体表面弧线平滑、球体圆正、造型自然。灌木类修剪应按先上后下、先内后外、先弱后强、去老留新的原则进行。绿篱类可分一般整形修剪,也可按设计造型要求修剪。草坪修剪高度一般在2~4 cm,修剪后剪草机二次交接缝处不能产生凹凸不平,对边角修剪不到的地方采用手提式修草机修平,使草坪表面平整,形成一个自然整体,具有观赏效果。如有特殊需要应按设计修剪。

图2　树球　　　　　　　　　　　　　图3　树木伤口

(6)监理人员及时验收施工过程,对项目部报送的施工过程验收报告和分项评定表进行审核签认。

2.3 种植完成后监理工作

(1)树木种植完成后,监理人员应检查栽种的树木同周边建筑物及硬景相匹配,保护泥球的包扎物应清除干净,树穴围土应填实及稍高于泥球面,一次性把水浇透,发现树穴泥土下沉,应及时补填泥土、再整平浇水。检查树干上保护物是否去除,原有铁丝、铁钉是否去除。再检查树木上的树皮擦伤及修剪口防腐处理情况,发现漏刷或没有刷到位的,应及时做防腐处理。检查树干上死枝是否修剪干净。

(2)检查树木种植定位是否正确,栽种后做好支撑、绑扎工作。支撑方法根据现在实际情况,独立树木可采用井字支撑或三角支撑,小树木可采用门字形支撑等支撑方法,支撑强度要求满足外力对树木挤压支承的强度,做到横平竖直、美观牢固。对于高大树木可用拉钢丝绳固定处理,绑扎点要用软衬垫,钢丝绳不能直接与树干接触,防止树皮擦伤。监理人员应检查各种支撑强度是否牢固,绑扎后树干应保持正直,如图5所示。

图4　伤口涂补剂　　　　　　　图5　树木支撑

(3)检查小灌木、地被植物种植的疏密情况、均匀程度,保证苗木覆盖地面的效果达到设计要求。

(4)检查草坪草块铺设接缝的密实度、厚度是否均匀,杂草比例是否在规定范围内。铺植要平整,铺植后应及时浇水,用压机滚压保证草坪平整度。

(5)检查观察小灌木、地被植物、草坪生长情况,合理施肥及防治病虫害。

3　种植后养护的监理工作

(1)监理人员应审查施工单位提供的养护方案及养护人员人数,是否专业绿化养护人员,要求施工单位以列表形式记录每日情况,有待于定点、定项检查。

(2)检查新栽种树木、苗木的成活情况,发现已栽植树木、苗木产生死亡的,应及时按种植季节进行补种,补植的树木要与原来的景观相协调,草坪空秃地应补植。

(3)对树木、苗木要按季节变换适时灌溉。特别是冬夏季节,夏季灌溉宜在早上或傍晚进行,冬季灌溉宜在中午,气温适当高一些的情况下灌溉,灌溉要一次浇透。

(4)检查督促树木、苗木排水、防涝措施。暴雨后应尽快排除新栽树木周围积水。

(5)检查乔木、灌木下的野草是否铲除。松土除草应选择在天气晴好时进行,土壤不宜过分潮湿的时间进行。松土除草的深度不可影响根系生长。

(6)根据乔木、灌木的生长情况,督促做好施肥工作。树木休眠期要适当施肥,施肥要在晴天进行。监理人员应督促施工单位掌握农药安全使用规则,防治病虫害的同时应注意保护环境、生态平衡。

（7）根据乔木、灌木的生长情况，督促做好休眠期修剪工作。以整形为主,宜稍重剪;以调整树势为主,宜轻剪;有伤流的树种,要在夏秋修剪。

（8）检查大树移植补种后的养护支持管理。高大乔木树在暴风雨来临前,应采取加固措施,如打地桩扎绳或加土、疏枝。暴风雨后应清除临时措施,对倾倒的树木要及时扶正养护处理。

4　结语

通过监理人员做好种植前准备工作控制,种植过程中的控制以及种植后养护工作的控制,能及时消除景观项目工程的标高、位置错误等情况,能合理选择适宜的苗木品种,提高成活率,能起到良好的成效,能减少工程项目中不必要的损失,得到了建设单位的好评。以上肤浅的经验是笔者多年来监理工作的积累,与同行共勉。

参考文献:

[1]北京市质量技术监督局.园林绿化工程施工及验收规范:DB11/T 212—2009[S].北京:

作者简介:

夏演明,男,1962年生,专科学历,国家注册监理工程师;浙江禾城工程管理有限责任公司总监理工程师,现主要从事建筑工程,市政景观工程项目监理、工程管理、技术管理和咨询等工作。

关于绿化种植和鱼类养殖及清淤增氧技术
对河道水质改善的作用

浙江中浩项目管理有限公司　张　改　刘　美

【摘　要】　河道水污染一直是困扰城市发展的难题,经济要发展,就离不开工业发展,工业发展不可避免地产生环境污染。如何既要发展经济,又要减少环境污染是政府和企业一直在思考探索的问题。河水污染是环境污染的一种重要表现形式,一些工业发达地区,河道水污染非常严重,有的地方存在污水直接排放及污水偷偷排放的现象,导致河水恶臭,蚊蝇飞舞,很多地方的生态环境受到工业污染严重破坏。如果以牺牲环境为代价换来工业的发展,可能是一种得不偿失的发展形式。现阶段我们社会发展需求是既要工业发展,也要碧水蓝天。如何实现这一目标,我们经过不断尝试和探索,发现通过在河道进行绿化种植和鱼类养殖及清淤增氧技术应用是一种改善河道水质的有效手段,适用于水污染较严重的工业园区河道水处理。

【关键词】　水面绿化种植;河岸绿化种植;养鱼;增氧;清淤;改善水质

引言

随着国家对环保越来越重视,各级环保督查已成常态化,河长制已在全国普遍实行,现阶段各级政府和领导肩上环保压力越来越重。"绿水青山就是金山银山",国家对环境治理的重视让各级政府对环境的保护也越来越积极主动。本文通过对工业园区河道及社区街道河道水污染的治理案例的阐述,结合图例,详细介绍了水面绿化种植和鱼类养殖及清淤增氧技术应用对河道水质改善的作用,希望这种河道综合治理技术能够得到推广应用。

1　工程概况

某开发区河道治理工程位于某经济技术开发区工业园区,周围工厂密集,河道水质黑臭,经过多次河底清淤处理,河道水质灰黑,透明度小于10 mm。我们采用水面绿化种植及水体增氧配合耐污水鱼养殖的综合水处理方式,使该河道水质明显改善。工程完工一年后,水体清澈,能见度大于60 cm。

2 水面绿化种植

水面绿化种植是一种改善河道水质的有效手段。其可实现水中绿草成荫,鲜花盛开。河道经过综合治理,可以呈现一幅鱼在水中跃、花在水中开、花香与水波交相辉映、人与自然和谐交融的美丽画卷。通过水面绿化植物对污染水面进行绿化、美化,可以净化水质,可以使河水更清澈透明。河道水面绿化种植具有调节河道生物生存微观环境的功能,减小水污染的危害,可以提高河道生态系统的修复功能,保护河道生物多样性。水面绿化种植的成败关键在于水面种植浮床的加工质量,好的浮床使用年限长,绿化种植效果好,水面绿化种植改善水质效果显著,加工低劣的浮床使用时间短,水面种植效果差。

2.1 水面种植浮床的加工

购买或者加工塑料浮块,规格33 cm×33 cm,高度15 cm,内部空心,如图1所示。将浮块用螺钉连接在一起,然后将浮块用塑料绑扎带绑扎在PVC塑料排水管道上,排水管管径最小为75 mm,110 mm最合适。配合弯头加工成各种形状,接头处用胶密封,做到不进水渗水。在排水管道底部铺一层塑料绳网,塑料绳网除了加强种植床稳定性外,还有利于枯萎的植物清理,提拉塑料绳网就可以很方便地移动整个种植床。根据需要加工浮床大小,在排水管道上系锚固绳子,用于定位浮床,如图2所示。

图 1 塑料浮块

图 2 种植床

2.2　河道水面绿化植物选择

必须坚持绿化植物适应性优先原则,选择合适的水面绿化种植植物。对水面污染较严重的水面,选择去污能力强,不怕水淹、不怕水流冲击、生命力旺盛、耐污性能好的植物,通过植物根系吸收污水中富含的氮、磷、钾等无机污染物及有机污染物,促进植物生长,净化污染河水,从而起到改善水质、减轻污染的作用。河道水面种植植物品种选择:花菖蒲,如图3所示;美人蕉,如图4所示;千屈草,如图5所示;狐尾藻,如图6所示;梭鱼草,如图7所示;空心菜,水葫芦,水芹菜等。温州地区种植美人蕉适应性非常好,美人蕉植株高大,根系发达,吸污能力强,生长迅速,在浮床承载力不足下沉时叶片也能够露出水面,是河道水面绿化种植的首选。

图3　花菖蒲

图4　美人蕉

图5　千屈草

图6 狐尾藻

图7 梭鱼草

2.3 种植方法

将与浮块匹配的种植盆底部打小孔,在底部铺一层陶粒,然后将需要的种植植物放进种植盆里,上面再回填陶粒。也就是用陶粒代替种植土,由于陶粒密度小,体积大,重量轻,非常适合水面种植。美人蕉种植可以采用分根茎法和分株法种植,分根茎法把根茎切成块,使每块带两三个芽眼,然后栽植在种植盆中;分株法用刀具从株间垂直切割,快速分株,尽量多带宿土,不损伤枝叶,然后栽植在种植盆中,如图8所示。

图8 种植图样

2.4 河道绿化种植

绿化种植的河道由于植物可以吸收河道水中的有机污染物及无机污染物,有效减少河水中的污染物质,可使河道的水质得以显著改善。但过度繁殖的河道绿化种植物及枯死的植物,要及时收集清理掉,提拉塑料绳网就能够将种植床移动到岸边进行清理,清除枯死植株及过度繁殖的植株,这是保持河道水质优良的关键环节,最好收集制作成有机肥,供地面园林绿化使用,充分发挥其经济效益和社会效益。改善和保护河道水资源的生态系统,就是美化我们的生存环境,鲜花盛开碧波荡漾的河道美景让人流连忘返,如图9所示。

图9　河道种植效果图

3　河岸绿化种植

在河道两岸种植榕树、杨柳等绿化树木，对美化河岸环境、净化河道水质、减小河岸水土流失，具有良好的生态作用，河岸种植树木的根系可以深入河道，可以吸收大量河道污染有机物及无机物，对改善河道水质具有重要作用，河道两岸树木，既可以作为美化景观，又能减缓雨水对河岸的冲刷，减少河道泥沙淤积，使河水更加清澈。河岸绿化种植要以提高河岸防洪能力为重要目的，以美化环境、净化水质为次要目的，选择适应性强，生长迅速、根系耐水的树木种植。南方地区适用的树木有榕树、水杉。北方适用的树木有杨树、柳树。树下可以种植花草，河岸种植树木选择一定要因地制宜，一定要优先选择本土树木，尽量避免种植外来树木。河岸绿化种植是实现河岸碧水蓝天、风光旖旎的一种有效途径。加强河岸绿化设计，可以提高河岸的观赏功能，实现良好的生态效益。

4　河道耐污水鱼类养殖

河道水质的改善，光依靠绿化种植作用有限，可以通过在河道养殖耐污水鱼类，通过鱼类清除河道中部分有机物及无机物，达到净化河道水质的作用。某街道社区内河道水污染严重，河道经过冲洗清淤后水质仍然黑臭，主要原因是河道周边餐饮企业及工业加工作坊较多，污水未经过处理或者处理不彻底就排入河道。该河道经过多次治理河道水质没有得到明显改善，我们建议街道在河道放养耐污水鱼类，利用鱼类养殖进行水污染治理，街道从外地购买了两车鱼苗放养在该河道内，经过一年多的鱼类养殖，该河道水质改善明显，河道已经没有臭味，水体也由黑变灰。河道耐污水鱼适宜选择黑鱼、鲇鱼、鲤鱼、鲫鱼、鲢鱼。这些鱼类适应污水环境强，污水处理能力很强，可以每100 m³水体放养黑鱼、鲇鱼、鲤鱼、鲫鱼、鲢鱼苗各30尾，对净化水质效果良好。但成功的关键是河道禁止电鱼和钓鱼，电鱼对河道的破坏是无可估量的，可以说一次电鱼就可以毁掉一条河。钓鱼对耐污水鱼的减少也非常明显，这类鱼非常好钓，所以必须禁止在放养鱼类处理水质的河道中钓鱼，其实污染河道中的这类鱼是不适宜食用的，过度繁殖的鱼类可以定期打捞，作为制作宠物饲料的原材料或者制作园林有机肥料。

5　水体增氧

河道水体增氧,可以增加水体溶氧量,促进河道水体有机物的氧化分解,促进河道水体浮游生物及微生物快速繁殖,提高水体的自净能力,能够改善河道水质,促进河道水体中鱼类的快速生长,改变河道水体的生态环境,使河道水质越来越清澈洁净。某开发区河道水体质量较差,开发区管委会对企业排污排查很严,2019年处罚关停了多家企业,企业也投入巨资进行排污管道改造,但水质没有明显改善变化,我们建议开发区管委会采用水体增氧的方式进行水体治理。开发区管委会在河道上安装了几十台太阳能增氧机,经过一年多的检验,安装了太阳能增氧机的河道水质相对于没有安装太阳能增氧机的河道能见度明显提高,水质较清洁。管委会后来又采纳了我们的建议在河道水面进行绿化种植,河道内进行耐污染鱼养殖,通过河道上安装的太阳能增氧机,增加河道水中氧气,促进鱼类及微生物的繁殖,河道水质改善变化更加明显,河水已经越来越清澈,如图10所示。

图10　　河道上安装太阳能增氧机后的效果图

6　定期清淤

定期清淤是改善河道水质最有效的措施。水体污染河道一般存在大量河道淤泥,这些淤泥是污染物的沉积,最好定期清理,可采用冲洗清淤的施工方法,这种方法适用于水流流速不大及流量不大的河道,将清淤段河道两端截流,用水泵不停抽去河水,露出淤泥,用高压水枪将淤泥冲洗成为泥浆然后用吸泥泵将泥浆抽走处理。该清淤方式施工成本低,效率高。还可以用吸泥泵定期清除局部河道河底淤泥,对污染严重的水体可用带吸泥泵的清淤泥车经常清理淤泥。也可以在河岸边制作过滤床,用吸泥泵将污水淤泥抽上过滤床就地过滤处理,这种污染水体处理方式省钱方便,效果显著。我们曾经在一个经济技术开发区河道两岸建设陶粒和碎石混合过滤床,过滤床靠河道一边局部用无砂混凝土浇筑维护堤岸,在陶粒过滤床上种植花草,将污染河道中污水淤泥不停通过吸泥泵抽入过滤床,污水淤泥通过过滤床及无砂混凝土过滤后的水回流到河道中,使河道中河水永远清澈,在河道中再放养一些鱼类,河道水处理的效果就更加显著。这是一种最经济有效的河道污水处理方式,这种方法值得大力推广应用。

7　结语

　　用水面绿化种植减少水体富含的氮、磷、钾等无机污染物及有机污染物,用耐污水鱼净化有机污染物及部分无机污染物,用太阳能增氧机给水体增氧曝气,增加微生物快速分解污染物,用定期清淤防止污染物沉积,几种方式综合应用对工业区河道水处理作用明显。环保是国家及社会都非常关注的大问题,现阶段国家领导人提出既要金山银山、也要绿水青山,这是一项政治要求也是一份美好期待。对河道进行水面绿化种植是改善河道水质的一种有效手段,是实现既要金山银山、也要绿水青山的一种有效途径,希望此技术能够得到更加广泛应用。

作者简介:

　　张改,男,1972年生,本科学历,国家注册监理工程师、一级建造师、高级经济师、矿山井巷工程师;浙江中浩项目管理有限公司总监,现主要从事建筑工程项目监理、工程管理、技术管理工作。

　　刘美,男,1978年生,大专学历,工程师;浙江中浩项目管理有限公司董事长,现主要从事企业管理、建筑工程项目监理。

六、安全管理

附着式升降脚手架的安全监理工作

宁波高专建设监理有限公司　胡建杰　杜志杰

【摘　要】　高层建筑工程施工外架选用附着式升降脚手架越来越多,给监理的安全管理工作提出新挑战。监理应针对附着式升降脚手架的安拆与升降动作业及日常使用进行监督检查,加强事前、事中控制,安全监理,防范事故。

【关键词】　附着式升降脚手架;安装;拆卸;升降;安全监理

引言

在高层建筑工程施工中,各地的安全和文明施工要求不断提高,同时着眼于进度、质量、造价和安全等要素平衡,附着式升降脚手架是颇受青睐的外架选择。附着式升降脚手架具有外形美观、节省人工和机械费用,比传统外脚手架安全可靠。其定型化、机械化、智能化程度高,特别是平常不占用塔吊台班,故其应用范围也越来越广。

对于监理单位来说,附着式升降脚手架是安全管理重点。不同于其他施工设备,此类脚手架一旦发生事故,往往是群死群伤重大事故以上级别,不论是个人、公司还是行业都会受到重大损失。相对普通外脚手架来说,其技术复杂、管理难度大,专业化管理要求高,需要监理人员提前学习和熟悉,以便进行有效管理。

1　附着式升降脚手架构件组成

在市场上应用最多的附着式升降脚手架主要是全钢装配式脚手架,其主要构件组成,如图1所示。架体主要由两大类构配件组成:一类是架体构件;另一类是安全装置。

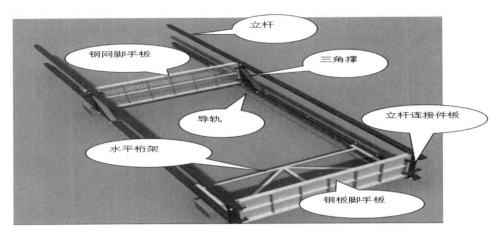

图 1　全钢装配式脚手架和构配件

1.1　架体构件

架体构件的组成并不复杂,完全可以套用平常的脚手架进行理解,竖向主框架相当于立杆,水平支承桁架相当于水平杆,架体上其他各类构件是为了施工及安全设置的脚手板和防护网板等,一般都可归类为架体构配件,附着支承结构是最重要的构配件,整个架体与工程主体结构的连接完全依靠这些附着措施来确保安全性。

1.2　安全装置

针对附着式升降脚手架的结构和使用原理,相应会设置各种安全装置,主要由以下几项组成:

(1)防倾覆装置,设在附墙支座上,是为在提升、下降或使用过程中,防止附着式升降脚手架内外倾覆而设置。

(2)防坠器。当架体发生意外坠落时,该装置能通过卡位阻挡或摩擦的原理进行制动,防止架体继续向下运动发生坠落事故。

(3)承重固定装置。在架体升降作业完成后,若因架体出现水平偏差而影响附着固定,对该装置进行微调后,可进一步加强固定,能有效保证架体和各类荷载通过附着装置传力至建筑主体结构。

(4)同步升降装置。在架体升降过程中,通过重力传感器,可检测架体各点是否受力一致。同时,在操作过程中,通过智能总控箱对各分机进行智能控制操作,可避免升降作业过程中安全事故的发生。

(5)升降动力装置。它是架体上唯一的动力设置,用于控制架体提升和下降。小型架体一般用手拉葫芦,中大型的架体由于荷载大,附着固定点多,需要同步操作,常用电动葫芦或液压油缸作为升降动力装置。

2　附着式升降脚手架的安全管理

附着式脚手架的安全管理根据设备使用特点,可划分为架体使用安全、升降作业安全和安拆安全三个阶段。

2.1　架体使用安全管理

(1)使用过程中,须保证固定连接可靠,施工荷载符合要求,安全装置有效运行。在安装和升降完成后,现场监理应对固定装置和安全装置及时进行检查验收,合格后才能投入使用。平时,现场监理还应进行巡视检查。检查与巡检工作,其技术要求虽然不高,但工作量较大。如检查架体的施工荷载,主要对架体最上层平台进行检查,若超载,则容易发生事故。同样,监理还应督促施工单位日常自检,检查架体结构是否安全完整,若发现损坏应及时修复或更换配件。

(2)架体的安全主要决定于自身。螺栓和连接件、升降设备、防倾装置、防坠落装置、电控设备、同步控制装置等应按规定进行定期维护保养。监理检查是安全管理的重要事项,工作必不可少。

2.2 升降作业安全管理

(1)升降作业前,监理人员需检查架体的上下吊点。其剖面示意,如图2所示。吊点必须牢固可靠。竖向主框架应无污染、无变形。所有妨碍架体升降的障碍物和约束必须拆除。架体上不能有施工荷载,全部安全装置应确保灵敏有效。配电箱线路应完好,漏电保护器应灵敏有效。全部升降机位的电动葫芦应逐个调节,使其荷载应力数值符合进行升降的设计范围。遇5级以上大风或大雨、大雪、浓雾、雷电等恶劣天气,不得进行升降作业。架体提升就位后,应及时按照使用工况要求做好附着固定。在架体未完全固定前,施工人员不得擅自离岗或下班。

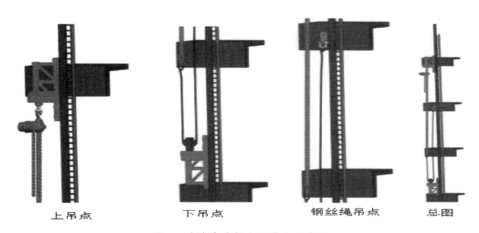

图2 升降脚手架上下吊点示意图

(2)同步升降控制装置必须配置完善,并测试自动监测功能。监理应检查每个提升装置的数据显示是否正常;否则,升降装置可能会发生故障。升降装置的安全监测、报警和控制失效,往往是引发重大事故的主要原因。

2.3 安装、拆卸作业安全管理

(1)附着式脚手架安拆作业,须在开工前做好策划准备。须按工程特点,选择脚手架适用类型以及明确使用范围,确定其与主体结构附着连接装置的布点。还需要明确配合附着式脚手架安拆作业的塔吊或其他吊装设备及位置,做好场地布置;否则,容易出现安拆忙乱等安全隐患。

(2)安装前,现场监理与施工单位应检查安装平台,防护设施设置情况,以保障作业人员安全。安装的附着受力构件,如图3所示。与受力构件连接的主体结构梁,其混凝土强度应符合要求。连接应确保牢固可靠。安装完成后,现场监理与施工单位应检查安全保险装置齐全可靠,控制系统完好、专业人员上锁保护。升降防坠器应有防雨、防砸、防尘等保护措施。架体安装质量,应由安装单位、施工单位、监理单位共同组织验收,合格后方能投入使用。

附墙支座　　　　　　　　　　　　　附墙支座与导轨的连接

图3　升降脚手架附着受力构件

(3)因附着式升降脚手架产品型号、规格不同,其拆除顺序和方法也有差异。拆除需严格按照专项施工方案和安全操作技术规程执行,恶劣天气时不得进行拆卸作业。在拆除前,监理先要检查人员和辅助机械设备是否符合方案要求,以及技术和安全管理的交底程序和内容,拆除过程中督促施工及安拆单位做好各项安全管理工作。

总之,附着式升降脚手架安拆中,应注重防坠落、防倾覆和临边防护措施的落实;同时,还需控制升降与施工荷载及做好同步升降等工作。

3　附着式升降脚手架的安全监理

3.1　安全程序必须监管到位

(1)监理要从开工前的施工组织设计开始入手,完善审批手续和申报程序,结合工程特点与前期的各项方案,对附着式升降脚手架专项方案的施工程序与顺序进行审查,分析可行性、合理性和安全性。

(2)监理在审核时,要关注架体与塔吊、人货梯等其他现场在用的施工机械的相关情况,如与塔吊的附墙装置出现碰撞时,需要有相应的安全避让和加固措施。

3.2　安拆与升降作业是监管实施重点

(1)监理人员除做好必须的旁站工作以外,还要检查安拆与升降作业人员的资格证书、交底记录。现场架体结构安装和附着,需按方案核对。监理应检查所用安全装置设置情况,并核对应是同一厂家的产品,以免混用。

(2)升降作业前,监理都要对安全装置和新的附着装置进行检查,在完成升降作业后及时完成验收工作。特别需要检查传感器运行显示是否正确,否则容易因荷载不均导致架体不能同步升降,从而发生安全事故。防止与其他施工机械碰撞,引发在建结构外形突变,其相关安全措施也是监理检查验收的要点。

3.3　其他监理的安全内容

监理尚应巡视检查,如检查是否放置超过规定的施工荷载,架体周边防护翻板设置的合理情况,架体应安装封闭牢固,防止人或物品的意外坠落。

4 结语

因附着式升降脚手架的监理工作相对较为繁杂,监理安全工作需要以防为主,杜绝重大事故。做好事前监理控制,加强事中验收与巡检,方能避免安全事故发生。

参考文献:

[1] 刘红波,赵敬贤,陈再,等.全钢附着式升降脚手架设计技术指南[M].天津:天津大学出版社,2021.

[2] 郝海涛,尹正富.智慧建造装备——智能集成附着式升降脚手架安全施工操作指导手册[M].长春:吉林出版集团股份有限公司,2019.

作者简介:

胡建杰,男,1975年生,本科学历,高级工程师,注册监理工程师,一级建造师,注册一级造价工程师、注册咨询工程师(投资);宁波高专建设监理有限公司总监理工程师,现主要从事工程监理和工程管理工作。

杜志杰,男,1989年生,本科学历,工程师,注册监理工程师;宁波高专建设监理有限公司总监理工程师,现主要从事工程监理和工程管理工作。

浅谈大跨度钢桁架梁及钢柱起重吊装技术安全控制措施

浙江华厦建设项目管理有限公司　陈雨炳　唐晓玲

【摘　要】　随着社会科技的进步,大跨度钢桁架梁、钢柱在工程中得到广泛运用,而大跨度钢桁架梁、钢柱的高空吊装是大跨度钢桁架施工安全控制的关键。该文结合温州高新文化广场建设工程A楼大剧院屋面大跨度钢桁架梁及钢柱,从起重吊装设备选型、吊装方案和高空拼接作业施工等方面,浅谈一下大跨度钢桁架梁及钢柱吊装施工安全技术控制措施。

【关键词】　大跨度钢桁架梁;钢柱;起重设备选型;吊装;高空拼接;安全控制

引言

为了满足温州高新文化广场项目A楼剧院结构大空间要求,梁柱结构设计采用了钢骨结构,屋面梁采用大跨度钢桁架梁,屋面板为压形钢板楼承板,二层楼面柱采用V型圆管钢柱,其优点主要是利用混凝土结构与钢结构相结合的模式,更好地解决大空间问题和耐火性问题。同时钢构件为加工厂制作现场拼接吊装,施工期短、效率高,满足绿色节能环保要求。下面就A楼钢桁架梁及钢柱的拼接和吊装,浅谈一下大跨度钢桁架梁及钢柱施工安全和技术控制措施。

1　工程概况

(1)温州高新文化广场项目位于温州市龙湾区,是此区域地标性的公共文化建筑。该工程总建筑面积为79516 m²,其中:地下建筑面积为37221 m²;地上建筑面积为42295 m²,由1栋5层剧院(A楼)、1栋5层艺术中心(B楼)、1栋5层文化活动中心(C楼)、1栋4层社区服务中心(D楼)和两地块过街连廊五部分组成,其中A楼剧院屋面为大跨度钢桁架梁及压形钢板楼承板屋面,二层楼面柱采用V型圆管钢柱,项目总体布局如图1所示。

图1　温州高新文化广场项目总体布局图

（2）A楼大剧院钢结构包括劲性钢柱、二层楼面V型钢圆柱、屋面钢桁架、大小屋面钢梁等。A楼钢结构整体效果如图2所示。

大剧院屋面由大屋面和小屋面组成，大屋面主要结构类型为桁架及钢梁，桁架中心高度为3.0 m，跨度为33.0 m，桁架采用焊接H型钢组合，单根钢桁架梁质量25.6 t；小屋面钢梁最大跨度为22.0 m，单根钢梁最重约20.5 t；屋面楼面采用压型钢板组合楼面。

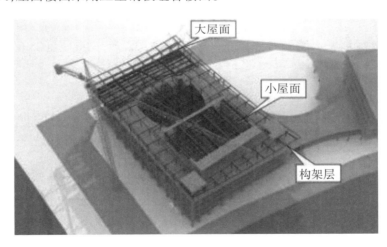

图2　A楼钢结构整体效果图

A楼大剧院西侧二层为V型钢管圆柱，高度超过22.2 m，单件长度17.41 m，底部采用Φ150销轴与二层楼面连接，柱截面为Φ700×30圆管。

剧院观众厅屋面钢桁架梁平面布置情况如图3所示。

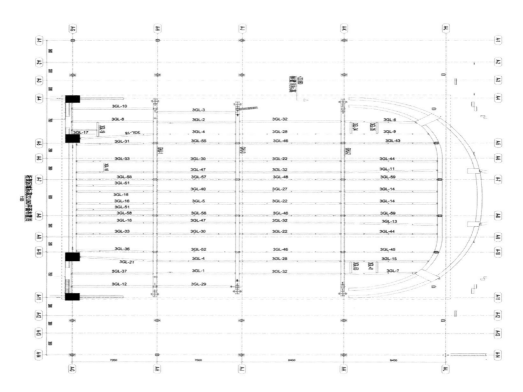

图3 剧院观众厅屋面钢桁架梁平面布置图

2 本项目钢构件主要特点

（1）大屋面钢桁架梁高3 m，跨度33 mm，吊装高度超过22.2米，钢梁质量25.6 t；大屋面钢桁架梁结构如图4所示。

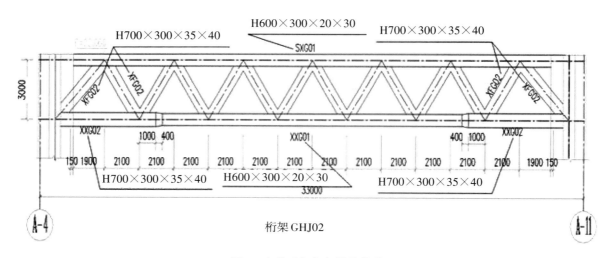

图4 大屋面钢桁架梁结构图

（2）西侧Φ700×30圆管钢柱吊装高度超过22.2 m，单件长度17.41 m，单件质量14.7 t；V型钢柱安装效果如图5所示。

图5　V型钢柱安装效果图

（3）本项目的钢构件吊装难度大、跨度大、吊装高度高、单件钢构件重，钢梁与钢柱对接精度要求高等。

（4）结合项目钢构件的特点，根据大跨度钢桁架梁、柱的起重质量、起重高度和现场场地情况，选定合适的大型起重吊装设备尤为重要，做好吊装方案的审查是关键。

3　吊装方案审查及设备选型

3.1　钢桁架吊装工况分析及起重设备选型核查

（1）A楼钢桁架采用一台400 t履带吊整榀吊装，400 t履带吊（超起配质量100 t）：主臂选用54.0 m，塔式副臂选用63.0 m。钢桁架梁GHJ03吊装工况分析平面情况如图6所示。

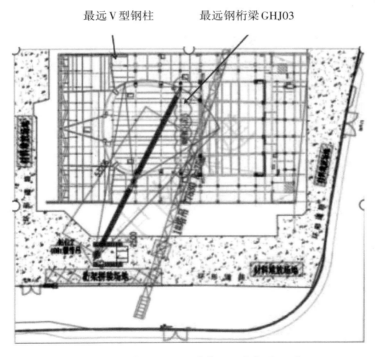

图6　钢桁架梁GHJ03吊装工况分析平面图

（2）选择最远桁架 GHJ03 进行验算（距离履带吊 54.0 m），截面 H600×300×20×30/ H700×300×35×40，钢梁长度为 33.0 m，质量约 25.6 t，考虑 400 t 履带吊吊钩及钢丝绳质量为 2.5 t，则吊装质量总28.1 t。

（3）400 t 履带吊（超起配质量 100 t）主臂选用 54.0 m，塔式副臂选用 63.0 m，工作半径 54.0 m 范围内，额定起重质量 31.75 t。

（4）额定起重质量 30.75 t 大于吊装质量 28.1 t，满足要求。

（5）主臂高度 54 m，超过建筑高度 22 m，钢桁架梁 GHJ03 吊装工况分析立面情况如图 7 所示，吊装高度能满足装要求。

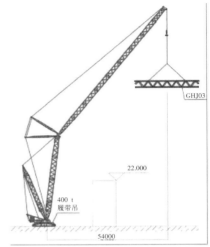

图 7　GHJ03 吊装工况分析立面图

3.2　V 型钢柱吊装工况分析及起重设备选型核查

图 8　400 t 履带吊现场吊装图

（1）选择最重 V 型钢柱进行验算，截面为 φ700×30，钢柱长度为 17.41 m，质量约 14.7 t，采用 400 t 履带吊吊装，考虑吊钩及钢丝绳质量为 2.5 t，则吊装质量为 17.2 t。400 t 履带吊（超起配质量 100 t）主臂选用 54.0 m，塔式副臂选用 63.0 m，工作半径 30.0 m 范围内，额定起重质量 35.0 t，满足要求。400 t 履带吊现场吊装如图 8 所示。

（2）选择最远 V 型钢柱 GZ-14 进行验算（距离履带吊 71.0 m），截面为 φ700×30，钢柱长度为 17.41 m，质量约 11.56 t，采用 400 t 履带吊吊装，考虑吊钩及钢丝绳质量为 2.5 t，则吊装质量总 14.06 t。400 t 履带吊（超起配质量 100 t）主臂选用 54.0 m，塔式副臂选用 63.0 m，工作半径 71.0 m 范围内，额定起重质量 27.0 t，满足要求。

（3）V 型钢柱 GZ-14 吊装工况分析立面情况如图 9 所示，吊装高度能满足吊装要求。

3.3　吊索具选用验算

（1）钢丝绳选择

吊装用钢丝绳选用 6×37S＋1，抗拉强度为 1770MPa，安全系数取 6，通过公式求出单根钢丝绳破断力后，直接查国标《重要用途钢丝绳》（GB 8918—2006）选出钢丝绳直径。钢丝绳合格证、绳径等需复核检查。

（2）钢丝绳安全系数 K 值如表 1 所示。

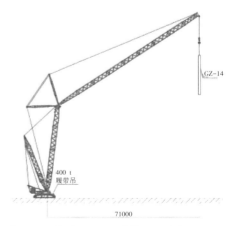

图 9　V 型钢柱 GZ-14 吊装工况分析立面图

表1　钢丝绳的安全系数K值表

使用情况	K值	使用情况	K值
用于缆风绳	3.5	用作千斤绳,无弯曲时	6～7
用于手动起重设备	4.5	用作绑扎的千斤绳	8～10
用于机动起重设备	5～6	用于载人的提升机	14

（3）钢丝绳力学计算

本项目桁架最大质量为HJ1,加上吊索具质量约27.0 t,采用2点吊装,吊装角度取45°计算,则单根钢丝绳受力：

$F=F_0/2\sin\theta=mg/2\sin\theta=27000\times10/2\sin45°=190918(N)=190.9(kN)$

根据公式 $Fg=K\times[Fg]/a$

其中：$[Fg]$—钢丝绳允许拉力；

　　　Fg—钢丝绳的钢丝破断拉力总和(kN)；

　　　a—钢丝绳荷载不均匀系数,对$6\times37+1$型,a取值为0.82；

　　　K—钢丝绳使用安全系数,吊索绳取6。

则吊装钢丝绳破断拉力计算为：

$Fg=K\times[Fg]/a=190.9\times6/0.82=1396.8(kN)$

查询钢丝绳容许拉力表,桁架的吊装选用2根型号$6\times37S+1$（1770 MPa）,钢丝绳绳径选用d=50 mm,对应最小破断拉力为1460kN>1396.8kN。满足吊装要求。

（4）卸扣选择

由吊装钢丝绳计算可知,单根钢丝绳承受最大质量约为20t,根据一般起重用D形和弓型锻造卸扣（GB/T 25854—2010）D型卸扣尺寸选择表,选择表中4级25t极限工作载荷的卸扣,满足要求。D型卸扣尺寸选择如表2所示。

表2　D型卸扣尺寸选择表

极限工作载荷WLL			d^a	D^b	e^c	S^d	W^b
4级	6级	8级	max	max	max	min	min
	t				mm		
0.32	0.50	0.63	8	9	19.8	18	9
0.40	0.63	0.8	9	10	22	20	10
0.50	0.8	1	10	11.2	24.64	22.4	11.2
0.63	1	1.25	11.2	12.5	27.5	25	12.5
0.8	1.25	1.6	12.5	14	30.8	28	14
1	1.6	2	14	16	35.2	31.5	16
1.25	2	2.5	16	18	39.6	35.5	18
1.6	2.5	3.2	18	20	44	40	20
2	3.2	4	20	22.4	49.28	45	22.4

续表

极限工作载荷WLL			d^a	D^b	e^c	S^d	W^b
4级	6级	8级	max	max	max	min	min
t			mm				
2.5	4	5	22.4	25	55	50	25
3.2	5	6.3	25	28	61.8	56	28
4	6.3	8	28	31.5	69.3	63	31.5
5	8	10	31.5	35.5	78.1	71	35.5
6.3	10	12.5	35.5	40	88	80	40
8	12.5	16	40	45	99	90	45

3.4 400t履带式起重机安拆专项方案审查

本工程A楼大跨度钢桁架梁采用一台400t履带吊整榀吊装,该履带式起重机安装和拆卸属于超过一定规模的危险性较大的分部分项工程。本项目对下列内容进行了重点审查和把控:

(1)审查履带吊拼装场地情况、地基情况及其周边环境的现况。

(2)吊装平面布置。

(3)构件堆放位置、吊位、拼装位置,以及辅助安装吊机在每个吊位时的最大吊重量和吊装幅度、高度、半径。

(4)履带吊安装和拆除时的吊装工况分析等。

(5)该起重设备的安装拆卸专项施工方案经专家论证通过后才能实施。

(6)必须按超危大工程的要求做好400t履带式起重机使用前检查验收,验收满足要求才能投入使用。

(7)在吊装之前必须严格执行试吊程序,并做好安全技术交底。在安装和拆除时设置安全警戒线,安排专人负责起重吊装作业旁站监督。

4 吊装施工技术控制措施

4.1 吊装前准备工作

(1)明确400t履带吊站位条件,吊装平面布置必须符合方案要求。

(2)根据现场施工平面布置踏勘吊车行走路线和站位点是否与方案一致,周边条件复杂时,可预先对吊车站点放线。

(3)对400t履带吊运行线路作业范围的地基需进行砼硬化处理,确保地基有足够的承载力,满足400t履带吊承载要求。

(4)在吊装运行时铺设钢板,增强承载力和起重机械的稳定性,并加强砼地面的日常检查,重点检查砼地面是否有沉降和裂缝产生,确保吊装安全。

4.2 钢梁吊装技术控制措施

（1）钢梁吊点选择。

吊点选择可视具体情况而定（一般选择距离两端三分之一位置），以吊起后梁不变形、平衡稳定为宜，以便于安装。吊索角度45～60°。大跨度钢桁架梁在加工制作过程中，应沿钢梁长度的方向，在钢梁两端焊接一根1 m高的圆钢立杆固定钢丝绳，作为钢构安装人员高空悬挂安全带的生命线，同时，在梁的两端设置帆布桶，并将梁柱连接的安装螺栓放置在帆布桶内与钢梁同时起吊，便于施工作业人员操作施工。钢桁架梁现场吊装情况如图10所示。

图10 钢桁架梁现场吊装图

（2）钢梁的固定安装。

钢梁安装时先主梁后次梁，首先做好主梁与钢柱的固定连接。本工程主梁与钢柱的连接以及主梁与次梁的连接均采用高强螺栓固定连接，控制好高强螺栓紧固次序，应从中间开始，对称向两边进行，分初拧、复拧、终拧三次进行紧固，并在同一天内完成，严禁强行穿入螺栓，构件的摩擦面应保持干燥，不得在雨中作业。同时钢梁在吊装固定时，加强钢梁的测量监控，若水平度达不到要求，需及时调整，确保大跨度钢桁架梁整体安装符合要求。钢梁的固定安装情况如图11所示。

图11 钢梁的固定安装图

（3）钢梁安装其他注意事项。

①梁与连接板的贴合方向。高强螺栓穿入方向应以施工方便为准，并力求一致。

②吊装顺序遵循先主梁后次梁的原则。

③钢梁安装时孔位有偏差不能自由穿行时，必须采用机具绞孔扩大，而不得采用气割扩孔的方式。钢梁的校正方式采用千斤顶、手拉葫芦等工具进行。

4.3 V型钢管钢柱安装技术控制措施

本工程在A楼西侧二层剧院大门厅处设有φ700×30的V型钢管柱，钢管柱柱底标高＋4.8米，柱顶标高＋22.2 m，底部采用Φ150销轴与二层楼面连接，顶部与钢梁采取高强螺栓连接和焊接，钢柱的安装精度要求较高。在施工过程中重点把控以下几点：

（1）重视钢结构设计图纸的二次深化设计。

在施工之前，要求施工单位做好钢结构设计图纸的二次深化设计，需有详细的钢柱和钢梁连接节点图，构件加工制作尺寸图，并有详细的构件编号表等，同时做好钢结构深化设计图纸的建模，明确构件吊装顺序等。

图12 V型钢管柱固定安装图

固定安装情况如图12所示。

（2）精准做好V型钢管柱柱底钢板的预埋。

在二层楼面梁板柱结构混凝土浇灌之前，需按设计图的要求做好建筑物的定位轴线放线，预埋好V型柱底座钢板，做好精准定位是关键。

（3）对柱子垂直度和标高进行控制。

由2台经纬仪和1台水准仪控制，柱子吊升离地面200 mm后，暂停提升，需对吊装设备及吊装索具进行检查，确保吊装无异常后，再进行吊装提升，同时设置好标高观测点和中心线标志，同一钢结构工程的观测点和标志位置应一致，对正纵横十字轴线，使柱子缓慢到达就位地点。V型钢管柱

（4）V型钢管柱固定安装控制要点。

本工程的V型钢管柱采用400 t履带吊进行吊装，首先吊装V型钢管柱与下部底座采取销轴连接固定，上部与钢梁采取高强螺栓连接和焊接；V型柱安装时为保证V型柱侧向稳定性，需设置临时抛撑，抛撑上端焊接于V型柱，下端设置埋件与混凝土梁连接，抛撑的截面为φ273×10，φ168×5，材质为Q235B。抛撑做法详如图13所示。

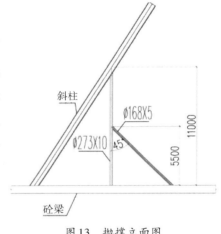

图13 抛撑立面图

4.4 重视试吊工艺

本工程的大跨度桁架梁由于梁的跨度大，单件质量大，起重高度高，在起重吊装之前必须做好试吊，在试吊安全的情况下，才能进行正式起吊。试吊起吊时，钢构件先吊离地面200～300 mm后停止吊装，重点检查起重机械设备的稳定性、制动装置的安全可靠性，以及构件吊于空中的平衡稳定性和吊索具的牢固性等，经检查确认一切正常后，才能进入正式吊装作业施工。

5 吊装作业安全控制措施

5.1 吊装前对400 t履带式起重机检查验收

400 t履带式起重机进场前，要求施工单位上报安装单位资质证书、安全生产许可证副本、安装单位特种作业人员证书、400 t履带吊检验合格证、出厂合格证和保险单，审核通过后履带吊才能进场、组装。组装完成后监理需对400 t履带式起重机进行使用前检查验收。检查验收内容主要如下：

（1）技术资料：检查有效的检测报告，安全检验合格证。

（2）外观质量：检查灯光和仪表是否正常、轮胎螺丝紧固和传动轴螺丝紧固是否缺少、方向机横竖拉杆是否有松动，无任何部位漏油、漏气、漏水等渗漏现象。

（3）各油位水位：检查水箱水位、机油油位、刹车制动油、变速箱油位、液压油位、各齿轮油位和电

瓶水位是否正常。

(4)发动机部分:检查水温、发动机运转是否正常无异响、各附属机构是否齐全正常。

(5)液压传动部分:检查液压泵压力是否正常、支腿是否正常伸缩,无下滑拖滞现象、变幅油缸是否有下滑现象、主臂伸缩油缸是否正常,无下滑、回转是否正常、液压测温是否异常。

(6)底盘部分:检查离合器正常无打滑,变速箱、刹车系统、各操作机构和行走系统是否运行正常。

(7)安全防护部分:检查产品合格证,起重钢丝绳是否无断丝、断股,润滑良好,直径缩径不大于原尺寸的10%,吊钩及滑轮无裂纹,危险断面磨损不大于原尺寸的10%,起重量和幅度指示器是否正常,水平仪的指示是否正常,防过放绳装置的功能现象是否正常,卷筒应无裂痕和无乱绳现象,吊钩防脱装置工作是否可靠有效,操作人员是否持证上岗,驾驶室内是否挂设安全技术操作规程等。

5.2　加强起重设备的日常维保检查

400 t履带吊在使用过程中,监理要督促施工单位做好起重机械设备日常检查、维护、保养工作。日常维保检查主要内容如下:

(1)各机构传动部件:回转机构、驱动机构、行走轮、履带、轴承等应定期补注润滑脂。

(2)结构件:对吊臂的结构件焊缝经常进行检查,发现裂缝或开焊应及时进行补焊或更换。

(3)车架体的连接螺栓:检查设备车架体的连接螺栓,发现松动及时紧固;对于架体采用杆件连接时,更应该注意检查连接螺栓,同时连接螺栓禁止使用弹性垫圈放松。

(4)安全装置:在每天作业前进行检查,如有损坏失效,应维修合格后再进行作业;各种安全限位装置:起重质量、起重力矩、变幅、高度、回转、吊钩保险、短绳保险等应齐全灵敏可靠,发现问题及时修复。

(5)起重钢丝绳及滑轮:不定期经常检查起重钢丝绳及滑轮的磨损情况,发现钢丝绳损坏及时更换,对轮缘破损、槽壁和槽底磨损超过标准的应及时更换。

(6)电气系统:经常检查电气系统的主要元件,所有元件应灵活可靠,触点接触良好,触点压力和开距符合设计要求;操作仪表是否正常显示各项功能;线路接头连接是否牢固,绝缘良好无破损,无漏电,无短路。

5.3　做好吊索具及钢丝绳安全交底

在起重吊装施工作业前,督促施工单位严格按审批的吊装方案实施,同时监理从吊索具及钢丝绳安全、操作人员的安全和安全操作要点等方面,对施工单位进行起重吊装施工安全技术交底。索具及钢丝绳的安全交底内容如下:

(1)检查新购置的吊索具合格证。

(2)吊索水平夹角要求大于45°,吊挂绳间夹角要求小于120°。

(3)根据吊物质量、体积、形状等选用合适的吊索具。

(4)使用卡环时,严禁卡环侧向受力;起吊前必须检查封闭销是否拧紧;不得使用有裂纹、变形的卡环;严禁用焊补方法修复卡环。

(5)严禁在吊钩上补焊、打孔;吊钩表面必须保持光滑,不得有裂纹;严禁使用危险断面或颈部产生塑性变形的吊钩。

（6）编插钢丝绳索具应用6×37的钢丝绳，编插段长度不得小于钢丝绳直径的20倍，且不得小于300 mm。

（7）凡有下列情况之一的钢丝绳不得继续使用：

①钢丝绳直径减小10%的。

②在一个节距内断丝数量超过总数的10%。

③出现扭拧死结、压扁、股松明显、钢丝外飞、绳芯挤出及断股等现象。

④钢丝绳表面磨损达表面钢丝直径40%以上，或钢丝绳表面麻痕清晰可见、整根钢丝绳明显变硬的。

（8）钢丝绳、套索、链环索等的安全系数不得小于8～10，吊点位置应准确，兜绳不偏移、吊物平衡。

5.4 检查安全吊篮

（1）梁柱对接位置的焊接采用吊篮，吊篮采用圆钢制作，在钢梁吊装之前安装在钢梁上，随钢梁一起吊装，或单独吊装。

（2）根据操作位置的不同需要，安全吊篮的形式可以设置单面吊篮或双面吊篮。同时针对双面吊篮进行承载能力验算。吊篮形式如图14所示。

（3）在施工人员利用吊篮操作时，安全绳不能种根在吊篮上，必须可靠地种根在吊篮以外的地方。

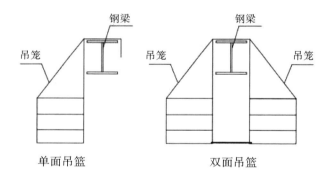

图14　安全吊篮形式

5.5 检查安全绳

安全绳：在钢梁、桁架上设置2道安全绳，用于施工人员的水平移动。安全绳要种根牢固。安全绳使用Φ10的镀锌钢丝绳，两端固定在桁架梁的柱子上，绳头固定位置设置3个绳夹且绳头至少预留250 mm，拉紧采用法兰螺栓。安全绳应在构件吊装之前临时固定在构件后，构件吊装到位后，及时拉设固定。

5.6 登高控制措施

钢柱的登高措施采用钢爬梯，每个爬梯边上配置Φ18的白棕绳作为登高绳。登高绳严禁直接连接到安全爬梯上，上端要与主构件紧密连接。检查施工人员登高时必须佩戴五点式双钩安全带，挂防止器等。

5.7 检查安全网

本工程高空作业区设置有安全网,采用可拆卸式水平安全网,采用挂钩拉设安全闭目网。

5.8 做好吊装过程的旁站检查

400 t 履带吊在起重吊装过程中,需加强旁站检查。重点检查如下内容:

(1)起重吊装区的砼地面是否出现沉降产生裂缝,若有细小裂缝产生,用红色油漆标记,并密切关注裂缝的变化。

(2)检查吊索具和钢丝绳的型号是否与审批方案一致,钢丝绳是否出现断丝、断股、缩径等安全隐患问题,钢丝绳必须润滑良好。

(3)检查起重工特种作业人员是否持证上岗。

(4)检查安全警戒线是否设置到位,起重机吊臂旋转半径范围内严禁站人,严禁与起重吊装无关人员在起重吊装区穿行。

(5)遇有六级以上强风、重雾、雷暴雨天气情况,不得在露天进行吊装作业。

(6)检查安全操作如穿绳、挂绳、试吊等方面操作是否规范,是否严格执行"十不吊"制度,是否对安全操作人员进行安全交底。

6 结语

本工程所选用的方案和设备技术参数,在实际吊装施工中得到顺利实施。大跨度钢桁架梁和 V 型钢柱安全吊装的关键是:吊装机械设备的正确选型和施工现场有满足一台 400 t 履带吊设备组装以及拆除场地,同时严格审核大型起重吊装机械设备的组装和拆除工程专项方案并组织专家论证。认真做好安全技术交底和各项技术准备工作,并按专家论证通过的方案组织施工,加强吊装过程的安全旁站监控,确保项目大跨度钢桁架梁、柱起重吊装安全。

参考文献：

[1] 中华人民共和国住房和城乡建设部.钢结构设计标准:GB 50017—2017[S].北京:中国建筑工业出版社,2017.

[2] 中华人民共和国住房和城乡建设部.建筑施工起重吊装安全技术规范:JGJ 276—2012[S].北京:中国建筑工业出版社,2012.

[3] 中华人民共和国住房和城乡建设部.钢结构工程施工质量验收标准:GB 50205—2020[S].北京:中国计划出版社,2020.

[4] 中华人民共和国住房和城乡建设部.钢结构高强度螺栓连接技术规程:JGJ 82—2011[S].北京:中国建筑工业出版社,2011.

[5] 中华人民共和国国家质量监督检验检疫局.起重机械安全规程:GB 6067—2010[S].北京:人民交通出版社,2000.

[6] 中华人民共和国国家质量监督检验检疫局.重要用途钢丝绳:GB 8918—2006[S].北京:中国标准出版社,2006.

作者简介:

陈雨炳,男,1976年生,本科学历,高级工程师,国家注册监理工程师,一级建造师(建筑工程);浙江华厦建设项目管理有限公司总经理,现主要从事建筑工程项目监理、工程管理、技术管理和咨询等工作。

唐晓玲,女,1965年生,本科学历,高级工程师,国家注册监理工程师,一级建造师(建筑工程),造价工程师;浙江华厦建设项目管理有限公司总师办主任,现主要从事建筑工程项目监理、工程管理、技术管理和咨询等工作。

铝模板技术在建筑中的应用分析

浙江鼎力工程项目管理有限公司　张发凯

【摘　要】　建筑工程中,铝模板具有自重轻、强度高、易定型、模数化加工制作,通用互换性较好,可上下、左右组合拼装等特点。相较于木模板而言,铝模板有以下多种优点:利用率高,有利于环境保护,操作简单且混凝土成型效果好,能促进施工进度,有利于保证工程的质量安全。其缺点是初始配置成本较高。

【关键词】　建筑工程;铝模板;应用分析

引言

模板工程是一个为形成混凝土实体结构而临时搭建的设施,它包含模板和支撑体系两部分。任何新型模板技术的荷载能力、稳定性必须经过严格的验算,才能用于工程中,以确保其安全性能。

随着科学技术的发展进步,建筑模板也在不断地推陈出新。高分子塑料模板、钢制模板及木质模板等均存在各种弊端,如浪费资源、污染环境、周转利用率低、混凝土表面质量难以有效控制等问题,正逐渐被铝合金模板取代,而铝合金模板存在有诸多优势。对此,本文将结合部分现场图片资料简单介绍某项目铝合金模板的具体应用与切身体会。

1　铝模板及其支撑系统的设计运用案例简介

案例工程为温州滨海某房地产开发项目,总建筑面积约45万 m²,均为25层高楼。每栋楼均配置一套铝模,板底、梁底配置可调钢支撑3套、悬挑构件支撑4套(钢支撑间距小于1300 mm)。采取4 mm厚的铝板,销孔(模数300)所处的折边厚8 mm。铝模由专业厂家根据深化后的图纸加工制作并根据施工图予以编号,由专业技术人员通过视频播放、作业指导书或口头讲解进行技术交底,每栋楼现场指导或示范安装拆卸。局部非标层与标准层节点不一致区域,可使用铝木模板结合施工。顶板设置传料口用于铝模板材料上下层周转。

1.1　楼层楼板铝模设计

本项目楼板分PC叠合楼板与现浇楼板。

1.1.1 楼板现浇带铝模设计

本工程楼层PC叠合板之间为300 mm宽现浇带,铝模板与叠合板的搭接宽度为100 mm,板带两端各设一道支撑;PC叠合板下拉结板宽度为200 mm,呈井字形分布,配置独立支撑,如图1所示。楼板的铝模板设计基于原有的设计图纸上,采用标准和非标准相结合的方式来进行,既要满足支撑承载的安全要求,也要考虑拆装便捷与重复利用的需要。

图1 独立支撑效果图

1.1.2 楼层现浇板的铝模设计

楼面顶板标准尺寸500 mm×1100 mm,局部按实际结构尺寸配置非标板。楼面顶板型材高65 mm,铝板材厚4 mm。板与板之间采用销钉和销片连接,间距为300 mm,如图2所示。

楼面顶板横向间隔≤1300 mm设置一道100 mm宽铝梁龙骨,铝梁龙骨纵向间隔≤1300 mm设置快拆支撑头,如图3所示。龙骨间通过支撑头相连;楼板降板处做吊模处理:当沉降高度小于100 mm时,采用角铁或者方钢来做吊模;当沉降高度大于100 mm时,采用铝模来做吊模。

图2 板之间销钉连接效果图

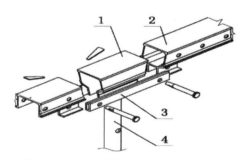

1-楼面支撑头;2-龙骨;3-龙骨锁条;4-钢支撑

图3 楼面模板早拆示意图

1.2 梁铝模设计

首先,对原有的图纸进行分析研究,将梁铝模板归纳成截面宽0.3 m,0.6 m,0.8 m的三类。以保证模板体系连接牢固稳定性为标准,对铝模进行合理的布设拼装,并通过铝型材螺栓去连接每个模板,使得各个模板间相互连接支撑又相互拆解分离,楼层边梁位置采用背楞与对拉螺杆进行加固,如图4所示。

图4 边梁加固效果图

1.3 墙体铝模设计

本项目铝模板加固及支撑体系为:(1)拉片加固体系,3.1 m以下拉片为内6外6;方通均为内3外4;拉片体系的楼梯、外梁节点等部位采用螺杆配合加固,并非全拉片。(2)现浇剪力墙斜撑及背楞配置:配置小斜撑固定墙根,设置间距为墙长≤750时,不设置;750<墙长≤2000时,设置一根;2000<墙长≤5200时,设置两根;墙长>5200时,设置间距不大于2000(斜撑为单支座双斜撑形式);外墙内侧增加配置斜拉风绳,斜拉风绳布置间距同小斜撑,斜拉风绳的拉顶由项目自行用钢管+U托对顶,斜拉绳地锚项目自行预埋。背楞设置为内墙3道,外墙4道,如图5所示。

电梯井、采光井外墙等位置根据外墙板来配模。需要注意的是,其上方需用角铁或者角铝对其加固牢靠,避免施工过程产生胀模,以保证电梯井和采光井净空尺寸。

图5 剪力墙采用斜拉风绳加固效果图

1.4 特殊节点或细部结构铝模设计

1.4.1 上翻构件吊模安装

上翻梁吊模安装如图6所示,阳台、连廊、卫生间等反坎吊模安装如图7所示。在特殊节点或细部结构的模板大多是根据项目实际情况定制的模板,长与宽都是非标准型的,这样就很难直接套用到其他工程中,只能想方设法多加利用,降低成本。

图6 上翻梁吊模安装　　　　　　　　　　图7 阳台、卫生间、连廊吊模安装

1.4.2 楼梯、飘窗铝模板设计

楼梯、飘窗铝模板设计中,楼梯层中梯段踏步盖板按满盖的拉结板设计;飘窗窗台盖板做满盖铝模板设计,飘窗窗顶盖板均按不满盖的拉结板设计,如图8所示。楼梯和飘窗同墙、楼板一次性完成浇筑。这样操作的好处就是,不会产生浆料溢出,且成型质量较好。

图8 飘窗盖板加固效果图

1.4.3 结构预留洞、门窗两侧预留企口、水电线管压槽设计

本项目楼层设置3个放线孔,尺寸200 mm×200 mm;1个泵管孔,尺寸300 mm×300 mm;4个斜边传料口,尺寸200 mm×800 mm。本项目水电线管压槽在铝模内侧安装塑胶固定边条,待铝模拆除后,混凝土表面形成凹槽。这样的做法可避免后续在剪力墙上开槽造成破坏混凝土结构如图9所示。

为有效防止外墙门窗渗漏问题,本项目特设计门窗企口,提前在铝模板内侧安装固定塑胶条,铝模拆除后,形成凹槽,安装窗副框时直接靠近企口位置,然后进行塞缝,能有效起到防渗漏作用,如图10所示。

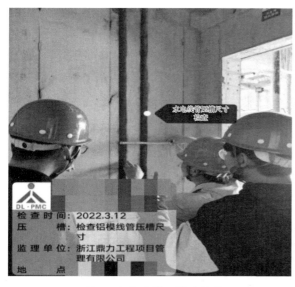

图9　水电线管压槽效果图

图10　门窗企口设置效果图

1.4.4　构造柱、门洞过梁的设计

在做细节设计的时候,本项目对构造柱也进行了深化,将构造柱同结构剪力墙、框柱一次浇筑成型,大大提高了二结构施工进度,且观感比传统木模好。门洞上部过梁通过深化,形成下挂梁设计,与结构梁板一次成型,避免后期施工预制过梁后再施工砌体,如图11所示。

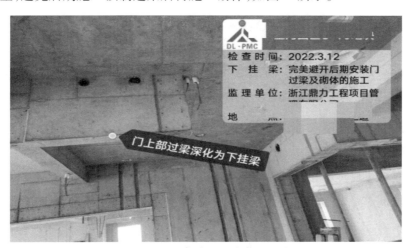

图11　门洞上部过梁一次成形效果图

2　铝模应用的体会

2.1　可以加快进度

(1)铝模材质轻,采用模数化的定型加工制作、销钉固定连接工艺,使用专用作业工具,安装拆卸

方便快捷。对安装拆卸工人的技术水平要求不及一般的木工,且木模板拆除与清理则困难得多,尤其是边角部位的模板。

(2)梁龙骨纵向间隔≤1300 mm 设置快拆支撑头。由于其特殊的结构,可以轻易与周边连接的铝板和龙骨拆分,形成模板快速装拆支撑体系。

(3)铝模板材料通过顶板设置的传料口进行上下层周转,灵活方便,也不占用垂直机械运输。

2.2 安全更有保障

(1)铝材虽然密度较小,但4 mm 的铝板厚度,销孔连接部位8 mm 的折边厚度,铝质销钉刚性连接,65 mm 的铝型材,其强度刚度完全能够满足施工的安全要求。

(2)模板支撑采用可调钢支撑,其受力形式比钢扣件可靠,受力状态可以观察。

(3)场地比较整洁,便于施工通行,没有短钢管、木方条、带铁钉的模板困扰。

(4)无须设置转运模板材料的卸料平台,减少了一大安全隐患。

2.3 混凝土外观质量好

(1)铝模板本身的强度刚度较高,铝模之间的连接、支撑与加固体系稳定可靠,浇筑过程中不会发生跑模、胀模现象。混凝土成型质量非常好。

(2)铝模板之间拼缝严密,铝模安装之前需清理面层且涂刷脱模剂,混凝土表面平整度、垂直度等观感质量好。

(3)不同材料构件的连接部位通过深化设置企口或线管沟槽,可以有效处理接口部位的裂缝和渗漏问题。

3 结论与建议

虽然铝模材料与定型加工制作的初始成本造价较高,阻碍了铝模技术的推广应用。但目前已有部分开发商及大型建筑企业就指定需要采用铝模施工,因为他们更关心的是其综合成本。

3.1 使用铝模的优势

从使用铝模对工程的进度、质量、安全等方面的影响来看,作用是非常正面的。如采用整体提升式脚手架(爬架)与之配合,总体效果会比悬挑架更好。

(1)加快工程进度,是实现资金快速周转从而降低财务成本的前提,也是开发商追求的动力之一。

(2)混凝土成型与外观质量好。可因为免抹灰、少整修等因素降低施工成本,节约工期。

(3)工程质量提高。整洁有序的施工环境,有利于营造企业与产品的口碑形象,并据此调高房产销售价格。

(4)施工的安全环境改善,可减少部分隐形的安全投入。

3.2 提高模板的周转利用率,降低单位摊销成本

铝模板均采用定型化、模数化的加工制作方法,除少部分为针对项目特制的以外,大部分均为其他项目可拼装的标准板,通用性强。对于拥有项目多、工程量大、楼层高等建设资源的开发商及建筑企业而言,其推广应用的优势非常明显。

可以预见,铝模技术的应用有着光明的前景。开发新的工艺技术,提高铝合金材料的耐磨、耐腐蚀、耐冷蚀等质量性能,降低铝模材料及加工成本,从根本上提高周转使用频次,是促进其未来产业化发展的重要手段。

对于中小建筑企业而言,为降低成本减少风险,在运营上采用部分租赁(标准板)的模式也是值得探索的。

参考文献:

[1] 柏绍玺.房建施工中铝模板技术的应用探讨[J].绿色环保建材,2021(8):110-111.

[2] 陶光明.铝模板技术在高层建筑绿色施工中的应用[J].山西建筑,2020,46(16):88-90.

[3] 古兴生.新型铝模板专项施工技术在剪力墙结构建筑中的应用[J].福建建材,2020(1):51-53.

[4] 廖强.房建施工中铝模板技术的运用与研究[J].四川水泥,2019(12):135.

[5] 刘玉,谷洪雁.铝模板技术在房建施工中的应用[J].门窗,2019(14):280.

作者简介:

张发凯,男,1988年生,本科学历,工程师,国家注册监理工程师;浙江鼎力工程项目管理有限公司专业监理工程师,现主要从事建筑工程项目监理、工程管理和技术管理等工作。

结构自承型桁架式模板支架简介
及监理控制要点

杭州信达投资咨询估价监理有限公司　邵远洋　李祥彬

【摘　要】　结构自承型桁架式模板支架作为模板支撑体系的一种新工艺、新技术,适用于钢结构建筑结构。其特点是利用钢结构钢梁作为支撑点,采用支架作为承载楼板施工荷载的受力体系,在安装过程中无须搭设及拆卸任何支模脚手架。该文简介自承型桁架式模板支架体系,结合工程实践,对施工监理的要点进行探讨。

【关键词】　模板支撑体系;钢结构;监理

杭州某工程总建筑面积为40947 m²,由1#、2#、3#办公楼及其地下室组成。地下室为混凝土框架结构,地上1#、3#办公楼分别为9层、7层,为钢框架—箱形钢板组合剪力墙结构,2#办公楼7层为钢框架结构。1#～3#办公楼2层以上至机房层采用结构自承型桁架式模板支架体系(桁架快拆体系),其特点是利用主体钢结构钢梁作为临时支撑点,采用钢管桁架作为承载楼板施工荷载的受力体系,无须另加竖向支撑,可实现多层楼板混凝土同步浇筑,加快施工进度。

1　自承型桁架式模板支架体系优点及其施工流程

(1)结构自承型桁架式模板支架体系(桁架快拆体系)设计轻巧,工厂制作,安装简便灵活,减少周转料的一次性投入量,施工快捷且周期短,工人作业时无须特殊工具,简单培训交底即可上手操作,劳动强度低,桁架自身刚度大,成型后的楼板挠度小,平整度高,且木模拆除后,二次装修方便,楼板混凝土终凝(一般12 h)后,即可上人、上机、上料。其结构剖面如图1所示。该系统克服了传统支模架操作烦琐、结构板底模下层的空间过小、施工进出不便、在浇筑结构梁板的同时很难交叉作业等缺点。

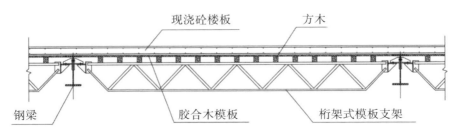

图1　自承型桁架式模板支架体系剖面图

（2）根据结构施工图、结合自承型桁架式模板支架体系系统通用安装节点与施工现场实际，由专业设计单位进行优化设计，并经过各参建单位会审确认。本工程采用的自承型桁架式模板支架设计最大跨度达到4.5 m，板厚不大于140 mm。

（3）施工工艺流程详情如图2所示。

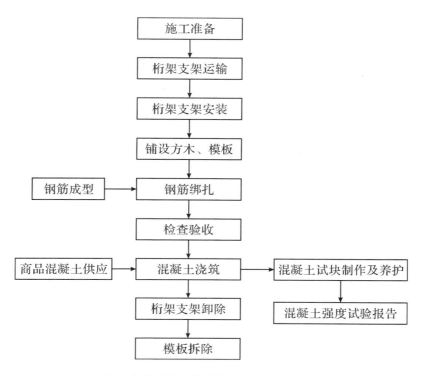

图2　自承型桁架式模板支架施工工艺流程

2　监理控制要点

2.1　施工准备

监理单位应组织总包、钢结构专业分包、结构设计、专业作业等单位，共同对桁架式模板支架设计图纸进行讨论，明确设计节点、工艺参数及技术保证措施。督促总包单位编制专项施工方案。因桁架式模板支架属于施工新技术、新工艺，需要总包单位组织专家论证。审核通过后，监理项目部应结合本项目工程特点、施工工艺及时编制监理实施细则，明确监理工作要点、工作方法及措施等，指导开展现场监理工作。

2.2　自承型桁架式模板支架进场验收

（1）自承型桁架式模板支架材料由专业工厂制作、加工，项目监理部需要组织建设单位、总包单位、专业施工单位对厂家进行考察，核查厂家资质、生产设备、技术力量、质量保证措施、经营状况等，符合要求后，督促总包单位与厂家签订订货合同。

（2）进场时，应检查模板支架、连接件的产品质量合格证、型式检验报告等，对桁架外观质量进行检查验收，检查模板支架、连接件及挂件有无在运输过程中碰撞变形现象，要求支架材料平直光滑，不得有裂缝、结疤、打孔、错位、硬弯、毛刺、压痕等,出现严重锈蚀等缺陷(详见图3);连接件外观质量应光滑平整,不得有毛刺、裂纹、氧化皮等缺陷,各焊缝应饱满,不得有未焊透、夹砂、咬肉、裂纹等缺陷,如图4所示。本工程桁架上弦杆采用材质为Q355B的矩形管(规格为40 mm×20 mm×2.0 mm),下弦杆采用材质为Q235B的矩形管(规格为40 mm×20 mm×2.0 mm),腹杆采用材质为Q355B圆管,连接板材质为Q355B(规格为180 mm×150 mm×6.0 mm)。

图3　自承型桁架式模板支架进场验收　　　　图4　自承型桁架式模板支架连接件

2.3　自承型桁架式模板支架安装过程监理控制要点

(1)本工程自承型桁架式模板支架采用连接件将桁架式模板支架固定于钢梁上,连接件固定在钢梁上的间距应控制在方案允许范围内,连接件与钢梁腹板采用螺栓连接,如图5所示。螺栓拧紧完成后监理人员应使用扭矩扳手进行复核,其螺栓拧紧扭力应达到允许范围内。

图5　自承型桁架式模板支架连接件与钢梁采用螺栓连接

(2)桁架式模板支架两端端板各有2个长圆孔,采用螺栓安装在连接板下方,如图6所示,螺母应朝下设置,便于检查及拆除,螺栓拧紧扭力应达到允许范围内。安装过程中,可使用垫木调节桁架式模板支架的标高及水平位置,但调节垫木应设置在螺栓中间,如图7所示,水平调节垫木及竖向调节垫木厚度应控制在允许范围内。沿楼板短跨方向与钢梁腹板固定,在楼板长跨方向不设置支架,采用端板与方木结合作为承重受力支撑,如图8所示。

图6　自承型桁架式模板支架端板采用长圆孔

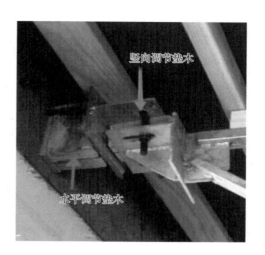

图7　自承型桁架式模板支架调节垫木

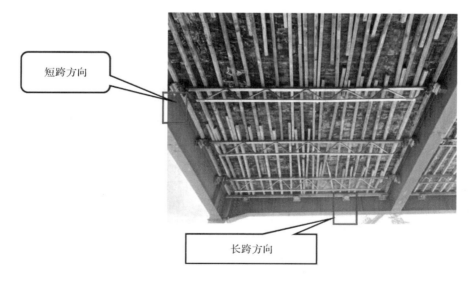

图8　自承型桁架式模板支架长跨方向及短跨方向与钢梁的连接

　　(3)平行于板短跨方向采用方木铺设,方木的宽度、高度、间距设置应符合要求,如图9所示。然后在方木上铺设木模板,应确保模板接缝处在方木中心线上,且拼缝严密,表面无错台,保证钢梁上翼缘与模板面标高一致,如图10所示。监理人员应重点检查模板安装允许偏差,检查方法详如表1所示。

图9　自承型桁架式模板支架上的方木铺设　　　图10　自承型桁架式模板支架上的木模板铺设

表1　模板安装允许偏差及检查方法

序号	项　目	允许偏差值(mm)	检查方法
1	底模上表面标高	±5	水准仪或拉线、钢尺检查
2	相邻两板表面高低差	2	钢尺检查
3	表面平整度	5	2 m靠尺和塞尺检查

（4）模板验收合格后，开始楼板钢筋绑扎。监理人员应依据施工图纸对钢筋牌号、规格和数量、间距、接头百分率等进行全数检查，钢筋隐蔽工程验收合格后应进行举牌验收，进入混凝土浇筑环节。

（5）楼层混凝土浇筑旁站过程中，监理人员应检查混凝土泵管支架是否架设在钢梁上，严禁将泵管架立在模板上。混凝土布料时应按照钢柱—钢梁—楼板的顺序，楼板浇筑时应自板面中心向周边扩展，以防止支模架产生偏心受力。浇捣过程中应及时将输送到位的混凝土摊开、振平，严禁混凝土堆积过高，产生集中堆载，楼面板浇筑时荷载应控制在方案允许范围内。浇筑过程中，监理人员除了做好常规旁站工作以外，还应检查桁架式模板支架是否有明显下挠变形或异响，发现异常，应立即停止混凝土浇筑，并及时采取措施。

（6）自承型桁架式模板支架体系利用支架自重原理进行拆卸。待楼板混凝土强度达到拆模强度后，监理人员应督促施工单位严格按照专项施工方案的要求搭设移动操作平台，搭设完毕后应进行各方验收，合格后方可进行拆除作业。拆除前应督促施工单位做好模板拆除技术交底，要求先拆除楼板长跨方向钢梁腹板处端板，接着松动短跨方向的端板螺母，下降螺母但不脱离螺杆，使得模板底与桁架顶面之间产生100 mm左右的空隙，施工人员从空隙中抽除方木，使胶合板与混凝土底面脱离，然后卸除桁架式模板支架及钢梁上的连接件，如图11所示，以此类推逐段逐块拆除。

最后拆除桁架式模板支架及连接件

然后拆除模板

接着松动短跨方向端板螺栓，抽去垫木，产生100 mm左右间隙，从空隙中抽掉方木

先拆除长跨位置端板

图11 自承型桁架式模板支架拆除流程

3 结语

自承型桁架式模板支架体系整体施工工艺工序简单、便捷，桁架自重较轻，施工操作安全，且利用自重拆卸，安拆便捷。作为模板支撑体系的一种新工艺、新技术，施工速度明显快于传统支模架体系，节省施工时间和费用，经济效益突出，相信未来将有非常好的应用前景。

作者简介：

邵远洋，男，1994年生，专科学历，助理工程师;任职于杭州信达投资咨询估价监理有限公司，现主要从事建筑工程项目监理和工程管理等工作。

李祥彬，男，1966年生，专科学历，任职于杭州信达投资咨询估价监理有限公司，现主要从事建筑工程项目监理、钢结构工程管理、钢结构技术管理等工作。

非标安装形式吊篮的安全监理要点

杭州中新工程咨询管理有限公司　　庄　莹　朱彦立　罗晓芳

【摘　要】　建筑外立面幕墙或涂料装饰施工中,广泛采用高处作业吊篮作为施工平台,由于建筑立面和屋面结构形式多样,现场条件吊篮不能满足使用要求,必须对吊篮的某些部件进行调整,并进行必要的计算复核和论证,业界称之为非标安装形式吊篮。该文介绍建筑工程中常见的吊篮非标安装形式,并从安全专业监理工程师的角度提出相应的安全监理要点。

【关键词】　吊篮;非标安装形式;安全监理

引言

建筑外立面幕墙或涂料装饰施工中,普遍采用高处作业吊篮(以下简称吊篮)作为施工作业平台。吊篮具有安装方便、使用范围广、施工成本低等优点。随着建筑施工技术的发展和城市规划水平的提升,大量建筑物设计造型越来越独特,特别是钢结构的大量使用和女儿墙的增高,给吊篮的标准安装带来了困难。为了满足各种立面、屋面构造建筑幕墙和外装饰施工要求,不同种类非标安装形式吊篮的使用应运而生。目前,浙江省范围内在《建筑施工安全管理规范》(DB 33/1116—2015)及2016年12月杭州市建设工程质量安全管理协会发布的《关于加强非标吊篮管理的通知》中,对非标吊篮的管理提出了一些要求,但因为非标安装形式吊篮使用数量大,技术方案、安装质量参差不齐,增加了吊篮使用的安全风险。因此,作为安全专监,应了解不同类型非标安装形式分类、安装方案设计和安全管控重点,对工程现场吊篮的安全使用和管理具有一定的现实意义。

1　常见非标安装形式分类

根据非标安装形式力学模型和相关计算,常见非标安装形式悬挂装置的分类如表1所示。

表1　常见非标安装形式悬挂装置分类

序号	安装形式名称	特征描述
1	悬挂装置前梁加长	前梁加长后不超过1900 mm,不改变原结构
	悬挂装置前梁加长	前梁加长后超过1900 mm,增设前梁加强钢丝绳;前梁加固

2	悬挂装置增高	前后支架增高后不超过3500 mm,前后立杆增设侧向稳定剪刀撑
	悬挂装置增高	前后支架增高后超过3500 mm,增设前支架拉结措施、增设后支架侧向稳定剪刀撑
3	悬挂装置抱箍式固定	抱箍结构刚性固定,具有侧向稳定措施
4	悬挂装置捆绑式固定	支架前固定应刚性结构,捆绑圈数提出最低要求
5	悬挂装置后拉钢丝绳固定	支架前固定应刚性结构,对钢丝绳的数量、安装角度提出要求

2 常见非标安装形式管控要点

2.1 悬挂装置前梁加长

根据受力分析计算,当外伸长度不超过1900 mm时,只需要满足悬挂装置抗倾覆稳定性条件下,适当降低核定载重量即可,无须改变或加强前伸梁的结构。当前梁外伸加长后大于1900 mm时,如图1所示,为了提高前伸梁压弯稳定性,需增设加强钢丝绳数量,并按加长程度计算加大前伸梁截面。通常采用在原方钢管上增套大一号规格的方钢管。在设计构造上,宜使悬挂装置悬挂点相对于外侧加强钢丝绳固定点向内侧错开。目的是当悬挂点受荷载后,外伸梁会出现向上的弯曲变形,而使内加强钢丝绳不受荷载成为摆设。为了验证内侧加强钢丝绳是否起到作用,安装后应在核定载重量下检查内外侧加强钢丝绳的受力是否基本均匀。该安装方式均应在满足悬挂装置抗倾覆的条件下计算确定核定载重量。

根据对不同外伸长度悬挂装置载荷试验结果,当外伸长度超过2500 mm时,吊篮带核定载重量升降时,外伸梁会出现较明显的晃动。因此,当外伸长度超过2500 mm时,不但应采用增设加强钢丝绳、增加前伸梁套管的方式,还应重新对悬挂装置进行设计计算。

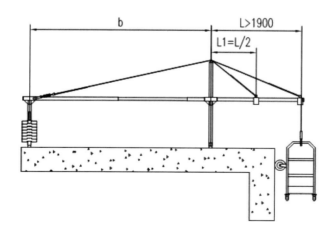

图1 前伸大于1900 mm安装示意图

2.2 悬挂装置增高

悬挂装置增高形式在实际使用中数量较多,对于女儿墙和屋面构架梁较高的施工工况特别适用。增高支架主要面临的是前支架受压稳定性和整个悬挂装置的侧向稳定性问题。根据施工现场调研、相关计算和专项试验结果,当架高支架高度小于3500 mm时,如图2所示,采用相邻前后支架剪刀撑拉结以提高前后支架的侧向稳定性,降低了前支架压杆计算长度,能通过压杆的稳定性计算,故前支架不需要与建筑物拉结。实际安装时,如位于屋面转角或端部的悬挂装置支架无相邻支架可连接的,必须采用与其他结构拉结等相同效果的附着连接措施方可使用。当高度大于3500 mm时,前支架应与建筑结构设置拉结措施。此时,相邻前支架可不设剪刀撑,相邻后支架仍需设剪刀撑。剪刀撑与前后支架的连接应采用与悬挂装置杆件连接同规格的螺栓,不应采用点焊的连接方式。各杆件均应用螺栓连接,螺栓规格不小于吊篮原同部位螺栓规格。

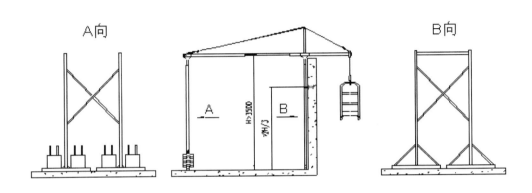

图2 增高大于3500 mm安装示意图

为了基本保证增高后支架为轴心受压杆件,增高后支架立杆安装垂直度不大于5/1000,以避免吊篮工作时支架受到明显的侧向力,保证增高后悬挂装置的整体稳定。

2.3 悬挂装置抱箍式固定

悬挂装置水平梁杆采用刚性抱箍式固定方式,在工程实际中顺利施工的成功案例很多。这种安装方式可以广泛应用于建筑屋面二层以上构架梁、较大高度的钢结构工程中的吊篮安装,具有安装简单、免搭承重平台,施工成本大大降低等明显优势。这种安装形式的安全要点是前抱箍点应设左右两个,以达到整个悬挂装置侧向稳定要求。抱箍固定结构承载力经设计计算,材料及安装质量应得到控制,构造上抱箍节点无滑移自由度、螺栓有足够承载力和可靠的防松防螺母脱落措施等。一般要求抱箍采用的U型螺栓直径不小于M20,Q235,压板为不小于16 mm厚的钢板。(后拉钢丝绳是起到二道保护的作用,主要受力是以前梁抱箍受力为主要荷载,并以扭矩再传递给结构梁,所以对抱箍所采用的螺栓直径和钢板厚度提出了刚度要求。)

2.4 悬挂装置后拉钢丝绳固定

采用后拉钢丝绳固定的安装方式,悬挂装置前固定点必须用螺栓连接刚性固定,构造上具备侧向稳定措施,如图3所示。后拉钢丝绳不少于2根,钢丝绳规格一般选用不小于吊篮工作钢丝绳的规格。后拉钢丝绳应呈15°～20°对称布置,这样可有效防止端部晃动且具备预紧功能。后拉钢丝绳采用锚固件固定时,锚栓规格应经计算确定,且直径不小于16 mm,在混凝土中的锚固长度应符合该结构混凝土强度等级要求。悬挂装置受荷载时,锚栓不宜直接受拔。锚栓应经拉拔试验,试验值不小于设计值的

2倍。(设计值应由原吊篮生产厂家确定,其荷载值应为前抱箍一旦失效时对后拉钢丝绳产生的拉力和冲击力。)

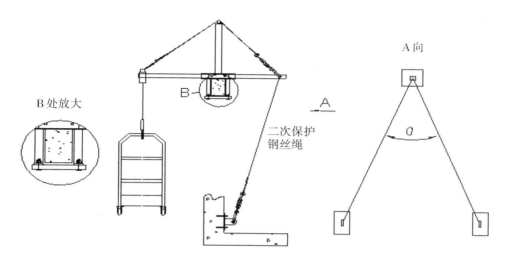

图3　后拉钢丝绳固定示意图

3　结语

上述非标吊篮的形式是目前工地上比较常见的几种情况,其他还有一些,这里就不一一介绍了。下一步浙江省将出台一部地方标准《浙江省施工高处作业吊篮安全管理技术规程》,目前已进入征求意见阶段,正式颁布后应该会对吊篮的各种安装形式作出更科学和全面的定义。

在实际监理工作中,作为安全专监,除了需要了解上述非标吊篮的分类和现场安装要点,还要参照危大工程的管理要求,对相关的吊篮方案进行内部审核,分别由安全专监签字和总监签字盖章。根据杭州市建设工程质量安全管理协会〔2016〕12号文《关于加强非标吊篮管理的通知》的要求,所有非标吊篮的安拆方案应提交当地行业协会组织专家论证,方案论证通过后,才能正式进行安装使用。在实际施工中,应注意巡查,应把非标安装形式的安全要点、日常检查要求纳入作业人员的安全技术交底内容中,并切实落实,防范安全事故的发生。

参考文献:

[1]中华人民共和国国家质量监督检验检疫总局.高处作业吊篮:GB/T 19155—2017[S].北京:中国标准出版社,2013。

[2]中华人民共和国住房和城乡建设部.建筑施工工具式脚手架安全技术规范:JGJ 202—2010[S].北京:中国建筑工业出版社,2010.

[3]浙江省住房和城乡建设厅.建筑施工安全管理规范:DB 33/1116—2017[S].

作者简介:

庄莹,女,1977年生,本科学历,高级工程师,国家注册监理工程师;杭州中新工程咨询管理有限公司副总经理,现主要从事建设工程监理、工程管理、技术管理和咨询等工作。

朱彦立,男,1980年生,本科学历,高级工程师,国家注册监理工程师;杭州中新工程咨询管理有限公司工程部经理,现主要从事建设工程监理、工程管理、技术管理和咨询等工作。

罗晓芳,女,1982年生,本科学历,工程师;中国新型建材设计研究院有限公司企业管理部副部长,现主要从事项目管理、工程管理、技术管理和咨询等工作。

一起施工中的石材幕墙坠落导致的
安全事故分析

杭州中新工程咨询管理有限公司　包　罗　陈佳真　王　毅

【摘　要】　幕墙施工中,通常采用高处作业吊篮作为施工作业平台,且一般吊篮都连续布置,相邻吊篮由于施工高度不同,会形成垂直交叉作业。此类现象现场安全管理人员一般不会引起重视,但实际的安全风险却不容小觑,是一种较大的安全隐患。该文分享了某项目的一起利用吊篮安装石材幕墙作业过程中,存在垂直交叉作业,最终由于物体打击导致的安全事故。

【关键词】　石材幕墙;吊篮;交叉作业;勾挂;坠落

引言

目前高层建筑外立面幕墙中大量使用石材干挂,在干挂完成但尚未完成整体打胶前,石材受到自下而上的力,就容易从挂件上脱落,对周边施工的作业人员形成物体打击,最终导致安全事故的发生。

1　吊篮施工事故介绍

1.1　事故概况

某工程1#楼楼高99 m,共25层,利用吊篮进行石材幕墙施工。某日上午8时许,该楼南立面一台吊篮正在上行,当该吊篮平台上升至第23层时,位于第11层的已安装石材突然坠落,在撞击下方龙骨后改变方向,最终砸落在该吊篮东侧下方相邻吊篮内作业人员身上,造成2人受伤,其中1人经抢救无效死亡。

1.2　事故分析

1.2.1　吊篮安装情况

涉事吊篮安装篮长5 m,安全锁标定有效期、上限位装置、悬挂机构安装方式、涉事和相邻吊篮悬挂机构相邻支架安装距离及吊篮平台结构、提升机、钢丝绳、安全钢丝绳重锤安装情况均符合要求。

1.2.2　事故前幕墙施工情况

所施工立面为玻璃幕墙和层间干挂石材幕墙,石材分格大小为600 mm×900 mm,厚度25 mm,单块板质量34 Kg,干挂形式为钢龙骨＋铝合金挂件。事故前各层层间石材未连续施工,每层各挂2～5块不等,如图1所示。涉事吊篮运行区域已完成部分石材干挂。被砸吊篮位于涉事吊篮东侧,被砸吊篮6层以上均未挂石材。由于涉事吊篮运行区域已挂石材呈上下间隔布置,四周均无封闭,在石材四周,特别是两侧形成了槽口,如图2所示,使涉事吊篮上行时,存在吊篮平台下方随行电缆与石材两侧槽口勾挂的风险。

图1　已施工幕墙情况和石材坠落位置

1.2.3　涉事吊篮随行电缆情况

吊篮临时用电二级电箱设置在16层。涉事吊篮随行电缆固定在建筑物16层龙骨上,电缆固定处设有软保护,下垂随行电缆紧贴幕墙墙面,如图3所示。根据建筑层高计算,当涉事吊篮平台位于23层时,吊篮平台下方的随行电缆下挂部位底部成U字形的底部,正好位于11层已挂石材的底部。

图2　已挂石材两侧未封闭形成的槽口

图3　随行电缆软保护及紧贴幕墙面

1.2.4 石材高处坠落情况

该工程石材干挂形式为铝合金挂件,板底开槽深度约15 mm,在干挂后石材表面尚未整体打胶前,从下往上任何轻微力度的勾挂,均可使石材从挂件中脱出。当涉事吊篮随行电缆的U字形底部勾挂第11层石材侧底部缺口时,导致石材单侧向上抬起,最终从铝合金挂件上脱离导致坠落。

1.2.5 交叉作业情况

《建筑施工高处作业安全技术规范》(JGJ 80—2016)对交叉作业进行了定义:"垂直空间贯通状态下,可能造成人员或物体坠落,并处于坠落半径范围内、上下左右不同层面的立体作业。"事故前,涉事吊篮篮内装载部分材料和手用工具向上提升。此时相邻吊篮上并无作业人员,在上行过程中,另两名作业人员进入了相邻吊篮,即在涉事吊篮上行过程中动态形成了事实上的交叉作业。

1.2.6 事故原因技术分析结论

涉事吊篮上行至第23层时,吊篮平台受横向晃动和风荷载的影响,随行电缆U字形底部挂入了第11层已装石材东侧槽口,造成石材脱钩翻转、坠落是事故发生的直接原因。幕墙施工单位对吊篮随行电缆勾挂未打胶封闭的已挂石材这种潜在安全隐患认识不足,隐患排查不细致;未预见到吊篮运行各种不利因素对下方左右区域动态形成交叉作业的可能,吊篮电缆线固定点未采取措施使电缆与幕墙面保持距离以降低挂勾风险,是事故发生的主要原因。

2 事故的教训及预防对策

2.1 事故的教训

引发本起事故的原因有其必然性和偶然性。当建筑立面已挂石材突出建筑立面时,则存在吊篮随行电缆勾挂的可能,如不能辨识这种安全隐患,随着吊篮升降次数的增加,随行电缆挂勾的风险会持续增大,引发此类事故便有其必然性。现场动态形成事实上的交叉作业,又刚好遇到随行电缆随风载和吊篮平台的升降时摆动勾挂石材使其翻转坠落,又恰恰落到下方相邻吊篮两名作业人员身上,确实体现了相当程度的偶然性。因此,这种安全隐患较难引起人们的注意和重视,但随着吊篮施工的持续进行,安全风险会逐渐增大,从而威胁施工人员的生命安全。

2.2 预防对策

2.2.1 施工安排应严禁交叉作业情形的存在,尤其是预防施工过程中动态地形成交叉作业的情况。吊篮上岗培训中增加类似的安全技术交底内容,告知广大作业人员,时刻把握禁止交叉作业的安全底线。

2.2.2 幕墙施工计划安排应尽量做到相邻吊篮在同一高度作业;石材供货应及时,以保证同一层的石材板块连续施工;石材幕墙设计推广使用石材背栓,也可以有效防止此类事故的发生。

2.2.3 吊篮电源二级箱应合理设置,避免吊篮下方随行电缆过长,使用运行中晃动过大;加大现场对吊篮电缆安全检查的力度;电缆固定点应悬挑,与幕墙完成面保持一定的距离,降低勾挂的风险。

3 结语

上述安全事故确实比较少见,存在一定的偶然性,但综观其整个过程,还是可以发现有许多管理上的漏洞,因此我们一定要善于总结,从每一次血的教训之后收获管理经验,在接下去的管理中避免类似事件的发生。随着经济的发展,人们对建筑外立面的美观性要求越来越高,石材幕墙的应用日趋普遍。此次案例分享,希望对类似项目的安全监理工作有所警醒与帮助。

作者简介:

包罗,男,1992年生,本科学历,工程师,国家注册监理工程师,一级建造师;杭州中新工程咨询管理有限公司综合办公室主任,现主要从事建设工程监理、工程管理、技术管理和咨询等工作。

陈佳真,男,1987年生,本科学历,高级工程师,国家注册监理工程师,注册咨询工程师(投资);杭州中新工程咨询管理有限公司副总经理,现主要从事项目管理、工程监理和技术咨询工作。

王毅,男,1991年生,本科学历,国家注册监理工程师,一级造价工程师;杭州中新工程咨询管理有限公司市场部副经理,现主要从事建筑工程项目监理、工程管理和造价咨询等工作。

经验交流

冷链物流工程施工技术与创新分享

浙江中誉工程管理有限公司　　邵江明　　朱慧玲

【摘　要】 该文结合公司监理的具体工程案例,提炼推介在大型物流冷链工程中,结合施工实际,由施工单位实施的主要施工技术及其效果,以求积累经验,分享同行。

【关键词】 叠合板;架桥机;激光整平;高大支模体系

引言

浙江中誉工程管理有限公司于前期完成了嘉兴嘉浩冷链物流基地项目的监理工作。在监理过程中,施工单位在平面装配叠合板施工改进、立柱专用灯笼模复用提效、预制异型梁架桥机创新发明、大楼面激光整平控制工艺应用等方面的施工把控、技术创新上取得了明显效果,在此进行归纳总结,为同行进行类似项目实施监理时提供借鉴和参考。

1　工程项目概况

嘉兴嘉浩冷链物流基地项目由中天建设集团有限公司施工总承包,上海电子工程设计研究院有限公司设计,浙江恒欣建筑设计股份有限公司勘察,中天建设集团有限公司施工。该项目是浙江中誉工程管理有限公司进军全国物流专业化管理平台实施监理的又一次战略合作项目。

本工程主要由3个大型物流仓库、汽车坡道及平台等组成,工程总建筑面积约7万 m^2,总造价约2.1亿元。物流仓库地上为二层建筑(局部四层):底层框架结构(二层楼面结构为预制装配式),二层以上为钢排架柱及轻钢屋面结构。1号物流仓库建筑面积24264.51 m^2,2号物流仓库建筑面积26197.43 m^2,3号物流仓库建筑面积18280.66 m^2,库区建筑高度均为23.9 m(二层楼面标高为10.5 m)。汽车坡道及平台建筑面积2220.47 m^2,建筑总高度为12 m。项目鸟瞰如图1所示。

图1　工程鸟瞰图

2　主要施工技术特色应用与创新

在本项目中，主要的施工技术特色应用与施工技术创新都值得推介，如装配叠合板、钢结构吊装、BIM等特色施工技术应用，施工单位把控得好，有必要进行简要总结与推介。更值得推介的是技术创新，如施工单位研发应用了架桥机，制作了简单实用的灯笼架等，以下分别予以陈述。

2.1　特色技术应用之一平面装配叠合板施工改进

本工程主要建筑为3个物流仓库，结构设计柱网尺寸分别为10 m×12.2 m，12 m×11 m，12 m×12 m，原设计二层楼面均为钢筋混凝土现浇结构。为将施工成本最优化，挖掘潜力加快施工进度，中天建设集团有限公司多次与建设单位、监理单位进行磋商，提出施工方案修改思路。三方统一意见后，向原设计单位提出"将原二层楼面结构改为装配式预制结构设计"的请求。最后由原设计单位出具修改图：同意"将二层楼面框架主次梁改为现场预制，楼面板采用预制叠合板＋现浇钢筋砼板"的装配式预制结构，现场监理项目部监督实施"将修改后的设计变更图送图审机构进行审查"的原则。

施工单位重新编制《装配式预制结构施工专项方案》后，报送监理项目部审查。考虑到当时的施工场地较宽敞，施工单位将所有的混凝土预制构件定在现场制作。

（1）3个仓库楼面均采用预制叠合板施工工艺，预制制作简便，单个构件重量轻，整体性能好，利用现有的施工机械和设备就可完成运输安装。在编制该施工方案过程中，施工项目部又提出"取消叠合楼板下的满堂支模架搭设"的设想，经项目部装配式结构深化设计团队（由资深BIM工程师及装配式结构深化设计师组成）的复核计算，最后核定"在60厚预制桁架叠合板吊装就位后，上部再整体现浇100厚钢筋砼板，可取消在叠合楼板下部搭设满堂支模架的施工方案"是安全可行的。现场监理部在审核该施工方案时，提出"该施工方案须经原设计单位签署认可意见"。

最终本项目采用装配式施工工艺，不但免除了大面积的工具式支模架材料进出场，节省了搭设满堂高大模板支撑体系的各项费用（经核算，可节约投资约800万元），并明显加快了施工进度（约提高施工效率15%～20%）。

叠合楼板预制施工中,监理部将"控制叠合板浇筑质量及板底面平整度"作为主要监控内容:严格控制楼板预制生产线上保持场地平整,核查预制楼板截面尺寸,检查钢模固定及安装钢筋桁架的施工工序,严格控制混凝土浇筑及养护质量,以达到"每批预制叠合板现场安装后无须再进行板底抹灰处理"的效果。这项举措不仅减少了大体量的室内湿作业,节约材料费和人工费绩效明显,而且对施工进度又是一次加速。

(2)预制梁制作施工:根据现场条件,以"原位施工,就近吊装"的施工工艺,进行装配梁预制施工。

预制梁的吊装就位具有较高的构件精准度要求,钢筋混凝土框架结构节点处,既是上下柱(钢砼柱与型钢柱)、框架梁和叠合楼板交叉结合的地方,又是建筑物结构抗震设防的关键点,且该框架结构节点处的钢筋纵横交错十分密集。如何使这些钢筋不相互碰撞,并符合结构及抗震要求,施工单位在项目上配置资深的BIM工程师及装配式结构深化设计师,结合原设计图对预制结构梁的"纵向受力钢筋的位置为不均匀排布,为框架梁底筋下留出充足的空隙;预制时外露预留底筋,钢筋位置进行适当排列调整,且与框架柱纵向钢筋留置空隙相匹配;纵向框架梁与横向框架梁底部外露预留钢筋,在位置和标高上也进行了相互错位处理"等关键点进行了细部深化设计,有效解决了框架节点施工的难点问题。

预制构件现场的制作过程,项目监理部重点控制:模板质量的选择与加固;钢筋等原材料进场检验;混凝土浇筑之前的隐蔽工程验收;严格控制预制构件的外观质量;吊装前的预制构件强度回弹值必须达到设计值的100%等。最终,该工程的预制构件合格率达100%。

2.2 特色技术应用之二钢构件吊装施工(以3#库二层门式钢架结构为例)

经过钢结构深化设计并完成审核后,3#库二层平面共有钢柱68根,最大质量约为2.5 t/根,二层平面成正方形分布,钢柱定位点到吊车中心点水平距离为10 m,通过放样测得:吊臂长度需要27 m。根据《25T吊车起重性能表》,经计算:当吊车在吊装半径10 m,吊臂长度27 m时可起吊4.9 t重物,施工单位选用25 t汽车吊进行钢柱吊装,能够满足本工程钢柱吊装需要。

3#库二层结构的屋面钢梁构件,起吊点距离吊车中心点水平距离为8 m,每榀屋面钢梁质量约为6 t,通过现场放样测得,最重构件吊装需要吊臂长度为24 m。根据《25T吊车起重性能表》,经计算:当吊车在吊装半径8 m,吊臂长度24 m时可起吊7 t重物,施工单位选用25 t汽车吊进行屋面钢梁吊装,能够满足本工程屋面钢梁吊装需要。

施工单位针对工程实际情况,编制了《大型钢构件吊装专项施工方案》,提供了详细的计算书。现场总监和专业监理工程师依据审核合格后的施工方案,对现场整个吊装工艺严格按照《专项施工方案》进行控制:待两个轴线钢柱吊装完毕后—再进行屋面钢梁的安装—然后进行相邻钢柱之间的次构件吊装。两榀屋面钢梁吊装完毕后,再进行次构件及屋面檩条的安装。将门式刚架结构在吊装过程中,始终形成一个整体单元结构体系,确保了门式刚架结构的吊装施工安全。

为确保这些大型钢构件吊装质量及保障工期,现场监理部在《监理安全交底》中,明确要求施工单位采取以下主要措施:

(1)吊(安)装技术保障。提前进行吊(安)装方案设计及对吊(安)装方案的论证,确保安装方案科学、合理、可行。

（2）提前做好吊（安）装前的各项准备工作，包括胎架、工作平台、吊装设备、测量设备、加工设备及有关人员等，务必使吊（安）装工作顺利进行。

（3）做好吊（安）装工作的质量、安全及资源保障措施，从而保证施工进度。

（4）采取交叉或同时施工作业保障工期。为了缩短工期，各工序、各施工过程采取交叉施工，如设计、采购、生产准备、制作加工、安装等，只要具备下道工序开工条件的即可展开作业，以达到缩短总体工期的目的。

整个钢结构吊装过程严格按照《专项施工方案》执行，现场吊（安）装工艺及施工质量、安全措施保障有效，三个仓库二层钢结构吊装施工保质保期地顺利完成。

2.3 特色技术应用之三大楼面激光整平控制工艺应用

3个仓库工程楼面采用预制梁和桁架楼承板结构体系：预制叠合板厚度为60 mm，现浇混凝土面层厚度为100 mm，整体楼面板总厚度达160 mm。每个仓库楼地面面积均为13600 m²左右，控制楼地面平整度符合规范、使用功能及进度等要求，人工操作较难达到。本工程施工单位选用了激光整平机控制楼地面平整度。

2.3.1 激光整平机的优势

激光整平机可将混凝土密实度提高20%以上，并提高混凝土强度，特别适合干硬性混凝土、钢纤维混凝土及大骨料混凝土。

激光发射器独立布置，地坪施工可以大面积铺注并能保证地面标高的一致性，标高不受模板控制，不会产生累积误差。

与传统方法相比较，可减少大量的地坪施工缝，使地面的整体性更好，地面的后期维护费用和模板的使用量也大为减少。大面积混凝土地面上分仓缝由于养护及模板支护原因会产生沿缝破损等缺陷，采用激光整平后切缝技术可以避免这些问题，还可以避免地坪分层浇注带来的易空鼓，避免因振捣不均产生的应力不均问题所带来的不规则开裂等弊病。

施工速度更快。作业工效提高100%～300%（每小时可完成200～400 m²的铺注工作，平均每天可完成1500～4000 m²），并减少人工30%以上，特别适合工期要求紧、铺注面积大、质量要求高的工程项目。

2.3.2 二次精平、表面收光与养护

楼地面混凝土初凝时，平整人员全程穿网鞋用高精准桥梁水平仪及6 m刮尺对初凝的作业面进行平整度二次检测（控制平整度误差不超过6 m±5 mm），及时进行修正、补平。

视耐磨材料硬化情况，再进行选择单盘或双盘作业。至少六次加装圆盘打磨压实，磨光机运转深度应视混凝土硬化情况做出适当的调整，方向为纵横交错进行。

地面成活洒些水后满铺塑料薄膜，薄膜上再铺设土工布，在土工布上进行大面积洒水养护。

2.4 特色技术应用之四超限高大支模综合方案处理

2.4.1 本工程超限结构体系范围为：分别由变形缝将1#汽车坡道、2#～3#通道、库区悬挑平台划分为4

个独立施工区块,最高点相对标高 9.50 m。

2.4.2 4 个施工区块主要特点:高大支模面积大约 4000 m²,梁分别由 300 mm×800 mm～700 mm×1500 mm 等多种截面组成,搭设高度最大为 10.60 m。框架柱分别由 5.8～12 m 等不同的 6 种间距组成。现浇板厚度分别为 180～200 mm;框架结构设计混凝土强度等级分别为 C35～C40。

2.4.3 施工单位在编制《超限结构专项施工方案》时遵循 4 项基本原则:一是符合性原则;二是先进性原则;三是合理性原则;四是符合工程质量、工期要求及安全生产、文明施工要求的原则。

根据《关于进一步加强建设工程模板支撑体系安全管理的通知》(嘉建管〔2017〕7 号)要求:搭设超过 8 m 以上的支撑体系,不得使用普通钢管扣件式支架。监理部要求施工单位采用承插型盘扣式钢管支架(可调底座和可调托撑)作为本工程的模板支撑体系。

根据《危险性较大的分部分项工程安全管理规定》(住建部令第 37 号)有关精神,该支模架体系工程均属超过一定规模的危大工程。其主要的施工难点为:高大支模架施工范围广,搭设质量要求高;结构梁为超重结构,梁中心线不平行,标高变化大,圆弧结构多,混凝土浇筑振捣困难;施工工期紧等。

施工中的监理工作控制目标:施工方案必须经专家论证;确保支模架支撑体系的稳定性,安全施工无事故;确保钢筋混凝土结构质量满足设计及施工规范要求。

2.4.4 混凝土浇筑

(1)框架柱混凝土先于梁板混凝土浇筑。柱混凝土浇筑至梁底下 50 mm 后,然后进行梁模与板模的安装、梁板钢筋绑扎及封模(模板支撑架与周边已完工的结构柱进行抱箍连接,增强架体的整体稳定性)。

(2)混凝土在连续浇筑进行中,因分层等原因必须间歇时,严格控制其间歇时间(在前层混凝土初凝之前,将次层混凝土浇筑完毕)。梁底板振捣采用斜坡式分层振捣,斜面由泵送混凝土自然流淌而成,振捣快插慢拔;为防止混凝土内部振捣不实及分层离析,采取"先振低处,后振高处",防止高低坡面处混凝土出现振捣"松顶"现象;浇筑混凝土时,控制混凝土自由倾落高度一般不超过 2 m,否则采用串筒、斜槽、溜管等方法下料。

(3)施工缝留置位置及要求

本工程原则上只留置柱子施工缝,柱施工缝留置在梁底 50 mm 处,超高梁浇筑时先浇筑至低跨板底面以上 20～30 cm 处。

2.4.5 6 个"必须"

对超限高大支模结构的施工,现场监理部安排旁站人员全过程监督施工,做好《旁站记录》,并要求施工单位做到 6 个"必须":必须向作业人员进行施工任务和安全技术交底;作业人员必须熟悉作业环境和施工条件,听从指挥,遵守现场安全规则;实行多班操作的机械,必须实施交接班制度,认真填写交接班记录,接班人员经检查无误后,方可进行工作;混凝土浇捣过程中,必须严格控制实际施工荷载不得超过设计荷载,钢筋等材料不得在支架上方集中堆放,楼板上砼堆放高度不得超过 100 mm;浇筑过程中,施工单位必须派专人检查支架和支承情况,发现下沉、松动和变形情况及时发出通知;输送管必须另行搭设支架,不得支撑在模板支架上等。

2.5 特色技术应用之五施工BIM技术协作

本工程于2019年开工,当时在施工项目中提出"BIM技术"概念尚属新技术。承接本工程前,中天集团有限公司已具有在数个工程进行BIM技术应用的经验。集团领导层希望把本工程打造成为一个"集多种新科技的创新项目",于是在工程开工前,中天集团成立了该项目的BIM工作小组,实施对本工程自基础、主体结构、建筑、暖通、给排水、消防等多个子系统建立BIM模型,为后续施工阶段BIM应用(持续对BIM模型进行更新和完善,并协同项目各管理岗位,深入应用到进度、质量、成本等方面)打下扎实的基础。

2.5.1 图纸复核

BIM建模过程同时也是在对图纸进行复核的过程,在施工前发现图纸问题,避免施工过程中的设计变更甚至是返工等情况。本项目BIM技术应用,对图纸进行了复核,提前发现了图纸上的问题,并提出了相应的优化建议,具体如表1所示。

表1 BIM技术应用表

BIM应用	提出的建议
	调整部分管道安装位置,以便建立综合支吊架,节省成本
	部分消防管和给水管位于桥架的正上方,不符合规范要求

2.5.2 碰撞检查

由于设计专业分工不同,各专业间的图纸存在冲突在所难免。而二维设计图较难协调各个专业之间的问题,即使施工人员具有很好的三维想象能力和各专业技术能力,也很难避免各类管线的碰撞问题,从而导致施工过程中停工、返工等情况,影响工程总造价和总工期。

本工程的碰撞检查主要解决各个不同专业(结构、暖通、消防、给排水、电气桥架等)在空间上的碰撞冲突。本项目利用BIM技术对管线进行优化排布,设定相应管线排布的原则:电气让水管、水管让风管、小管让大管,有压让无压,施工难度小的让难度大的。桥架和水管多层水平布置时,桥架布置在水管上方,桥架布设同时考虑后期电缆敷设,遇到管线并排布置时,优先考虑共用支架等。

本工程当时还参加了由"嘉兴市建筑业行业协会主办、杭州品茗安控信息技术股份有限公司承办"的——嘉兴市建设工程建筑信息模型(BIM)技术标竞赛。

2.6 技术创新之一立柱专用灯笼模复用提效

本工程3个仓库属大跨度、高层高结构(底层层高为10.5 m),3个仓库共332根框架柱,设计要求为清水混凝土。框架柱施工中采用方圆建筑模具公司生产的"15厚的定型双面覆模板、40 mm×60 mm木方、紧固件配套"作为定型模板,所有模板均由模板制作厂家先出翻样图,项目部组织一批有丰富经验的木工进行结构模板工程施工。这样从材料、技术、工艺上均对模板工程的质量进行严格控制,以保障框架柱结构外形尺寸准确,为清水混凝土工程质量创造了条件。

为保障10.5 m高度的332根框架柱的施工质量及施工进度,施工项目部与监理部共同探讨再一次优化施工方案:决定采用现场搭设框架柱钢管灯笼架(相当于柱截面2.5倍尺寸的矩形钢管架,四面用剪刀撑加固,内侧设置各操作平台)进行框架柱试施工。

在开始的2只灯笼架试搭设后,根据现场实际情况,施工项目部与监理部会同总结后,又作出再次调整,即将原"按每根柱浇筑混凝土前搭设独立灯笼架",改为"预先制作独立灯笼架后,用汽车吊吊至各框架柱处就位"。该施工方案试验成功后即在各栋仓库中全面采用。这一施工工艺的改进,再次加快了施工速度(提高率约为20%～30%)。

框架柱钢管灯笼架施工工序为:先施工标高-0.2～-1.8 m框架柱混凝土,然后用汽车吊将钢管灯笼架吊装至框架柱外围后即可浇筑混凝土。灯笼架搭设采用48 mm×3.5 mm钢管,内部铺设50 mm厚实木跳板,跳板下面挂设水平安全兜网,卸料区和混凝土浇筑区围使用安全密布网满挂。灯笼架4个侧面均设置2根钢管做抛撑(与打入地面的钢管扣件连接),框架柱在标高2.8 m处、标高8.5 m处及4个柱角分别设置斜拉钢丝绳,斜拉钢丝绳采用紧线器进行调直绳卡固定。框架柱沿高度方向分别设置三级混凝土浇筑平台,满足了《混凝土结构工程施工规范》规定的"混凝土浇筑倾落高度限值"要求,有效避免混凝土在浇筑中发生离析及振捣不密实、不均匀等现象,确保该批清水混凝土框架柱"满足设计强度、结构外观色泽"等要求。

框架柱灯笼架的应用,避免了搭设满堂高大支模架的工作量,大大加快了施工速度,有效降低了操作人员高空作业的安全隐患。框架柱灯笼架如图2所示。

图2 灯笼架

2.7 技术创新之二预制异型梁架桥机创新发明

针对仓库工程底层超高、柱网结构跨度大、汽车吊无法进入库内等特点,中天集团成立了预制异型梁架桥机吊装施工工法设计小组,加工生产了一种可以逐跨吊装预制梁的异型梁架桥机。该异型梁架桥机机构,主要包括配重系统(杠杆原理)、支撑机构(1号~4号支腿通过液压,能上下提升,同步行走于每4根框架柱上)、桁车系统(位于主框架顶部,可360°旋转)、起升机构(连接于桁架系统的纵移轨道上,用于吊装预制构件)。

该异型梁架桥机不受现场场地条件影响,具有独立的支撑机构、起升机构及桁车机构,使构件吊装均衡受载,平稳起落;起重小车具有三维运动和微动功能,保证起吊构件准确对位安装;起升机构采用变频器无级调速,平稳可靠;走行驱动采用变量马达系统,调速范围较大,可进一步提高作业效率。异型梁架桥机工作状态如图3、图4所示。

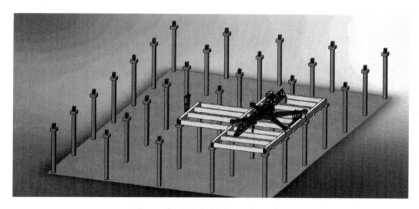

图3 异型梁架桥机工作状态1

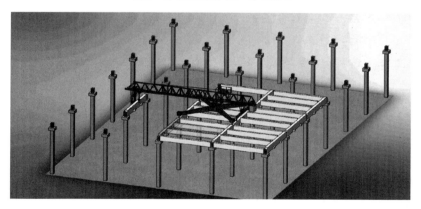

图4 异型梁架桥机工作状态2

该异型梁架桥机的施工程序为:

第一道程序:先将1号~4号支腿用定位销轴固定在4根框架柱中心,通过走行机构、起升机构及桁车机构等,把1号~4号支腿相邻的各跨的主框架梁安装完毕,然后分别安装该相邻各跨的框架次梁。

安装工艺流程:吊装前架桥机姿态调整—吊装过程中预制梁姿态调整—预制梁柱顶就位—预制梁平面矫正—预制梁标高矫正—预制梁垂直度矫正—预制梁固定—继续吊装其他3个方向的预制

梁—对预制梁进行各节点钢筋锚固连接—浇筑混凝土。

第二道程序:完成第一道施工程序后,将1号~4号支腿通过走行系统移动至已完成吊装的相邻跨的4根框架柱中心,就位固定后,按第一道程序完成相邻跨4个方向的主、次框架梁安装。

以此类推,循环往复,最后完成所有的主次框架梁安装。

针对本项目特点,施工单位创造性地采用异型梁架桥机的吊装施工工艺,规避了大型塔吊及汽车吊在吊装过程中的弊端,创新了PC构件吊装方式,大大提高了吊装效率,值得在仓储物流项目中广泛推广应用。

中天集团自行设计制造的《预制异型梁架桥机吊装施工工法》,还获得了"2020年度浙江省省级工法奖"。

3　结语

嘉浩冷链物流工程是浙江中誉公司承接的第二个监理项目。经历了本工程的监理实践,尚有以下几个问题值得探讨,如:整体楼面板总厚度达160 mm的桁架楼承板,完工后楼面裂缝和龟裂较多;二层大面积楼面浇筑的平整度控制及后续对地面的成品保护也是值得探索的问题。

截至目前,浙江中誉公司承接监理的大型物流仓库工程已分布全国多省区域(北京、深圳、廊坊、武汉、长沙、郑州等)。随着建设单位对物流项目的规划定位、功能优化的建设理念提升,监理企业必将迎来一次次新的实践,我们将不断汲取新知识、新技术,不断探索,不断总结,不断提高。

作者简介:

邵江明,男,1983年生,本科学历,(建筑工程)工程师,(装配式建筑施工)工程师;浙江中誉工程管理有限公司专业监理工程师,现主要从事建筑工程项目监理工作。

朱慧玲,女,1954年生,本科学历,高级工程师;浙江中誉工程管理有限公司总师办主任,负责公司监理工程的安全和质量管理工作。

建筑智能化技术在江山市溪东村(城中村)改造安置房区块项目应用实践

浙江正和监理有限公司　姜　琦　毛淇浩

【摘　要】　随着信息技术和智能化进程的不断推进,建筑业也在加快智能化变革,建筑智能化技术在工地的应用越来越广泛。从施工流程到材料管理,从安全管理到资料管理,建筑智能化技术已经深入到建筑业的方方面面。在施工过程中,建筑智能化技术可以采用传感器、监控等技术实时监测和采集工地各项数据,如施工进度、人员和设备位置以及环境参数等,从而有效掌握工地运营情况,实现集中化管理与数据分析。另外,建筑智能化技术还可以加强工地的安全管理,通过智能安全监测和预警系统,对工地人员的安全培训和管理进行有效管理,减少工地事故的发生。

【关键字】　智能技术;智慧工地;建筑智能化;应用实践

引言

浙江正和公司监理的江山市溪东村(城中村)改造项目安置房区块工程,作为江山市的"智慧工地"示范项目,采用了代建＋监理的管理模式。该建筑为框架结构,最大柱跨5.51 m,建筑高度最大为53.6 m,总建筑面积193585.7 m²,其中地上建筑面积127445.95 m²,地下建筑面积66139.75 m²,地下一层,局部二层,地下采用桩基及筏板基础。在确认该项目采用智能化技术后,浙江正和公司成立相关专业技术人员协助总包单位建立智能化体系和管理方式。

本项目利用现代信息技术和智能化设备,对建筑施工过程进行实时监测、数据采集、分析处理和决策支持。运用现代化的技术手段,如物联网、人工智能、大数据等,对传统建筑施工过程进行全面监控和管理,从而提高了施工效率、降低了安全风险,并且能够实现对建筑材料和资源的合理利用,达成智慧工地的建造。

1　智慧工地落实目标

(1)提高工作效率。

(2)降低成本。

（3）预警危险情况,保障工人安全。

（4）发现问题,修正错误,保障质量。

2 智慧工地应用技术

2.1 应用智能工具

通过应用新一代智能工具,包括混凝土回弹仪、住宅分户验收工具、数字靠尺、数字阴阳角尺、数字卷册等数字化工具与手机App移功计算的结合,创新了技术管理、质量管理的工作模式,通过施工现场与BIM技术深度结合应用,采用BIM＋GIS技术进行三维建模,对场地总平面布置优化、进度管控、可视化模拟等。

2.2 应用VAR技术

虚拟现实（VR）和增强现实（AR）,施工人员上岗时因各个环节节点施工工艺及方案的不同存在种种差异,为避免实时操作时出错浪费时间资源,在培训时可通过虚拟现实和增强现实技术让施工人员提前进行身临其境的施工现场,可以提供更好的培训体验,并降低培训成本,如图1所示。

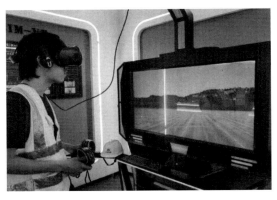

图1　VAR技术

2.3 应用物联网系统

现场考勤机、传感器、监控等设备,可对现场人员、材料进场、物料、施工质量和安全等方面进行监测和控制。

3 应用场景和实际效果

3.1 智能技术在人员管理上的应用

现场施工人员进行作业的前后,采用劳务实名制物联网系统,更好地实现劳务人员实名管理（劳务合同管理、考勤管理、工资发放管理、劳务用工及教育培训等管理）。实名制系统保障了施工人员的权益,刷脸考勤机按时出勤,按时完成任务的记录的考勤管理配合工资发放管理,按时获得工资。岗前培训及教育,有针对性地进行学习培训,持证上岗,也提升了施工人员的安全意识和安全技能。

如图2所示,通过现场考勤机、传感器、监控等设备对现场进行实时监测,可掌握现场施工人员数量以及具体分布位置,例如特种作业人员的证书是否符合要求、人员是否到位、是否在当前岗位上。

随着该系统的广泛应用,不同的施工人员技能水平、流动情况也了然于心,提前安排施工人员作业计划,并根据工程进度及时调配劳动力,极大地提高了管理效率。

人员安全是施工场地内至关重要的问题,施工人员在安全帽佩戴上即使是经过一系列的安全培训教育,也容易产生侥幸心理而忽视等问题,所以通过摄像头或者红外线传感器等设备来检测施工人员是否佩戴安全帽。如果发现有施工人员未佩戴安全帽,则可以通过声音或者图像等方式向工地管理人员发送预警信息,以便及时采取措施保障工人的安全。

监控系统可以监测施工人员的位置和行为,以便及时发现危险作业行为并进行预警。监控系统还可以通过视频监控识别危险行为,例如高空作业、电焊等,并及时提醒施工人员采取相应的安全措施。

图 2   现场考勤机刷脸考勤

3.2   智能技术在机械设备管理上的应用

建筑工地机械设备类型多、数量多,流程及各环节资料复杂。机械设备的维修、保养、检查等各种信息的收集记录对工程建设的机械使用安全是重要保障。对于工地的特种作业设备,包括塔吊机、升降机、卸料平台等,可以通过传感器进行信息收集、数据汇总,再加上应用系统内相关驾驶人员的信息,构建成新的设备运行和安全使用的监控与工作系统,提高现场施工安全管控水平。

塔机安全监控系统实现接收塔机运行的载重、角度、高度、风速等安全指标数据,根据需要可以上传到行业监管平台,实现塔群作业智能防碰撞、预警等功能,方便管理人员实时了解塔机情况,并且了解塔机司机操作是否规范。

施工升降机安全监控管理系统实现施工升降机实时监控与声光预警报警、数据远传功能,并在司机违章操作发生预警报警的同时,自动终止施工升降机危险动作,有效避免和减少安全事故的发生。

3.3   智能技术在物料管理上的应用

材料进场管理:智慧工地可以通过 RFID 等技术对材料进行追踪和管理,实时记录材料的进出情况,并与计划进行比较,及时发现差异并采取相应的措施。同时,也可以利用数据分析技术对材料的使用情况进行分析,预测未来的需求量,避免出现材料短缺或过剩的情况。

物料管理:智慧工地可以通过物联网技术将各种设备和物料连接起来,实现物料的自动化管理和控制。例如,可以利用传感器实时监测混凝土的强度、温度等参数,并根据这些数据自动调整混凝土搅拌机的运行参数,从而保证混凝土的质量。此外,还可以通过可视化技术将物料的使用情况呈现出来,帮助管理人员更好地了解物料的使用情况,及时采取措施。

3.4 智能技术在施工过程安全和质量管理中的应用

监测施工过程安全:传感器及监控系统也可以实时监测施工现场的各种参数,例如气体浓度、温度、湿度、噪声等。当传感器检测到某些参数超出安全范围时,监控系统会自动发出警报,并将相关信息发送给管理人员和施工人员。

监测和控制施工质量:智慧工地可以通过传感器和监控设备实时收集施工现场的数据,如温度、湿度、振动等,然后使用数据分析技术对这些数据进行处理和分析,以便及时发现并解决可能存在的问题,从而提高施工质量。此外,还可以利用可视化技术将数据呈现出来,使管理人员能够更直观地了解施工现场情况,及时做出决策。

4 数据分析和数据安全

智慧工地数据分析整理是非常关键的一步。智慧工地通过智能化监测设备和传感器等技术手段,能够收集和处理大量的数据,这些数据可以为施工过程管控、安全管控、质量管控、资源利用等管理工作提供依据。

后期数据分析整理的具体步骤,包括数据预处理、数据统计分析、数据建模和数据可视化等过程。在这些过程中,需要考虑数据的质量、准确性和可靠性。需要使用合适的工具和算法,比如数据清洗和标准化工具、统计分析软件、机器学习算法等,对数据进行分析和加工得到有用的结论。

同时,在智慧工地上,数据安全也是非常重要的。智慧工地上包含很多敏感信息,比如工人的身份信息、施工图纸、设计文件等。这些信息一旦被泄露,将会对工地带来极大的危害。因此,必须采取严格的措施来确保数据的安全性。

数据安全方面,需要采用合适的加密措施,确保数据传输和存储的安全。此外,需要建立完善的权限管理机制,确保不同用户只能访问他们有权限的数据。同时,还需要建立定期备份和紧急响应机制,以确保数据丢失时能够及时恢复。

5 智能技术在监理工作中的应用

5.1 进度监控

监理公司需要持续关注施工进度,确保施工按照计划进行。如图3、图4所示,通过使用智能化的监测设备(智慧平台物联网系统等)可以实时检测施工现场各个施工节点的完成情况,同时对于出现的延误或返工等情况,监理公司也可以及时做出处理和纠正。

图3 智慧平台物联网数据分析整理图　　　　　图4 智慧平台物联网检测现场

5.2 质量监控

监理公司需要确保施工质量符合相关标准和法规要求,并对各个环节进行全面监控,防止出现质量问题。利用逐步重视的数据整理和分析,监测施工过程中的质量数据,及时发现质量问题并指导解决措施,保障施工质量。

5.3 安全监控

监理公司需要确保现场施工的安全,制定并实施安全方案,及时发现和处理施工中的安全隐患和事故,保障工人人身安全。除每日现场巡查,还需借助智能化技术,在手机电脑平台上对工人行为、现场环境等进行实时监测,及时预警安全隐患,避免发生事故。

5.4 资料管理

监理公司对施工现场的相关资料进行管理,包括工程图纸、设计文件、验收资料等,以确保施工符合要求,同时也是施工过程的重要参考依据。通过利用物联网系统和平台,实时上传资料,实现电子版和纸质版双重保险,可以实现资料的全面管理和记录,方便监督和控制。

6 结语

目前,该项目进度已近尾声。通过智慧工地的实践,无论质量、安全监理、农民工工资、疫情防控等都取得了显著成效,且在安全标准化工地上的检验、智慧工地的检查、农民工人的口碑、市县政府部门中得到一致的好评,获得了良好的社会效应。

作者简介:

姜琦,男,1987年生,大专学历,国家注册监理工程师,二级建造师(市政公用);浙江正和监理有限公司项目总监理工程师,现主要从事建筑工程项目监理、工程管理和技术管理等工作。

毛淇浩,男,2000年生,大专学历,专业监理工程师;浙江正和监理有限公司项目专业监理工程师,现主要从事建筑工程项目监理工作。

浅谈工业厂房监理质量控制要点

浙江信安工程咨询有限公司　朱传通

【摘　要】　该文简要介绍工业厂房建筑工程中监理质量管理的重难点工作及工作管控措施,对桩基、钢混结构、钢结构、砌体结构等工程中的监理质量控制要点进行了梳理和阐述,以供监理同业人员参考借鉴。

【关键词】　工业厂房;建设监理;质量控制

1　工程概况

某食品加工冷藏物流基地一期工程为工业厂房项目,总建筑面积约18万 m²,共10栋单体建筑。各单体的主体结构形式有钢筋混凝土框架结构、单层钢排架结构以及砌体结构等。

本工程中的成品冷库单体为一层建筑、局部二层,高度23.25 m,长150 m,宽41 m,局部二层高度为9.8 m。该单体主体采用钢结构,基础采用桩基,其架空层地坪由框架柱支撑,地坪顶标高为-0.200 m,高度为1.9 m。

在工程实施过程中,项目监理机构遵循质量控制基本原理,坚持预防为主的原则,制定监理工作制度,实施有效的监理措施,将事前、事中、事后控制落到实处,对桩基、基础、主体、钢结构、砌体等工程均严格控制施工质量,保证了工程质量达到预期目标,获得了建设单位的认可。

本文接下来就成品冷库单体工程的监理工作进行介绍。

2　桩基工程的质量控制要点

成品冷库采用水下钻孔灌注桩,桩型为端承桩,按照设计要求须入岩1 m,桩基施工使用机械为GPS20型。此项目场地北临大海,三面环山,作为桩基持力层的岩石层为规律性波浪起伏,岩样随着距离海边远近而各不相同,由此本工程桩基施工中的一个难点是对桩基入岩深度的控制。

鉴于场地地质情况多变,在项目桩基施工前,浙江信安公司邀请业主单位、施工单位、勘察设计单位召开专题会讨论确定桩基持力层基岩判定原则,确定以现场取岩岩样为判定基准,地质勘查报告为辅助参考,同时根据设计资料、桩机钻进速度和桩机研磨情况综合判定的判定原则。此判定原则操作性强、上手难度低,确保了桩基工程质量满足设计要求。在桩基施工过程中,项目各方积极协调沟通、通力合作,克服了海风大、气温低等的恶劣环境条件,桩基工程在质量控制、进度控制上取得了良好的成效。

3 基础工程的质量控制要点

材料是质量的基础,在材料及设备进场时,材料、构配件及设备的出厂合格证和抽样检测报告必须齐全并经监理验收。

基础工程施工前,首先需要检查进场的材料与报验资料中产品生产编号或批号、规格、型号、炉号数量、生产厂家、生产日期等是否相符,如有不符,要求施工单位提供真实的资料后再行检查,否则作退场处理。

其次,检查报验数量是否与进场数量一致,这是控制现场材料使用和现场见证取样数量、频率的重要依据。不同产地、不同规格、不同时间进场的材料,如砂、石、砖、钢筋等要求做好材料保护措施,分别堆放并标志清楚,以免施工过程中出现混用、错用的现象。施工现场严禁存放与本工程无关或不合格的工程材料。

3.1 砖胎膜的质量控制要点

砖胎膜施工前,监理人员应监督施工人员现场技术交底。严格按照技术规范和方案要求进行操作施工,砖胎模砌筑完成后应待 24 小时后方可进行回填土施工;施工时做好地表水排放,防止地表水浸入回填土内,造成回填土质量问题;对砖胎膜尺寸进行检查验收,复核承包单位引测的原始基准点,基准线和参考标高等控制点,复测施工测量控制网,防止地梁位置和尺寸不能满足设计要求。

3.2 承台的质量控制要点

在承台工程施工前,监理人员应做好施工前的质量预控,从根本上杜绝工程质量问题,为提高整个工程的质量奠定坚实基础。监理人员在预控阶段应着重做好的工作有:充分了解施工图纸等资料文件,并积极组织参加设计技术交底会议,以便充分了解和掌握工程的设计意图与设计要求等,并且对设计图中所存在的问题提出意见与建议。在项目施工前,监理单位组织各方专门做一次平法图集的研讨会,取得良好效果;在项目之后的施工中,有效地避免了施工中存在的问题,提高承台工程的质量。

本项目承台施工时恰逢雨季,因此基坑支护是重中之重。信安公司加强了对基坑支护结构和排水设施的巡视频率,及时收集、分析基坑开挖对周边环境影响的监测资料,确保基坑开挖安全。

基坑开挖后,按照桩基成桩质量要求,信安公司对超声检测和高低应变测试,实测桩位偏差进行了全部的跟踪与记录。

承台钢筋安装完成后,重点检查其品种、规格、数量、间距、接头质量和桩顶锚固钢筋与设计图纸是否相符;并按设计要求焊接避雷导线。经监理验收合格、签认后,方可进入下道施工工序。

承台模板完成后,检查模板尺寸、钢筋保护层厚度、模板支撑牢固程度,模板轴线的垂直度,经监理验收合格签认后,方可浇筑混凝土。浇筑混凝土时,特别注意承台内是否有积水,桩头是否存在淤泥,若有此情况,及时通知施工单位清理,清理完成后方能继续施工。承台拆模后,进行外观检查,未经检查合格不得回填掩蔽。需对外观缺陷进行修补时,信安公司人员对此应进行检查签认。承台回填土时,按设计要求进行回填,分层压实,并测定密实度。

3.3 架空地坪的质量控制要点

地坪为钢筋混凝土结构,梁板柱钢筋同时绑扎,一次浇筑成型。因钢结构的预埋件,水电管线的预埋、预留洞口等情况复杂,出错后返工较为困难,监理人员在钢筋绑扎过程中必须严谨细致,反复检查核对,发现问题及时与施工人员沟通、整改,确保事前控制、事中控制起到应有作用。

钢筋绑扎过程中,监理单位全数检查梁板柱钢筋的品种、规格、数量、位置是否与设计图纸相符;全数检查钢筋的连接方式、接头位置、接头数量、接头面积百分率是否与设计及规范要求相符;检查箍筋、横向钢筋的品种、规格、数量、间距、弯钩是否与规范相符;检查支座负筋的弯锚、直锚长度是否满足规范要求。因梁中设计有2层或3层通长筋,部分位置缝隙较小,致使混凝土浇捣困难,经与设计沟通,通过钢筋代换的方法,此问题得到有效解决。

地脚螺栓安装完成后,为了保证施工符合设计图要求,现场多次对拉线、纵横线检查、复核,并对地脚螺栓的整体安装状况仔细检查。在每一道工序的实施上,浇筑混凝土时要随时有监理人员对此进行检查和校正,以保证地脚螺栓位置的准确性。同时,监理人员需要随班督促和监督,以保证钢结构地脚螺栓预埋中各工序的严密配合,做好地脚螺栓安装后的成品保护工作,提高地脚螺栓安装位置和尺寸的准确度,保证工程钢结构地脚螺栓的安装质量。

针对本工程的水平构件与竖向构件的混凝土等级不一致的情况,监理单位及时与施工单位、设计单位沟通,做好混凝土浇筑顺序排布,确定浇筑混凝土时以高等级混凝土为准,很好地解决了现场施工混乱的问题,保证了混凝土浇筑的质量。

4 钢结构的质量控制要点

成品冷库主体采用钢结构形式,屋面为檩条支撑,墙面为型钢桁架,主要受力体系是以钢柱、钢梁组成的支撑体系。

监理单位应做好钢材现场尺寸、厚度、规格等核对工作,并进行实测实量抽查,以防混入有缺陷的或负公差超标的材料。检查内容具体如下:核对钢材的数量、品种、规格和尺寸是否与订货单相符,钢材的质量保证书是否与钢材上打印的记号相符;检查扁钢、钢板和型钢的表面是否有结疤、裂纹、折叠和分层等缺陷,钢材表面的锈蚀程度是否超过其厚度公差;检查钢材的存放条件,如合格钢材应按品种、牌号、规格分类堆放。钢结构工程中所采用的焊接材料应按设计要求选用,同时产品应符合相应的国家现行标准要求。

对于有特殊要求的钢结构构件,在预拼装前监理单位应对构件进行逐个验收,选择有代表性的构件进行预拼装,以检查确认其加工质量。构件应在自由状态下进行预拼装,预拼装时应按设计图的尺寸控制定位;对有预起拱或收缩余量要求的,应对定位尺寸进行调整。预拼装检查合格后,应在构件上标注中心线和控制基准线,并设置定位板,同时做好标记和预拼装记录。

钢结构的焊接是影响质量的关键一环。监理单位应检查焊工操作证书,持证焊工必须在其考试合格项目及其认可范围内施焊。焊接前,检查坡口及附近 20 mm 范围内的情况,油漆污染等必须清除干净。施焊前应抽查组装质量和焊接部位杂质的清理情况,合格后方可允许施焊。若现场风速大于 10 m/s,手工电弧焊时应检查确认现场有效防风措施的落实情况。对于需要探伤检验的焊缝,应督促施工单位提前上报检验计划,以便及时跟踪掌握。

5 砌体工程的质量控制要点

成品冷库砌体有两种不同功能的墙体:一种为普通的填充墙;另一种为防火墙。在施工前,监理单位应对进场的砖、水泥、砂浆检查合格证书、产品检验报告等;在施工时,对灰缝饱满度、工艺流程、砖墙垂直度,特别是墙体内的预留通长筋进行旁站,平行巡视等,以确保墙体的质量满足要求。

砌体工程的二次结构,如过梁、构造柱、植筋等,应对其使用的钢筋规格型号、混凝土等进行检查。

6 结语

本文结合实例对桩基、钢混结构、钢结构、砌体结构等工程中的监理质量控制要点进行了梳理和介绍,分享了建筑工程中监理质量管理的重难点及工作管控措施,供监理人员参考借鉴。

作者简介:

朱传通,男,1997 年生,本科学历,国家注册监理工程师,二级建造师(市政公用);浙江信安工程咨询有限公司职员,现主要从事项目经营和工程咨询等工作。

探究房屋建筑工程监理的现场质量控制

浙江华杰工程咨询有限公司　　傅志威

【摘　要】　在社会经济快速发展的背景下,城市化进程逐渐加快,建筑行业迎来了新的发展机遇;但是在房屋建筑工程中受到现场复杂施工条件因素的影响,对工程施工质量产生了不利影响。所以在工程施工过程中需要积极开展监理工作,针对现场实际情况进行研究,采取有效的质量控制措施,及时找出施工过程中的问题,提出有效的解决对策,确保工程质量的安全性。

【关键词】　房屋建筑工程;监理;现场质量控制

引言

房屋建筑工程对城市建设与发展有着促进作用,所以在现场施工中需要主动落实监理工作,针对工程实际情况进行分析,找出与现场质量控制之间的结合点,确保房屋建筑工程建设质量可以满足规范要求,不断提升工程建设质量。建筑工程监理工作的开展能够有效提升工程效益,为我国可持续发展提供支持。

1　房屋建筑工程监理现场质量控制的意义

1.1　保障现场安全

房屋建筑具有功能多样、结构复杂等特点,容易受到多种因素的影响,在处理中存在一定难度。为提升工程质量,需要积极开展现场监理工作,实现对各个环节的有效控制。随着我国建筑行业发展速度的不断提升,施工现场管理的重视度也在不断增加。为保障项目施工顺利开展与施工人员人身安全,需要主动引入工程监理,针对现场进行合理规划,保障施工有序进行。在工程建设阶段,管理人员应当在发现问题后及时采取有效的应对措施,针对重点区域进行把控,在保障安全的同时开展施工建设工作,提升工程施工质量。[1]

1.2　展现管理作用

开展房屋建筑施工时,为保障施工各环节的质量,落实高效可行的管理标准与措施,要求监理人员定期开展监理例会,及时向相关部门上传工作思想,要求各方积极参与会议,针对存在的问题进行重点探讨,及时解决工程施工中产生的问题。因为工程监理中所涉及的内容相对较多,整体覆盖面比较广泛,所以为避免出现问题堆叠,需要找出施工中产生的问题,针对重点与难点进行商议,及时反馈工程进度、技术流程等,便于工作人员掌握工程具体情况,制定合理的管理措施,保障工程质量安全。

1.3 提升工程质量

房屋建筑工程中管理人员专业能力对项目质量有着直接影响,且管理人员工程质量意识、管理方法等一定程度上决定了建筑物使用质量,所以相关部门需要从全局发展层面出发,不断加强管理力度,建立科学有效的管理制度,确保工程质量可以满足相关标准要求,如针对施工方案、工艺流程进行研究时,需要利用有效的管理制度,达到保证工程施工质量,加快工程施工进度,在合同期限内完成施工任务。[2]

2 房屋建筑工程监理现场质量控制中的问题

2.1 人员问题

安全是房屋建筑工程中最为重要的问题,不仅对施工效率与质量有着重要影响,同时也关系着施工人员的人身安全,甚至还会对施工单位产生不利影响,出现经济损失等。在研究中发现部分工程项目开展施工管理工作时,工作人员并未形成安全、责任与质量意识,对在现场安全管理重视度不高。或是有一些施工单位为了提升经济收益,将时间与精力放在现场施工中,忽视了现场施工管理,难以及时发现潜在安全隐患,如对偷工减料现象关注度不高,部分施工人员技能掌握不熟练,存在施工不规范等现象。一些管理人员的管理意识不强,存在形式化现象,甚至一些监理人员在工作中存在监理误区(如:仅对施工质量的结果进行监理,而忽略施工前的交底过程,施工过程中的监督管理工作等),使得监理工作作用尚未完全发挥,影响到了现场管理与进度。

2.2 制度问题

房屋建筑工程质量影响着工程安全性,同时也对我国工程管理体系制度发展有着极大的影响。但是就当前发展形势来讲,部分建筑施工作业中并未制定出完善的监督管理体系,甚至一些企业过度关注经济效益,对施工安全重视度不高,并未组织专业人员开展监督管理工作,使得工程质量难以满足相关标准要求。[3]

2.3 技术问题

房屋建筑施工中技术问题是影响施工质量的重要因素之一。在工程施工阶段为保障施工质量,需要明确施工要求,提升对技术管理的重视度。在施工管控中需要使用科学的技术手段,在工期内完成施工任务。然而在许多房屋建筑工程中存在隐患多、技术单一、科技手段普及力度不强等问题,面对问题时难以灵活处理。受到技术方面的影响,使得工程品质难以提升,延误施工进度,出现资源与资金浪费等问题。

3　房屋建筑工程监理现场质量控制措施

3.1　强化人员综合能力

房屋建筑工程中监理工作质量与人员综合能力之间有着密切关系,所以面对监理人员综合素质不足等问题,需要项目监理部转变传统工作理念,明确人员对工程质量的影响,制定出系统化的措施,重视提升人员的综合能力。监理人员在工作中应当坚持循序渐进的原则,积极参与监理培训计划,发挥专业指导作用,不断提升现场管控意识与能力。如开展法律政策教育,帮助监理人员掌握相关政策文件,根据行业规范完善监理流程,增加技术、专业培训,强化监理人员综合素质,营造浓郁的工作氛围,实现对工程项目的有序管理,在保障质量的基础上节约成本。在施工项目中监理人员属于最基本参与因素,强化监理人员综合能力能够保障工程施工顺利进行。因此企业需要积极开展管理培训工作,从思想、技术等方面出发,确保培训的全面性,降低管理难度,实现对管理成本的有效控制。监理人员自身也要积极参与学习活动,明确工作要求,如开展外墙施工时,如果风压达到 $70 kg/m^2$ 时,当降雨量达到 10 cm/h,外墙面会构成整批水幕,造成外墙面净水压力达到 $70 kg/m^2$,容易出现外墙渗漏问题。因此在施工中需要及时开展管理、干预等工作,保障外墙施工质量安全。[4]

3.2　完善工程监理制度

完善的管理制度是保障监理工作规范开展的基础,也是工程项目管理工作顺利进行的重要工具,只有形成健全的管理制度,才能解决监理工作中存在的问题,确保各个环节有序开展,一旦出现问题也可以根据管理制度中的要求进行处理,所以相关部门需要提升对建立制度的重视度,结合房屋建筑工程实际情况,制定有效的管理制度与体系,针对具体情况进行分析,做好调整工作,确保管理行为的规范性。开展监理工作时还需要落实责任制度,一旦出现问题可以及时找出发生问题的根本原因,确定问题的具体情况,采取有效措施,在最短时间内解决问题。另外,在完善现场监理制度时还需要针对具体岗位情况进行分析,赋予管理人员不同的职责与制度,实现对职责的有效划分,提升管理针对性,保障制度完整性。在选拔现场管理人才时需要满足专业对口要求,只有掌握充足的专业知识,才能胜任监理工作,才能在现场管理中落实管理机制,发挥监管作用。[5]

3.3　利用技术规避风险

项目施工中风险问题出现频率较高,为应对施工风险,需要采取有效的技术措施,满足规避风险要求,保障施工安全性。一般情况下为提升施工进度,开展外墙涂料作业时需要利用自动升降爬架等,虽然工作效率相对较高,但是在开展高层施工中工艺风险控制难度相对较大。所以针对这一问题,需要从工程实际情况出发,做好自动升降爬架布置点、固定点等选择工作,针对重要区域增加安全栏杆,确保操作平台的完善度,按照现场实际情况增加相应的安全保障措施和设施。监理人员进行监测工作时需要针对不同因素进行研究,提升工程监督效果,解决工作中的问题。另外,还需要组建专门的安全小组,做好全面检查工作,尽可能降低安全风险。在现场施工中需要清醒地认识到监管工作的重要性,落实安全文明生产要求,针对相关标准落实情况进行分析,积极开展安全知识宣讲工作,形成完善的奖惩制度,强化人员安全意识。

3.4 做好材料设备管理

房屋建筑工程中应当主动做好全面管理工作,实现对进度的有效控制,确保工程施工安全。施工中需要根据监督标准制定有效流程,确保队伍管理的精细化,提升对材料管理的重视度,从源头上做好管理。一是材料采购阶段,需要针对生产商资质、证书等进行研究,确保材料性能满足工程施工要求。因为工程施工中所涉及的材料相对较多,所以监理部门需要从材料规格、型号、技术参数等方面入手,做好全面审核工作,要求相关单位针对材料质量进行全面管理。在施工现场,要求监理人员结合施工计划针对材料出入情况进行监督,加大材料检查力度,借助规范化方式做好分类管理,避免出现材料变质等问题,如混凝土施工工艺质量管理中需要针对预拌混凝土质量进行监督管理,确保其质量满足浇筑施工要求。二是需要针对设备设施进行检查,了解设备工作状态,保障设备性能稳定。开展精细化管理工作时,需要了解施工队伍建设情况,落实与完善技术监督标准,发挥监理制度作用。三是不断完善奖惩机制,强化人员工作意识,提升对细节的重视度,一旦出现违规问题,需要及时拍照记录,落实相应的整改措施,确保工程施工质量安全。

3.5 建立监督管理平台

如今房屋建筑工程现场管理的复杂程度有了明显提升。为保障工程建设质量,需要主动引入现代技术,利用计算机软件、数字化技术等积极开展施工现场监理工作,形成高效的质量管理信息化平台。一是在引入监督管理平台时,要求监理单位针对工程材料、设备工艺等进行分析,做好质量管理要点识别工作,及时为现场管理提供相关信息。二是发挥信息化平台优势,加强监理单位与相关人员之间的联系,确保信息沟通的及时性,针对各个环节施工进度情况做好线上监管,利用管理平台落实现场门禁管理等,将全天实时监控系统等落实到具体环节中,获取相应的数据与信息,及时找出存在的质量问题,利用信息渠道做好发布工作,提出监督预警,督促现场人员做好处理工作。三是使用BIM系统,发挥可视化设计图纸优势,针对施工中所涉及的数据与信息进行整合,实现对施工质量动态化对比与分析,找出存在的问题,主动与相关部门合作,针对岗位具体情况等进行研究,制定有效的补救对策。[6]

4 结语

综上所述,在城市化发展下房屋建筑工程规模、数量有了明显变化,所以在工程施工中需要提升对监理工作的重视度,实现对施工现场质量的有效管理,做好人员综合能力培养工作,形成完善的监督管理制度,利用先进技术规避施工风险,重视材料与设备管理,构建信息化管理平台,全方位提升建筑工程施工质量。

参考文献:

[1]张洪军.建筑工程施工现场安全监理要点研究[J].住宅产业,2022(1):82-84.

[2]虞艇艇.建筑工程监理与建筑工程质量探究[J].门窗,2022(12):136-138.

[3]彭昭翔.住宅建筑工程监理中的质量控制措施探讨[J].建筑与装饰,2022(10):66-68.

［4］黄帆.建筑工程施工现场监理的必要性及监理措施［J］.工程技术,2022(10):52-54.

［5］陈丽娟.建筑工程施工现场质量监督与管理［J］.科技创新导报,2022(16):143-145.

［6］杨小鹏.房屋建筑工程监理现场质量管理的策略研究［J］.建筑与装饰,2022(24):102-104.

作者简介:

傅志威,男,1987年生,本科学历,国家注册监理工程师,二级建造师;任职于浙江华杰工程咨询有限公司,现主要从事建筑工程项目监理、工程管理、技术管理和咨询等工作。

诚信建设与安全质量风险防控

宁波市斯正项目管理咨询有限公司　李彦武　杨鲁甬　杜理方　李明全

【摘要】 随着监理市场化、社会化程度的不断提高,监理企业面对日益激烈的市场竞争,通过培养高素质人员及强化诚信、安全、质量管控等措施,有效提高监理企业的综合实力,增强企业发展后劲。其中安全质量的风险识别与防控更是监理企业关注的重中之重。因此,必须加强监理企业的安全质量风险管理,确保监理企业在市场经济中的竞争地位。

【关键词】 监理企业;诚信建设;安全质量;风险防控

引言

"人无信不立、企无信难存",构建建筑企业诚信体系,遵循"公开、公正、平等"竞争的原则,是打造精品工程、平安工程、阳光工程的关键;众所周知,市场经济发展到今天,企业诚信建设已经成为一种无形资本,是否讲诚信已经成为判断企业是否具备较强竞争力的重要指标之一。宁波市斯正项目管理咨询公司"以诚实为信条、以守信为载体",以打造诚实守信为理念宗旨的企业文化体系,倡导"说实话、办实事、做老实人"的企业风气,提倡"做一个工程、树一座丰碑",形成了"创新、共赢、奉献"的企业价值观等企业文化理念,在近30年的奋斗历程上树立起了一座座光辉丰碑。

1 企业诚信建设

1.1 人员诚信建设

(1)监理行业部分企业人员供给不足、员工队伍不稳定、人员流动频繁、人员素质参差不齐,故企业诚信建设、人力资源管理是基础。俗话说,"基础不牢、地动山摇"。为提高人员素质、稳定人员队伍,企业在诚信建设上需建立自己的企业文化,使员工有归属感,能给予员工更多的人文关怀,以培养员工"以企为家、以诚为本、以信为源"的理念,并增强员工的主人翁与敢于担当、勇于奉献的意识。

(2)工程建设领域本身是腐败高发区,诚信建设、廉洁执业是监理工作的红线、底线,底线不能破、红线不能碰。企业需将遵守国家法律法规作为公司发展的准则。如果企业员工不能遵守法律、法规与职业操守道德的约束,将会给企业的诚信带来巨大风险,因此企业在守法经营及廉政建设方面需定期对员工开展各类相关法律讲座及企业精神培训,使员工认清法律责任及违法后果,增强员工遵纪守法意识。

（3）监理行业作为咨询服务业，服务质量是否令客户满意是企业诚信建设方面至关重要的部分，且时代在进步，技术标准在不断更新换代，故需对员工定期开展各项安全与技术知识培训活动，以提高员工业务水平，满足业主的服务需求。

（4）完善员工考核制度。对于考核不达标的员工进行及时清退，便于保障企业活力。

1.2 合同履行诚信建设

（1）合同是企业与企业、企业与员工平等互惠互利的基础，严守合同契约，不计较一时一事利益得失，全面履行合同条款是增加客户和员工信任的基石；公司合同部门定期检查每个合同履约情况，分析造成合同条款履约偏差的原因，查找问题，制定纠偏措施，弥补操作漏洞，使每个合同得到全面履行，使客户和员工的满意率达到最佳效果。

（2）建立客户服务满意度调查回访制。在服务期内定期对客户满意度进行调查，针对客户提出的合理要求进行及时改进，并对改进后的服务满意度进行回访。在项目服务期满后，若客户对项目团队的满意度较高，可以对项目人员进行适当奖励，可提高员工凝聚力与积极性。

1.3 打造诚信平台，建立诚信信息管理系统

（1）打造诚信平台。

公司视诚信、道德为根本，视安全、质量如生命，坚持加强诚信、道德建设，打造"遵纪守法、诚信道德"平台，造就忠诚员工队伍。充分利用公司网站、板报宣传栏、企业文件等形式广泛宣传诚信、道德建设的条例、规定及先进典型，宣传企业发展理念和文明建设的指导思想；利用多种形式落实企业的经营准则和行为规范。公司每季度开展一次民主生活会，评选出公司与分公司"遵纪守法、诚信道德"先进集体与个人，在公司网站、光荣榜、宣传栏、公司文件上进行表彰、宣传，年终再进行集中奖励，鼓励人人争做"遵纪守法、诚信道德"先进模范。

（2）建立诚信信息管理系统。

一是制定诚信道德管理系统企业标准及搭建平台。二是成立诚信体系检查机构。三是打造企业领导率先垂范诚信道德平台，为企业经营和员工成长提供行为导向。把道德修养、诚信建设作为班子建设的重要课题，作为总结工作、剖析思想的一项内容。四是建立以公司员工守则为基准的系列行为规范，做好宣传和对员工的教育工作，加强员工自律机制建设。五是公司决定、承诺的事情、签订的协议书、责任状，公司领导都要做到——兑现，决不失信于员工，塑造领导者的良好形象，赢得员工的好评。六是建立诚信信息管理系统，加强自律机制建设，制定和完善行业行规，开展诚信宣言、公约、自查和互查等自律活动。

1.4 诚信道德建设成效

公司经过近30年的发展与传承，自2012年公司至今连续荣获省A级、AA级、AAA级重合同守信誉称号，也由原来双甲级资质企业蜕变为综合资质企业。在诚信建设的道路上，公司业务拓展也是越走越宽、越走越远，在全国许多省、市都留下了我们公司建设者的身影。

2 安全质量风险防控

公司以"安全求生存、质量求发展"为宗旨,以公司主要领导为主要责任人,以安质部为着力点,从公司层面对全公司的在建项目进行定期巡视检查,对重点难点项目、施工难度大、安全风险高的项目进行蹲点检查、指导;实行项目总监负责制和一项目一管理制度,制定奖罚措施,一年一总结、一年一奖惩,不断激发员工的工作热情和严格自律精神。下面以宁波市西洪大桥及接线工程项目为例,具体介绍在安全质量风险防控方面的经验。

宁波市西洪大桥及接线工程属于浙江省重点工程,也是宁波市区第一座双层大桥。该桥集"高、大、难、新、险、重"等"六大"特点于一身:高——主塔最大高度达到99 m,相当于33层楼高;大——跨度大,通航孔处最大跨度138 m;难——栓焊组合体系,因为钢桁梁采用栓焊部件组装法和悬臂拼装法进行高精度对位施工,不管是栓接的精度控制还是焊接的质量控制都加大了施工难度;新——本桥有多处创新点,水中承台采用PC工法桩围堰施工、立柱采用无支架法施工、主梁采用栓焊部件组装法和悬臂拼装法高精度对位施工、主塔采用卧拼竖向转体施工法等;险——本桥跨越规划Ⅲ级航道,水运繁忙,施工中对航道的安全防护,以及通航孔转换为工程重点;重——全桥总用钢1.64万 t。监理企业在针对如此重要的工程管理面前,做了以下几方面的工作:

2.1 企业对监理项目的安全质量管控

(1)由于该项目起点定位高,公司针对该项目的特殊性高度重视,委任具有丰富工作经验的同志为项目总监,组建项目监理部,同时为该项目监理部配备均具有丰富工作经验的各相应专业监理工程师,以及具有一定工作经验的监理员,项目监理部人员综合技术力量强大。

(2)公司在项目施工期间,经常关注项目进展情况,定期、不定期地对项目的安全、质量监理工作情况进行检查,对检查中存在的问题提出整改建议,确保项目的安全、质量情况处在可控状态。

(3)在项目进展的关键节点(关键工序、施工重点、难点)上,对项目监理部开展相关方面的专业知识培训,为项目监理部提供技术支持。

(4)协调并帮助项目监理解决外部协调工作,为项目监理部更好地开展监理工作提供良好的外部环境支持。

(5)根据项目监理部的工作成效,对项目监理部人员进行考核,并对优秀员工进行精神鼓励及物质奖励。

2.2 项目监理部的安全质量管控

(1)建立项目监理的各项监理工作制度,并随着监理工作的深入开展逐步进行完善。

(2)针对项目施工进展情况,由总监理工程师牵头,各专业监理工程师对各分部、分项工程的质量、安全控制重点及监理工作要点、内容进行项目内部交底培训。

(3)针对本项目的特点、所采用的施工方案及项目进展情况,对可能存在的安全质量风险进行分析,划分风险等级,并制定相应的监理预控措施。

(4)建立信息平台,完善信息管理工作;如建立人、料、机、隐蔽验收及危大工程管理等各类台账并及时、完整、真实地进行记录各项数据,做到随时可查、可追溯;同时利用发达的互联网资源建立各种技术服务QQ群、微信群积极推行无纸化网上办公及文件审阅。

（5）主要亮点及难点的安全质量管控：

①本项目的桥梁立柱钢筋笼在厂内利用定型胎具一次整体焊接成型,整体吊装;立柱模板采用模架一体化的无支架工艺施工;故对立柱钢筋笼的整体刚性有一定的要求,在验收时除常规的钢筋规格、型号、间距、数量及焊接检查外,还需检查立柱钢筋笼整体刚性补强钢筋是否按方案要求进行补强;另外在钢筋笼吊装就位后,钢丝绳的解除以模板的拼装、拆除作业均属于无防护的高空作业,施工时需检查作业人员的安全防护用品是否配备并正确使用。

②本项目钢结构主桥采用水中支架进行悬臂拼装,栓焊接合工艺施工,对主桥各结构部件的加工精度和现场的定位、拼装、焊接及主桥整体线型控制均提出了更高要求。故在钢结构加工厂,项目监理部派监理人员进行驻场监理,对构件加工质量进行监督检查并验收。

③在安装作业时,对主桥及主塔的节段吊装定位,协同监控单位共同进行复核。在焊接质量控制上对每一个进场焊工进行焊接技能考核,考核合格的方能进行主桥及主塔的焊接作业,协同施工单位建立了焊接及栓接质量奖惩机制,一月一考核、一月一总结并进行奖励,对于焊缝检测返修率高的焊工予以清退处理。根据后来几个月的焊缝检测和栓接检测质量表明,焊缝一次性验收合格率达到98%以上,栓接合格率达到97%以上,减少了焊缝返修次数,提高了栓接质量。

④项目钢结构主桥采用栓焊结合结构,在高强螺栓施拧的质量控制过程中,首先要求施工单位建立工地试验室,一是为便于对电动扳手扭矩进行标定;二是为对高强螺栓的扭矩系数根据现场施工环境条件进行修正。其次,对施拧的电动扳手建立登记表,动态掌控扳手的使用状况。再次,对构件栓接的摩擦面粗糙度进行检查,合格后进入高强螺栓施拧作业。最后,对高强螺栓的扭矩进行抽检。

⑤项目钢主塔采用胎架拼装,整体竖转工艺进行施工,因钢主塔外形为弧形门式结构,且钢主塔转体质量为1150 t,转体质量大,主塔线型控制难度大,环缝对接质量控制难。施工单位进行方案编制时,项目监理部编参与其中,通过BIM三维建模技术对构件受力情况进行分析,明确各受力薄弱点,对需进行结构补强的部位进行重点验收;在竖转过程中对薄弱环节进行重点关注监测。

（6）为了加强安全文明标化工地各项措施的落实,监理部以创建"安全文明标化工地"为契机和导向,创新式地要求施工单位设计并制作了各部位打栓施工平台、上层桥面焊接平台和下层桥面焊接下挂平台。努力做到主梁施工到哪里,人行通道、操作平台、临边围护要延伸到哪里,在工程的整个周期内未发生过一起安全生产事件。

2.3 监理工作成效

在公司的全力支持与监督下,通过项目监理部全体人员的共同努力,目前该项目工程进展顺利,未发生安全质量事故。项目的安全质量状况多次受到建设单位及政府主管部门的一致认可,并在该项目举行过多次安全质量观摩交流会。项目还荣获2020年度"安康杯"竞赛优秀班组称号;于2022年3月19日通过中间结构验收,于2022年3月22日进行宁波市建设工程结构优质奖评选。

3 结语

诚信是监理企业生存与发展的根本。当前国家不断健全的信用法律法规和行业标准制度、日趋协同的联合奖惩机制、强大的"互联网＋监管"系统，使得我国新型信用监管体系正在逐步完善，也正在实现对各类市场和企业的全面诚信管理。监理企业传统的管理方法已经不能满足政府基于信用的新型监管机制，企业的诚信风险正在日渐增加。提高依法诚信经营意识，强化诚信体系管理，并从组织架构、权力制约、业务流程、制度体系、信息系统及数据资料、人员等方面进行认真分析，针对问题形成的根本原因，从公司战略出发，狠抓诚信体系建设，规避诚信风险成为企业经营者的重要责任。

高质量的管理服务是企业的竞争力所在。建筑业各类工艺技术日新月异，各类规范、标准在更新换代；对监理企业及人员的责任日趋增大，监理企业提高服务管理水平势在必行，在管理服务上需打破现有思维牢笼，探索更加适应时代的模式，努力提高服务水平，才是企业长期生存之道。

作者简介：

李彦武，男，1965年生，本科学历，国家注册监理工程师，道路与桥梁高级工程师；宁波市斯正项目管理咨询有限公司项目总监，现主要从事市政工程、工程管理和技术管理等工作。

杨鲁甬，男，1988年生，本科学历，国家注册监理工程师，园林绿化中级工程师；宁波市斯正项目管理咨询有限公司项目总监，现主要从事市政工程和工程管理等工作。

杜理方，男，1983年生，本科学历，市政道路(桥梁)高级工程师，国家注册监理工程师；宁波市斯正项目管理咨询有限公司项目总监，现主要从事市政工程项目监理和工程管理等工作。

李明全，男，1970年生，本科学历，市政道桥高级工程师，国家注册监理工程师，一级建造师(市政公用工程)，一级造价工程师，注册安全工程师，注册咨询工程师(投资)；宁波市斯正项目管理咨询有限公司总监，现主要从事市政工程项目监理、工程管理和全过程咨询等工作。

在实践中生疑　在解疑中提升

浙江山水建设监理有限公司　刘尚宾

【摘　要】　在工程建设监理实践活动中提升自我能力,既要有良好的生活态度和工作习惯,也要做个"有心人",处处留心皆学问,从点点滴滴中用心探寻、发掘、积累、总结,丰富专业知识,积累工作经验,在工作中深入实践,在实践中历练、检验,在实践中思考、总结,最终达到自我能力的提升。

【关键词】　明确概念;本质入手;运用规范

引言

建设工程监理是工程监理单位受建设单位委托,根据法律法规、工程建设标准、勘察设计文件及合同,在施工阶段对建设工程质量、进度、造价进行控制,对合同、信息进行管理,对工程建设相关方的关系进行协调,并履行建设工程安全生产管理法定职责的服务活动。个人理解它是一个依靠技术活动开展专业化咨询服务的行业,具有服务性和科学性的特点。

工程监理在实践操作过程中涉及的知识点多、面广,要想从事该服务活动,并体现出服务性和科学性的特点,同时在日常工作中显得游刃有余,最基本的要求就是自身要有非常扎实的专业知识做支撑。为达到这个要求,在知识的海洋里获得我们需要的,就需要我们不断地深入实践,在实践中不断地学习、总结、积累。如:复核标高水准点,从仪器架设选点到找准目标,外业如何快速高效完成;钢筋分项工程《18G901混凝土结构施工钢筋排布规则与构造详图》如何与《16G101三维图集(墙板梁柱)》相结合;施工过程中隐蔽项的视频资料如何结合工程量清单;安全检查中发现错误已经形成,是否超出了安全底线或者步骤操作顺序有误对下一步操作有何影响;等等,这些都需要在实践过程中一点一点地积累。

本文结合项目实例加以浅谈,如有不妥,不吝指教、交流。

1　项目背景介绍及问题分析

某工业厂房项目共4栋单体建筑物,工程地点位于杭州市钱塘区临江工业园区,总建筑面积44389 m²,以其中的综合楼为例,进行示例分析如下:

综合楼共7层,建筑面积8930 m²,底层为活动室,第2~7层为员工宿舍,节能设计的建筑类型为非住宅类。围护结构节能设计情况如下:屋顶保温层为50厚挤塑聚苯板,无机轻集料保温砂浆做外墙外保温和外墙内保温,第2~7层楼板节能设计为10厚挤塑聚苯板,隔热金属型材多腔密封窗框,透光中空玻璃。其他专项节能设计部分为:第2~7层设生活热水,空气能热泵作为热源,机械通风。围护结构节能设计墙体如表1所示。

表1　围护结构节能设计表

杭州(北纬=30.23°,东经=120.17°)　建筑朝向南偏东1.6度

建筑类型	住宅类		气候区	北区	体形系数	建筑层数	
	非住宅类			南区	0.21	七层	
项目 部位	传热系数限值K[W/(m2·K)]			节能做法的热惰性指标	节能做法的(平均)传热系数K	节能材料	燃烧性能等级
屋顶	0.80			3.90	0.57	挤塑聚苯板	B1级
外墙	北区	1.50		3.96	1.10	无机轻集料保温砂浆Ⅰ型无机轻集料保温砂浆Ⅱ型	A级
	南区						
(含阳台透明部分及飘窗)	朝向	遮阳系数限值SW	热系数限值K[W/(m2·K)]	实际窗墙比	遮阳系数SW	传热系数K[W/(m2·K)]	隔热金属型材多腔密封雷框5.0[w/(mK)]框面积20%,(6mn中透光OW-E+1空气+6mr透明)
	东	夏季:0.45 冬季::--	2.40	0.07	夏季:0.40 冬季:0.40	2.40	
	南	夏季:0.40 冬季:	2.10	0.41	夏季:0.40 冬季:0.40	2.40	
	西	夏季:0.40 冬季:0.40	2.40	0.08	夏季:0.40 冬季:0.40	2.40	
	北	夏季: 冬季:	2.20	0.37	夏季:0.40 冬季:0.40	2.40	
底层及中部自然通风的架空楼板	1.50				0.71	岩棉板	A级
分户墙	2.0				1.45	详节能设计专篇	
楼板	2.0				1.59	详节能设计专篇	

看完图纸后,对于此综合楼的建筑节能有三个疑问,分别是:"建筑类型:非住宅类"到底是什么、楼板节能为什么会这样设计、本工程生活热水系统验收标准如何定。现从三个角度加以分析:

1.1 概念要清晰明确

建筑工程按照使用性质可分为民用建筑工程、工业建筑工程、构筑物工程及其他建筑工程等,民用建筑工程按用途可分为居住建筑、办公建筑、旅馆建筑、商业建筑……,居住建筑按使用功能不同可分为别墅、公寓、普通住宅、集体宿舍等。从中我们可以看出,并没有"非住宅类"建筑类型这一说法。这说明"非住宅类"建筑类型并不是正式的规范性用词,但因为节能设计标准的制定对于建筑类型针对性很强,这种分类不能满足专业设计的需要,所以这里出现了"非住宅类"用词。

通过网上查找相关资料发现,在正式场所表达该用词出现在住房和城乡建设部官方网站上,在"住房和城乡建设部办公厅关于《城乡给水工程项目规范》等38项全文强制性工程建设规范公开征求意见的通知"中,可以看到《非住宅类居住建筑项目规范(征求意见稿)》,里面有"非住宅类"一词。同时该征求意见稿内容(包含3种类型的建筑:宿舍类居住建筑、旅馆类居住建筑、照料设施类居住建筑)均与建筑节能设计标准有关,这说明建筑节能设计对建筑类型的划分要求针对性比较强,有具体问题具体分析的味道。

结合国标规范的分类划分,从中可以看出"非住宅类居住建筑"说法不准确,只能做近似替代。当然了,"非住宅类"只是一个泛指,用词更不准确。个人感觉,解决此类问题还是以国家标准、行业标准为准,图纸设计中没有的术语都值得我们做一番探究。

1.2 从本质入手解决问题

本工程图纸设计,第2~7层员工宿舍楼板节能设计为10厚挤塑聚苯板,底层不做节能设计,为细石混凝土地面。

国标规范划分的热工设计区划把杭州划分在夏热冬冷地区。有了这个标准,本项目的综合楼肯定要做保温设计的。具体结合到本案例,笔者对室内的保温设计有个困惑:外墙做的是内外保温,屋面有保温,第2~7层楼板员工宿舍每层均做保温。楼板节能层层做为什么会这样设计,这个问题看起来有些多余并且很奇怪,对监理工作没有多大的实质性帮助,但找到答案后发现了自己的缺陷。

关于楼板的节能设计,在浙江省工程建设标准《居住建筑节能设计标准》(DB 33/1013—2015)中有体现,并且这一依据是以强制性条文(第4.2.13条)体现的,条文内容是对楼板的传热系数在4种不同条件下应满足数值的设定。在中华人民共和国行业标准《夏热冬冷地区居住建筑节能设计标准》(JGJ 134—2010)中,强制性条文第4.0.4条楼板的传热系数限值取值对于楼板更是没有区别工况状态,统一取为定值。

这个问题的解决花费了我不少时间,毕竟这两个设计标准的专业性较强。在这个问题上完全没有必要花费大量时间,该问题的本质是对楼板功能的理解上。楼板既是分割也是围护。我们通常说围护结构是外围护,没把楼板考虑进去,但在节能设计中楼板是围护结构很重要的一部分,这是个隐含的关键信息,是问题的本质。有时候一直按常规思路考虑问题,就很容易会有奇怪的想法。

回过头来总结思考一下,当初还是考虑问题太片面、死板了,没有想到解决问题的方向出现了偏差,也没有试着从节能的角度思考问题。如果在以后的工作中还是不从多角度思考、片面地考虑问题,不朝本质入手,遇到的疑问永远会是一种没有头绪、无穷无尽的混乱,对答案永远停留在似是而非的一种状态。这样的一种混乱和无序状态对我们的监理工作非常不利,因为处在监理这个行业,每天面对的问题很多,许多问题不断变化,只依靠现成的结论根本行不通,而要抓住事物的本质,从本质入手解决问题,以不变应万变。我们在工作方面的交流上,不但要有理,而且还要有据。有据就要求我们不管问题怎么变,就这样解。

类似的误区还比如平行检验。平时所能接触到的平行检验监理实施细则总是感到说不出来的别扭,跟想象的有差别,但又说不出原因。经过一番探究,终于找到问题的症结所在。从规范定义可以看出,平行检验是以检测试验为本质的一项活动,以此达到目的,那么它的依据、范围、程序、方法、人员、结果的表现形式跟常规的隐检或实测实量区别还是很明显的,这样问题的答案就找到了。

1.3 准确灵活地运用规范

第三个问题是本工程生活热水系统验收标准如何确定。该综合楼采用普通的家用空调器,没有集中供暖,但有生活热水。生活热水用3台空气能热泵提供热源。按照《公共建筑节能设计标准》(GB 50189—2015)和《居住建筑节能设计标准》(DB 33/1013—2015)的要求,很明显属于节能设计系统的一部分。不过在验收标准问题上我认为,该生活热水系统的各组成部分不完全属于空调与供暖系统,仅热源部分属于空调与供暖系统,也就是《建筑节能工程施工质量验收标准》(GB 50411—2019)第11章"空调与供暖系统冷热源及管网节能工程"内容不完全适用该生活热水系统。《建筑给水排水及采暖工程施工质量验收规范》(GB 50242—2002)第6章"室内热水供应系统安装"和第13章"供热锅炉及辅助设备安装"有整个生活热水系统的相关验收标准,只不过第13章"供热锅炉及辅助设备安装"却不适用于空气能热泵为热源的系统。

生活热水系统的验收只能参考这两个标准,通过规范的章节内容比较分析,最终决定把生活热水的空气能热泵热源及相关的室外管道验收按《建筑节能工程施工质量验收标准》(GB 50411—2019)的第11章执行,室内部分的热水管道按《建筑给水排水及采暖工程施工质量验收规范》(GB 50242—2002)第6章执行,并且把室内部分的热水管道的验收资料并入节能验收资料中,这样能更好地体现该生活热水系统的完整性,同时也不会对竣工资料整理归档有任何的影响。

2 结语

上述3个问题都是平平淡淡的小事,可也能够很好地反映在实践中积累、提升的过程。知识的积累、能力的提升如聚沙成塔,是一个渐变的过程,在这个过程中,必须要深入实践。在今后的工作中,个人建议多以监理职责各体系及相互关系为基础,并且树立监理职责的整体观、全局观,在此大方向下,在工作实践中多反思、多分析、多总结,从细处着眼、从小处着手,解决问题,积累经验,切实提升职业能力水平,为工程高质量建设贡献出应有的建设工程监理力量。

作者简介:

刘尚宾,男,1978年生,大专学历,国家注册监理工程师,一级造价工程师,二级建造师;浙江山水建设监理有限公司总师办副主任,现主要从事建筑工程类的项目管理、技术管理和造价咨询等工作。

浅谈监理人员在全过程咨询管理模式下的转型

耀华建设管理有限公司　　吴长兴

【摘　要】　该文阐述我国监理行业的现状与监理从业人员普遍面临的一些问题,就如何做好由监理人员向全过程咨询管理人员的转型提出了一些建议和意见,分享一些经验教训,供行业人员参考借鉴。

【关键词】　监理人员转型;全咨管理;适应与提升

引言

随着我国建筑行业的发展,各级政府倡导在工程管理行业实行全过程咨询管理模式,由此密集地出台了很多支持性政策。在此背景下,许多监理、造价咨询公司纷纷将公司名称变更为管理公司,体现出各公司希望能够参与到项目全过程咨询管理业务的强烈意愿。广大监理从业人员有必要思考自身如何适应行业的新变化,以完成"工程监理"向"工程管理"的转型,让自己在工程管理行业中走得更远、做得更好。

传统的监理管理俗称标后管理,其基本属性是为业主提供服务,监理转型是为提高自身的服务价值。由于监理招标的前置条件是取得初步设计批复才能进行,致使监理无法在设计阶段为业主提供专业服务,无法全面熟悉和理解业主对质量、安全、投资、工期、承发包方案、业主个性化需求等相关要求,这就决定了工程监理难以满足"以结果为导向"的业主核心需求,从而造成工程监理很难对项目进行宏观把控和管理预控。

1　监理从业人员的转型

(1)监理从业人员需要从单一管理能力向工程管理综合能力进行提升,成为一名复合型的工程管理者。

(2)工程管理理念从被动向主动转变。

(3)在工作方式上从管事向管人转变。

(4)在处理问题时从注重过程向注重结果转变。

(5)从单兵作战管理向提升沟通协调能力转变,充分发挥项目团队协作力量。

2 项目全过程管理阶段划分

(1)年度计划上报与中期调整阶段(初估算阶段)。

(2)项目可行性报告阶段(估算阶段)。

(3)初步设计阶段(概算阶段)。

(4)施工图设计阶段(预算控制阶段)。

(5)工程招标阶段(预算控制阶段)。

(6)开工前准备阶段(合同控制阶段)。

(7)项目实施阶段(合同控制阶段)。

(8)竣工移交与办证阶段(合同控制阶段)。

(9)结算审核阶段(结算控制阶段)。

(10)保修运行阶段。

3 如何提升工程管理综合能力

3.1 该提升哪些方面的工程管理综合能力

监理人员本身具备某一方面专业能力,监理工作涉及质量、进度、安全、投资、协调等方面的内容,专业分类上有土建、安装、装饰、市政、桥梁、隧道、水利、电力等。作为一名合格的工程管理人员,除了具备一般监理人员专业知识外,还应具备造价管控专业知识,熟悉项目前后期报批报建的流程,了解行业监管要点,懂得项目运营的基本要求。

3.2 工程综合管理能力来源于实践

监理从业人员首先要对自身进行定位,博采众长,拓宽学习渠道,打造一支学习型团队,营造"刨根问底"的学习氛围,不断提升团队的整体业务素质。

(1)对场布的布置,有经验的项目经理是这方面的专家。

(2)门窗、涂料、电梯、厨房、交通、桩基工程等,专业厂家、专业施工班组或供应商是这方面学习的最好对象。

(3)确定相关技术指标,设计人员是很好的老师。

(4)已完成工程的工序做法,是进行设计管理的最好依据。

(5)掌握CAD、PPT等常用软件,是提高工程管理技能的重要组成部分。

(6)善于运用模块化的管理方式,使自身的管理水平不断得到提高。

4 工程管理的理念从被动向主动转变

4.1 树立主动管理意识

监理人员必须树立起主动管理工程的意识,从工程宏观管控目标入手,做好各项工作的有效预控,提高管理的可预见性,实现管理工作前后的有效延续,将管理工作覆盖至工程实施中的每一个阶段,消除管理盲区和管理死角。

4.2 提升项目管理能力

做有主动管理意识的工程管理人。在日常工作中,严格要求自己,做到上班比他人早一点、下班比他人晚一点,相关工作多干一点、多学一点,用更多的时间进行工作规划、工作总结,在提供更多服务的同时,也为自己创造更多的机会。对于工程管理中出现的问题,首先做到思考如何解决问题、总结经验教训、复盘管理工作,而不是指责别人不作为。

4.3 如何做好主动工程管理

(1)在工作上要有计划,即掌握项目的总体进度计划,做好年、月、周计划的分解工作。

(2)工作内容要编制阶段性工作清单。

(3)要学会与参建各方沟通交流,正确把握管理的着力点,做到工作方向明确、工作提前预控,确保"做"与"管"的高度一致,从而达到提高管理成效的目的。

5 工作方式上从管事向管人转变

工程管理工作的核心是保质保量地完成项目建设。作为管理者应积极调动各方人员主动参与到工程管理中来。一些工程管理者纠结于团队某个人员的能力,而不会分析造成问题的真正原因是什么,从而使团队成员相互抱怨,导致工程管理中的一系列问题得不到解决。

5.1 工程管理必须具有管理思维

根据管理目标,管理者应按主导、配合两个层面进行任务分解,对完成任务所涉及的目标、工作程序、工作方式、沟通协调机制等各个环节进行明确。

5.2 创造对事不对人的管理氛围

实施过程中遇到问题,管理者始终要抱持对事不对人的处理方式,特别是不要以自身的能力来衡量下属。只有下属的办事能力能得到上级领导认可,才说明领导自身也是称职的。同时,遇到问题时首先考虑的应该是决策是否科学,用人是否合理,执行人是态度还是能力上出了问题,造成的原因是外部还是内部的,在分析后找到解决问题的最优途径与方法。

6 在处理问题时从注重过程向注重结果转变

以结果为导向始终是管理的定律,一个好的结果的取得,往往与目标的设定密切相关。因为目标是方向,有了目标才有动力,才能起到对自己对他人的引领和激励作用。

6.1 何为以结果为导向

以结果为导向是指一切行为皆是为了实现预期结果而产生的,并非为了推进某个过程而产生了管理行为。简单来说,就是要在做某项工作前,先设定预期目标,然后分步骤,最后再行动。

6.2 坚持以结果为导向,应把握"三要点"

坚持以结果为导向,目标是前提,过程是关键,结果是根本,三者环环相扣、相辅相成。这是监理从业人员如何快速提升自我,顺利完成向全过程咨询管理转型的关键所在。

7 从单兵作战管理向提升沟通协调能力转变

监理从业人员在建筑行业被认为是专业人士,受到被监单位的尊重,一般被认为是一个有能力、有权力的角色。一个刚毕业的大学生进入监理团队后,一般也会被称某某工,由此相当一部分监理从业人员沾沾自喜,自认为工程管理能力强,对自身如何提升迷失了方向。监理人员要得到广大参建单位对其工程管理水平的真正认可,一定要对自身有清醒的定位与认识,真正了解从事管理工作的技能差距在什么地方,充分发挥项目团队的协作力量,加强各方沟通,真正做好工程管理。

7.1 将团队的概念扩大化

团队不仅是指项目部组成的人员,还包括公司技术部门,以及业主、勘察、设计、测量测绘、评估评价、检测监测、材料供应商、专业施工队伍等参建各方。

7.2 优化人员配置,提高工作效率

充分了解项目部组成人员的长处与短板,扬长避短、相互学习,例如工作态度、专业知识、学习方法、工作方式、处事技巧等方面知识。项目负责人应做到合理安排人员,充分发挥每个员工的长处,用最合适的人担任最合适的岗位。

7.3 统筹整合各方资源和力量

(1)充分利用项目资源,积聚并运用社会资源;利用好公司平台,善于与各级政府部门、分管领导交流。

(2)向勘察设计单位学习相关规范规程,向施工单位学习现场管理、施工工艺、方案编制等。

(3)向测量测绘、评估评价单位学习工作程序、专业知识。

(4)向材料供应商学习相关材料参数、市场占有率、行业排名等知识。

8 结语

近年来,工程建设领域不断深化改革,在国家大力推行全过程工程咨询服务的背景下,监理企业及其从业人员的转型升级势在必行。监理从业人员必须清晰地认识到,企业及自身转型升级的必要性,在实施方案的制定中,应采取一系列切实可行的措施,如增加咨询服务类型、调整监理工作方法、联合外部力量、整合内部资源、加强高素质人才储备、充分应用信息化技术等,为传统监理行业尽快实现转型升级保驾护航。

作者简介:

吴长兴,男,1971年生,本科学历,国家注册监理工程师,国家注册建造师,高级工程师,耀华建设管理有限公司常务副总经理。2016年已率先在项目开展"项监一体""工程一站式管家服务",为业主单位在前期项目策划、实施管理、后期运维等全生命周期提供全过程管理服务,同时运用数字化管理平台实现项目管理的精准化、模块化、数字化,取得了良好的成效,并为公司培养了一批适应全过程咨询管理的骨干人才。

项目全过程工程咨询总负责人答辩常见问题及应对措施探究

浙江东城建设管理有限公司　　赵泉镇

【摘　　要】 全过程工程咨询模式在房屋建筑和市政基础设施建设领域得到了越来越广泛的应用。全过程工程咨询项目招标过程中的总负责人成功答辩,获得高分,可为投标单位的成功中标起到锦上添花的作用,有效地分析答辩中出现的常见问题,并采取有效的应对措施,在全过程工程咨询项目的投标答辩时,可以有效提高答辩的得分,助力项目中标。

【关键词】 咨询总负责人;答辩;问题;应对措施探究

引言

随着国务院办公厅《关于促进建筑业持续健康发展的意见》(国办发〔2017〕19号)文件精神的全面落实,工程项目的全过程工程咨询管理模式在各地生根发芽,全过程工程咨询项目招投标的模式不断翻新,多数较大规模的全过程工程咨询项目都设置了总负责人答辩环节,并且占据了较大的分值比重。根据浙江东城建设管理有限公司近几年参与的全过程工程咨询项目的投标答辩实践统计,对投标答辩常见问题进行了归纳分析,并根据不同招标文件的评审要求制定了相应的对策措施,以提高项目投标答辩的得分成绩。本文各种观点纯属个人看法,不当之处欢迎同行探讨,指正,共同提升。

1 常见的问题

1.1 书面答辩常见的问题

(1)字迹潦草不清,书写不公正,语句不通,前后不连贯,词义表达不清楚,用词用语用句不规范。

(2)没有准确地回答评标委员会的提问。

(3)回答的内容没有针对性。

(4)答辩时出现了投标单位的名称,答辩时出现或影射或能推断出投标人的表述,答辩时出现了投标人的姓名。

1.2 口头答辩常见的问题

(1)口齿不清心里紧张,回答问题表达不清答案,东拉西扯不懂装懂,没有针对性地回答专家的问题。

（2）没有较全面地回答专家的提问，只是涉及部分或者某一方面不切题，专业的问题没有依据专业性的要求程序去回答，说明对专业操作流程环节把握得不够准确。

2 应对策略研究

如某全过程工程咨询项目招标规定总负责人答辩要求：

全过程工程咨询总负责人根据现场专家提问参加答辩，答辩得分满分10分，限时5~10分钟。① 参加答辩的全过程工程咨询总负责人，与资格审查资料中的项目全过程工程咨询总负责人一致。② 答辩采用互不见面语音系统。答辩时间限时5~10分钟，题目由评标委员会根据工程项目的实际情况决定。③答辩顺序抽签决定；进入答辩场所时，答辩人员再抽取新序号填写序号单。④答辩人员不得携带任何资料参与答辩，回答时不得泄露自己身份，否则答辩按0分处理。⑤评标委员会成员根据表1结合全过程工程咨询总负责人答辩情况进行横向比较，分档计分。

表1 答辩评分表

项目总负责人答辩的问题	评分内容	总分	优	良	差
	语言表达能力	2	2~1.6	1.6~1.2	1.2~1
	答题的准确性	4	4~3.2	3.2~2.4	2.4~2
	专业管理水平等综合评定	4	4~3.2	3.2~2.4	2.4~2

为了让项目全过程工程咨询总负责人答辩获取较高得分，特制定了以下几条应对策略：

2.1 针对语言表达能力应对策略

（1）多进行一些应急应景练习，特别是利用平时在一些会议上多参与发言，发表意见，客观直接地表达观点，克服心理紧张的因素。

（2）多留意收集一些与全过程工程咨询项目相关问题的解决处理方法、程序，以备应急之需。

（3）答辩时，宜冷静沉着地按招标项目的招标要求准确回答好专家的问题。

（4）某些项目答辩，专家会提些让你感到一时难以回答的问题，以观察咨询总负责人的应变能力。应对此类问题的最好办法是，根据自己以往对同类项目的协调管理经验，自信从容地加以回答，充分显示一个有经验负责人处事不惊对项目把控、协调的能力。

2.2 针对书面答题的准确性应对策略

（1）平时多进行书面练习，在5~10分钟内书写多少字，书写要规范，并提高写字速度。

（2）简明扼要有针对性地回答专家的提问，结合投标项目特点，提出做好本工程项目的设想，并举出以往类似项目业绩，所用的方法，实施过程中积累的经验，取得的效果及实际经济效益。

（3）回答详略得当，针对性强，以赢得评标专家对答辩的认可。

2.3 针对专业管理水平等综合评定应对策略

在平时多学习规范及图集、法律、法规，以及针对工程全过程咨询的一些规定，通知及行政主管部门的要求。

2.4 参与投标答辩前对投标项目的概况做深入了解

（1）最好的办法是在确定为项目负责人后即参与项目所在地现场踏看。

（2）参与全过程工程咨询服务实施方案的编制，对服务总纲的内容是否齐全，结构是否完整，重点是否突出，结合现行项目的规范，制定有针对性的大纲。尽量做到全面但不烦琐，侧重点分配恰当。

（3）组建好项目的组织结构，组建好项目管理体系，对拟投入的人力资源有一个比较全面的了解，对分项负责人的特长个人业绩经历尽量做到了解。

（4）尽量做到人员配置合理，搭配恰当，老少兼容，知识结构、专业配置都有一个比较合理的组合。

（5）制定一套合理的考核激励措施机制，确保此机制能有效合理高速地运行。

（6）根据组织机构及人员的特长，落实各分阶段如项目策划，工程的招标代理，工程设计，工程监理，造价咨询，项目管理及相关的法务合同及BIM、通信信息管理与各阶段的有效对接、协调，充分体现一个全过程工程咨询总负责人对项目的协调把控能力。

3 结语

全过程工程咨询总负责人答辩在招投标实践活动中，得分值高低对全过程咨询的投标起着不可估量的作用，项目负责人只有针对投标项目情况有比较深的理解，对投标项目拟组建组织结构，人员配备，各阶段拟开展的工作有侧重点地进行规划、布局，才能比较适应投标项目需要的答辩。答辩时书写清楚，简明扼要，规范，吐字清晰，表达内容切合实际投标项目，并准确回答评标委员会提出的问题，方能获得专家的认可，取得高分。

作者简介：

赵泉镇，男，1963年生，本科学历，高级工程师，国家注册监理工程师，注册设备监理师；任职于浙江东城建设管理有限公司，现主要从事建设工程监理、技术管理、全过程工程咨询等工作。

如何做好建设工程监理投标中的总监答辩

温州市建设工程咨询有限公司　曾寿华　李　霁

【摘　要】　总监答辩在现今监理项目招标中越来越多地成为监理项目投标评分的重要组成部分,甚至成为影响项目中标的关键性因素。该文针对温州地区的监理项目公开招标所涉的总监答辩环节进行研究,并根据自己参与总监答辩的经验,探讨如何做好总监答辩。

【关键词】　建设工程监理;招标文件;投标;总监答辩

引言

监理企业承揽监理和相关服务业务的途径,主要有从建设单位直接获得和通过招投标方式获得,而招投标方式作为一种相对公平的竞争方式在工程建设领域被广泛采用。按照《中华人民共和国招标投标法》《中华人民共和国招标投标法实施条例》《工程建设项目招标范围和规模标准规定》的有关法律、法规条文规定,建设工程招标方式分为公开招标和邀请招标两种,工程监理项目也依据项目资金、用途、业主等不同选择公开招标和邀请招标选择监理企业。笔者所处的温州地区,大部分的监理项目招标均会选用总监答辩进行评分的方式。笔者是一名在职国家注册监理工程师,经公司安排多次参加监理项目投标并经历总监答辩环节。由于全国各地的总监答辩方式差异很大,因此,本文主要对温州地区工程监理项目公开招标所涉及的总监答辩环节进行探讨,并根据自己参与总监答辩的经验,探讨如何做好总监答辩。

1　总监答辩概述

根据温州地区工程监理公开招标的总体情况看,工程监理招标文件中普遍要求采用的评标办法是综合评估法,由评标委员会根据招标文件所规定的评标办法进行评审、打分,并按照综合得分由高至低顺序推荐一名或多名中标候选人或确定中标人。投标人的综合得分包括技术标得分、资信标得分、总监答辩得分和商务标得分。根据笔者多次参与总监答辩情况,总监答辩评分如按百分制占比约为评标总分的5%～15%。当答辩评分标准偏向于上限时,总监答辩得分的高低分差将变得非常可观,甚至直接影响监理项目的最终中标结果,而往往参与投标的各监理企业最终的综合得分彼此之间都十分接近,有些甚至仅相差零点零几分,最终影响了工程监理项目的取得,可以说是差之毫厘谬以千里。因此无论总监答辩评分满分所占的比例高低,总监答辩分数的取得都非常重要。要在总监答辩环节取得良好的成绩,就需要从答辩准备、参与答辩、答辩后总结等几个方面入手,提高答辩水平,积累答辩经验。

2　总监答辩准备

总监答辩准备阶段的充分投入关系到总监答辩能否顺利进行,并且会直接影响最终的投标结果。正所谓不打无准备之仗,机会总是留给有准备的人,只有充分做好答辩准备,才能做到有的放矢,不至于一头雾水、一问三不知。笔者总结的总监答辩准备事宜主要有以下几个方面:

2.1　熟悉招标文件

监理项目招标文件是投标人响应招标的基础,必须熟知招标文件中关于总监答辩的具体要求,以免由于未响应招标文件中的实质性要求而造成失分甚至被否决投标、取消投标资格。有些招标文件中甚至蕴含着总监答辩题目的来源,比如笔者经历的某监理项目招标文件中,要求在技术标中详细说明二层地下室监理的难点和采取的监理措施,这一特殊要求或关注点就有很大可能成为总监答辩题目的来源,就此可以进行有针对性的准备。

2.2　熟悉设计文件

设计文件(可研、扩初、施工图等)是拟建建筑的平面信息表现,是设计意图的体现,也是建设单位建设要求的体现。熟悉掌握设计文件,有利于总监在答辩前了解工程的具体情况(包括建筑物的地理位置、建筑物的功能和用途、各专业情况等等),有助于掌握拟建工程的数据特征(面积、栋数、层数、层高等),有助于发现拟建工程的难点、重点内容,可为下步答辩环节进行有针对性的资料准备。

2.3　对拟建工程场地及周围环境进行摸底

在上述准备工作的基础之上,监理企业还应组织有关人员对拟建工程的实地情况进行踏勘,重点熟悉拟建场地的范围、该范围内的状况(包括政策处理情况、地上附着物、管线及埋藏物、场地三通一平、周边建筑、河道水塘等情况),为后续总监答辩环节提供关于影响工程施工质量、进度、投资、安全等方面的内容。

2.4　熟悉技术标中的重点内容

技术标一般由监理企业的专业技术人员或技术骨干参与编制,其编制的水平较高、较全面。因此作为参与答辩的总监应熟悉技术标中的难点、重点内容,为总监答辩提供专业、技术、管理等方面的信息储备。

2.5　准备答辩题目

从以往的经验来看,答辩总监要准备一部分一般通用性的和一部分专业针对性的题目。所谓一般通用性的题目,是指在大部分工程监理项目中适用的,例如:监理如何进行本项目的组织和协调工作;所谓专业针对性的题目,是指针对招标工程的特定专业的题目,例如:本工程钻孔灌注桩的监理控制要点。对于所准备的题目,在准备答案时,要结合上述可以使用的信息,并在听取本企业有答辩经验的总监、技术标编制人员、技术负责人等有关人员的意见基础上,综合组织书面语言。

2.6 重视提出合理化建议

合理化建议往往是招标人比较注重的,它体现了总监的专业技术能力、管理水平及对工程的熟悉程度和关注程度,有利于招标人对总监的专业素养加快认同。合理化建议应从多方面入手,例如在投资控制、造价控制方面有哪些专业意见,在工程设计优化和项目实施方面有哪些建议。

2.7 组织答辩演练

答辩演练可以通过公司的技术和管理机构组织相关人员来完成,并有计划地进行培训和学习,逐渐提升总监的答辩实战能力。演练主要用于模拟正式的答辩过程中的环境和情况,以便于适应真实答辩过程。在演练的时候,要互相评判,从中找出一些缺陷或优势,并予以改进和强化,这样才能使总监答辩的水准得到循序渐进的提升。

3 参与答辩

参与答辩是对总监综合能力全方位的考验,是对之前答辩准备工作的检验,也是能否中标的关键因素之一。在投标答辩环节,如何镇定自若游刃有余地取得理想的得分,应重点关注以下几个方面:

3.1 注意招标文件中有关总监答辩的要求

总监理工程师应随身携带有效身份证原件和在投标单位注册的《中华人民共和国注册监理工程师注册执业证书》复印件或其他要求的证件,并在规定时间和地点参加答辩,未携带相关证件和没有参加答辩的其投标将被否决。温州地区的总监答辩一般都是采用网络语音或电话语音的方式来进行,而答辩总监和评委专家之间相互不见面。答辩总监的顺序和编号由抽签决定,参答辩时不允许携带任何书面资料,否则就会被取消投标资格,从而导致被取消投标资格。

3.2 注意语言表达

在答辩开始时,按要求报出总监编号、准备和开始答题,在答辩过程中不能泄露自己的身份和公司名称信息,否则就会被取消投标资格,投标也会被否决。答辩过程中,要保持头脑和思路清晰,沉着应对,不能因为紧张而造成语无伦次,影响整个答辩过程。语言表述要清晰、流畅、逻辑清晰,防止表述混乱;语速适中,不宜过快或过慢;音量要合适,以评标专家能听清楚为宜。全部题目作答完成后,要向评标专家组示意作答完毕,并表达对评标专家的感谢。

3.3 注意条理清晰、层次分明

答辩答题首先列举若干个大的提纲框架,然后逐一对各框架标题进行展开,即在每个大的标题下再细分若干个小点进行阐述。当然,针对具体问题,当列举的几个大的框架就能全面概括回答时,也可不必展开。这样就做到了有条理,层次分明,整体上会给评标专家留下深刻的印象。

3.4 注意语言简明扼要、删繁就简

考虑到评标工作的时间性,一般答辩题目的数量和答辩时间会有一定的限制,一般为5～15分钟,这就要求总监在答题时合理分配时间,避免限定的时间已到,题目还未作答完毕。从笔者参与过的答辩情况来看,可以说每道答辩题目要详细展开的话内容十分丰富,但是在有限的时间内不可能一一表达详细,所以总监要语言表述简练,要抓住要点,表达完整,意思到位,节省有限的答辩时间。千万不

可长篇大论,要尽量避免不必要的冗余,否则会使答辩时间不足,从而造成答辩题目回答不完整,导致总监答辩得分受到很大的影响。

3.5　注意答题的准确性

题目答辩的正确性,可以直接反映出总监对专业知识的熟悉程度、工程实践经验的丰富程度和对投标工程的了解程度。如果有明显的错误(工程名称、项目数据、工艺方法等),则会给评价专家在答辩总监印象中造成很大的负面影响,从而导致总监答辩得分降低。

3.6　力求客观、全面

在上述基础之上,如果作答时间还有余量,答辩总监还可以补充和完善有遗漏的地方,力求答辩客观、全面。

4　答辩后总结

总监答辩完成后,要及时进行全面标后总结梳理,主要包括反思每次答辩的失误和不足之处,加以改进,做到举一反三;汇总记录历次总监答辩问题及答辩时间限制,当以后遇到类似答辩问题时,便可以从容不迫、得心应手地应对。

5　结语

综上所述,要想在监理投标的总监答辩中取得理想的得分,不仅要有专业知识、管理知识以及工程实践经验的积累,还要在答辩前做好全面充分的演练准备,答辩过程中掌握对应的答辩技巧,答辩后及时进行总结反思,将事前、事中、事后进行有机结合,一定能获得好的总监答辩成绩。

参考文献:

[1] 中国建设监理协会.建设工程监理概论(2014)[M].4版.北京:中国建筑工业出版社,2014.

[2] 顾锦荣.总监答辩经验浅谈[J].建设监理,2012(8):22-23.

作者简介:

曾寿华,男,1982年生,专科学历,国家注册监理工程师,一级建造师(建筑工程);温州市建设工程咨询有限公司总监,现主要从事建筑工程、市政公用工程项目监理、工程管理、技术管理和咨询等工作。

李寰,男,1978年生,本科学历,高级工程师;温州市建设工程咨询有限公司副总经理,现主要从事建筑工程、市政公用工程项目监理、技术咨询、经营管理和综合管理等工作。